윤희어로의
감성 캘리그라피

한 그루의 나무가 모여 푸른 숲을 이루듯이
청림의 책들은 삶을 풍요롭게 합니다.

누구나 쉽게 따라 쓰는 예쁜 손글씨

윤디어른의 감성 캘리그라피

윤영웅 지음

"당신의 따뜻한 마음, 글씨로 전하세요!"

청림Life

웃으면
넘길래
뭐 어때
그럴수도 있지

Prologue

누나는 공부를 잘했고 글도 잘 쓰고 글씨도 잘 썼다.
나는 그런 누나가 늘 동경의 대상이었다.
그래서 누나가 잘하는 모든 걸 나도 잘하고 싶어 늘 따라했다.
학창시절에는 누나가 없는 책상에 몰래 앉아
누나가 쓴 글씨를 한참이나 따라 썼던 기억이 난다.
그 덕분에 나도 친구들 사이에서는 글씨를 꽤나 잘 쓰는 남학생으로
자라 지금까지 왔다.

"어떻게 남자가 이렇게 글씨를 잘 써요?"라고 물어보면
어떤 대답을 해야 할지 아직도 모르겠다.
그냥 글을 쓰는 게 좋았고, 이왕이면 깔끔하고 예쁘게 쓰는 게 좋았다.
내가 다시 봤을 때도 누군가가 봤을 때도
보기 좋은 글씨를 썼던 습관이 지금까지 쭉 이어져온 게 아닌가 싶다.

아날로그 시대에 학창시절을 보내고
디지털 시대에 이십 대를 살아온 나로서
이 캘리그라피는 내게 기술이라기보다 내 삶에 녹아든 흔적 같다.
라디오를 듣고, 사서함 주소를 녹음해 받아 적은 뒤,
우표를 붙이고 우체통에 직접 넣어 사연을 보내고,
누군가에게 편지를 쓰기 위해 편지지도 사고 펜도 샀던 시절의
깊은 흔적이 내게 있다.
그래선지 난 아직도 카톡으로 재잘재잘하는 것보다
하고 싶은 이야기를 가득 채워 문자 메시지로 보내는 게 더 좋다.

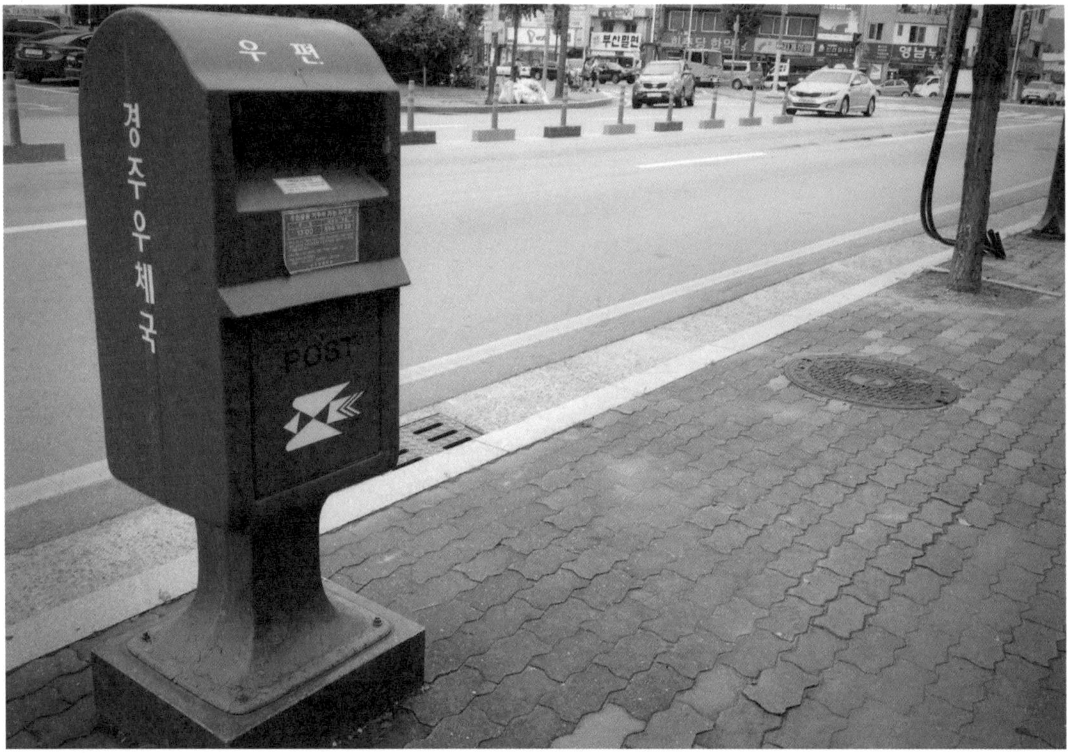
우편
경주우체국
POST

그리고 누군가의 좋은 날에도 짧은 메시지보다는 직접 손으로 써서 마음을 전하는 게 좋다.

오랫동안 다녔던 신발 회사를 그만두던 날,
이사님이 회사를 다니며 언제가 가장 기억에 남느냐고 물으셨다.
그때는 기억이 잘 나질 않았는데 지금에 와서 생각해보면
회사에 입사하고 처음 맞는 크리스마스에
회사 식구들을 위해 카드를 만들었던 게 가장 기억에 남는다.
퇴근하고 아무도 없는 회사에 와서 한 명 한 명의 자리 위에
직접 쓴 카드를 올려두고 집에 가던 그 마음을 아직도 잊을 수 없다.
아침에 출근해 카드를 읽고 뿌듯해할 동료들 생각에
저절로 마음이 따뜻해졌던 밤.
그날 밤, 눈이 참 많이 내렸었다.

사람 마음이라는 게 이만큼 사소한데
요즘은 늘 잊고 사는 것 같다.
그래서 언젠가부터 내가 생각하고 좋아했던 글을 손글씨로 담아
블로그에 하나둘씩 올려두었다.
몇 안 되는 나의 블로거 친구들이 좋아해준 덕분에
많은 기회가 생겨났음을 부인할 수 없다.

나의 글씨를 폰트로 만들어보자는 제안도 사실 있었다.
죄송한 마음을 담아 정중하게 거절을 했었다.

내 마음은 직접 내가 써서 전하고 싶었다.
귀찮고 번거롭고 수고스럽더라도
마음만큼은 애를 많이 써서 전했음 했다.
나도 사람이라 가끔 이 수고스러움이 힘들고 귀찮을 때도 있지만,
직접 써서 주었을 때 그 순간이 정말 좋았다.

사실 출판사에서 책을 만들자고 했을 때 정말 걱정이 많이 됐었다.
괜히 나로 인해 많은 사람들이 수고스러워질까봐.
그래도 이 책을 통해 많은 사람들이
바쁘고 조급한 마음이 아닌 따뜻함이 가득한 마음을 느꼈으면 한다.

누군가는 이 책으로 인해 힘이 되는 글씨를 쓰는 사람이 되었으면 좋겠고,
누군가는 자신만의 느낌이 담긴 작품을 만드는 사람이 되었으면 좋겠다.
직접 쓴 글씨 한 줄로 얼어붙었던 마음을 녹게 만들고
외롭고 지친 삶에 용기와 희망을 불어넣어주는 그런 사람,
여전히 아날로그적인 삶을 추구하는 나를 대신 해
글씨로 다양한 삶을 이야기해주는 그런 사람이 많아지길 바라본다.

꾹꾹 눌러 쓴 글씨처럼 따뜻함을
서로가 서로에게 나눠줄 수 있게 되길….

– 2015년 2월 윤영웅

CONTENTS

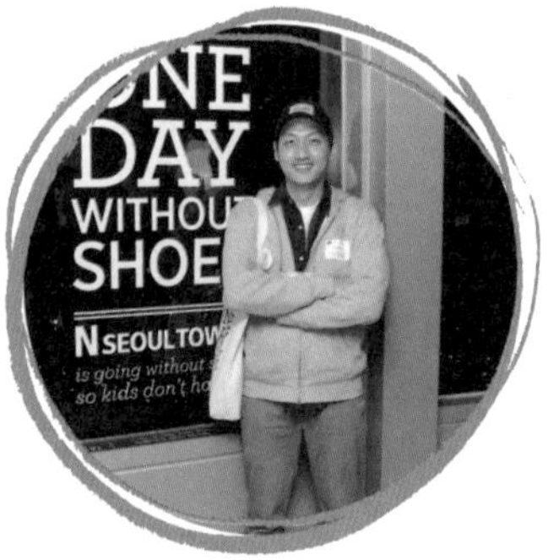

Part 1.
윤히어로의 잘하고 있어, 자라고 있어 … 16

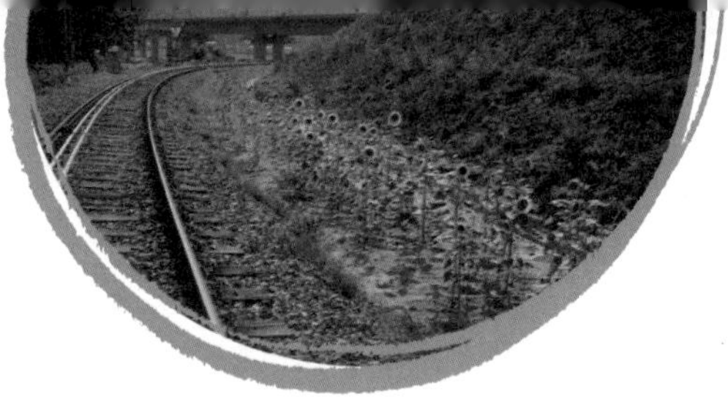

Part 2.

윤히어로의 마음을 그리는 따뜻한 습관 … 124

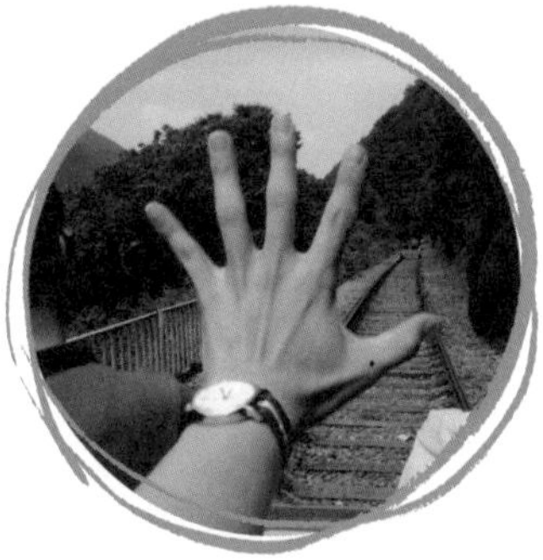

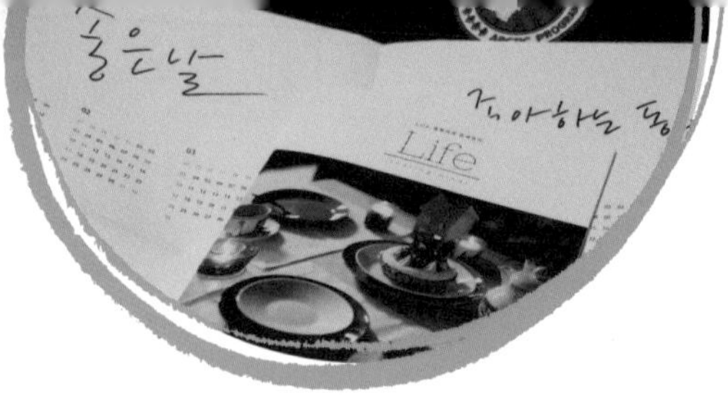

Part 3.
윤히어로의 캘리그라피 … 188

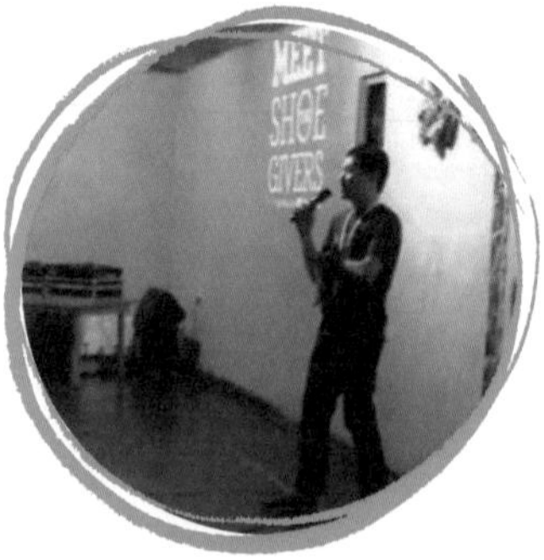

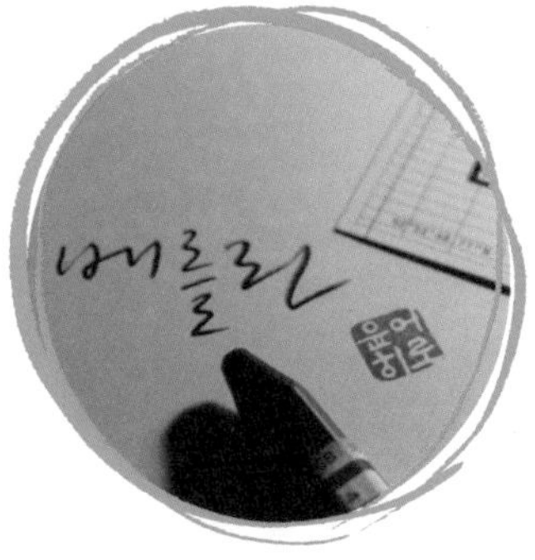

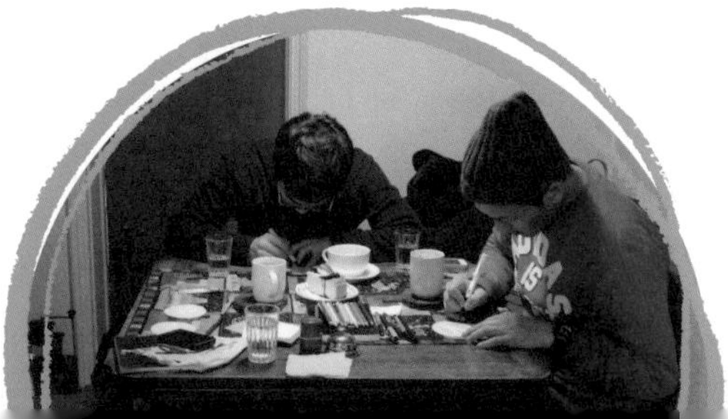

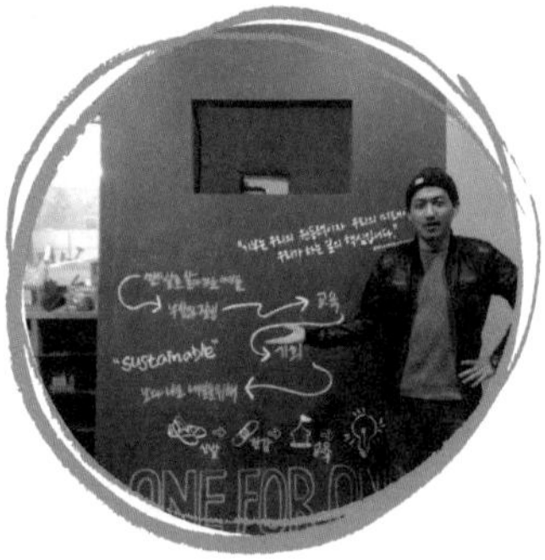

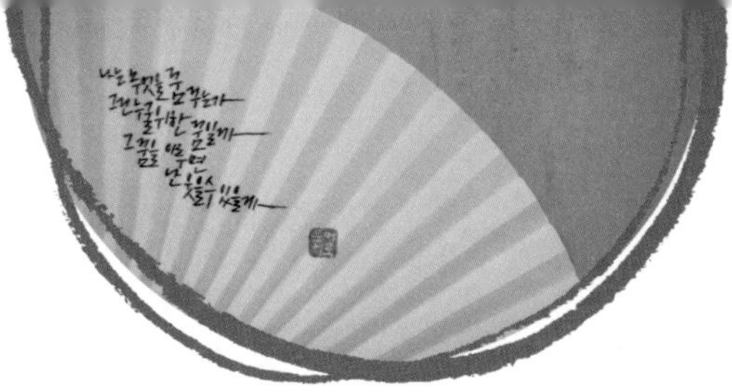

부록.
윤히어로의 감성 톡톡 글씨 선물 … 342

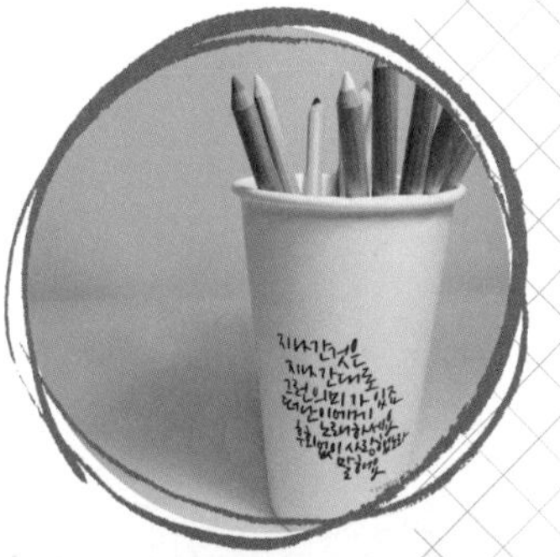

Part 1.

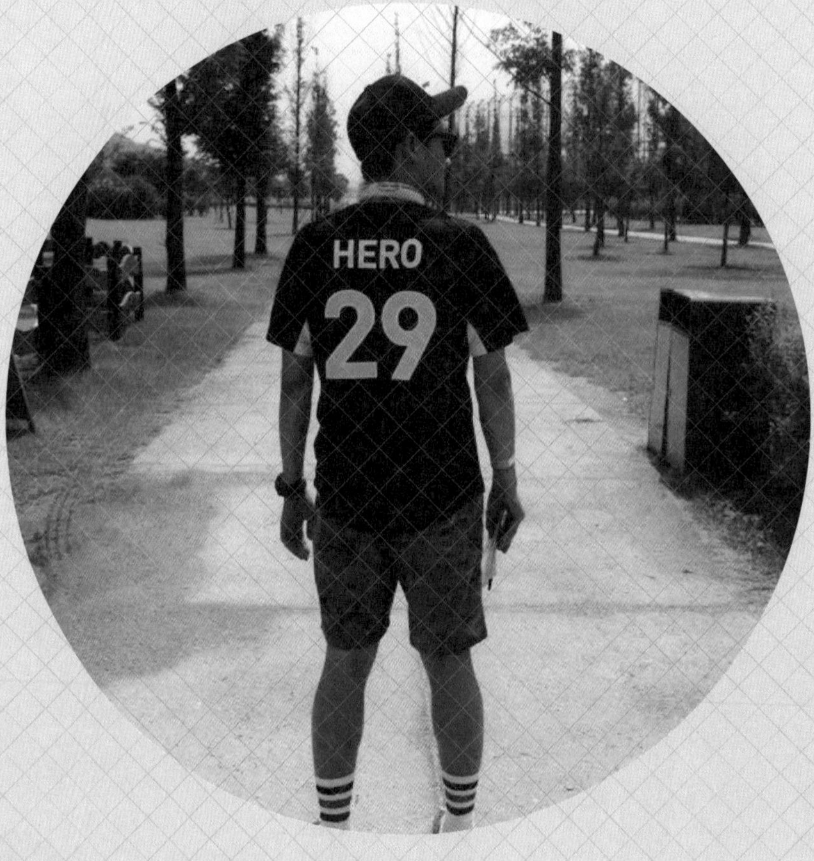

온하여로의
잘하고 있어,
자라고 있어

【 글씨를 잘 쓰고 싶었던 욕심 】

중학생이 되던 해,
새로운 과목의 교과서들을 받아놓으면
이름을 예쁘게 잘 적고 싶었다.

어떻게 써야 내 책에 대한 확고한 영역표시를 할 수 있을까
괜한 욕심이 있었다.
그때부터 교과서 오른쪽 상단 모서리에
내 이름 석 자를 적기 위한 끝없는 연습이 시작되었다.

남들이 보면 유난스럽다 할 정도였는데
공부보다 이런 부분에 나는 더 민감하였고 중요했다.
그 욕심 덕분에, 새로운 교과서를 받으면
친구들은 책을 들고 내 자리로 모였다.

"내 이름도 적어주라."
"내 친구 이름도 적어줘."

고등학교 때는 우리반 모두의 이름을 모서리에
(물론 똑같은 글씨체로) 써주었던 기억이 있다.

글씨를 잘 쓰고 싶었던 학창시절의 욕심이
글씨를 쓰는 지금의 나를 만들지 않았을까.

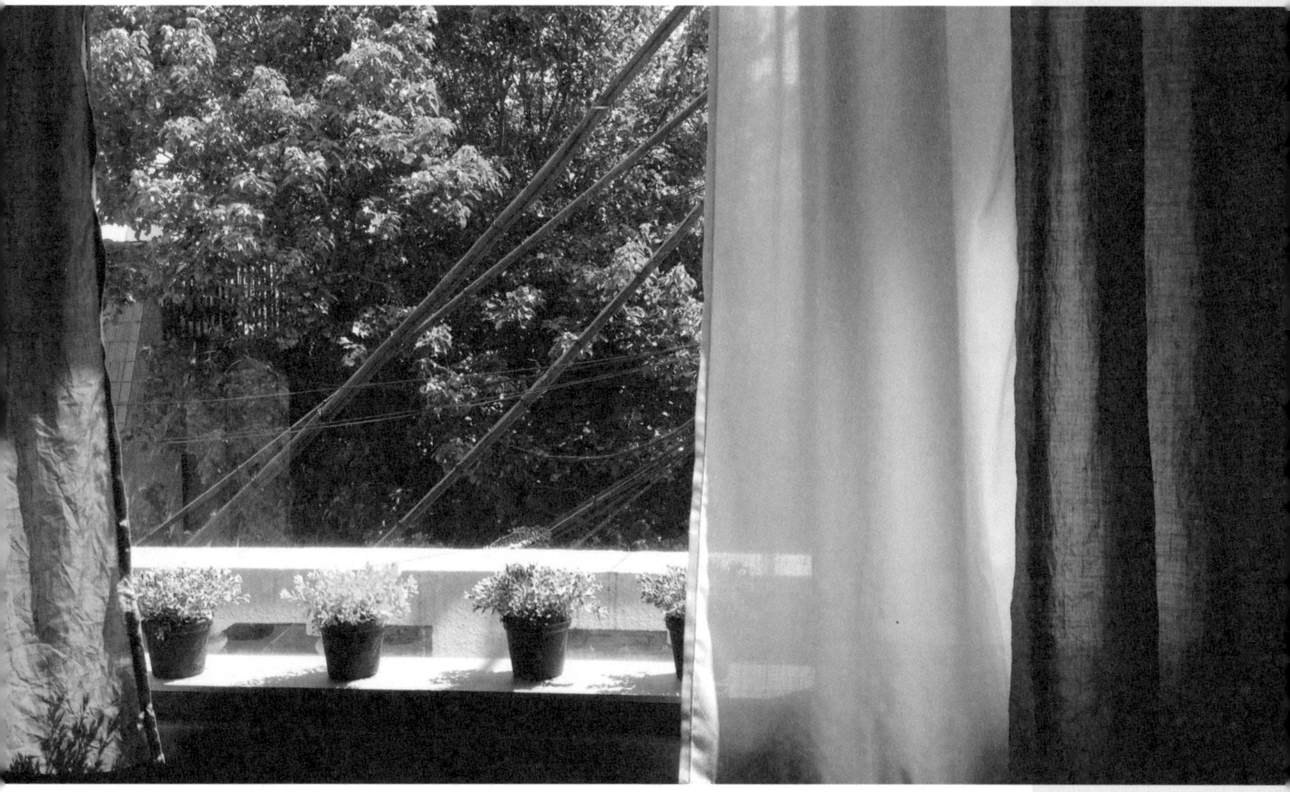

고등학교 때 친구네 어머니는
아들이 분명 글씨를 못 쓰는데
책에 웬 여자글씨로 이름이 적혀 있으니
이거 누가 적어줬냐고 바른대로 말하라고 여자친구 생긴 거냐고
엄청 혼났다는 일화도 있다.

학창시절을 풀어놓은 김에 좀 더 얘기하자면
글씨를 잘 쓴다는 이유로 연애편지 대필을 참으로 많이 했었다.
아~ 정말 이게 네 마음인지 내 마음인지
도무지 알 수 없는 그놈의 연애편지.

생각해보면 그 연애편지 대필 덕분에 글 쓰는 실력이 많이 늘었다.

내가 대필로 써주었던 연애편지의 주인공들은
진짜 그 글씨가 내 친구 글씨라고 생각했을까?

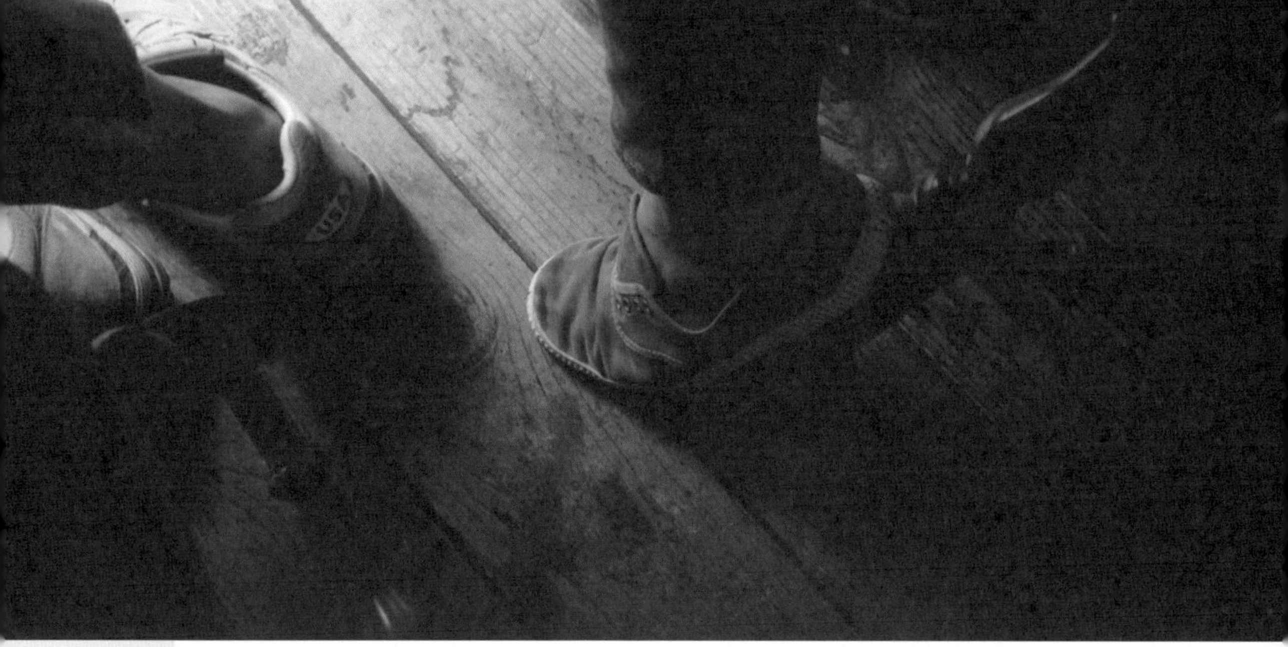

아 정말
이게 네 마음인지
내 마음인지

【 특이한 이름과 글씨 】

은행에 통장을 만들거나
백화점에서 적립카드를 만들 때
이것저것 내 손으로 적어 제출할 때가 있다.

동사무소를 방문할 때나
학원등록을 할 때도 마찬가지

그럴 때마다 내가 가장 많이 듣는 말이
"이름이 멋지세요."("특이하시네요."를 포함한)
그리고 "글씨가 정말 예뻐요."("여자 글씨 같아요."를 포함한)

한번은 은행원이 내 얼굴을 한참을 보더니
"얼굴과 이름과 글씨가 너무 매치가 안 돼요."라고 하였다.

아~ 얼굴과 이름 그리고 글씨가 매치가 되려면
나는 어떻게 생겨야 할까?

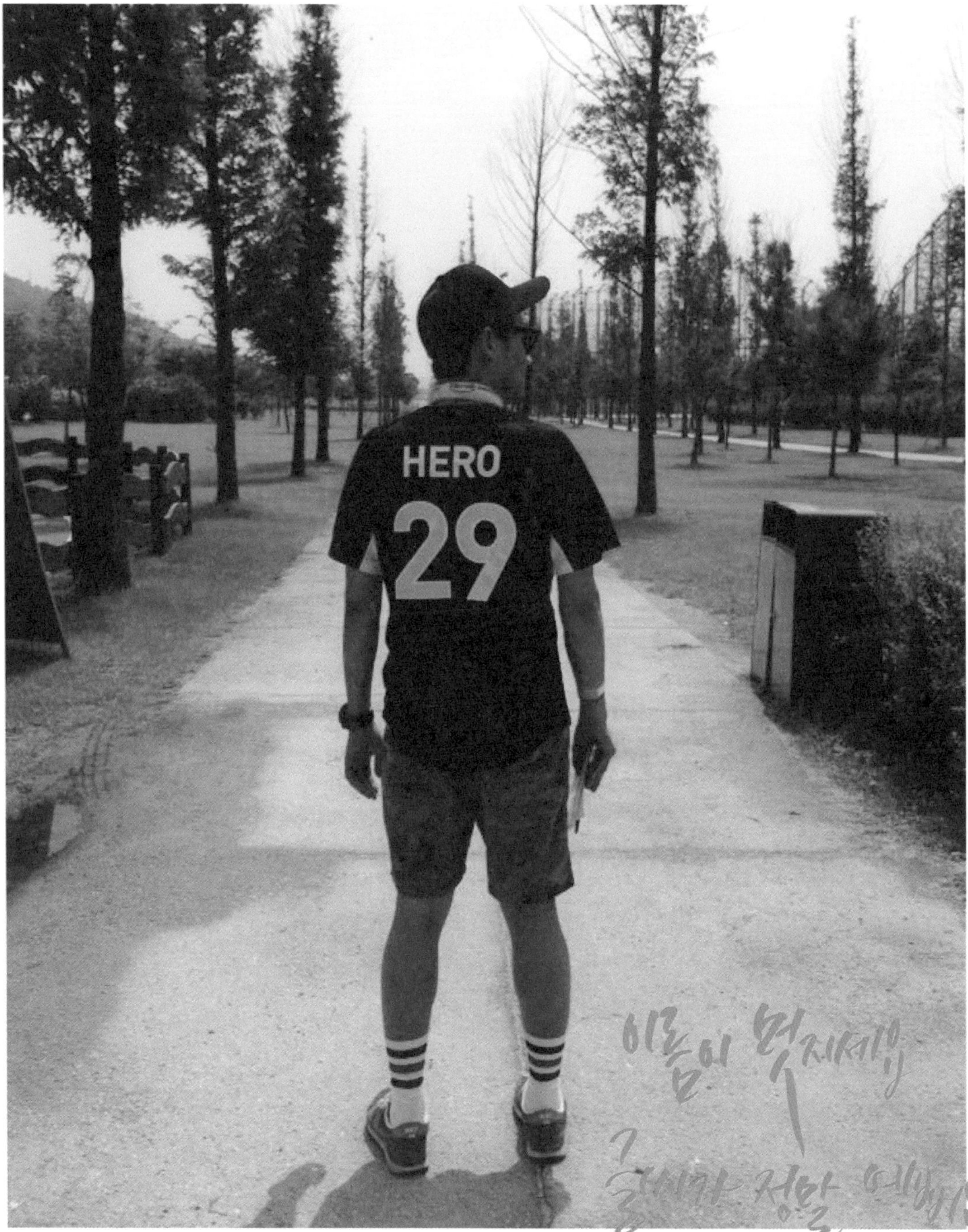

이름이 멋지세요
글씨가 정말 예뻐요

【 꿈 】

6년 전 이맘때로 기억한다.
4학년 1학기 내내 떠나지 않았던 단어 '스튜어드'

그때는 승무원이 되고 싶다는 꿈이 있었다.
도전하면 무조건 될 것만 같은 자신감이 있었는데
아무튼 결론은
몇 번의 도전과 함께
아프고도 서글픈 결과로 끝났다.

솔직히 말하면
아직도 가끔 공항을 가거나
비행기에서 마주치는 남자 승무원을 보면
말할 수 없이 내가 울렁인다.
아쉽기도 하고, 옛날 생각이 나서.

방송사에서 작가로 일하던 시절,
승무원 학원 다닐 적 선생님으로부터 이메일이 한 통 왔다.

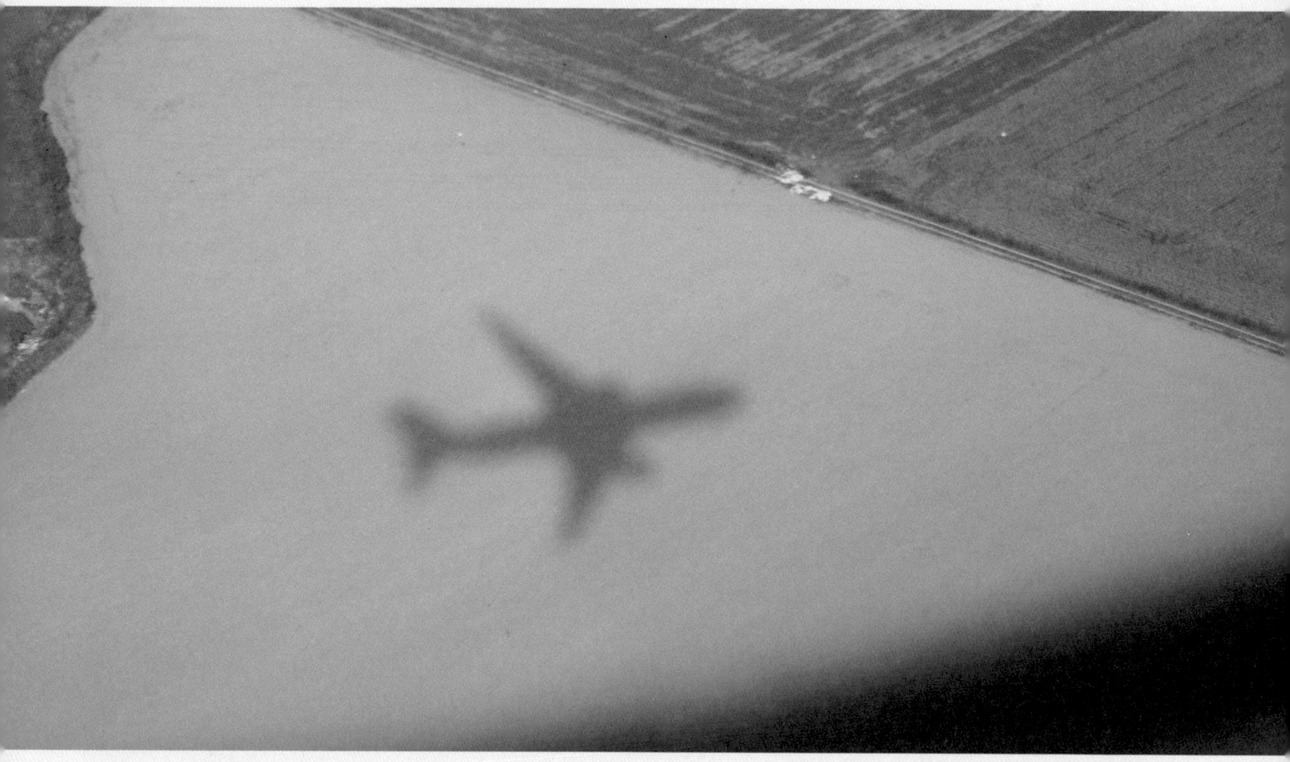

추운 겨울만 계속될 것 같던 내 삶에
따뜻한 봄 같았던 선생님의 편지

우리 아카데미 기대주였던 영웅 씨

난 영웅 씨가 처음 학원에 상담하러 왔던 날
무조건 영웅 씨만큼은 끝까지 책임지고
승무원 만들어야겠다는 오기가 생겼어요.
그 오기가 어디서 온 건지는 모르지만 말이에요.

영웅 씨가 K항공사 마지막 면접 보러 가던 날
제가 전화를 걸었을 때 기억해요?

영웅 씨가 "선생님, 저 잘하고 올게요."라고
씩씩하게 목소리 들려줬을 때
영웅 씨가 우리 아카데미에 처음 문을 두드린 날이 머릿속을 스쳐
확 목이 메더라고요.

영웅 씨가 그랬잖아요.

저, 승무원이 너무나 되고 싶은데, 가지고 있는 돈이 15만 원이라고
승무원 되면 나머지 돈 꼭 다 낼 테니까 일단 배우게만 해달라고.

너무나 당당했던 영웅 씨의 그 모습에 원장님조차도 놀라
아무도 몰래 영웅 씨만 특별히 반값에 할부로 다니게 해줬던
기억도 사건도 추억도 말이에요.

잘 지내죠 영웅 씨.
어디 가서든 영웅 씨는 잘할 거예요.
영웅 씨 같은 사람이 있다면야
뭐 부러울 따름이죠.

가끔 하늘을 올려다보다가 비행기가 날아가면
그래도 내가 한때 멋진 승무원이 되고 싶었던
그런 꿈이 있었다는 걸 잊지 말고 살아요.
알았죠?

아무튼 축하하고 고마워요.
잘 지내요.
뭐든 다 잘할 거예요.
영웅 씨니까

안녕

몇 년이 지났지만
아직도 이 메일을 꺼내 읽을 때면
코끝이 시큰거린다.

봄처럼 따뜻한 선생님의 마음이
고스란히 느껴져서
여전히 고맙다.

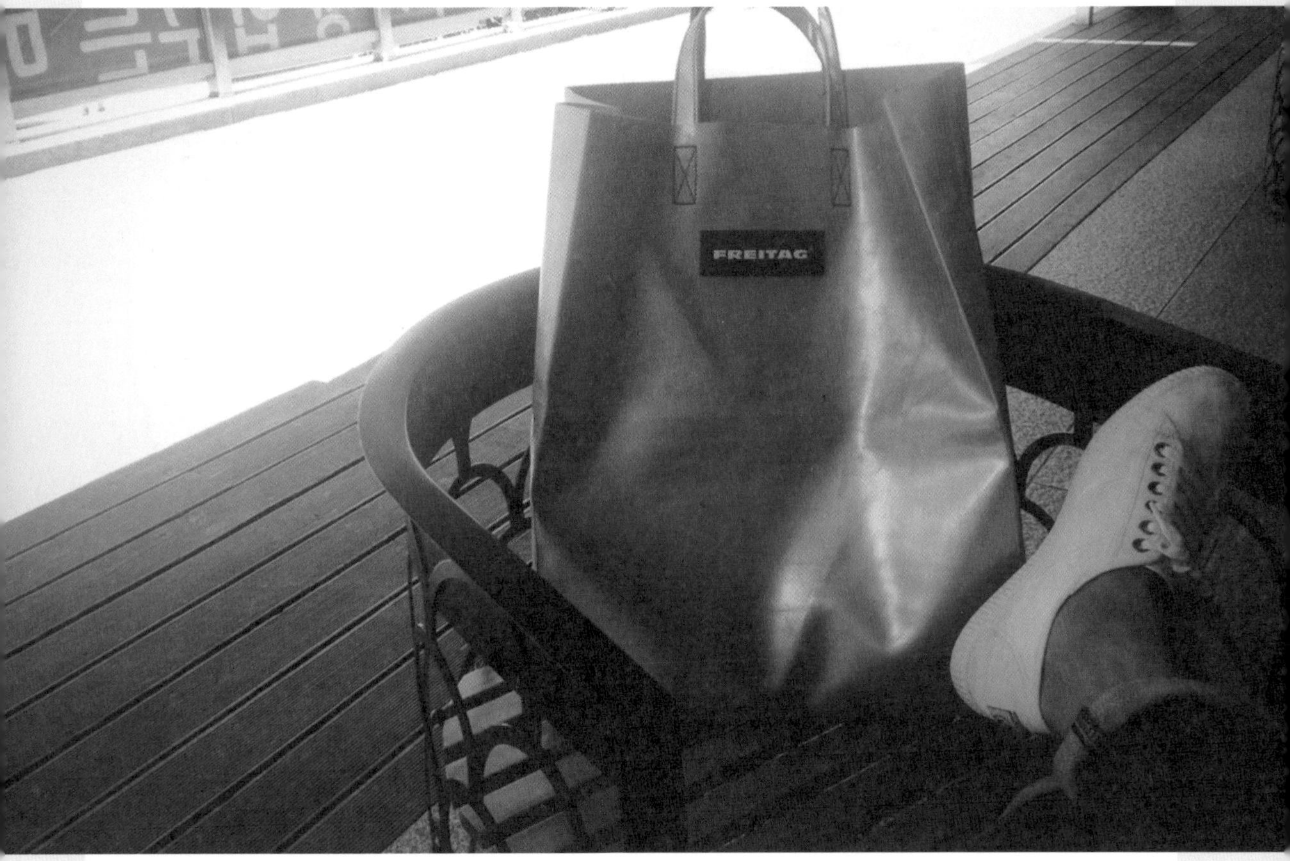

그런 꿈이 있었다는걸
잊지말고 살아요

【 공대생 】

거제도에서 태어났다.
두 개의 조선소가 있는 섬, 그 섬에서 20년을 살았다.

부모님 직업의 80%가 조선소를 다녔고
아빠가 '사무직이냐 현장직이냐' 아니면
'직영(정규직)이냐 협력업체냐'로 나뉘었다.
그때나 지금이나 현실은 변한 게 하나도 없다 .

아빠의 직장 덕분에 잘 갖춰진 사원 아파트에 살았고
당연히 반 친구들의 절반도 이 아파트에 살았다.

중학교 1학년 때
선생님께서 자신의 꿈을 적어내라고 했던 적이 있다.

나는 '조선소에 다니는 것'이라고 적어냈었다.
그러자 선생님이 아침 조회 시간에
내가 써낸 종이를 반 친구들 앞에서 크게 읽었다.

"윤영웅이는 조선소에 다니는 게 꿈이란다. 얘들아."

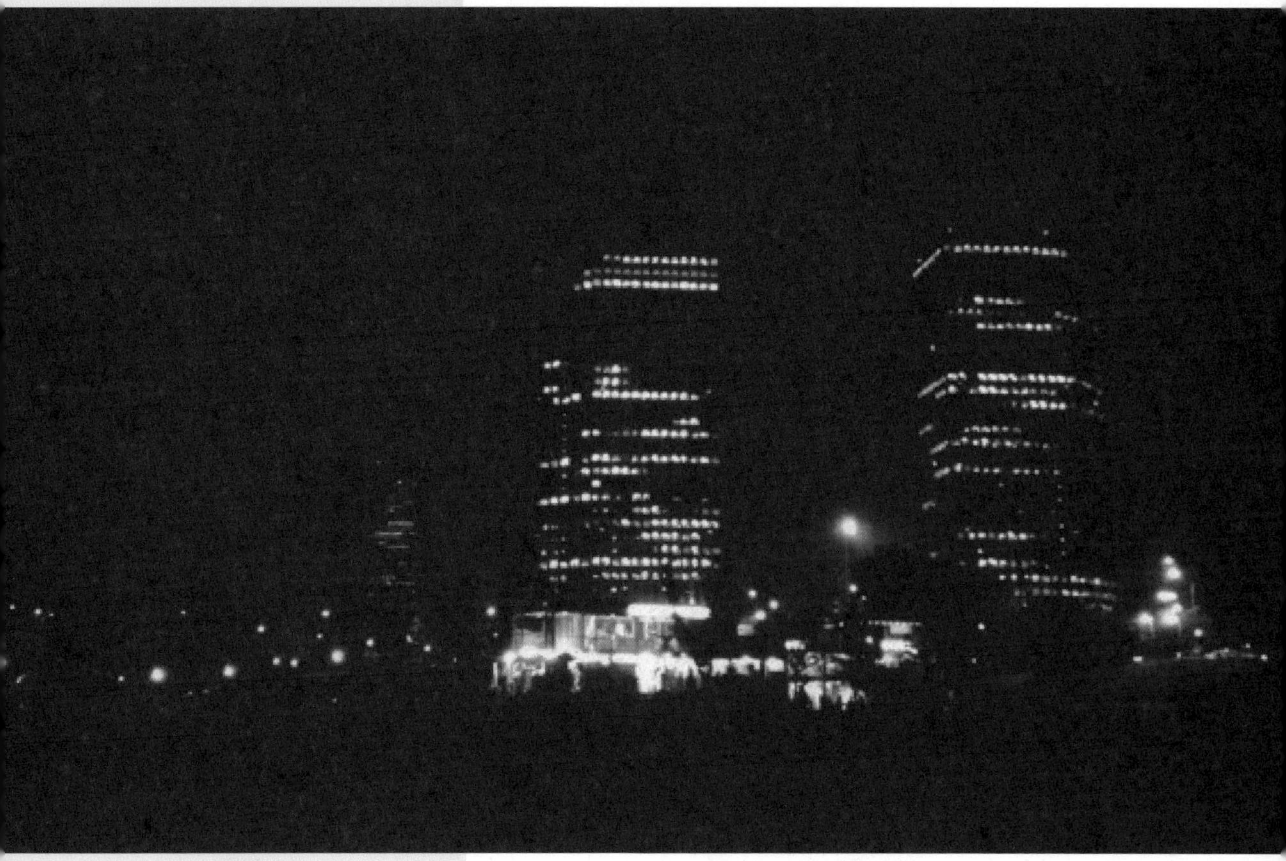

친구들은 소리 내서 웃었다.
그게 무슨 꿈이냐면서….
(지금 생각해보면 선생님 참 나빴다.)

그때 웃었던 내 친구들의 절반은
타지에서 대학을 졸업하고 다시 거제도로 내려와

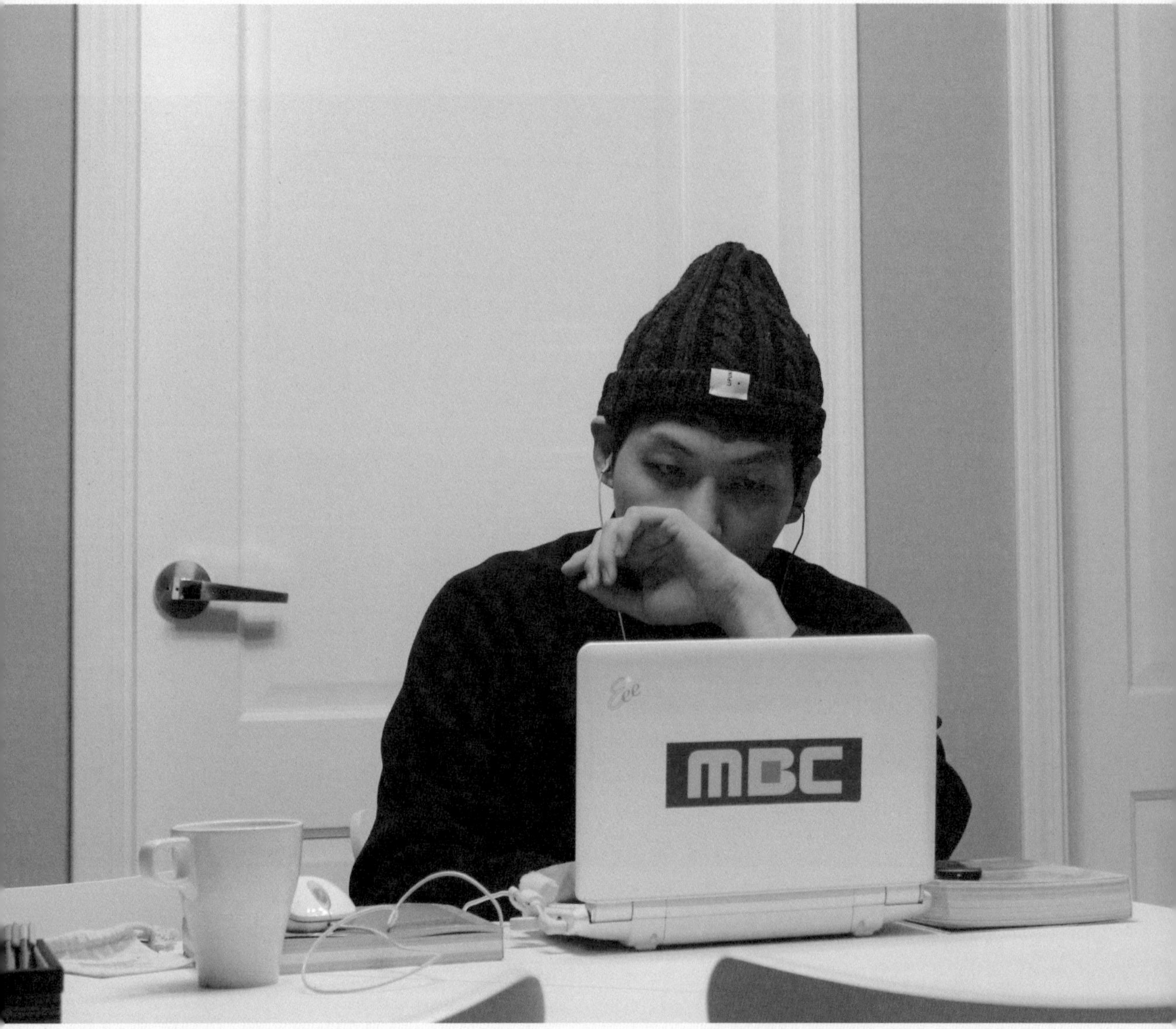
MBC

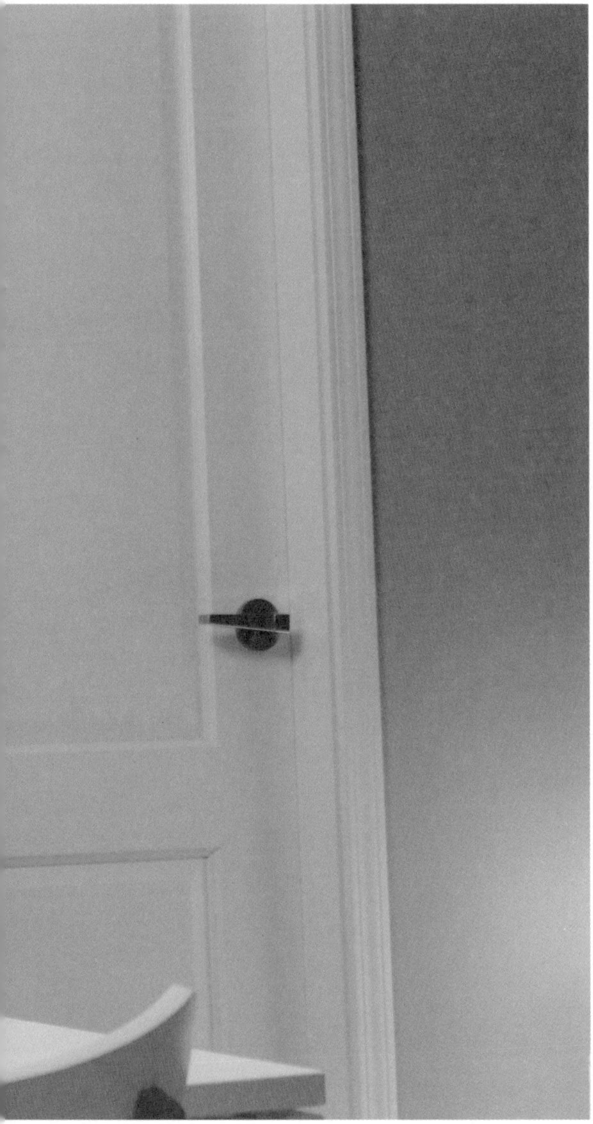

현재 조선소에서 일을 하고 있다.
당시 조선소에 다니는 게 꿈이었던 나만
이곳 서울에서
생각지도 못한 일을 하며 살아가고 있다.

사실 나는 조선소에 다니는 게 꿈이었기에
안전공학이라는 전공을 택해서
누구보다 열심히 공부했다.
그런데 열심히 매달려보니
내가 진짜 뭘 하고 싶은지 고민하게 되었고
어렴풋이 알게 된 것 같다.

어쩌면 그 시간들 덕분에
방송도 만들었고, 신발 회사도 다녔고
캘리그라피도 쓸 수 있었다.

예전에 회사 인턴을 뽑을 때
체대를 졸업한 국가대표급 경력을 가진 친구가
회사에 지원을 해서 내가 물어본 적이 있다.

"전공이 아깝지 않아요? 운동만 했을 것 같은데…."

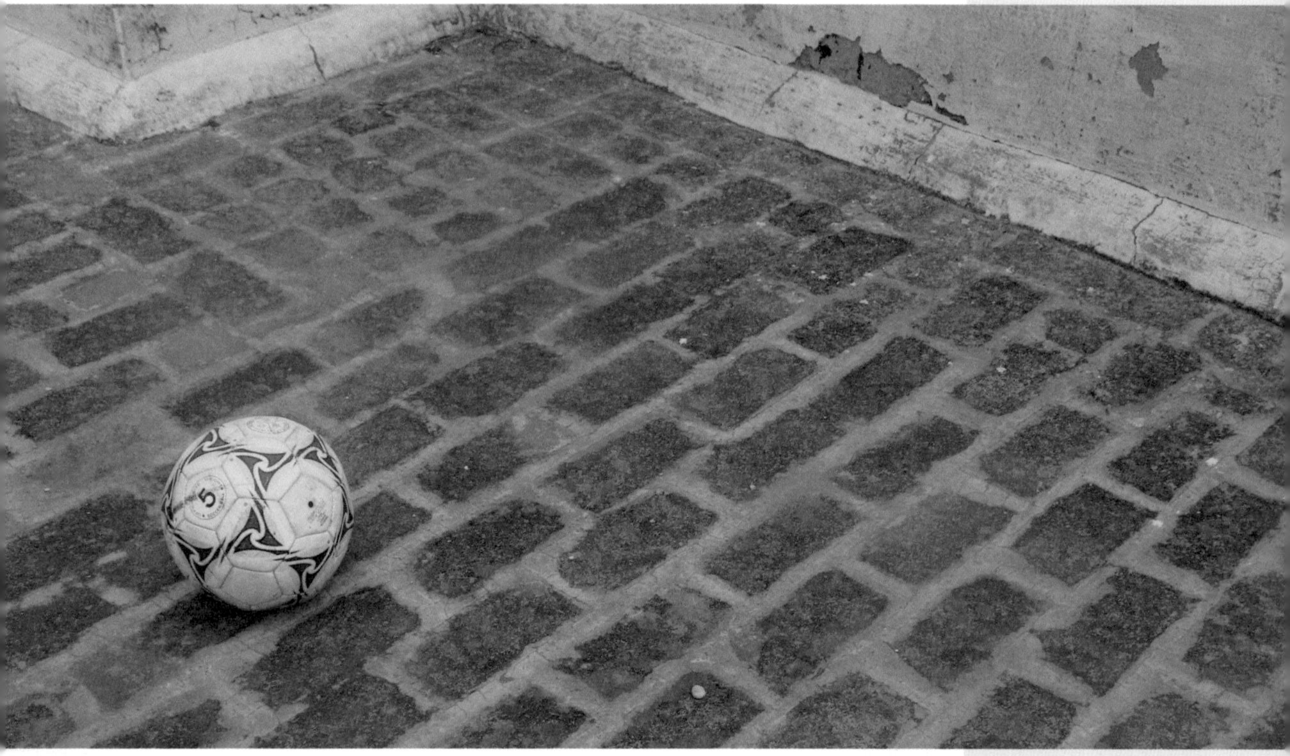

그 친구가 말했다.

"전 운동을 하며 다양한 경험을 많이 했습니다.
이겨도 보고 져도 봤습니다.

전공은 지식이지만 경험은 지혜잖아요.
저는 그 지혜로 살아가고 있다고 생각합니다."

강한 울림으로 남았던 그의 말을 몇 년째 내것 삼아
나 역시 그 지혜로 살아가고 있다.

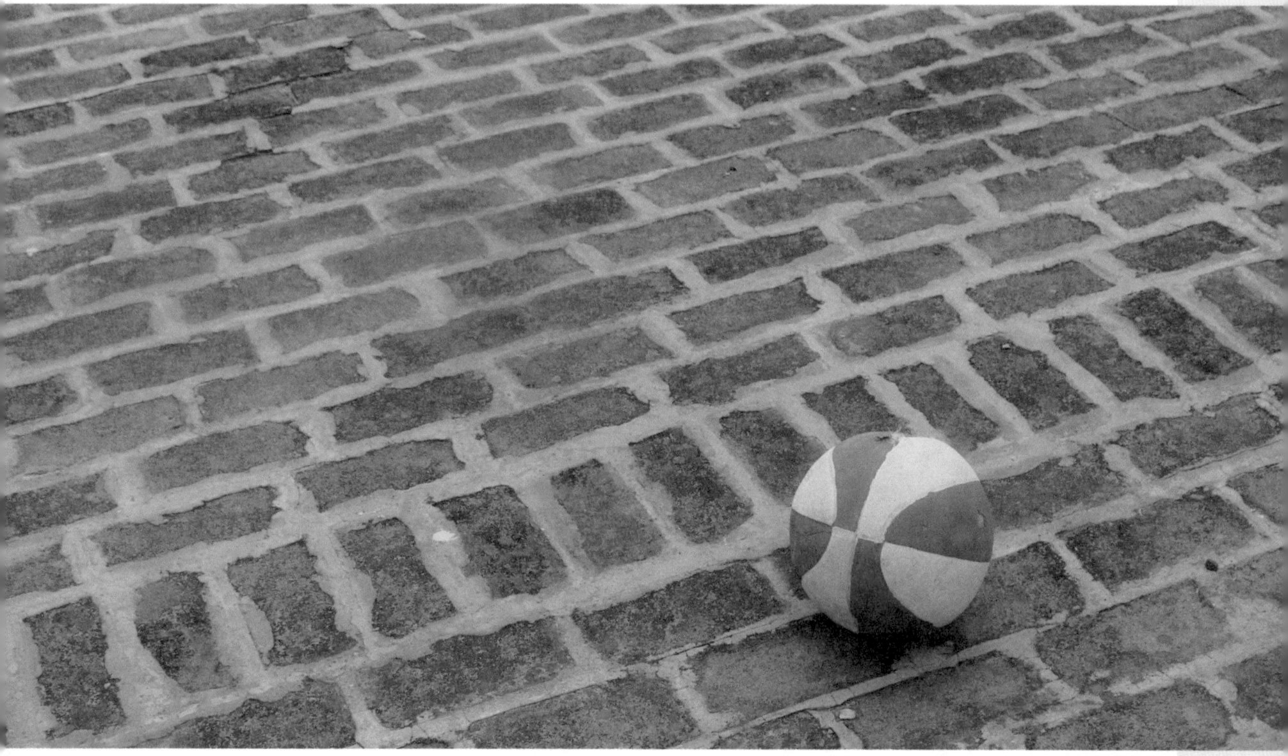

전공은 지식이지만
경험은 지혜잖아요

【 진짜 마음 】

연차를 내고
캘리그라피 강의를 갔다.

회사일이 많음을 넘어서서
일, 일, 일, 말고는
나의 하루가 없는 요즘

며칠 안 남은 연차는 아껴뒀다가 나중에 추워지면 그때
베를린 갈 때 쓰려고 했는데
일단 마음 가는대로 하루 쉬기로 했다.

소년원(여자 청소년들이 있는)으로
캘리 강의하러 가는 당일.

새벽같이 일어나 준비를 하고
복지관 선생님들과 함께 출발했다.

6년 전 교회에서 고등부 교사를 할 적에
우리 반 아이가 도난사건으로 소년원에 있어
면회를 가본 이후로 처음 와보는 낯선 곳.

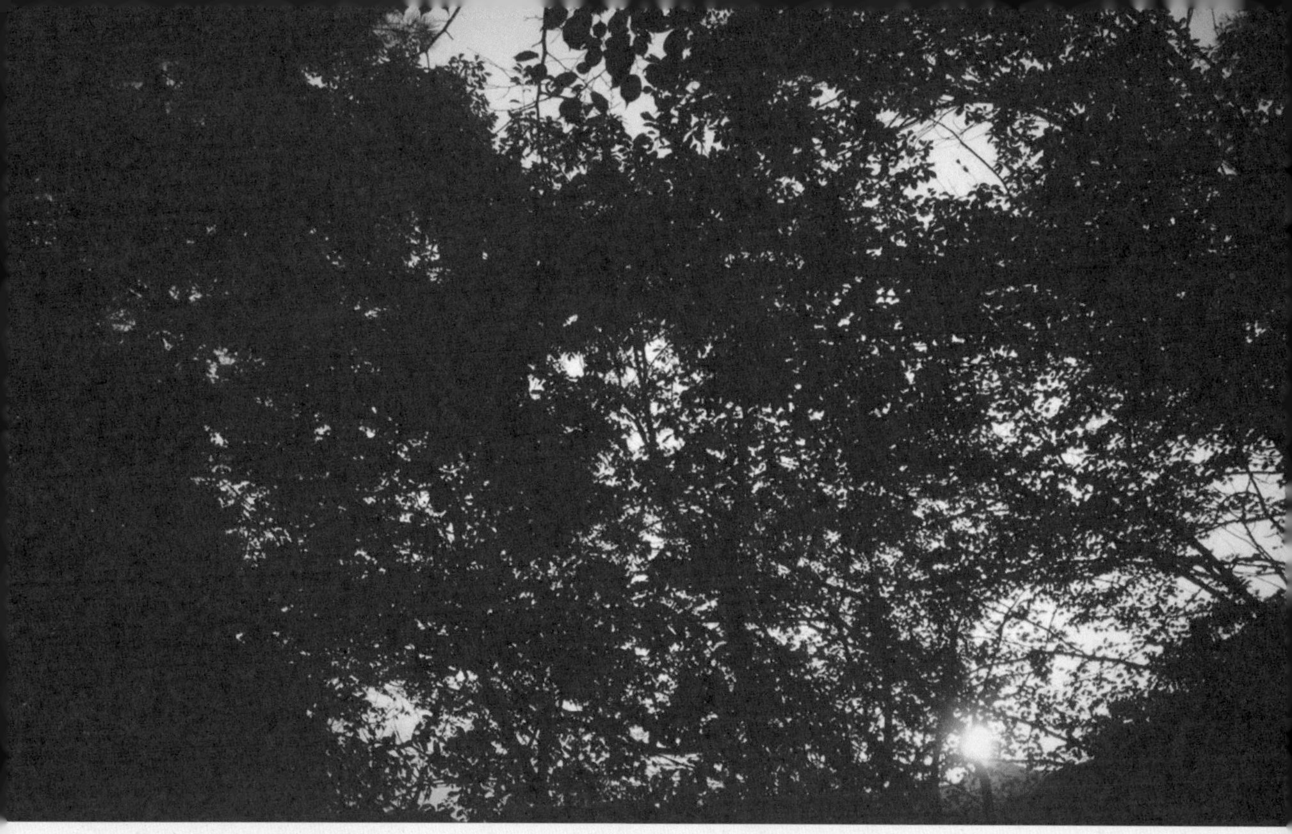

어쩔 수 없이 프로그램에 이끌려 억지로 왔다는 게
한눈에 알아챌 수 있을 정도로
살벌한 긴장감을 풍기며 아이들은 저마다 자리에 앉았다.

나눠준 교재와 준비물을 만져보는 그 모습을 보며
과연 오늘 강의를 잘할 수 있을까 하는 걱정이 그득 차올랐다.

아이들은 모두 다양한 이유로
뉴스에서나 볼 법한 사건으로 여기에 와 있었다.

수업을 하는 내내 아이들의 말, 행동, 눈빛들을 보면서
'그래, 얘네도 아직은 어린아이들이구나.'라는 마음이 들었다.

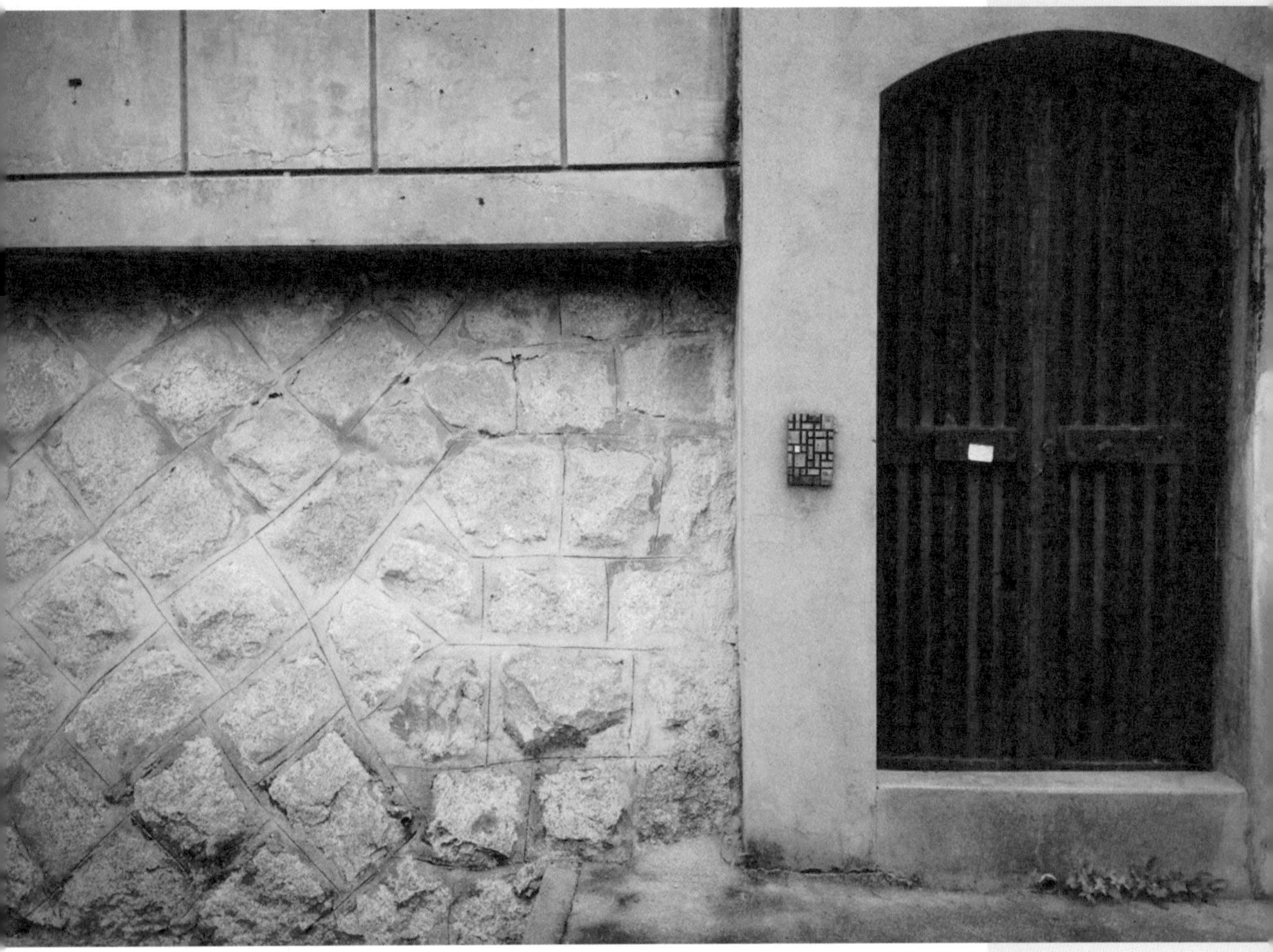

온몸이 문신으로 둘러싸인 한 아이는
에피톤프로젝트 노래 가사를 좋아했고
꽃처럼 한철만 사랑해줄 거라고 말했다.

손등에 유난히 상처가 많았던 아이는
끊임없이 사랑한다는 메시지를 썼고
하트는 꼭 분홍색으로 그리고 싶다고 했다.

아기를 가졌다는 어린아이는
뱃속에 있는 아기에게 줄 메시지를 썼다며
'마음이에게'를 나에게 보여주었다.

나의 고향이 거제라는 얘기에 자기도 거제도에서 왔다며
반가워하던 아이도 영락없는 10대 소녀였다.

온종일 아이들과 갇힌 공간 속에서
진심과 마음을 가득 담아 글씨를 썼다.

칭찬 많이 해주고
사랑 많이 주고
등도 많이 다독여줬더니

무장해제하고 다가와
다음에 꼭 또 오라던 모습이
많이 고맙고, 많이 아팠다.

꼭 다시 만나러 오겠다고
사랑주러 꼭 다시 오겠다고
약속하였다.

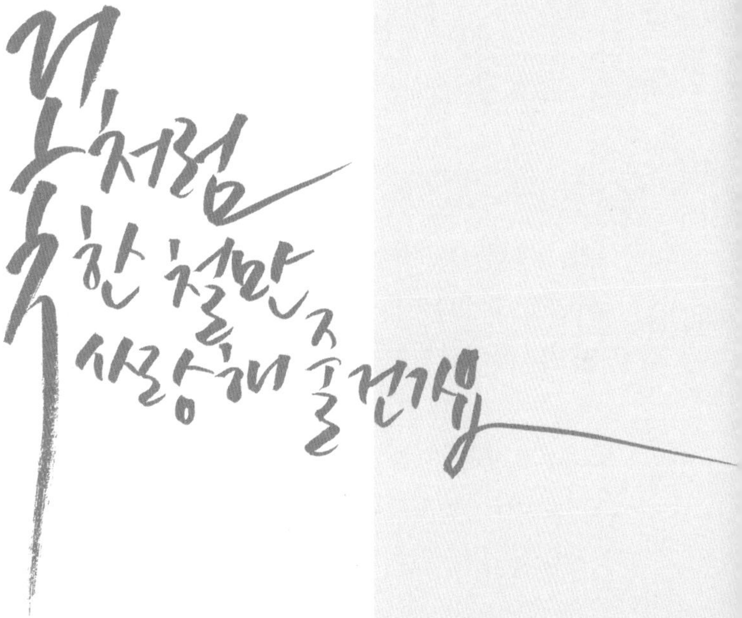

【 존재감 】

처음으로
'작가 선생님'이라는
말을 들었다

나는 청소하시는 아주머니들을 '사모님'이라고 부른다.
우리 엄마도 한때 거제도에 있는 D조선소 기숙사에서
청소를 담당했던 아주머니(내가 부르는 '사모님')셨다.

그래선지 나는 어디를 가든
청소하시는 분들은 저절로 높이게 된다.

엄마가 얼마나 힘들게 일하시는지
엄마가 집에 돌아오셔서 어떤 부분이 결리는지 아픈지
어디에다 파스를 붙여야 엄마가 밤새 앓는 소리를 하지 않는지
누구보다 잘 알고 있었기에….

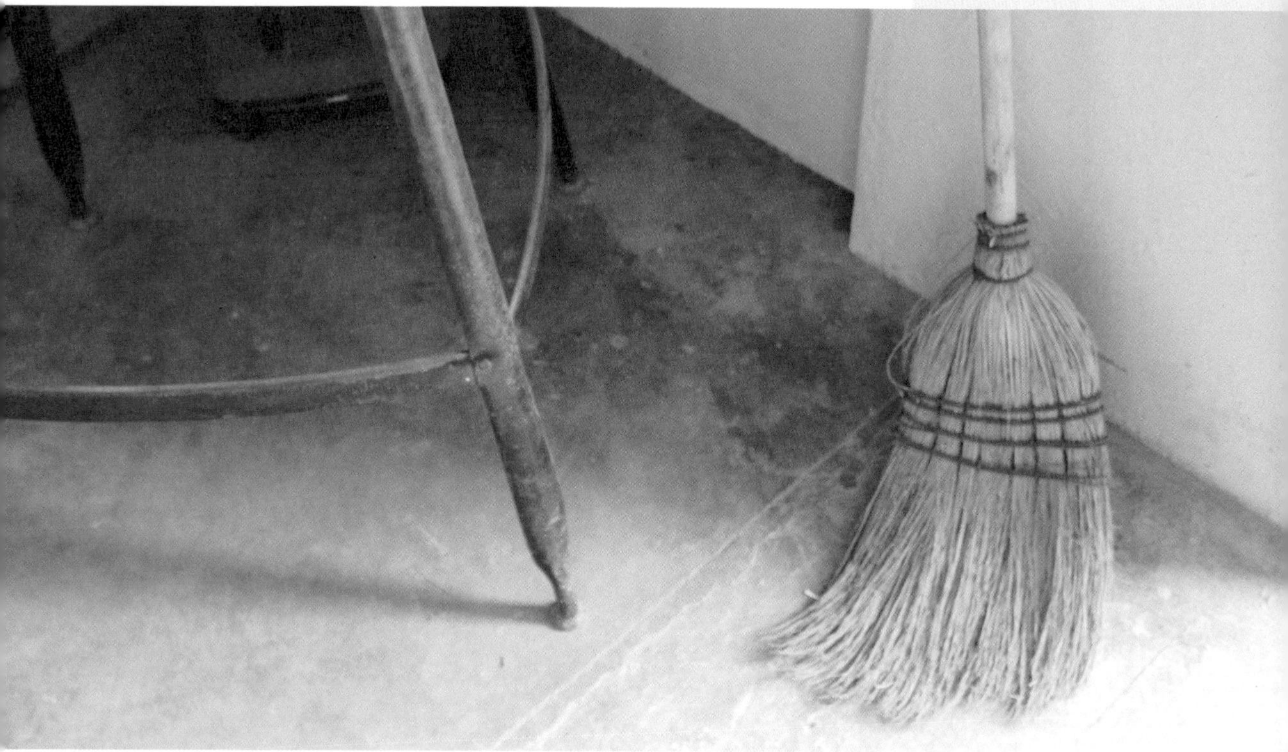

방송사에서 막내작가로 일하던 시절

방송사 화장실에서 불쑥불쑥 마주치는 아주머니들께
나는 항상 감사드린다고 인사를 하고

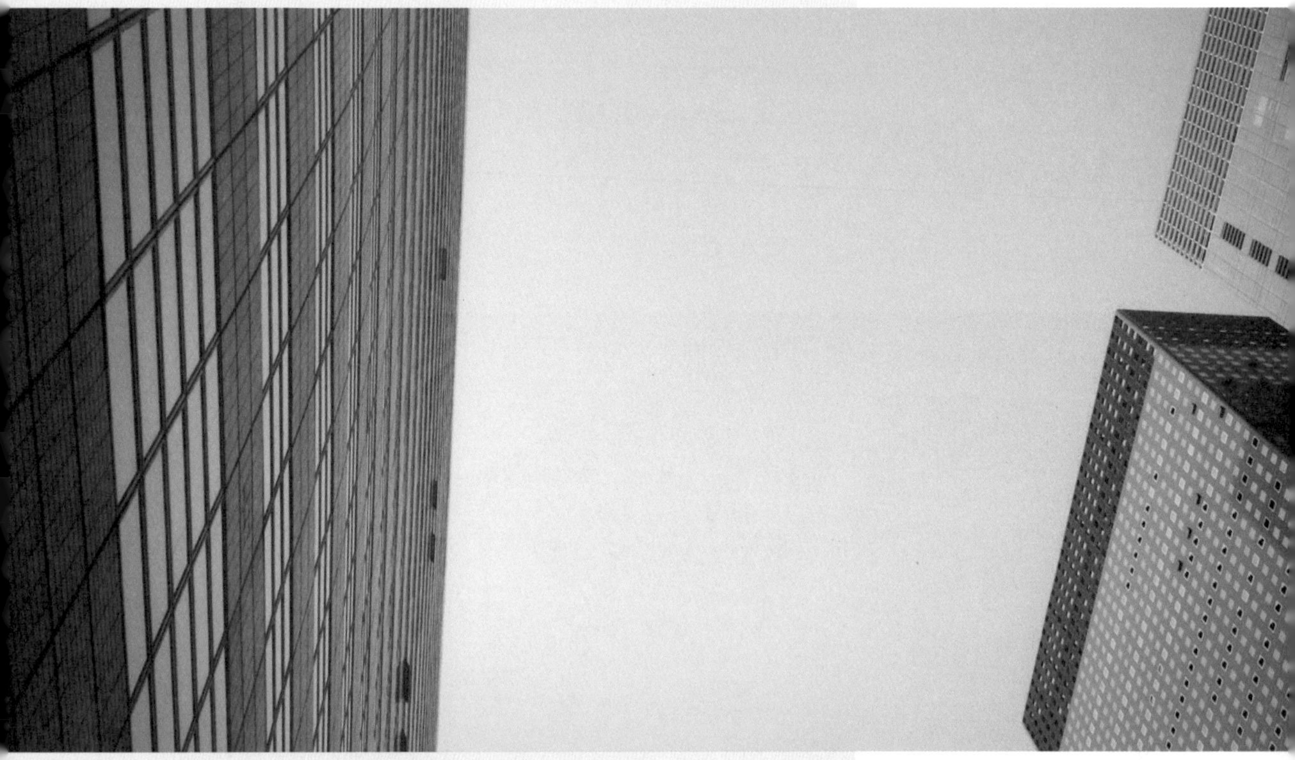

여쭈어볼 게 있을 때마다 꼭 '사모님'이라고 불렀다.

어느 날 계단에 앉아 촬영 구성안을 쓰고 있었는데
청소하시는 사모님 몇 분이 지나가면서

작가 선생님 덕분에 우리가 요즘 얼마나 웃는지 모른다고
탈의실에서 서로 사모님이라고 부르며 웃는다고
나를 둘러싸서 한바탕 웃으며 홍삼맛 사탕을 건네주면서

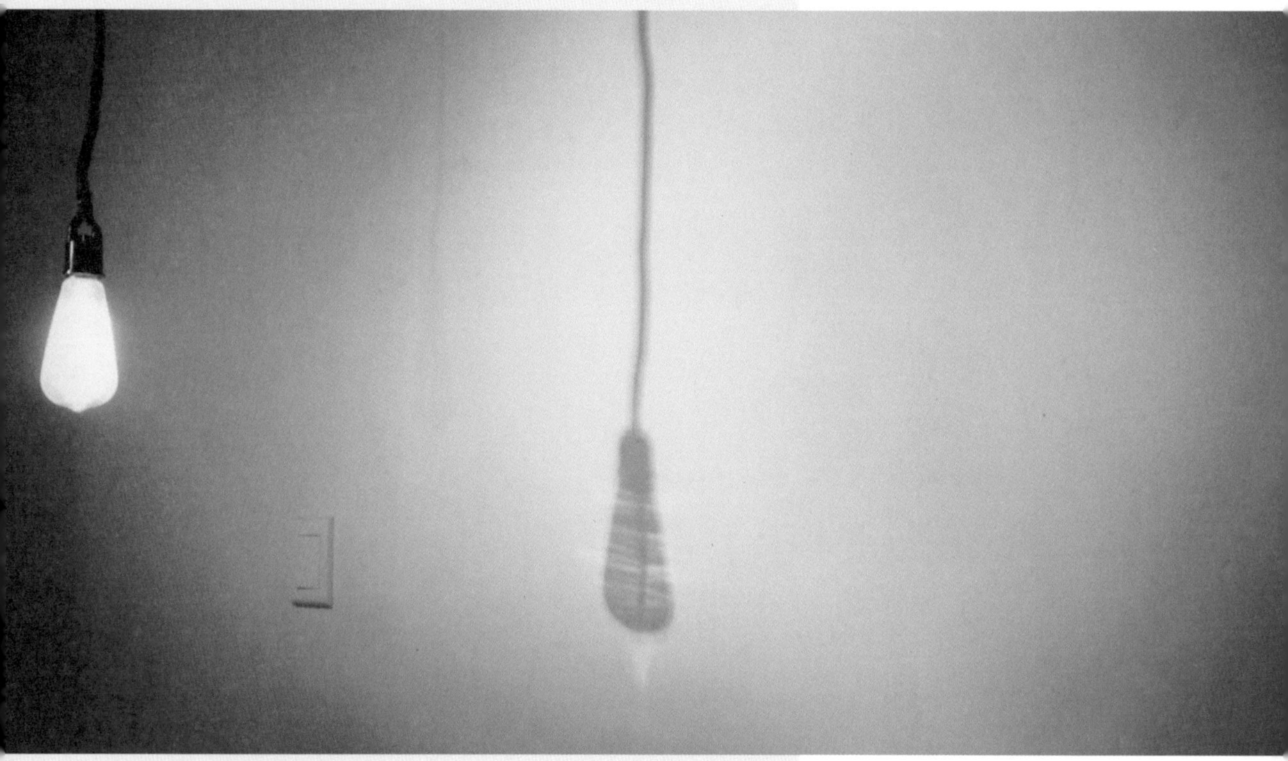

"작가 선생님 덕분에 우리가 요즘 기분 좋아요."
사람 사는 냄새를 잔뜩 늘어놓고 가셨다.

우리 피디님도 나를 "야!" "어이~"라고 존재감 없게 부르는데
이 전자파 냄새 진동하는 방송사에서 처음으로
'작가 선생님'이라는 말을 들었다.

【 겨울 】

작년 2월
오랫동안 다녔던 회사를 그만두고
새로운 공부를 시작했고
회사원이 아닌 프리랜서의 삶을 살았다.

처음엔 후련했고 무서울 것도 없었다.
믿는 구석이 있었기에 자신 있었다.

계절이 바뀌고
많은 일이 내게 있었고
다양한 변수를 겪었다.

드라마 <미생> 속 박대리 모습이
나를 대하는 사람들에겐 나 같았나 보다.

나는 그렇게 물렀고
다 괜찮다면서 싫은 소리 한 번 못했다.
나는 좋은 게 좋았고
부림 당한다 생각지 않고 전부 오케이했다.

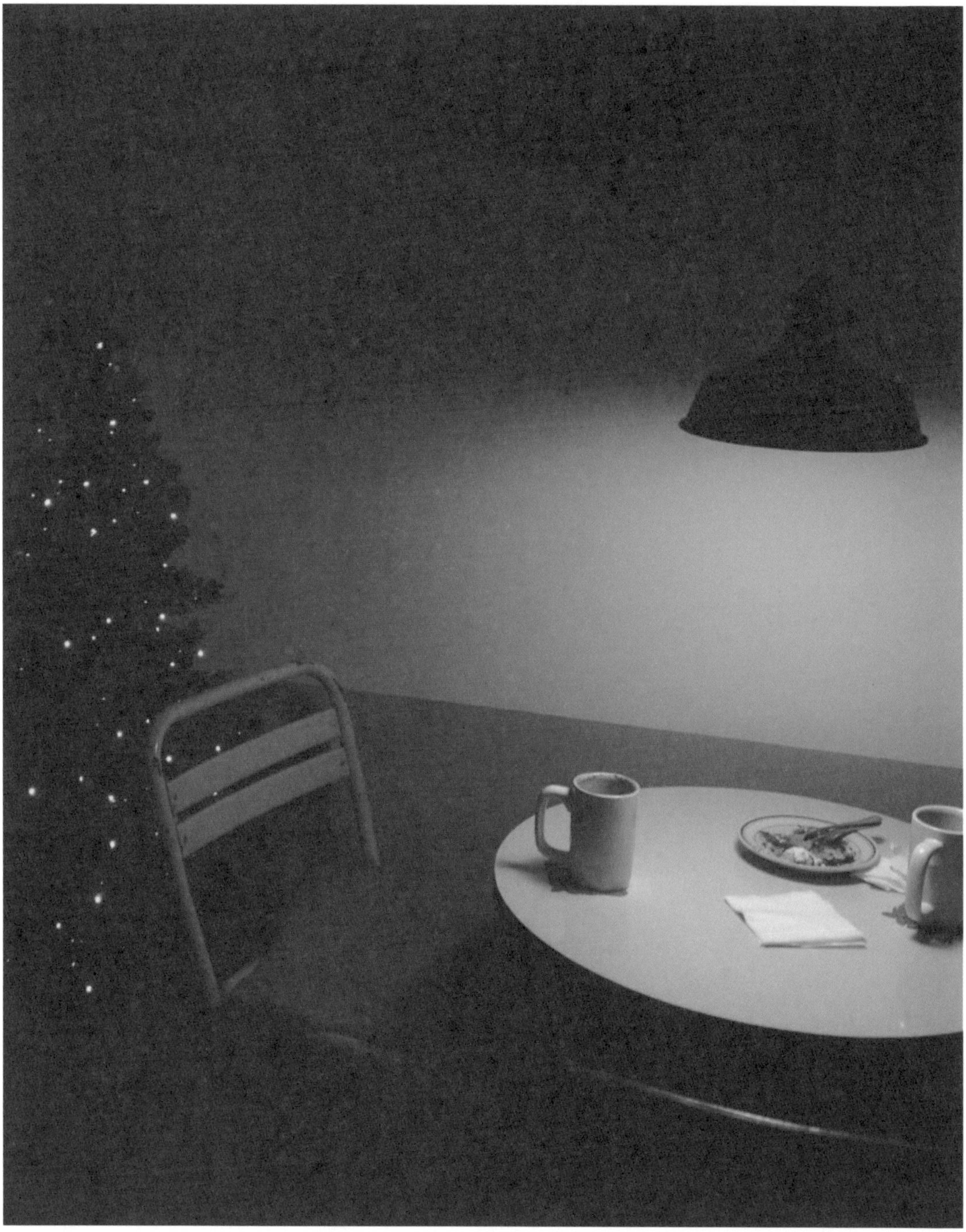

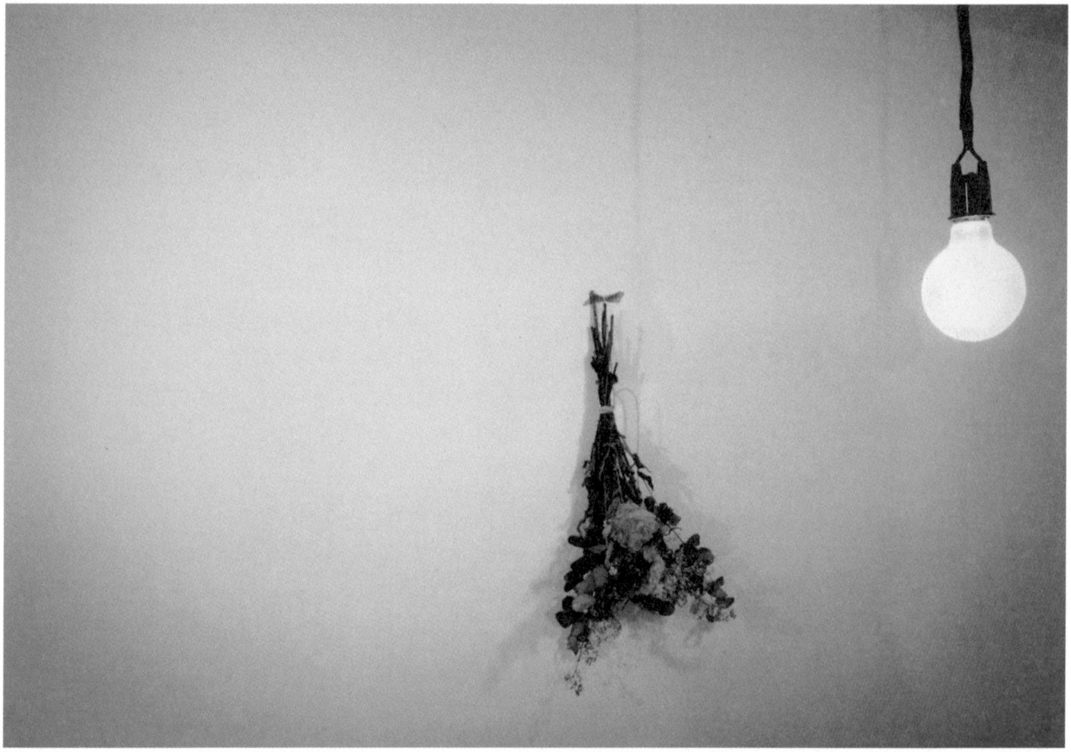

결국 나는 터진 일을 막느라 혼자 끙끙 앓았고
나도 모르게 원형 탈모가 생겼다.

72개의 입사지원
50번이 넘는 인터뷰

어딜 가나 공통적으로 묻는 질문에
감정 없이 답하는 게 익숙해질 무렵
처음으로 내가 사라졌으면 좋겠다는 생각을 했다.
힘이 많이 들었다.

내가 참 병신 같구나 한숨이 나왔다.
인터뷰가 거듭될수록
나는 아무짝에도 쓸모없는 사람 같았다.

죽어도 구겨지고 싶진 않았는데
나는 완전 구겨졌다.
더 가라앉을 곳이 없을 정도로 내려갔다.

Y대 K대를 나오지 않은 게
그렇게 잘못한 일이나 한 것처럼 나를 하찮게 여겼던 면접관

실무 테스트 점수를 다른 지원자보다 높게 받았어도
이게 네 생각인지 어디서 베껴온 건지
어떻게 믿을 수 있냐는 식으로
아이템만 쏙 빼갈 모양새로 얘기하는 면접관

"영어 잘하세요?"
"디자인 잘하세요?"
"야근 잘하세요?"를 묶어서 야근도 능력처럼 묻는 면접관
(나 원 참)

5년 동안 한 번도 깍은 적 없었던
수염을 없애고 머리도 짧게 잘랐다.

'요죠'로 말하는 것보다
'다나까'로 대답하는 게 어느덧 익숙해졌다.

기업의 상징에 맞는 컬러의 넥타이도
면접에 맞춰 여러 개 샀다.
(두 번 다시 멜 일 없는 색상의 타이들…)

예전에 대학생들 꿈을 적어주는 캘리 행사에서
한 대학생에게 "꿈이 뭐예요?"라고 물어본 적이 있다.
그때 그 학생이 취업이 꿈이라고 해서
내가 엄청 속상해했는데, 나의 요 몇 달의 꿈은
부끄럽게도 취업이었다.

이 험난한 취업 시장에 들어서고 보니
취업이 정말 꿈처럼 간절해질 수밖에 없었다.

내가 캘리그라피로 써놓았던
따뜻한 응원의 메시지를 한 장 한 장 넘겨보며

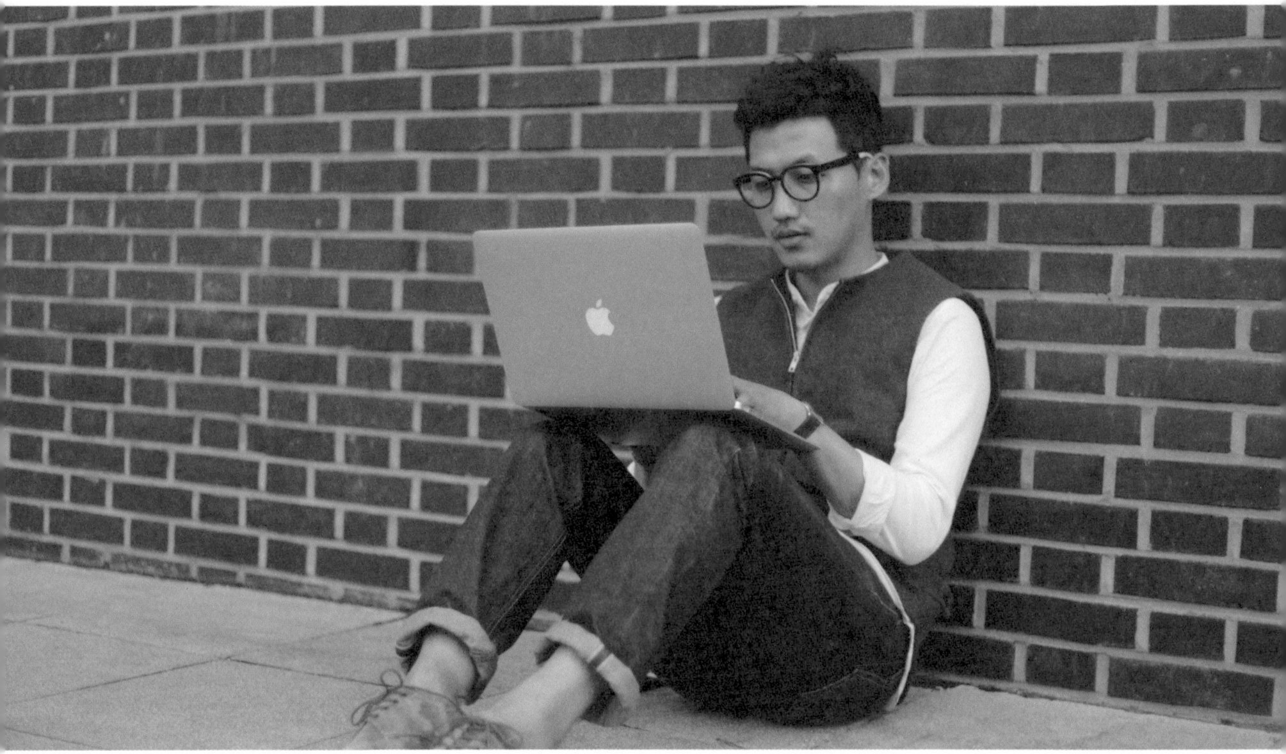

그래 잘하고 있다고, 다 잘 될 거고, 다 지나갈 거라고
위로했다.

사심 없는 마음으로 공감을 해주는 사람,
내 일처럼 마음을 나눠주는 사람이 나에게 필요했다.

이러한 시간들을 겪으며
우연찮게 보고, 뜻하지 않게 들은 얘기를 포함하여
다양한 경험으로 알게 되었다.
양과 거리를 따지는 '정도'에 대한 정의와
'진짜 진심' 그리고 '진짜 관계'에 대한 몇 가지 사실들을 말이다.

길고도 길었던 시간이
점점 끝을 보인다.

미뤄뒀던 뒷심을
바지런히 내야 할 시간이다.
바람은 여전히 차고
서운한 마음의 조각은 여전히 서걱대지만
고마운 마음을 더 크게 기억하며
좋은 소식으로 더 좋은 마음으로 꼭 보답해야겠다.

죽어도 잊지 못할 것 같은
잊어선 안 되는 8개월의 겨울.

"꿈이 뭐예요?"

【 기억에 남는 마음 】

캘리그라피 강의를 하며
정말 많은 수강생들을 만났다.
나는 캘리그라피 강의가 있는 날이 여전히 설레고 좋다.

보통 내 강의에는 20대에서 30대 여성분들이 많이 오는데,
요즘은 남성분들도 꽤 찾고 있다.

수업 시작 전, 이 수업에 오게 된 이유에 대해
이야기를 나눌 시간이 있었는데
나이가 지긋한 중년남성 분이 머리를 긁적이며 말씀하셨다.

"아내에게 편지를 써주고 싶어서…."

정말 누구보다 열심히 수업에 임하였고,
한 주 동안 내드린 과제도 성실하게 해오셨다.
수업 마지막 시간에 아내를 위한 멋진 작품을 만드는 것도
모두가 함께 지켜봤다.

아내에게 편지를 써주고 싶어서

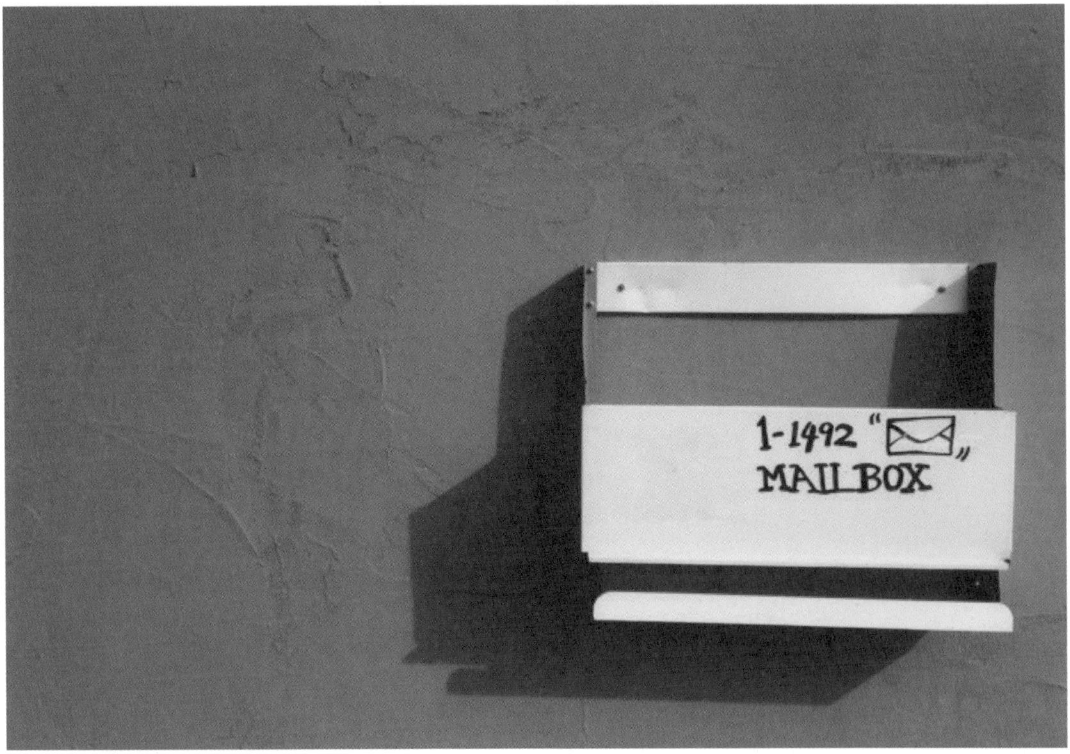

모든 수강생들이 그 분의 노력을 응원하고
기뻐하였다.

내가 수업을 마치며 그 분께 다시 여쭈어보았다.

“선생님, 어떠셨어요?”
“예전에 아내에게 편지 써줄 때
그때 마음이 생각나서 좋았습니다.”

내일은 내일

새해 첫날 아침
다이어리 맨 첫 장에
'올해는 꼭 바쁘지 말고 오롯이 나를 위한
나만 위한 시간을 많이 가지자.'라는
다짐을 적어뒀는데

음-
나는 여전히 바쁘고
야근은 뭐 말할 게 없고
마음 빠진 미안하다는 말을
입에 달고 살고 있다.

잘 살고 있는지는 모르겠는데
열심히 치열하게 살고는 있는 것 같다 .
여전히 또
늦은 퇴근길
휴대전화 부재중 알림과 함께
남겨진 음성 메시지를
성수대교를 건너며 눈 감고 들어본다.

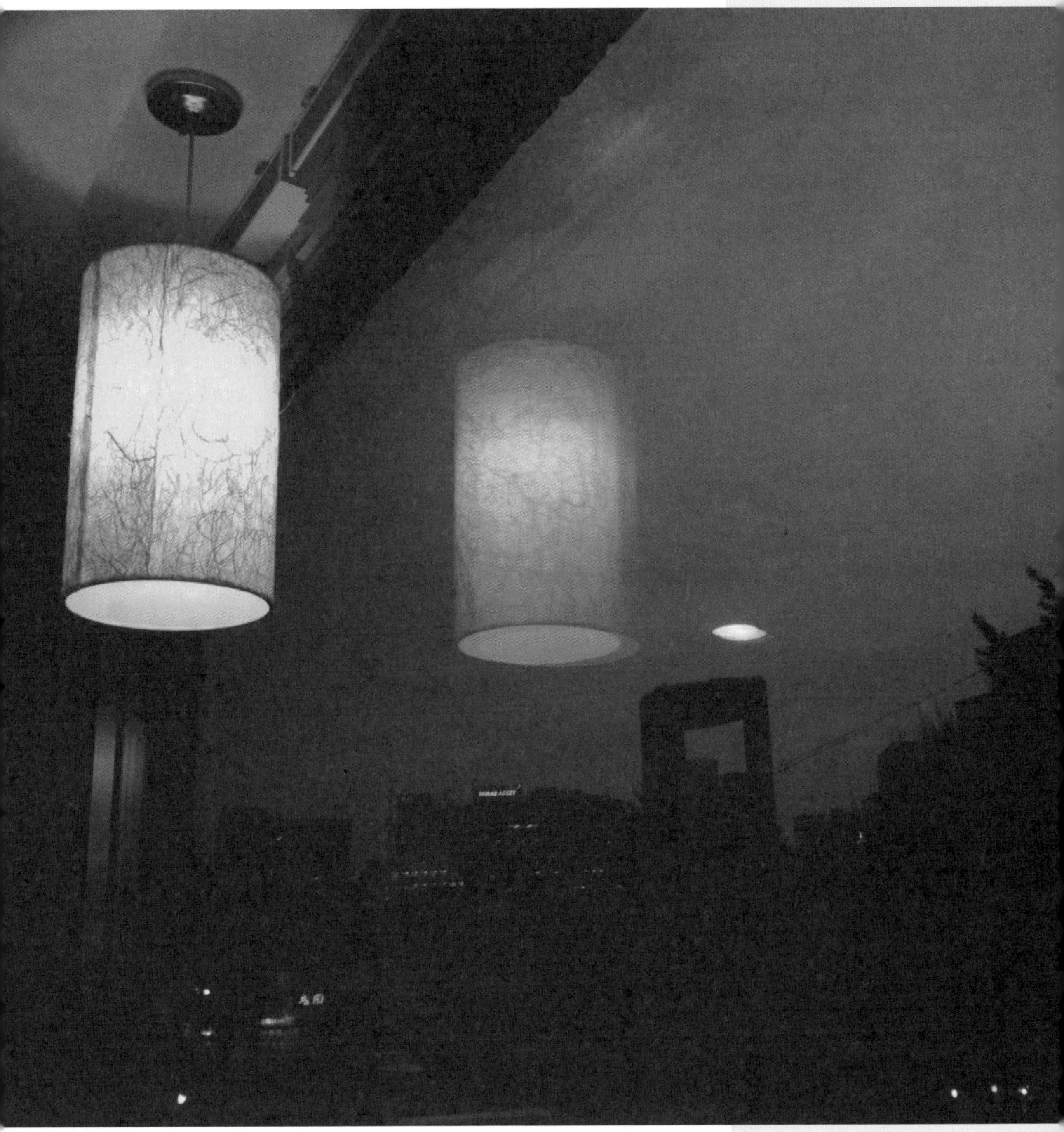

수화기 넘어 카랑카랑한 목소리가 들린다.
밥은 먹었는지
돈은 아껴 쓰고 있는지
서울엔 비가 왔는지
비타민은 잘 챙겨 먹고 있는지
엄마는 대답하기 곤란한 질문들만 던져놓았다.

언제쯤 새해 첫날
그 빳빳했던 나의 다짐처럼
오롯이 나를 위한 나만을 위한 시간을 가질 수 있을까.

온종일 고단함의 온기가 채 식지도 않은 노트북을 다시금 열어
나의 요즘을 돌아본다.

시계 같은 사람이 아니라
달력 같은 사람으로 살아보자고
오늘도 마음을 고쳐먹어보는데
여전히
현실의 나에게는 참 어려운 일이다.

그래도
잘하고 있다고
자라고 있다고
잘 살고 있다고
믿기로 했다.

그래, 그럼 됐다.
아무렴

내일부터는
조금 더 일찍 퇴근하는
연습을 해봐야지.

내일은!

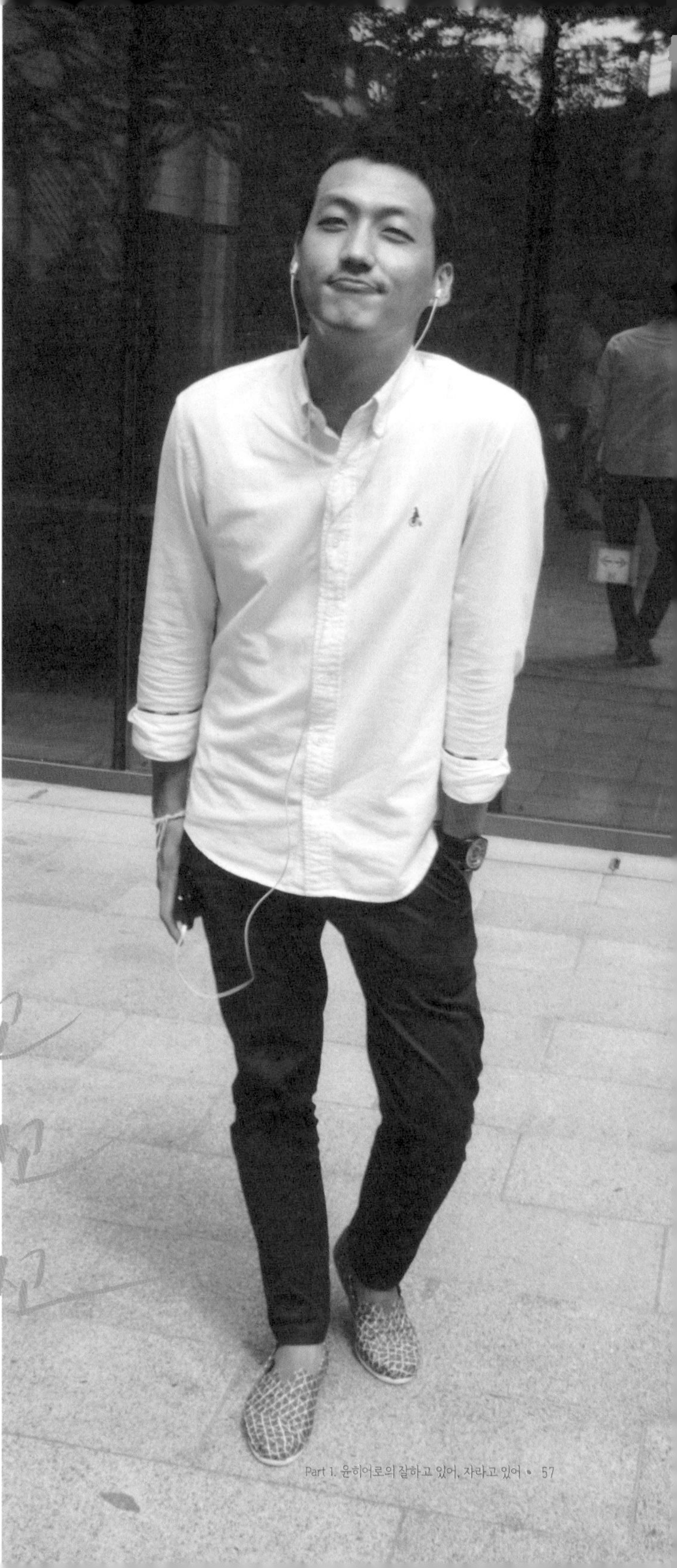

잘하고 있다고
자라고 있다고
잘살고 있다고

캘리그라피를 시작하다

"캘리그라피를 어떻게 시작하게 됐어요?"

사람들은 내게 이런 질문을 많이 한다.
글쎄… 어떻게 시작하게 되었더라?

언젠가부터 나는 내가 쓴 글씨를
일상을 기록하는 개인 블로그에 올리기 시작했다.
아마도 그것이 계기가 된 것 같다.

나는 정통 캘리그라피를 쓰는 사람이라기보다
내가 쓰는 나만의 글씨로 이야기하는 사람이라고 설명하는 게 맞다.

사실 나 역시 정통 캘리그라피를 배운 적이 있다.
그 당시 열심히 하지 않았고,
수료작품전에만 고개를 내민 부끄러운 수강생이었다.

시작만 하면, 배우기만 하면,
나도 저 선생님처럼 멋진 글씨를

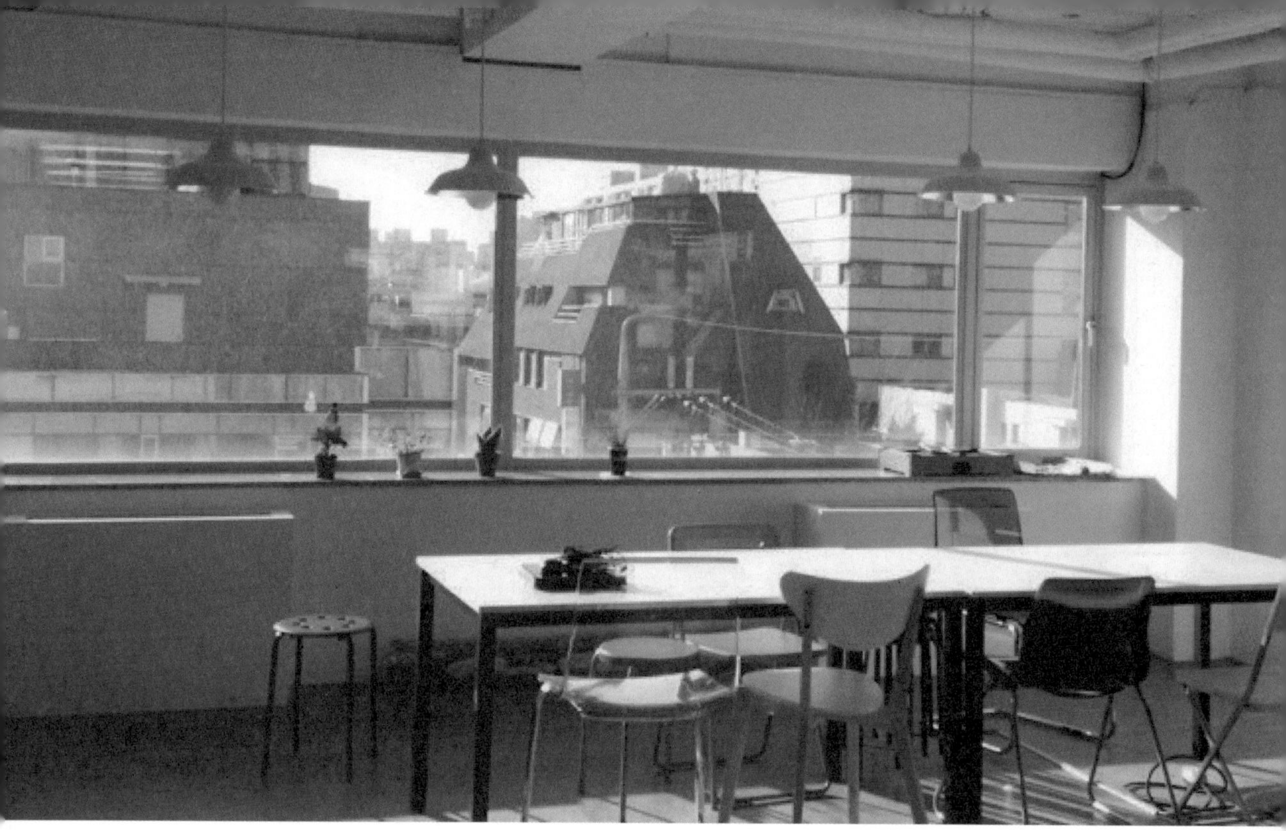

금방이라도 따라 쓸 수 있는 사람이 될 줄 알았다.
그러나 생각만큼 쉽지가 않았다.

'꽃'을 '꽃'처럼
'봄'을 '봄'처럼
캘리그라피로 표현한다는 게 내겐 너무나 어려웠다.

그렇게 나는 그냥
나만의 글씨를 쓰기로 했다.

내 주변 사람들은 내가 쓴 글씨를 좋아했고,
내게 글씨를 많이 써달라고 했었다.

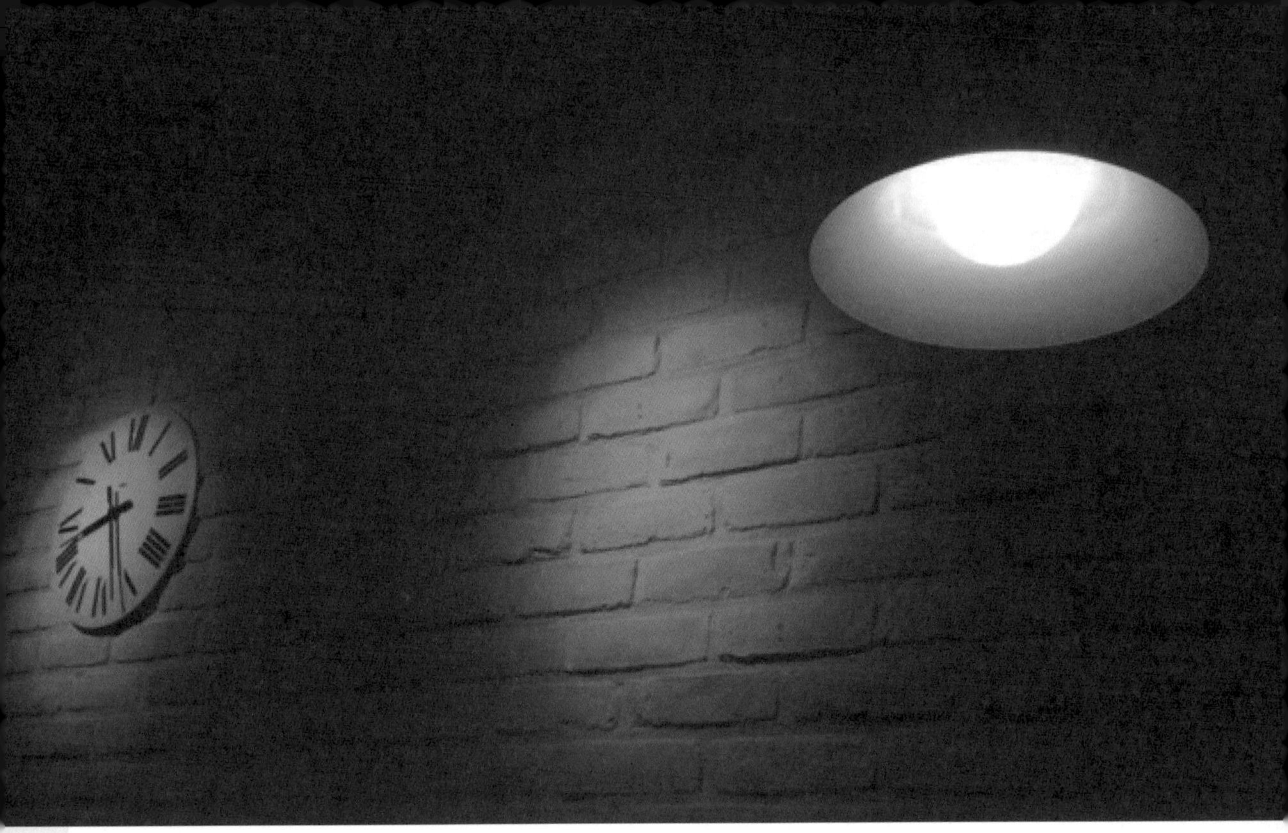

이들 덕분에 (몇 번 거절을 했었지만 결국)
캘리그라피 강의를 시작하게 된 것이다.

사실 강의를 할 때마다 과연 내가
누군가를 가르칠 자격이 있을까 늘 고민스럽고 걱정이 된다.
그래서 강의가 있는 날이면 온종일 강의 준비에
시간과 에너지를 쏟는지도 모른다.

"어떻게 하면 내 수업을 들으러 오시는 분들에게
좀 더 쉽게, 좀 더 재미있게,
나의 글씨를 알려드릴 수 있을까?"

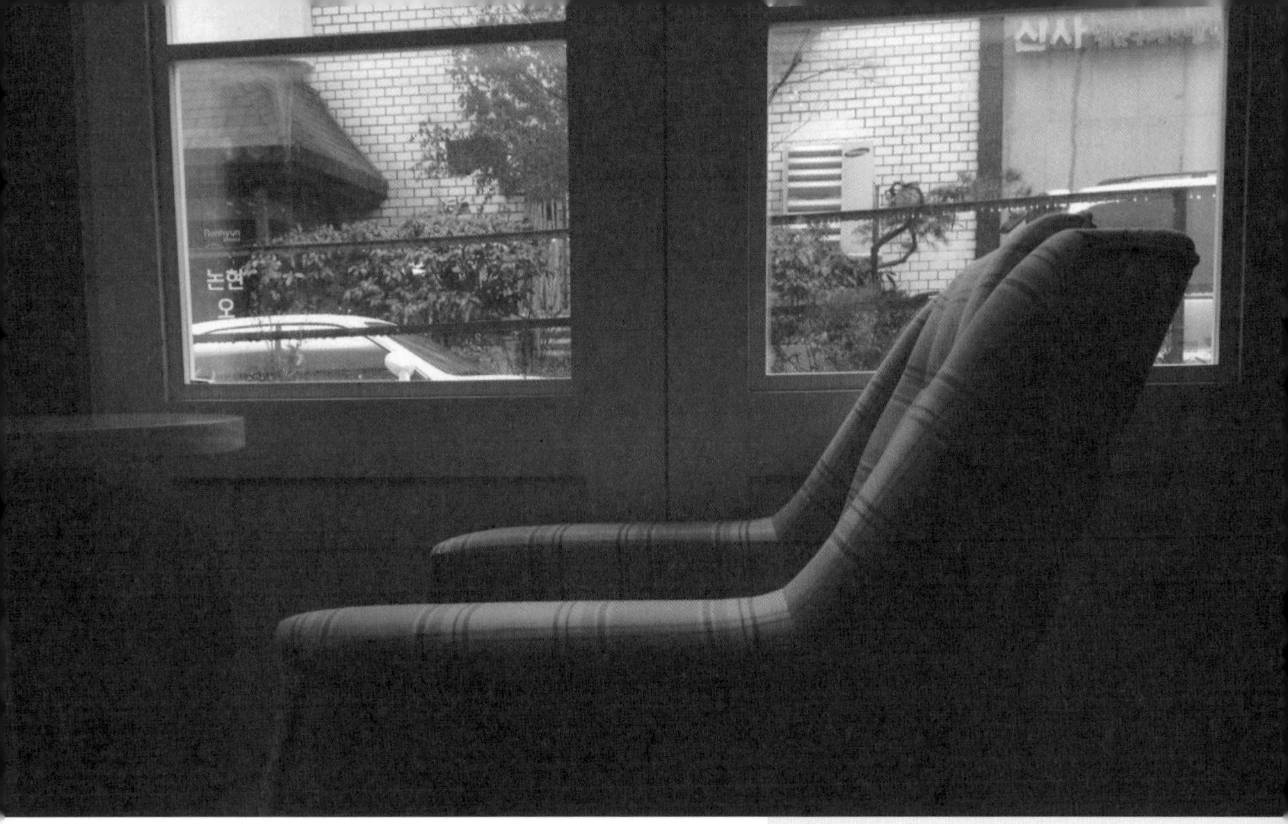

나의 글씨를 배우고 싶다면 원 없이 함께 쓸 수 있도록
알려주고 싶었다.

강의를 통해서도 가장 많이 하는 말이
"오늘 배운 글씨를 절대 잊지 마시고,
주변 사람들에게 예쁜 글씨로 마음을 전하세요."이다.
많은 사람들이 마음을 잊지 않고
글씨로 그 마음을 잘 표현했으면 한다.
진심은 통하니까.

오늘 배운 글씨 절대 잊지 마시고
주변사람들에게 예쁜 글씨로
마음을 전하세요

마침표

나는 메시지를 보낼 때
마침표를 잘 안 쓴다.
'안녕'이라는 말도 잘 안 쓴다.

캘리그라피 강의를 할 적에도
마침표를 찍지 말라는 얘기도 꼭 하고
수업이 끝날 때쯤이면 '안녕'보다는 여운을 두는 인사를 한다.

말이든 글이든 글씨든
마침표를 찍고 나면
지금 있는 모든 것이 그대로 끝나는 기분이 든다.

'안녕'이라는 마지막이 될 것 같은 인사보다는
'내일 보자, 내일 연락할게, 다시 올게, 또 보자, 연락해'라는
인사가 나는 더 좋다.

내일 보자 다시 올게

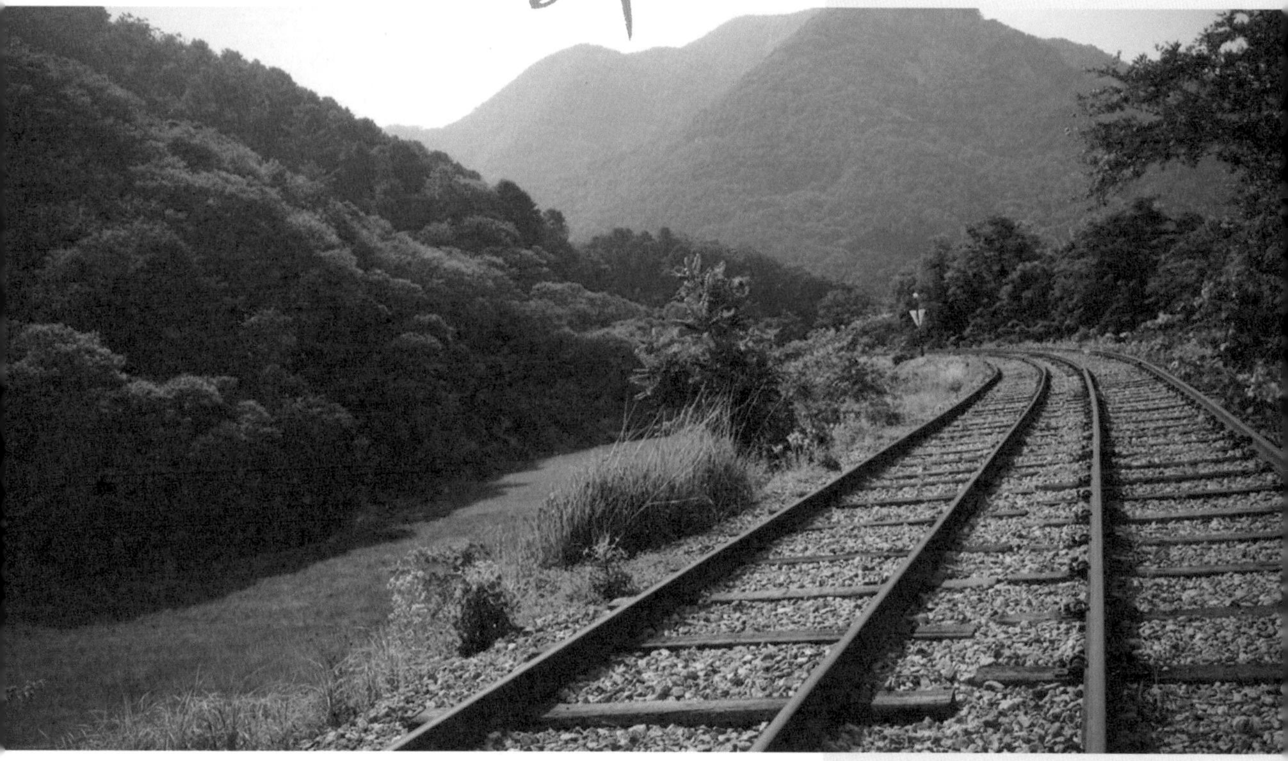

사소하지만 사소하지 않은 것

메신저로 "힘드시죠?"라는 따뜻한 걱정과 격려에도
충분한 위로가 되었는데

"힘들었죠?" 하며 따뜻한 커피를 건네며
퇴근하는 모습에 홀딱 반할 수밖에 없었다.

마음이라는 게
감정이라는 게
이렇게 사소하다.

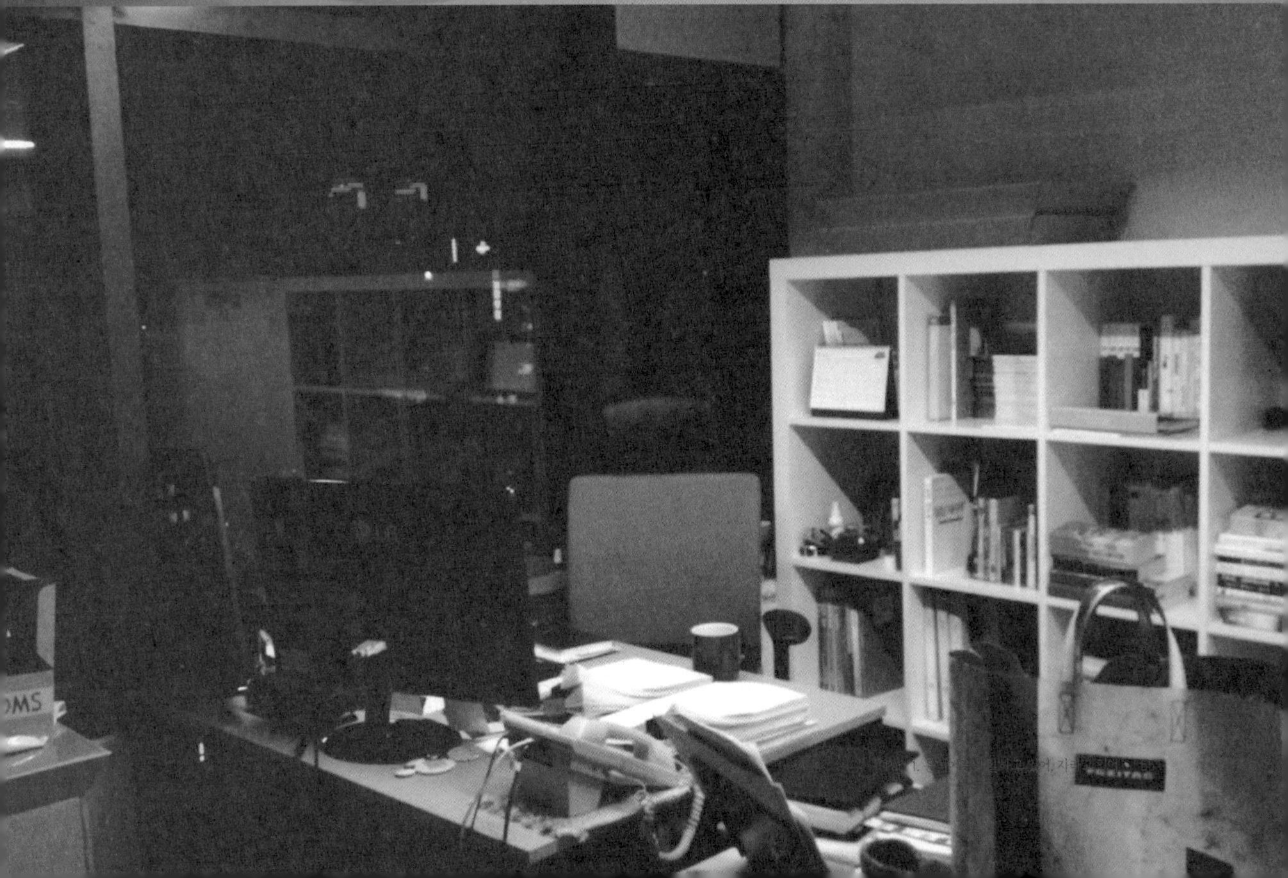

힘들었죠?

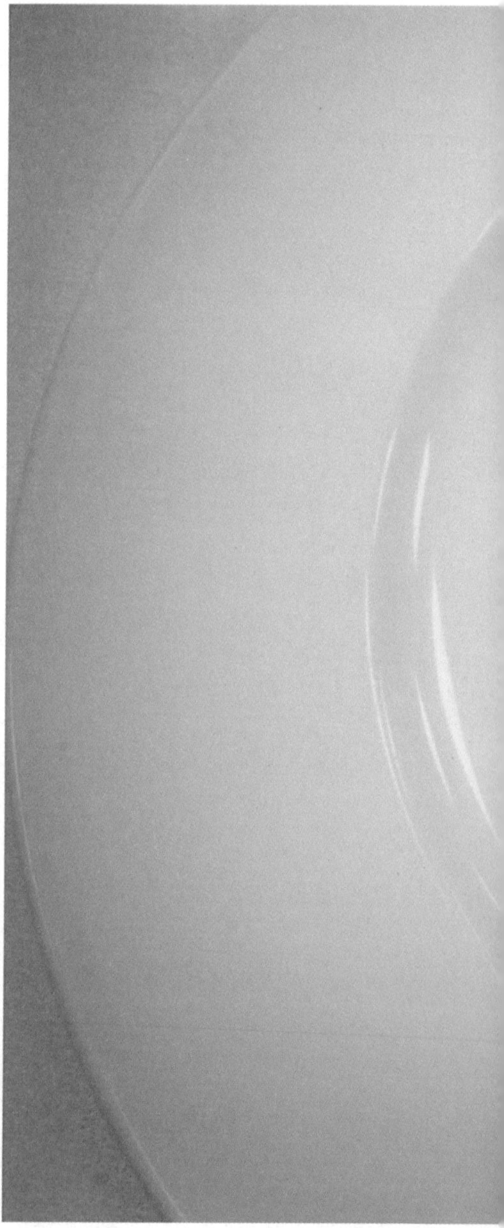

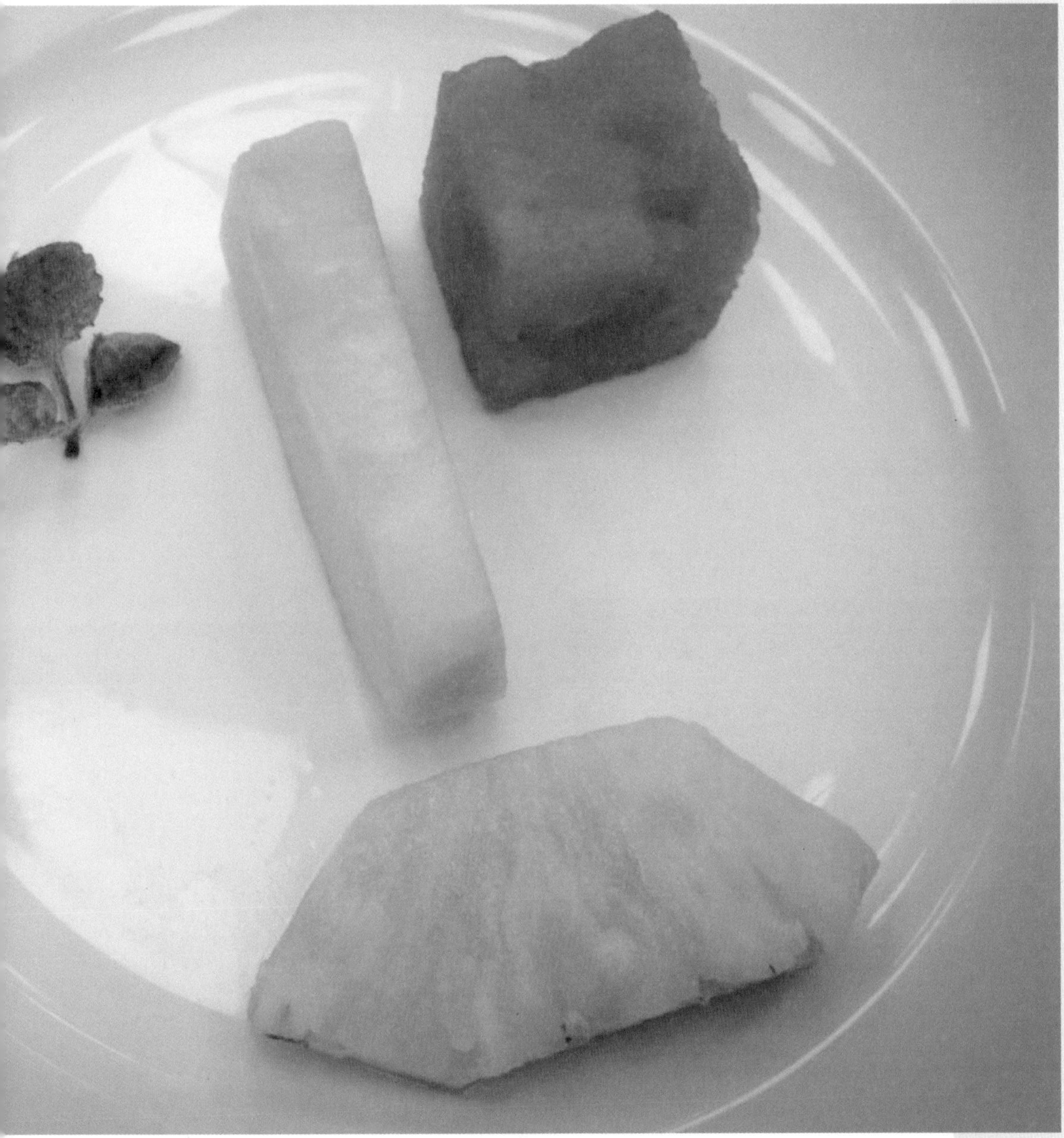

구겨짐의 흔적

삶이라는 게
엄청 큰 흰색 종이 같아요.

살면서 그 종이를
어떻게 사용하느냐가
인생이랑 닮아 있고요.

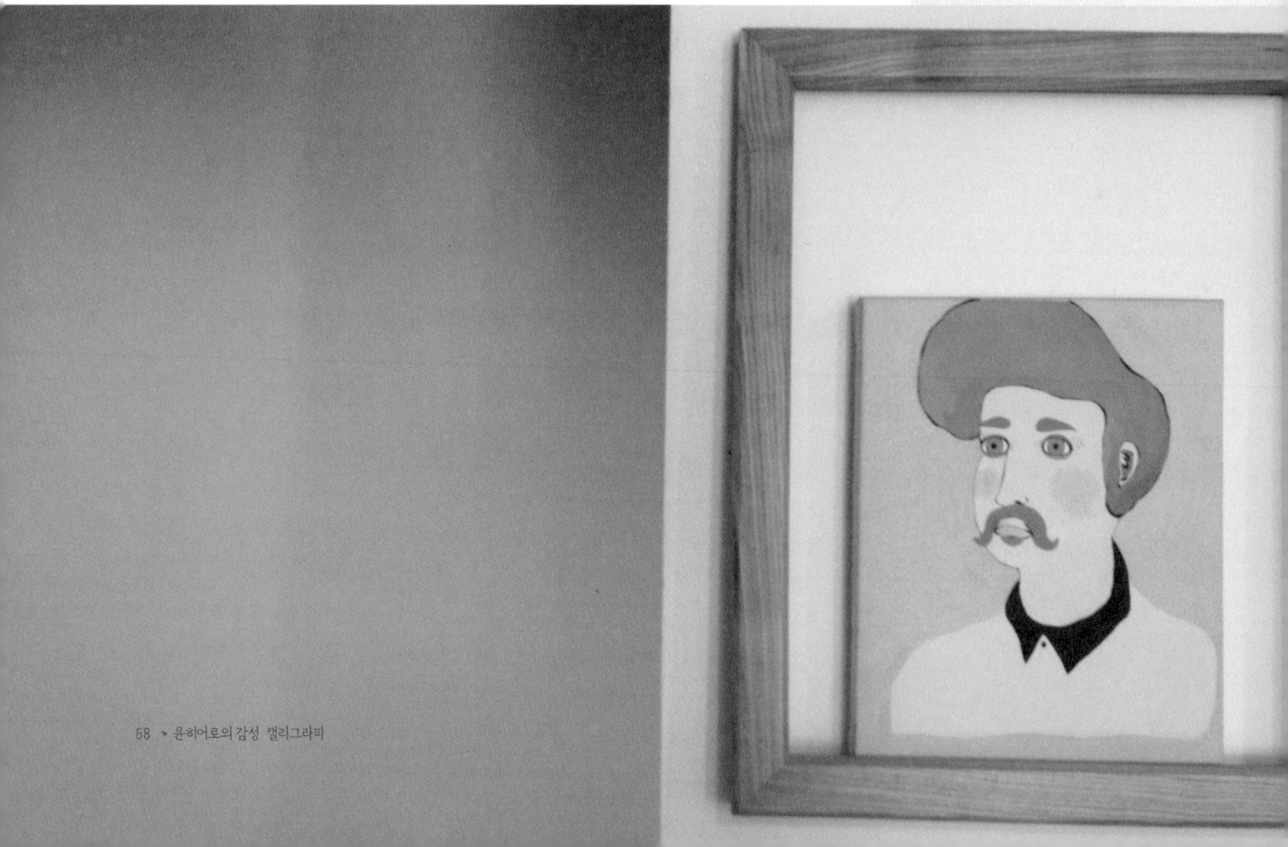

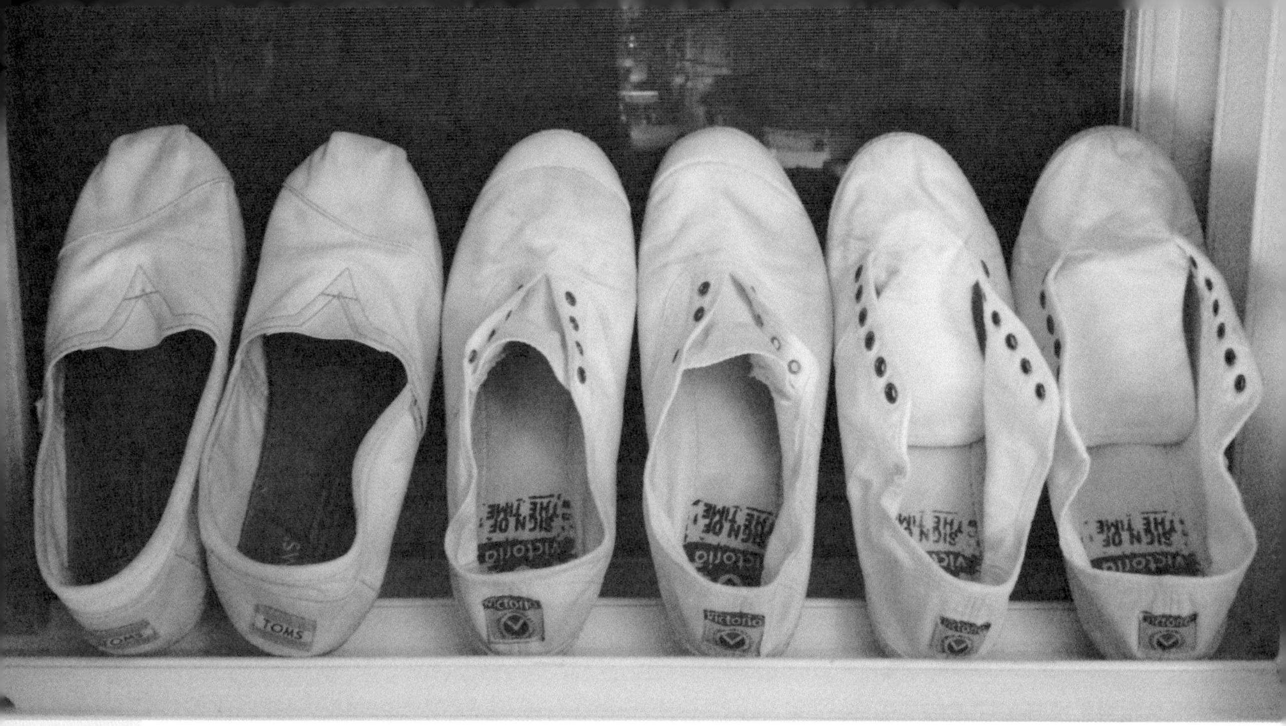

색도 칠하고 뭐도 붙이고
찢기면 붙이기도 하고
위에 이것저것 더 갖다 붙이기도 하고

그냥 구겨지지 않았으면 좋겠어요.

구겨지니까 새롭게 뭘 하려고 해도
그 구겨진 부분 때문에 자꾸 신경이 쓰여요.

그냥 구겨지지 않았으면 좋겠어요

【 야근 】

내가 가장 좋아하는
저녁 6시 30분의
아무도 없는 깜깜한 회사 옥상.

이해하지 못했던 것들이 익숙해지니
이제는 모든 게 다 괜찮아졌다.

충혈된 눈도 쉬고
복잡한 마음도 탈탈 털어내고
뒷심을 낼 채비를 하는 곳.

바람이 차다.

가만히 눈을 감고 있으면
코끝을 스치는 바람 냄새는
유럽의 어느 밤 같은데,

현실은
옥상이다.

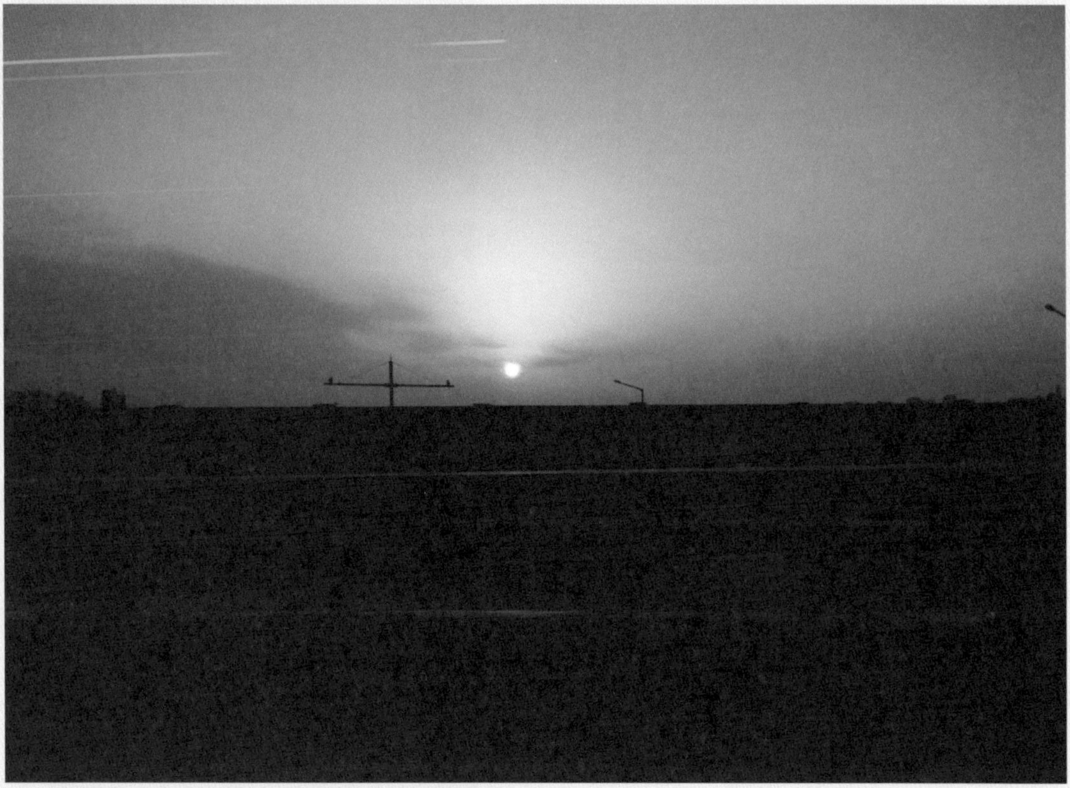

며칠만, 아니 딱 일주일만
하던 일 다 멈추고
이메일도 읽지 말고
전화도 하지 말고
아무도 신경 쓰지 말고

지금이 아닌 곳에서
지금 모습의 모든 것만 쏙 빼고
가만히 지내다 왔으면 좋겠다.

사람 없고
인터넷도 안 되는 곳에서
하릴없이 책 읽고 음악 듣고
글 쓰고 운동하고 배고프면 밥 먹고
딱 그렇게 살고 싶다.

딱 필요한 사람만 움직이는
이른 새벽 같은 시간이
요즘 내게 필요하다.

진짜 나를 위한 시간.

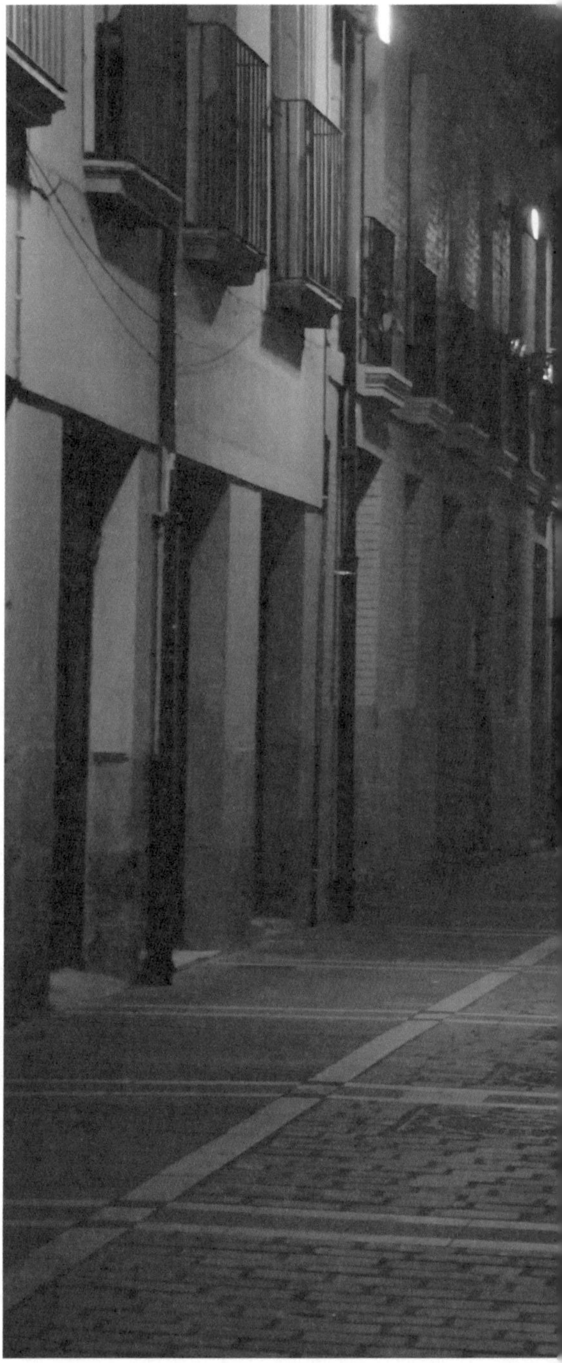

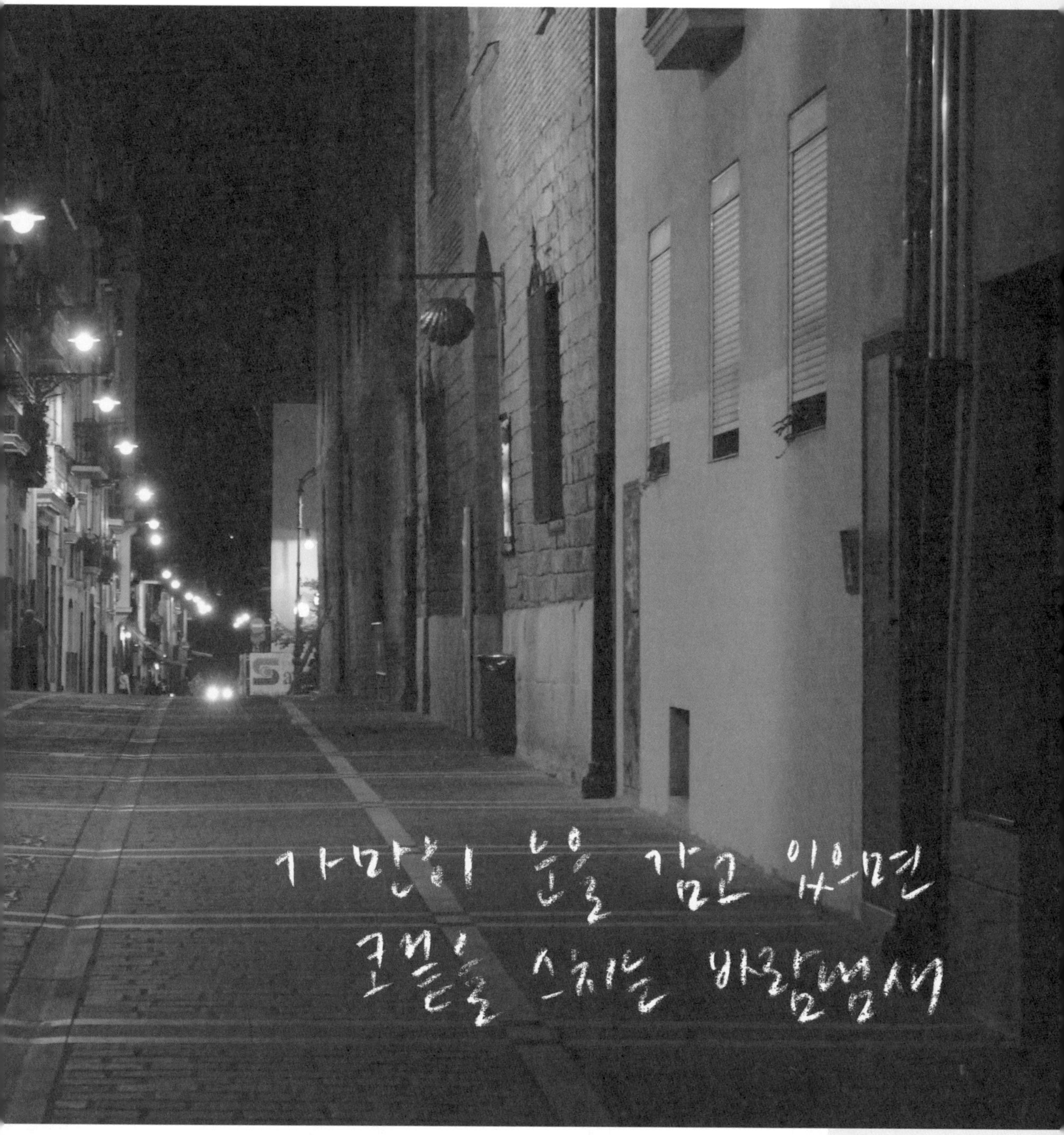
가만히 눈을 감고 있으면
코끝을 스치는 바람냄새

그해 베를린

산티아고 순례길을 걸으며 한 600킬로미터쯤 걸어왔을까
자전거를 타고 지나가던 한국 사람이 날 불렀다.

"어~ 한국 사람이시죠?"
외국에서 만나는 한국 사람은 언제나 반갑다.

"안녕하세요."라는 인사를 시작으로
그 형과 함께 그날 20킬로미터를 걸었다.

형은 한국에서 사업을 하고 있었다고 했고,
출장을 왔다가 자전거를 타고 순례길을 여행하고 있다고 하였다.
3일 정도 그 형과 함께 걸었는데
가장 맛있는 음식, 가장 좋은 숙소, 가장 비싼 와인을 사주고,
심지어 본인이 타던 자전거도 주고 한국으로 먼저 돌아갔다.

그리고 그 형이 한국으로 돌아가던 날
내게 부탁 하나를 하였다.

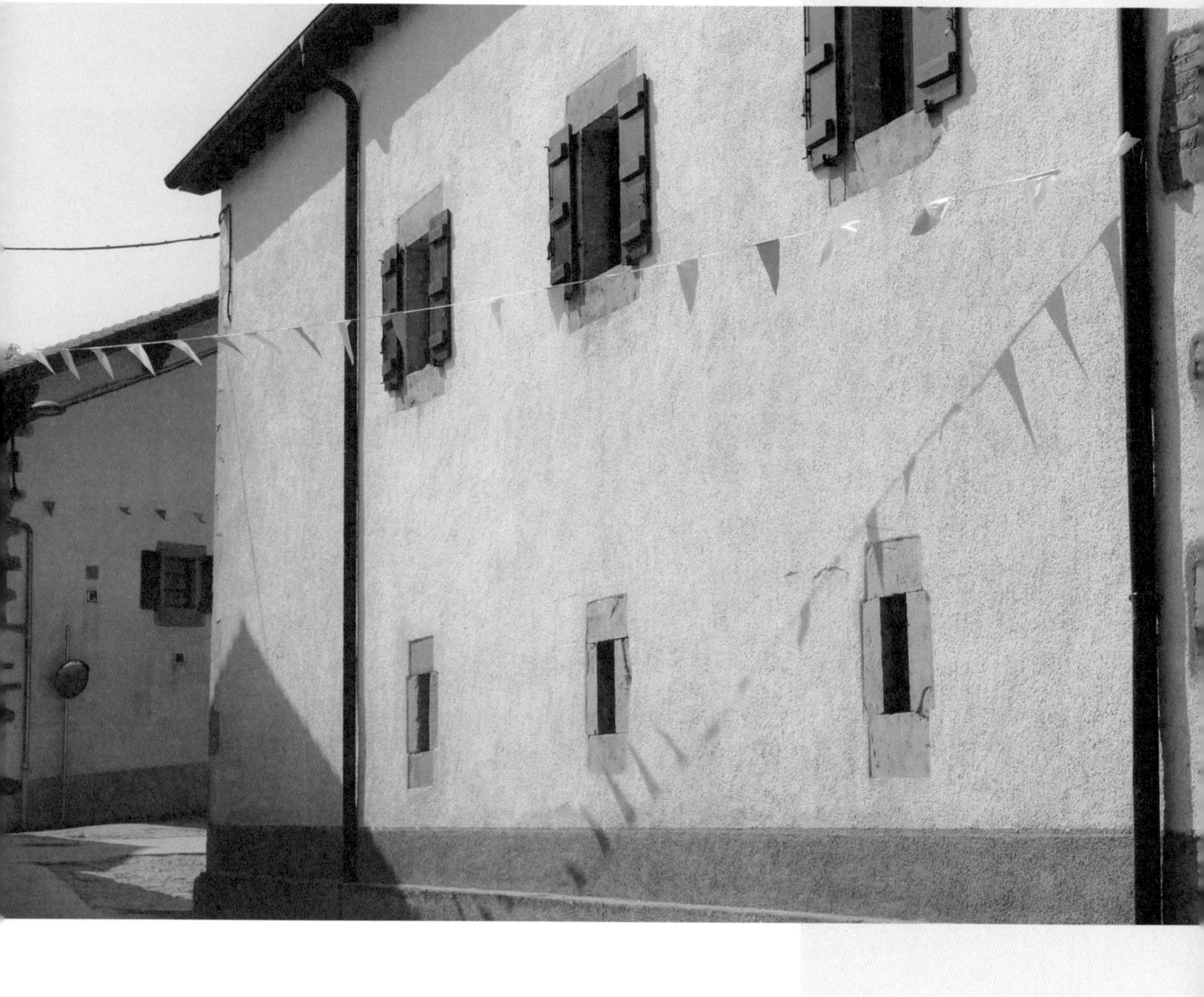

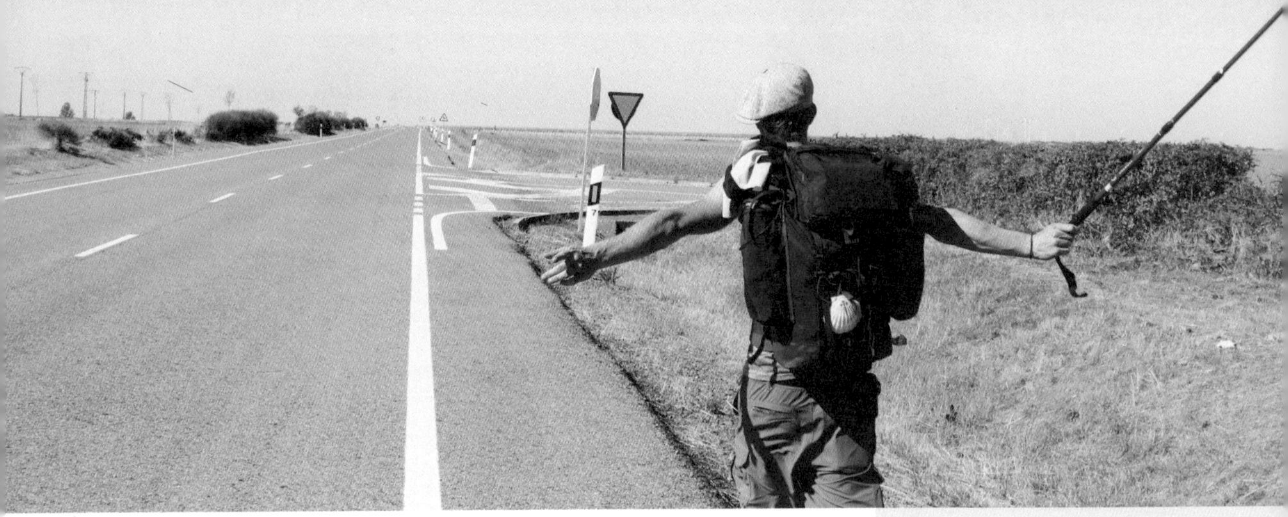

"영웅아, 형은 진짜 가난하게 살다가
어렵게 어렵게 공부해 대학에 가서
지금 내 사업을 하고 있어.
근데 내가 그때 너무 힘들다 보니 남에게 도움을 많이 받아서
'내가 이다음에 잘되어 힘든 누군가 보이면
꼭 내가 그 은혜를 갚아야지'라는 마음으로 살고 있었어.
이 힘든 순례길에서 내 눈엔 네가 가장 힘들어 보이더라.
그래서 너에게 잘해주고 싶었어."

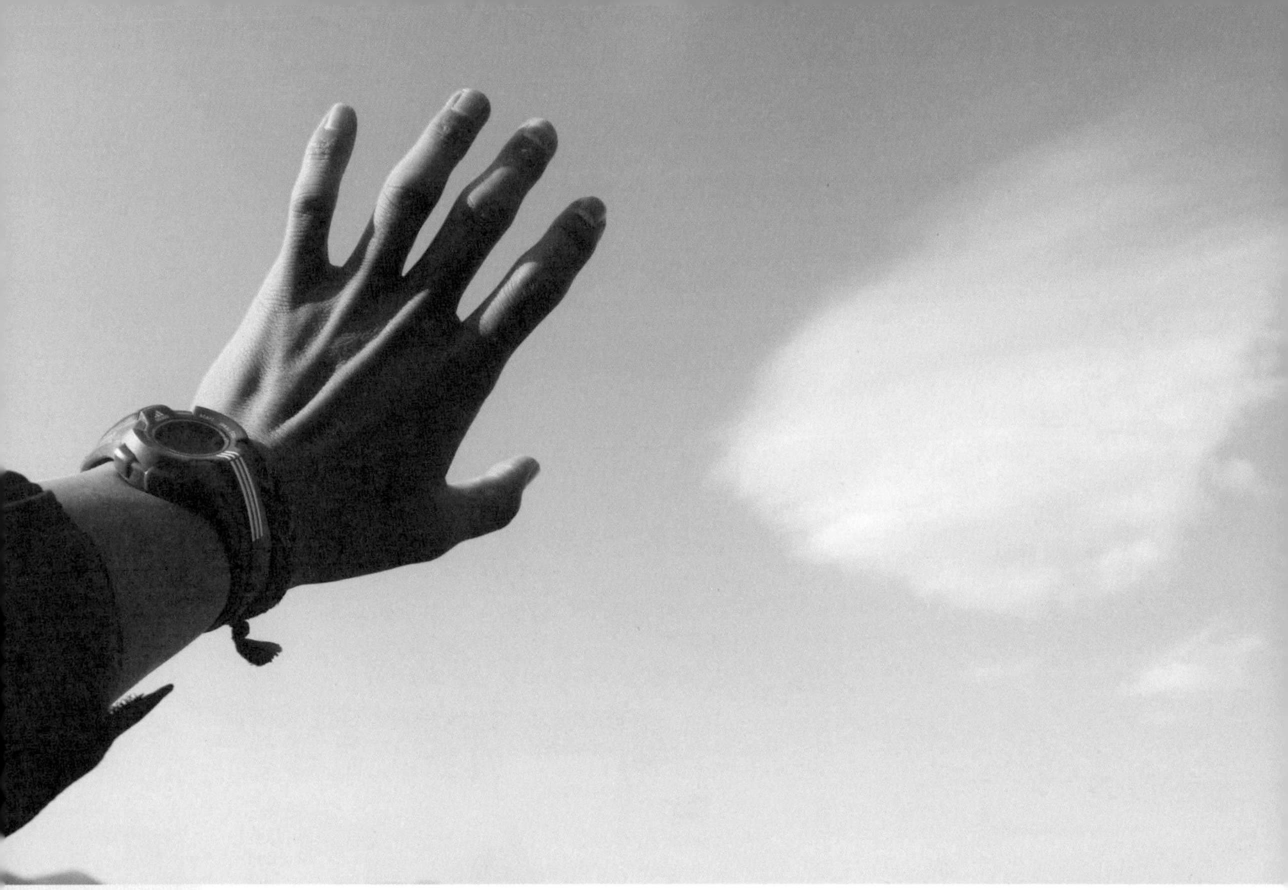

"형 고마워요.
제가 한국 가면 밥 한번 꼭 살게요."

"아니다. 그 밥 나한테 사지 말고,
네가 이다음에 힘든 누군가 보이면
그때 그 사람한테 그 빚 갚아라, 그러면 된다."

그렇게 헤어지고 꼭 그래야지 했던 마음을 잊고 살았다.

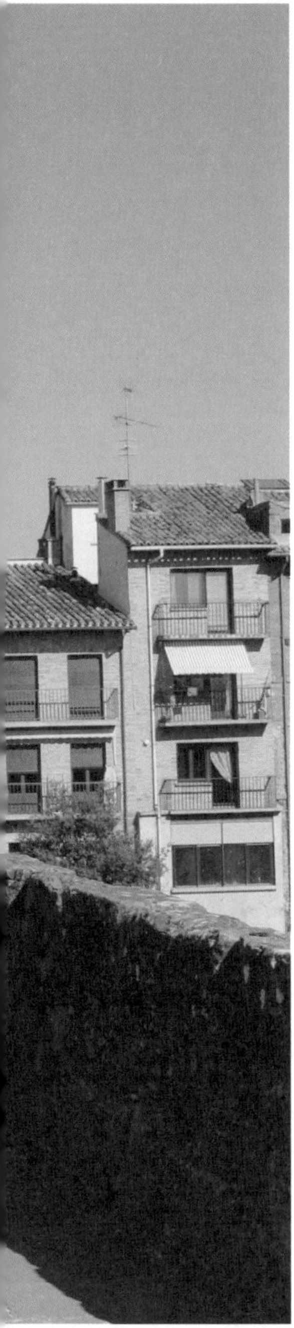

작년, 베를린 여행을 갔을 때
베를린 한인민박에서 2주 정도 머무른 적이 있었다.
그 민박집은 베를린에 온 한국 유학생들과 함께 지내는 곳이었다.
나는 플루트를 전공하는 한 남학생의 방에 머무르게 되었다.
오랜 시간 있다 보니 이런저런 이야기도 나누며 친해질 무렵
내가 그 아이에게 물었다.

"너는 왜 집에만 있어?"
"공부하러 왔으니까 연습해야죠."
"베를린 구경 안 다녀?"

"그냥 집에 있는 게 편해요.
형, 베를린 오셨으면 베를린 필하모닉은 꼭 가보세요.
그리고 내일 진짜 유명한 분이 지휘하시는데, 그거 꼭 가세요.
그거 진짜 일생에 몇 번 없는 무대예요."

그때 그 말이 내 마음에 콕 박히고 말았다.
그리고 생각이 났다.
순례길에서 만났던 형의 부탁이….

그 아이에게 갚아야겠다는 마음이 들었지만 조심스러웠다.
여행객일 뿐인 나인데, 그 아이에게 행여 상처를 줄까봐.
그날 밤, 침대에 누워 나지막이 말을 건넸다.

"형이 내일 베를린을 구경하러 갈 건데,
네가 형한테 베를린 음악 얘기도 좀 들려주고,
필하모닉 오케스트라 같이 보면서 설명 좀 해주라.
대신 형이 너 맛있는 거 사줄게!
공짜 아니다. 내가 너 부리는 거야, 알았지?"

나는 베를린 필하모닉 오케스트라의
가장 비싼 좌석을 두 장 예매하고,
나란히 앉아 연주를 보며 한참을 좋아했다.
그 아이는 내게 필하모닉 오케스트라의 디테일한 부분까지도
세세하게 얘기해주었다.

베를린을 떠나던 날,
괜히 나의 부탁이 그 아이에게 부담을 주는 것 같아
미안한 마음이 들었지만, 그래도 웃으며 말했다.

"그 빚, 나중에 너도 힘든 누군가가 보이면 꼭 갚으라고."

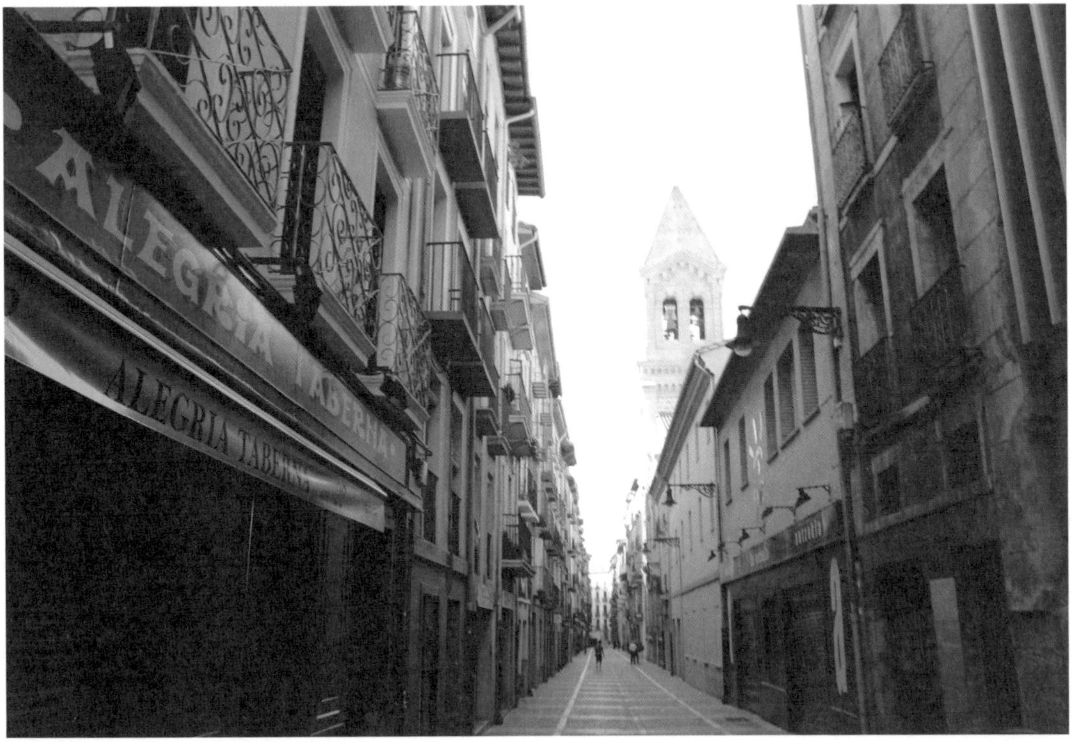

네가 이다음에 힘든 누군가 보이면

그때 그 사람한테 그 빚 갚아라

그러면 된다

반복된 하루를 사는 일

매일 아침 6시
컴컴한 침대 위에 기운 없이 앉아
오늘 휴가를 쓸까 말까 백 번 천 번 고민하고 일어나
양치를 하고 세수를 한 뒤 음악을 틀고 출근 준비를 한다.

주말 늦은 아침
집 앞 빵집에 들러 빵을 사고 커피를 사고
두유를 사고 신문을 뽑아들고 올라와
<영화가 좋다>를 보며 강의 준비를 한다.

주말 오후
종각역 근처 스타벅스에 앉아 다시 수업 준비를 하고
챙겨온 간식을 미리 먹어둔다.

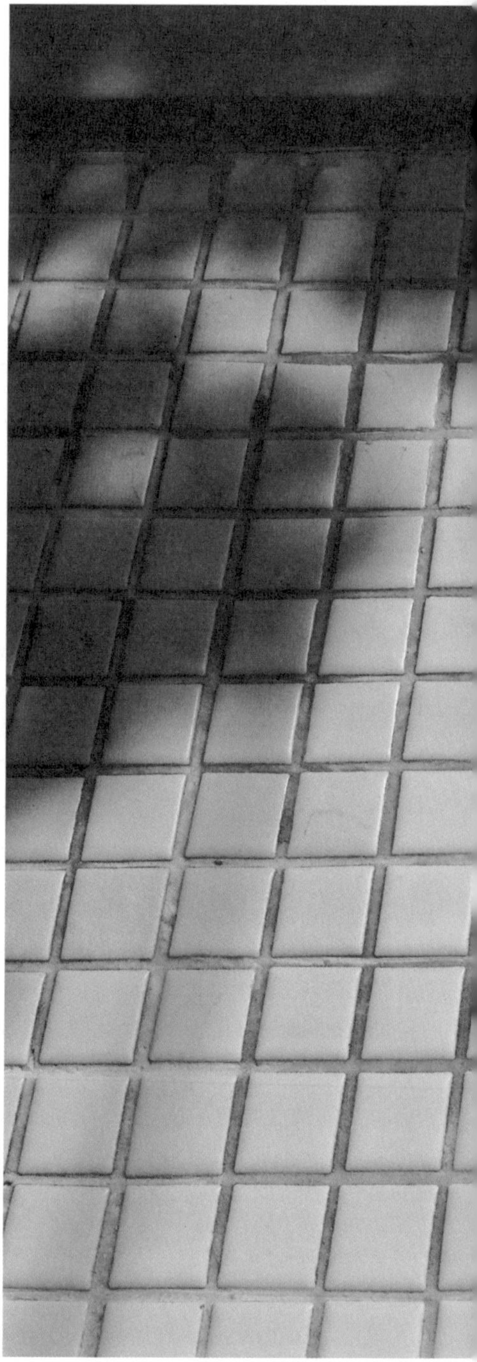

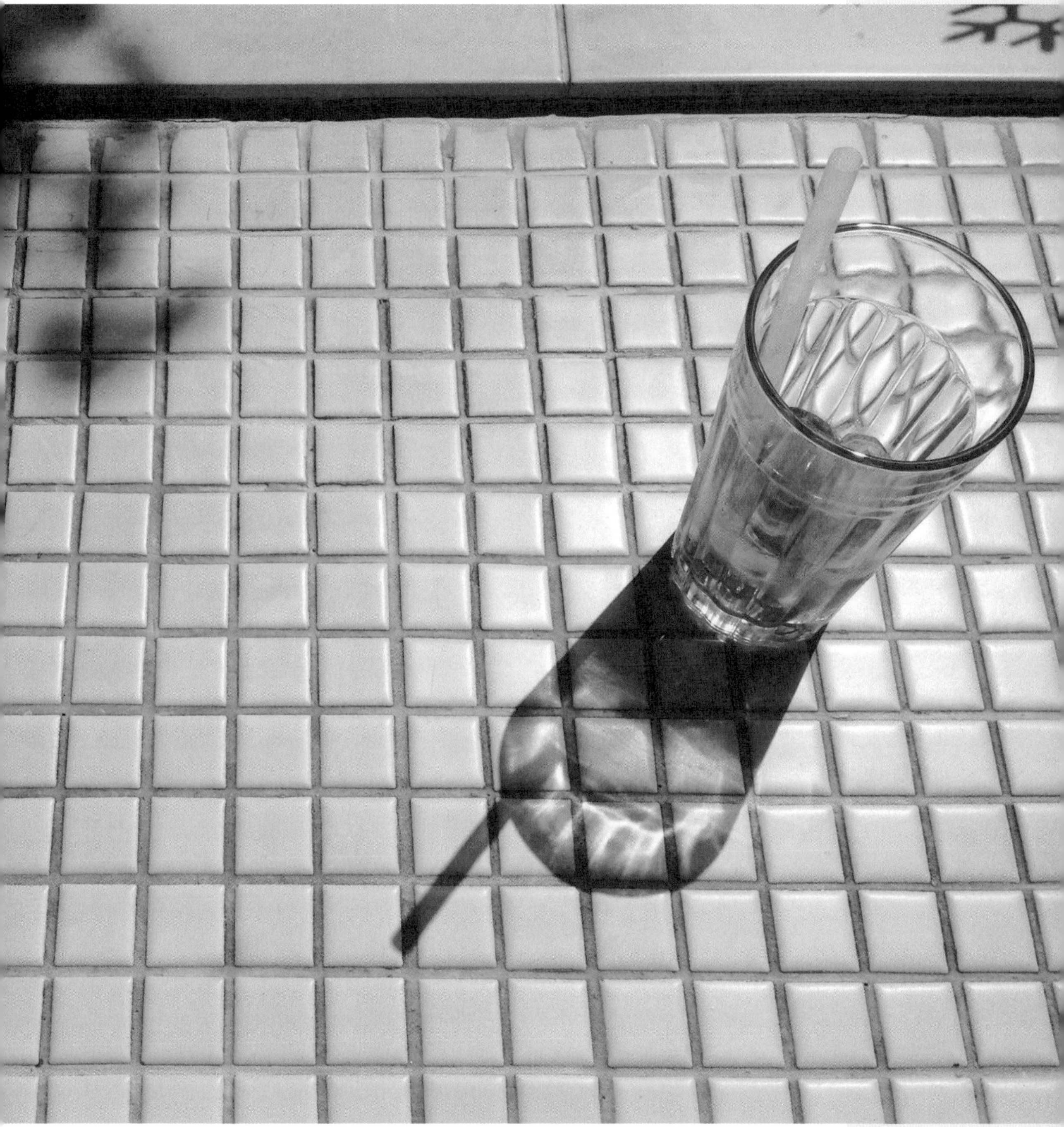

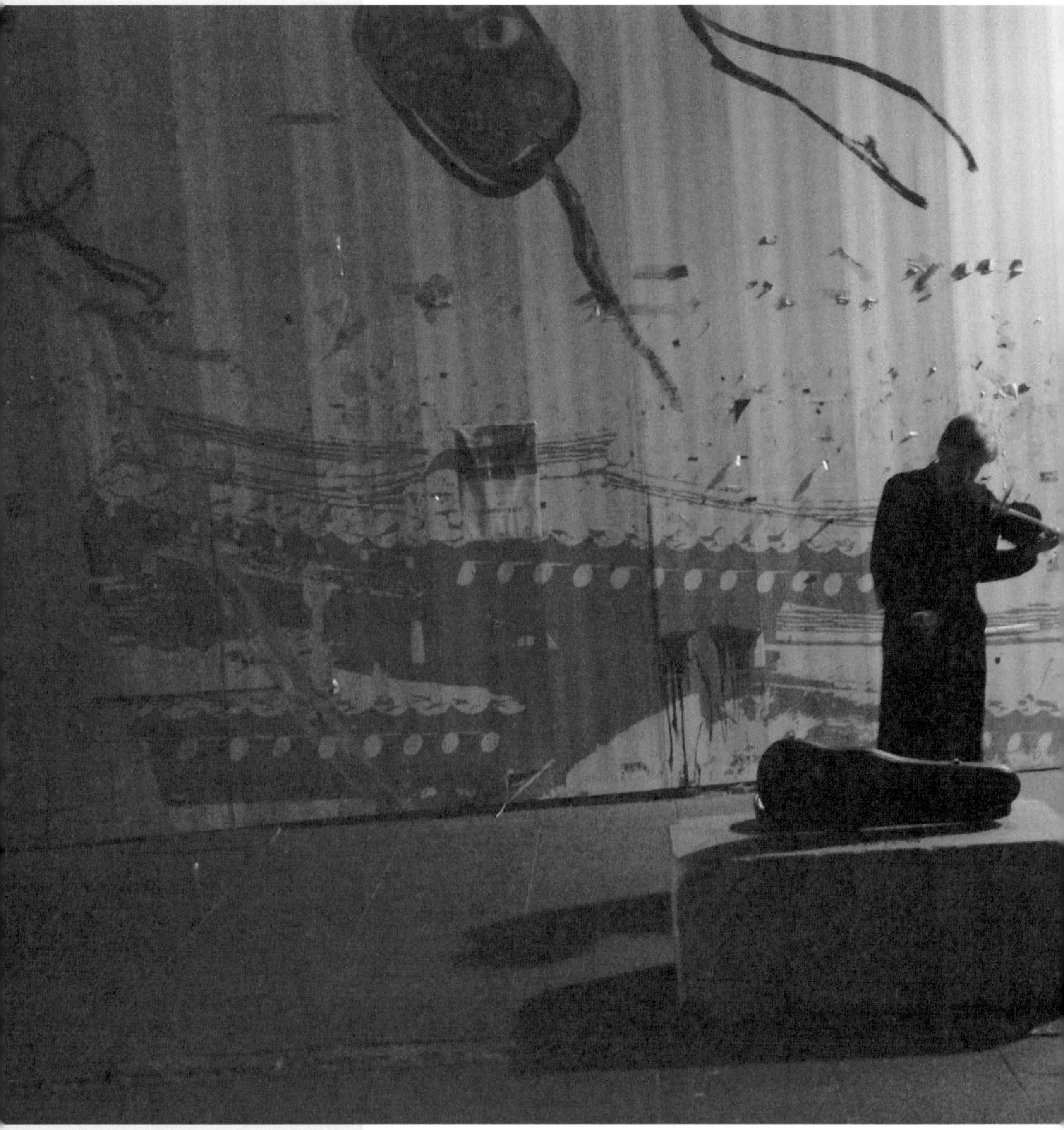

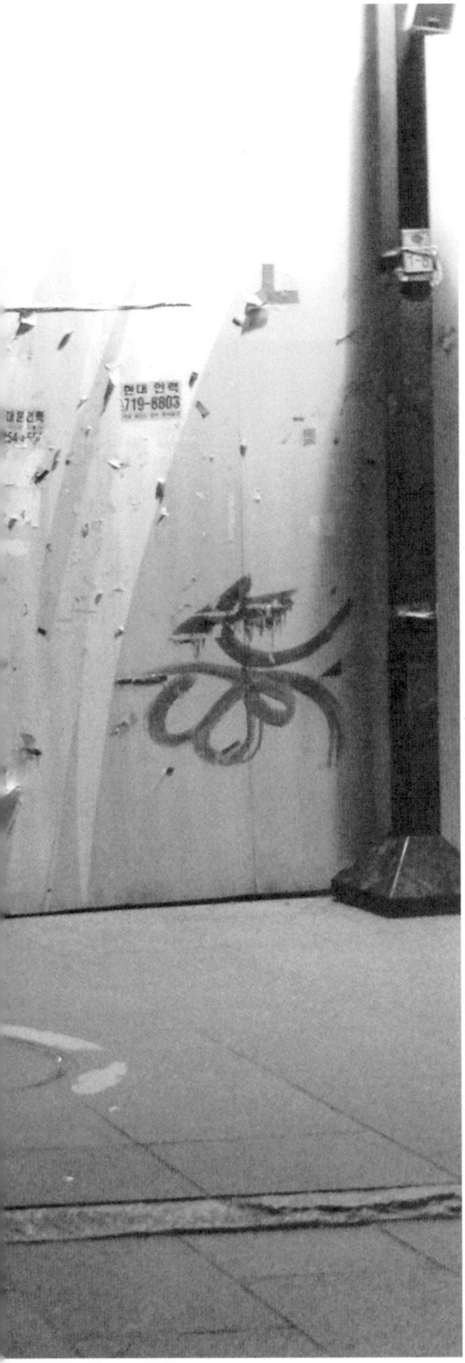

주말 저녁
강의가 시작되고 쉴 새 없이 수업이 이어지고
9시가 넘어서야 수강생들과 아쉬운 인사를 나누고
5분 정도 앉아 쉬며 오늘을 정리한다.
인사동에 들러 바이올린 연주하는 아저씨 앞에 앉아
한참을 구경하다 택시를 타고 집으로 간다.

주말 늦은 밤
라디오를 켜놓고 책상에 앉아
이것저것 정리를 하고 책을 좀 읽고
한 주 동안 썼던 일기를 쭉 훑어보며

늦은 새벽
하루를 시작하기 위해
늦게 잠자리에 든다.

주말이 이렇게 또 끝나간다.

내일 아침이면
또 백 번 천 번 휴가를 써야 하나 말아야 하나 고민하면서
양치를 하며 출근 준비를 하겠지.

이렇게 또 끝나간다

【 기본 】

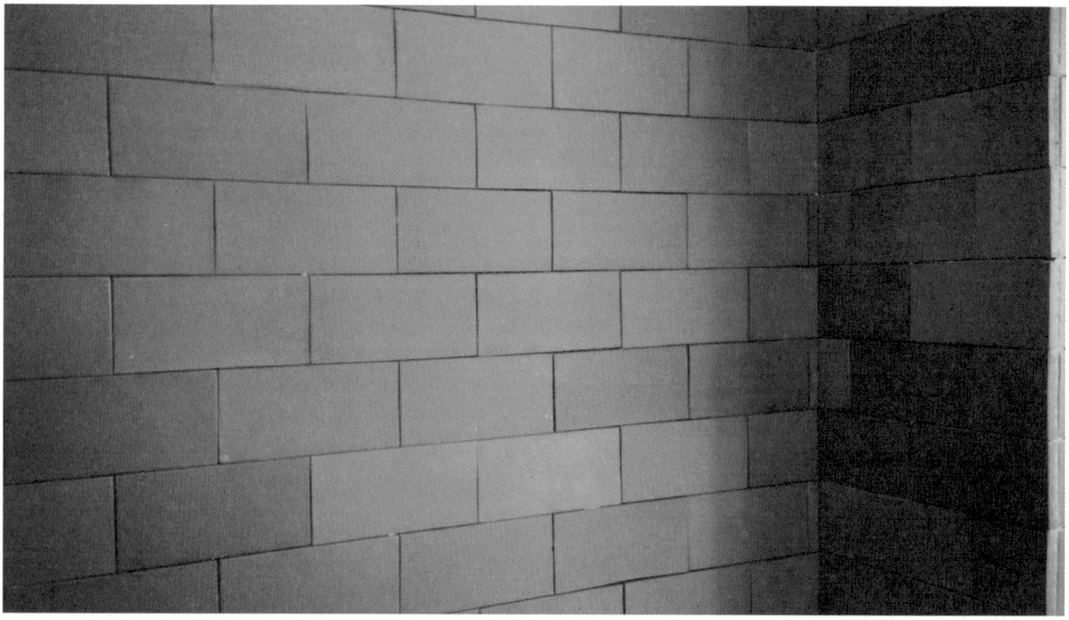

"기본을 잘 못하면 뭐든 자꾸 문제가 생깁니다.
기본을 잘하는 여러분이 되세요."

교수님의 종강 인사였다.
비싼 등록금이 아깝다는 생각이 들지 않을 만큼
늘 인생의 지혜를 툭툭 떼어주신다.

기본, 알고 있었는데
잠시 잊고 있었다.

이 기본이라는 게
누군가에겐 당연한 것이
누군가에겐 예민하고 유별나고 유난스럽다.

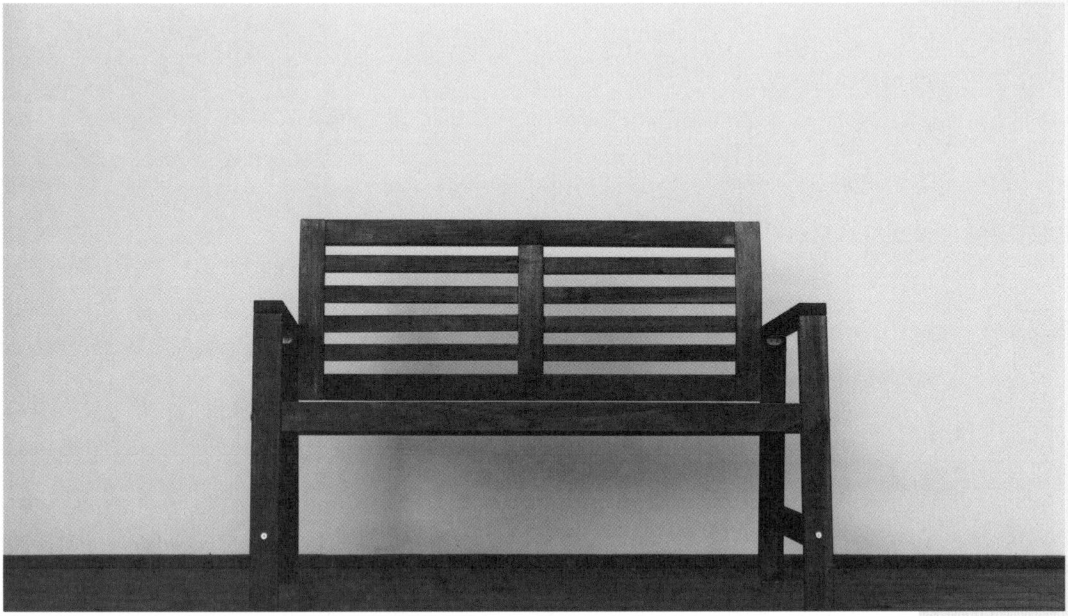

사람이 살면서 그 기본을 안 해서, 혹은 못해서
감정의 오류가 생기고 커뮤니케이션의 문제가 생긴다.

그래, 무조건
역지사지
고마운 마음, 힘들 때 받은 은혜
꼭 기억하자.

인생의 지혜

서로가 서로에게

아팠다.
며칠 동안, 많이 아팠다.

이제 하도 자주 가서 사적인 안부도 묻는 그런 사이가 돼버린
회사 근처 병원 의사가 말하길

"어깨 힘 좀 빼고 사세요.
사람의 몸은 그 사람의 삶을 그대로 반영한다니까
그리고… 뭣 하러 잘해줘, 뭣 하러!
사람한테 마음 주는 거 아무짝에도 쓸모없어.
사람이라는 게 지 필요할 땐 꼬리 살랑 흔들고 얻어내면 끝이야 끝.
보아하니 사람이 상처도 많아.
말을 안 해서 그렇지 내말이 맞죠?
신경을 안 써야 해. 신경을!
신경 써서 해주지 말고, 신경도 쓰지도 말고 내버려 둬 내버려 둬.
본인한테나 신경 쓰고 잘해주라고.
두고 봐라, 내말이 맞나 틀리나
그래야 안 아프지 .
그리고 뭐가 됐든 하나로 만족하고

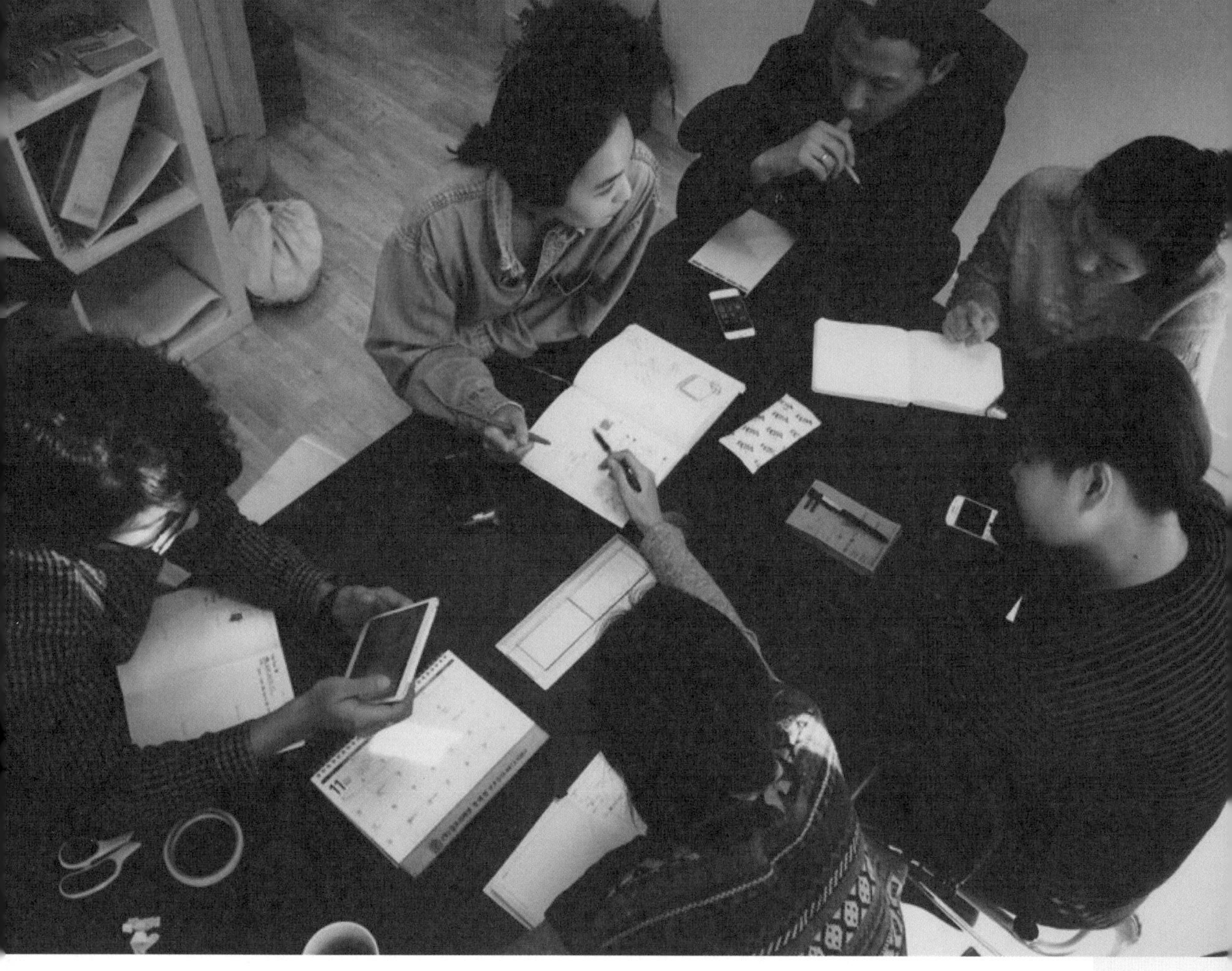

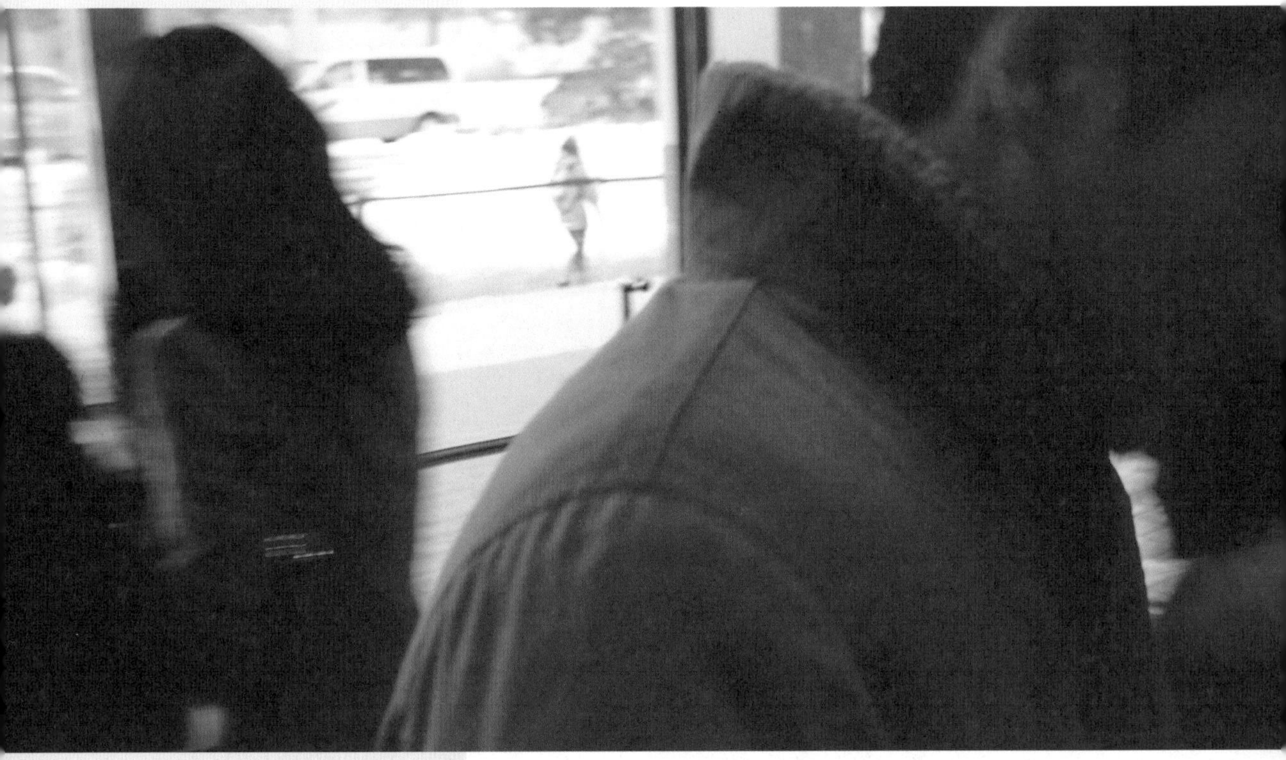

이것저것 다 가지려 하는 건 욕심이야 욕심.
사람이 뭘 그리 가지려고 해
잘 쉬고 신경 쓰지 말고 신경 써서 뭐 하지 말고
등산 같은 거 다니면서 긴 시간 동안 혼자 털어내고 오는 그런 거 해요."

선생님과 긴 상담을 하며
고개를 연신 끄덕이며 허벅지를 주먹으로 툭툭 쳤다.

가끔은 센스 있게
딱 알아서 척척 해주면 좋으련만
사람이 다 자기 살기가 이리도 바쁘다.

마음이 어려웠던 일들이
쌓이고 쌓여 이렇게 아프고 아팠다.

나 때문에.

사람의 몸은
사람의 삶을
그대로 반영한다니까

〔 너의 섬 〕

퇴근 길
362번 버스를 타면
한강을 실컷 보며
우리가 사랑했던 여의도에 올 수 있다.

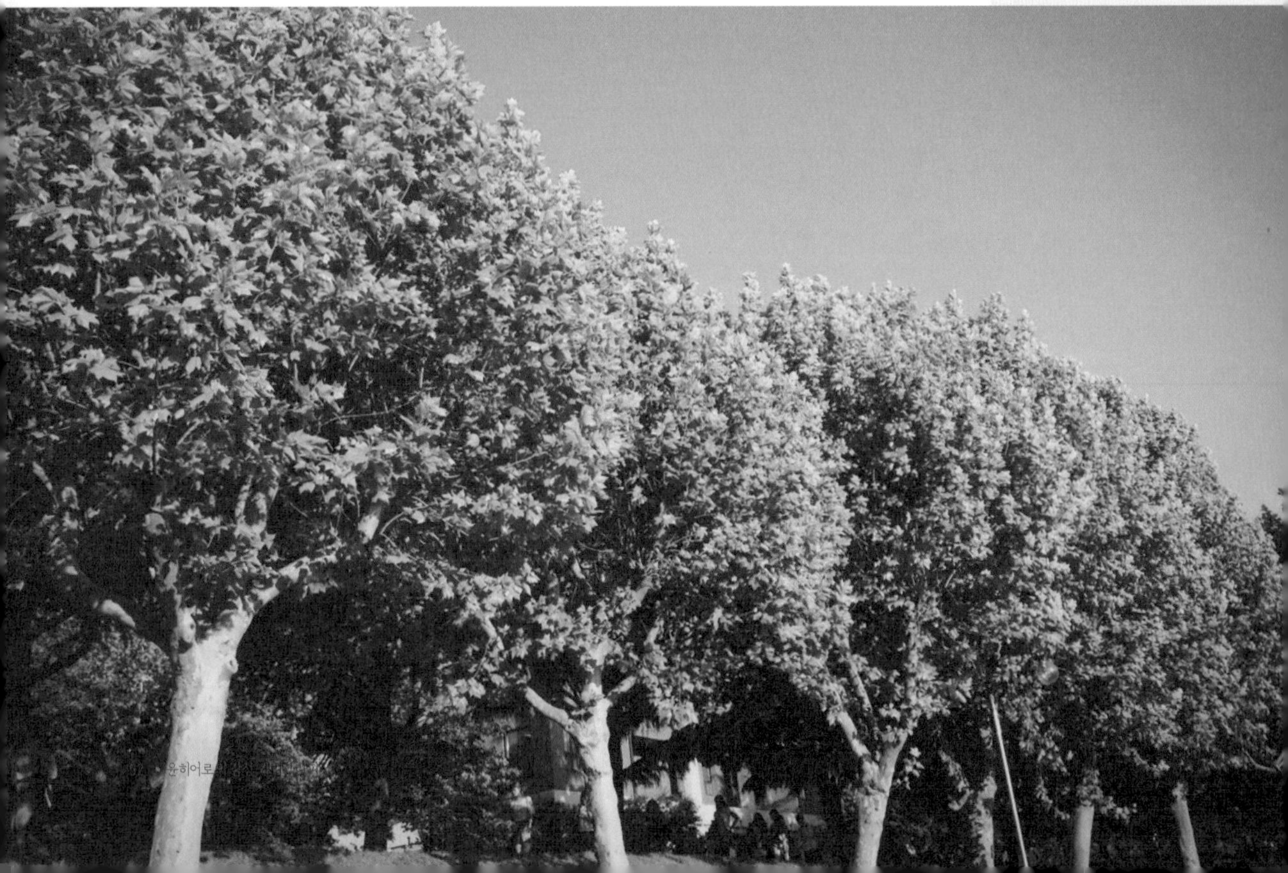

마음이 복잡한 오늘 같은 날에는
돌아 돌아 가더라도
음악을 들으며 362번 버스를 탄다.

그렇게 한강에 가만히 앉아 있다가
되돌아간다.

아직도 여운 가득한
너의 섬

여의도

우리가 사랑했던 여의도

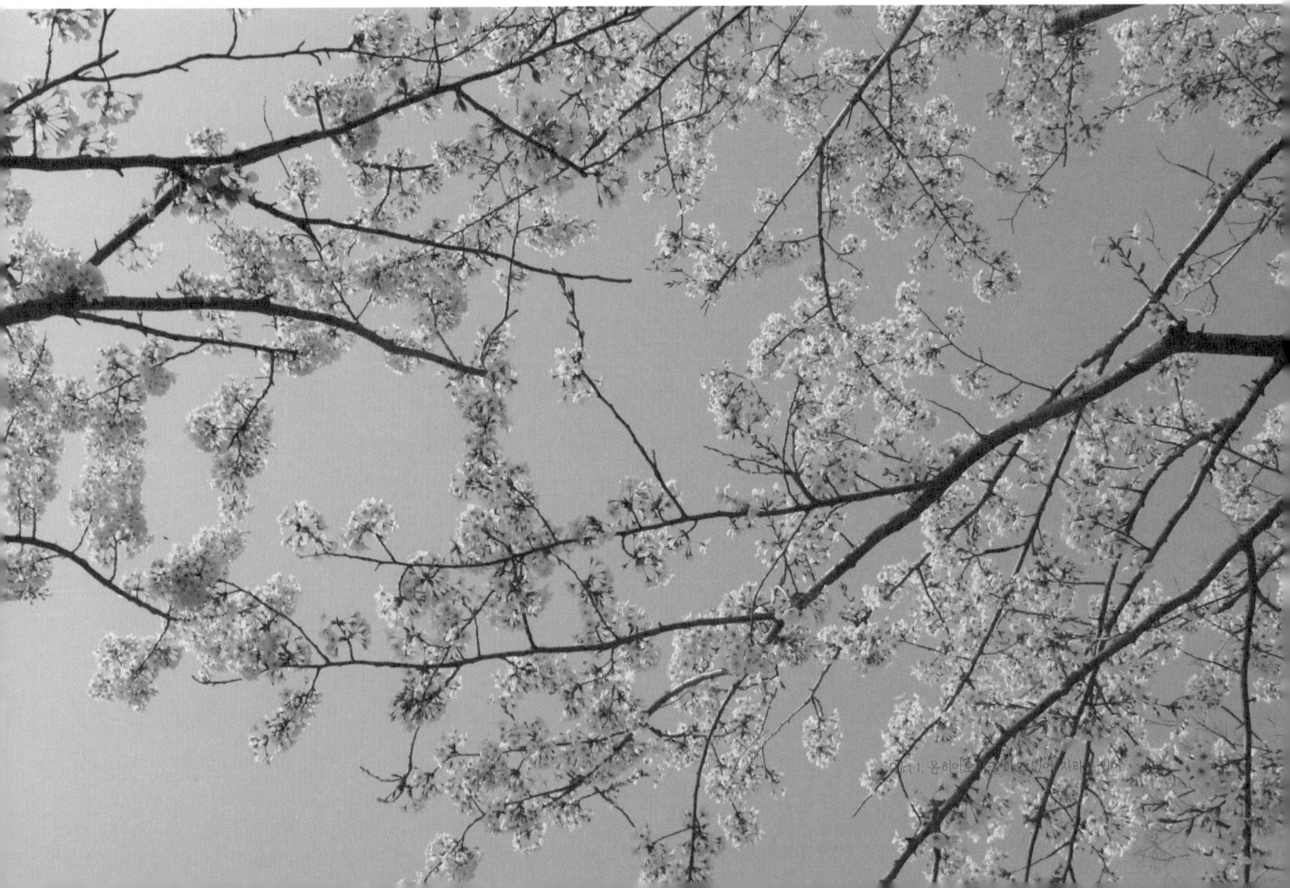

【 우리 】

학교는 달랐지만
도서관을 참 좋아했던 우리는
이런 약속을 했었다.

사람들이 아예 읽지 않으면서
도서관에서 절대 없어지지 않을 책을 한 권 골라
거기에다가 서로에게 하고 싶은 말을 적어놓기로.

언제 펴보자는 약속은 하지 않았지만
분명 함께 보는 날이 있을 것만 같았기에.

그때도 오늘처럼 차가운 바람이 불었고
따뜻한 커피가 맛있었던 걸로 기억한다.

그때 나는 그녀에게
"너의 생일과 크리스마스를 몇 번이나
우리가 더 함께 할 수 있을까?"라는
질문을 적어뒀었는데

아쉽게도 우리가 함께하는 축하는
일곱 번으로 끝이 났다.

하지만 우리가 함께 좋아했던
도서관의 책 냄새

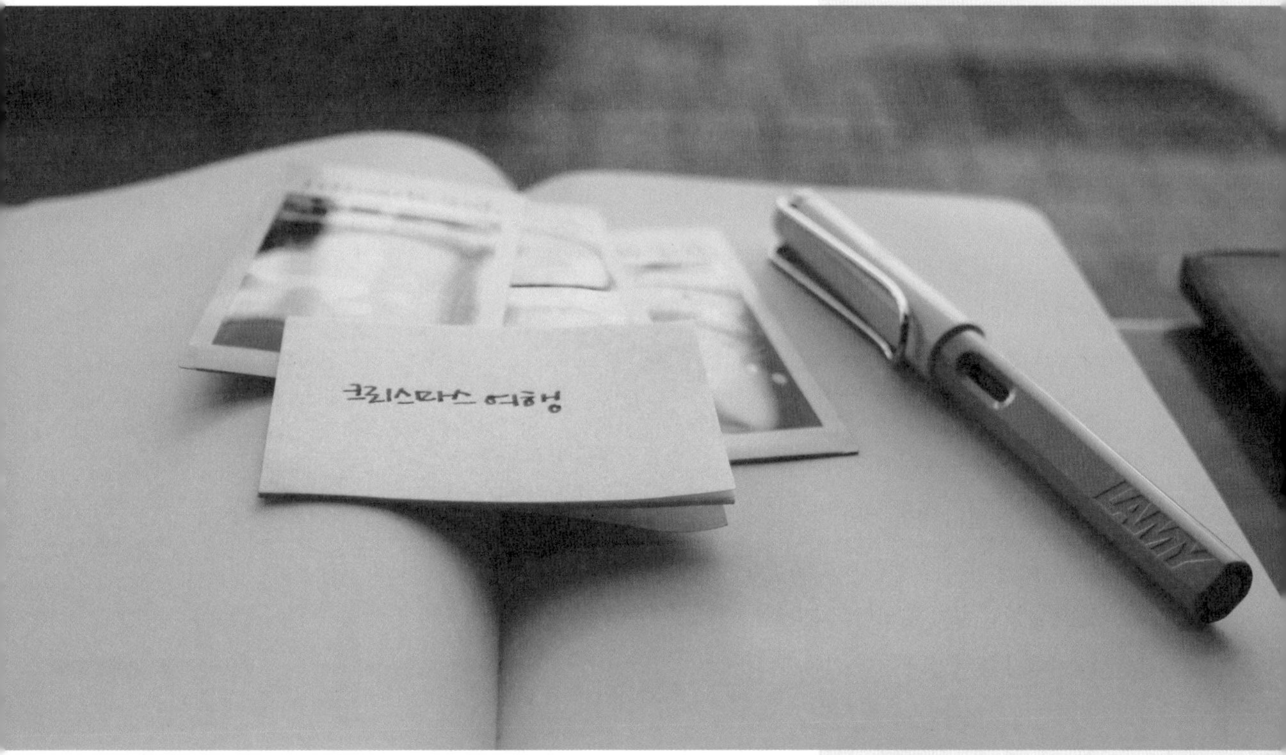

공항의 분주함
스타벅스의 푹신한 소파
언제나 기다렸던 겨울
그리고 꼭 우리 얘기 같았던 토이의 노래

너의 생일과 크리스마스를
몇번이나 우리가 더 함께
할 수 있을까?

진심은 따뜻하니까

성시경이 라디오에서 했던 얘기

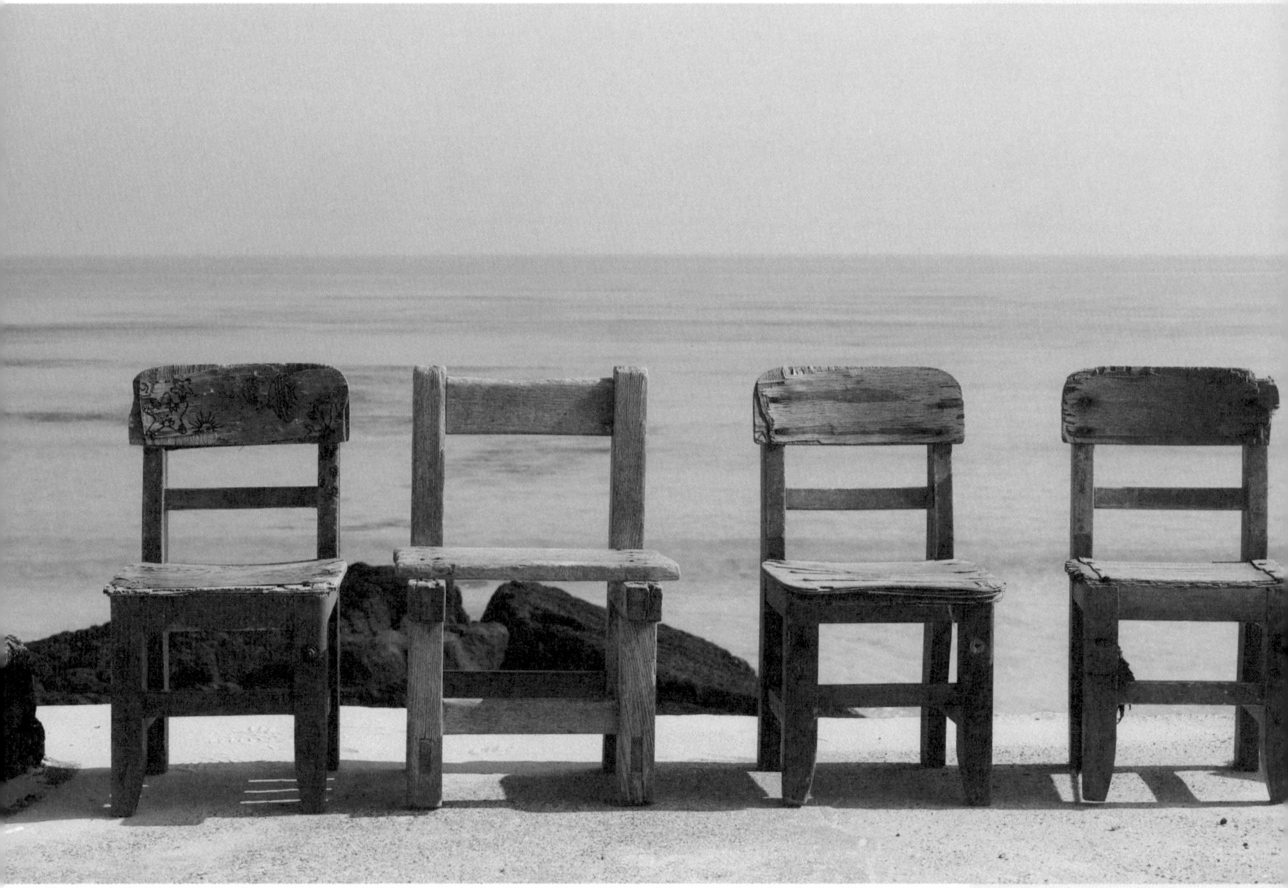

사람이 살다 보면 지치잖아요.

카테고리를 만들어서

좀 분류를 하게 되는 것 같아요

아~ 이 사람은 좀 재밌고

아~ 이 사람은 좀 가끔 봐도 되고

나름 머릿속의 정리가 있겠죠.

근데 항상 문제가

이쪽에서는 그런 게 아닌데

이쪽에서는 그런 거면

항상 상처를 받는 거죠.

딱 서로 가끔 보면

좋은 사람으로 되어 있으면 좋은데

이쪽에서는 되게 친해지고 싶은 사람인데

이쪽에서는 가끔 보면 되는 사람

이러면 상처받는 거잖아요.

그 관리를 잘하는 게

사회생활을 잘하는 거겠죠?

-2012년 9월 17일 〈FM 음악도시〉 성시경-

라디오를 들으며
이게 뭐 사회생활을
잘하니 못하니를 일단 떠나서
몇 년째 내가 사람에게 지치고
서운하게 느껴졌던 마음이 바로 이거였다는 사실을 알았다.

내 마음은 이만큼인데 상대방은 선을 긋고
딱 내가 허락한 만큼이라 규정해버리니
내 마음이 어떠했겠는가.

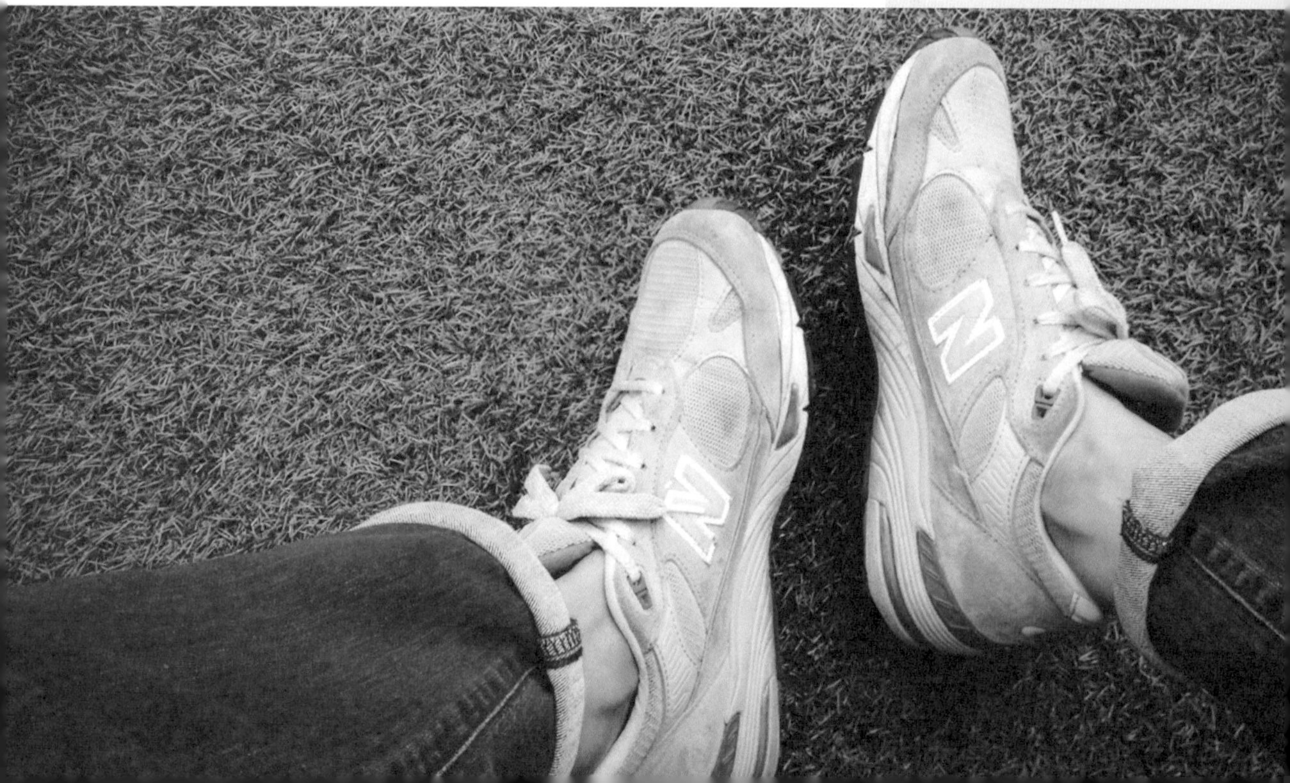

'무심함'

말 그대로 마음이 없다는 것
이것만큼 잔인하고 서운한 게 또 있을까.

힘써서 사랑해주는 것
사랑도 내가 주는 거니까
따뜻하게 살자.

우리.

따뜻하게 살자

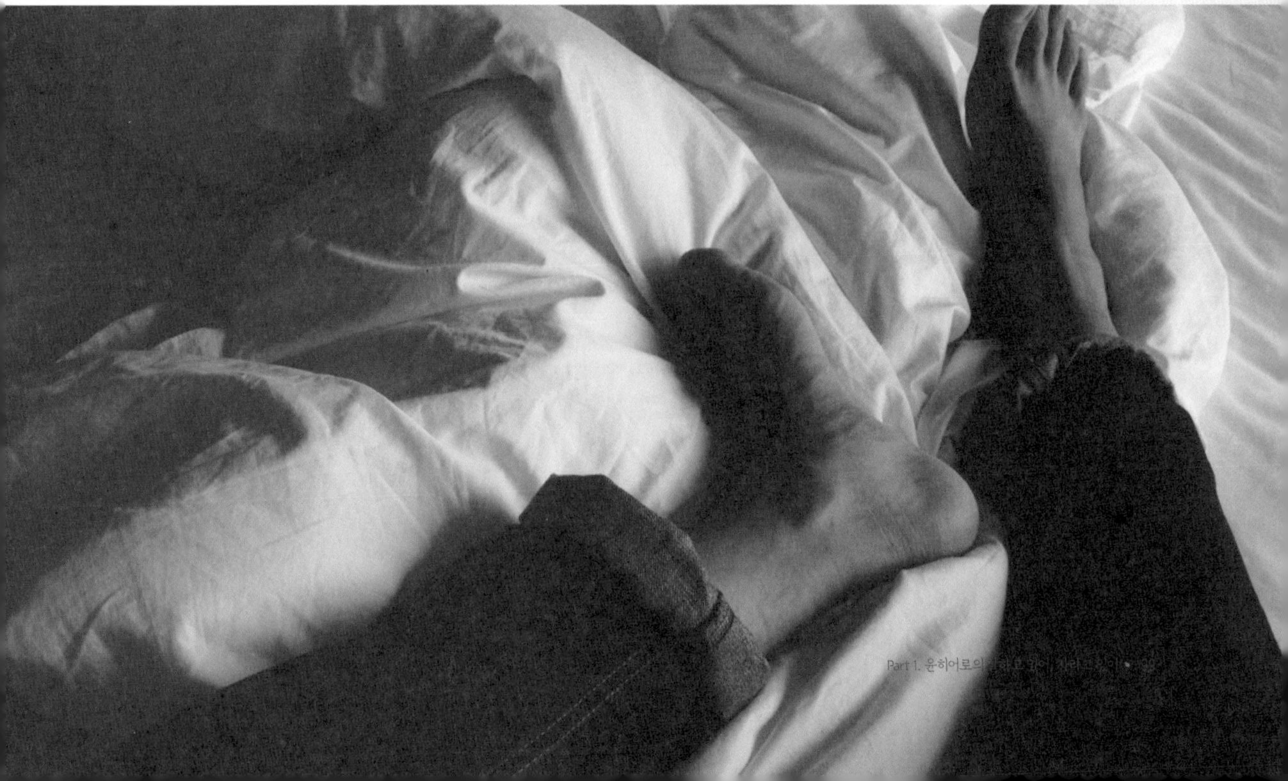

당신이 좋다

대학교 3학년 때

도서관 바닥에 앉아
책 읽는 게 정말 좋았다.
타과 수업은 언제나 듣고 싶은 게 많았고
내 전공 수업은 거지 같고 언제나 어려웠다.

그때 차디찬 도서관 바닥에서 만난 책

『끌림』
그리고 이병률

내생에 처음으로 수업을 빼먹은 게
이 책 읽느라(사실, 못 간 게 아니라 안 갔음)

당시 여자친구에게 전화를 걸어
이 책을 읽어보라고, 오늘 꼭 읽어보라고
떨리던 목소리로 얘기하던 스물여섯 살 내가 아직도 생생하다.

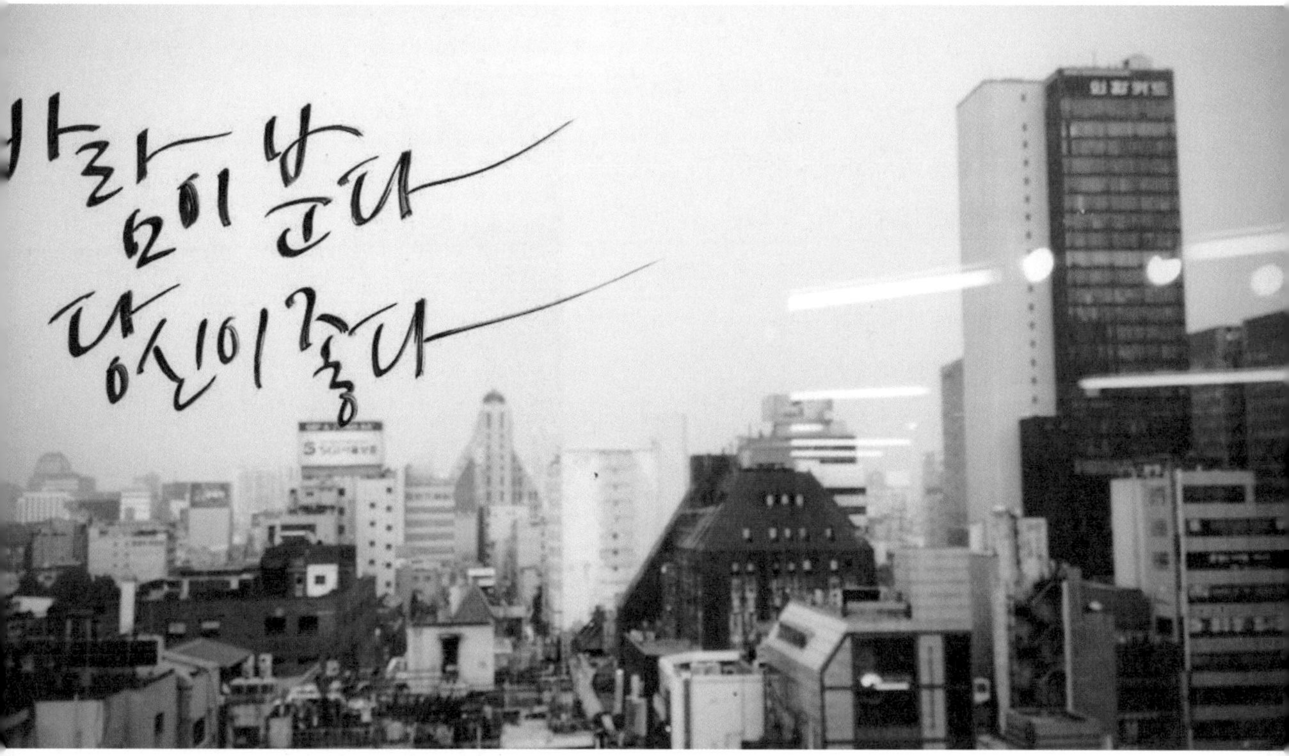

아마 그때부터 내가 말하는 인생의 고민
(엄마 말로는 지랄 꼴값)이 시작되었다.

혼자 인천국제공항에 가서
그냥 앉아 있다가 오기도 하고
닥치는 대로 책을 수도 없이 읽어내었다.

그 덕분에 지금 글을 쓰는 내가 있다만
그 당시는 참 헤매고 많이도 아파했다.

서른 살
여름

이병률 작가의 새 책을 다시 받아든 순간
스물여섯 살의, 그때의 내가 생각이 났다.

위치와 상황은 희한하게 달라져 있지만
고맙게도 여전히 그때 그 마음이라
언제나 설레고 어디론가 떠나고 싶다.

바람이 분다.
당신이 좋다.

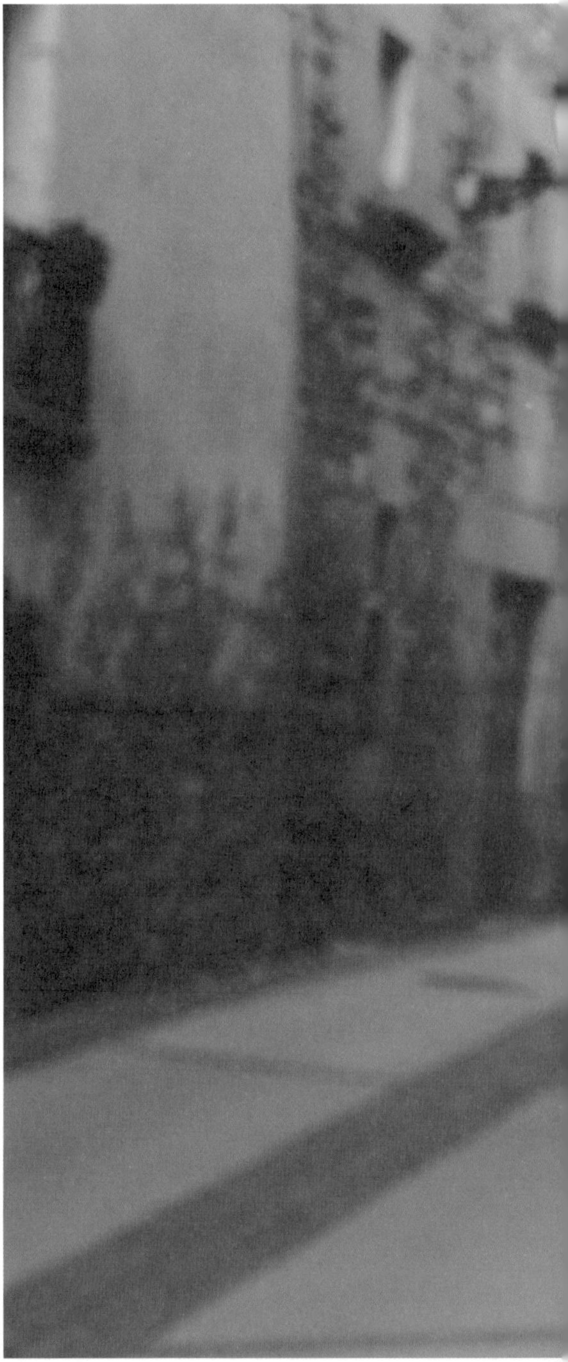

바람이 분다
당신이 좋다

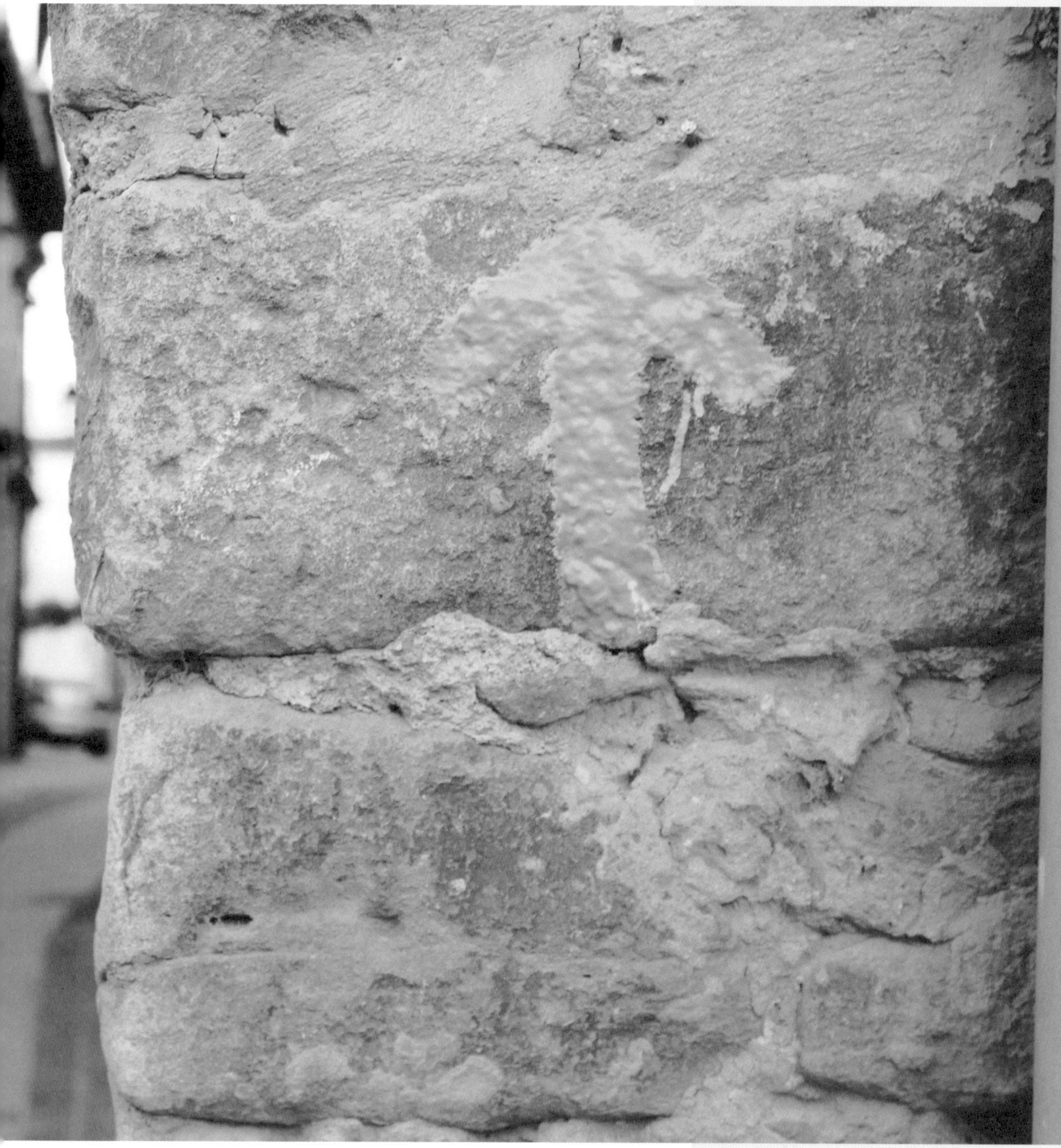

【 엄마의 엄마 】

올해 초 엄마는 예감을 했는지
검은 정장을 꼭 마련해두라 신신당부하셨다.

지난 몇 달째 세탁소의 비닐커버가 씌워진 그 정장을
처음으로 꺼내어 입었고
뜨거운 여름이 다 끝나가기도 전에
그 검은 정장을 또 한 번 더 꺼내어 입었다.

지난달엔 아빠의 엄마
그리고 이번엔 엄마의 엄마…

올해 초 외할머니를 뵈러
하동에 갔을 적에도
난 몹시도 심한 감기에 걸려 있었는데
여전히 난 감기에 걸려 있다.

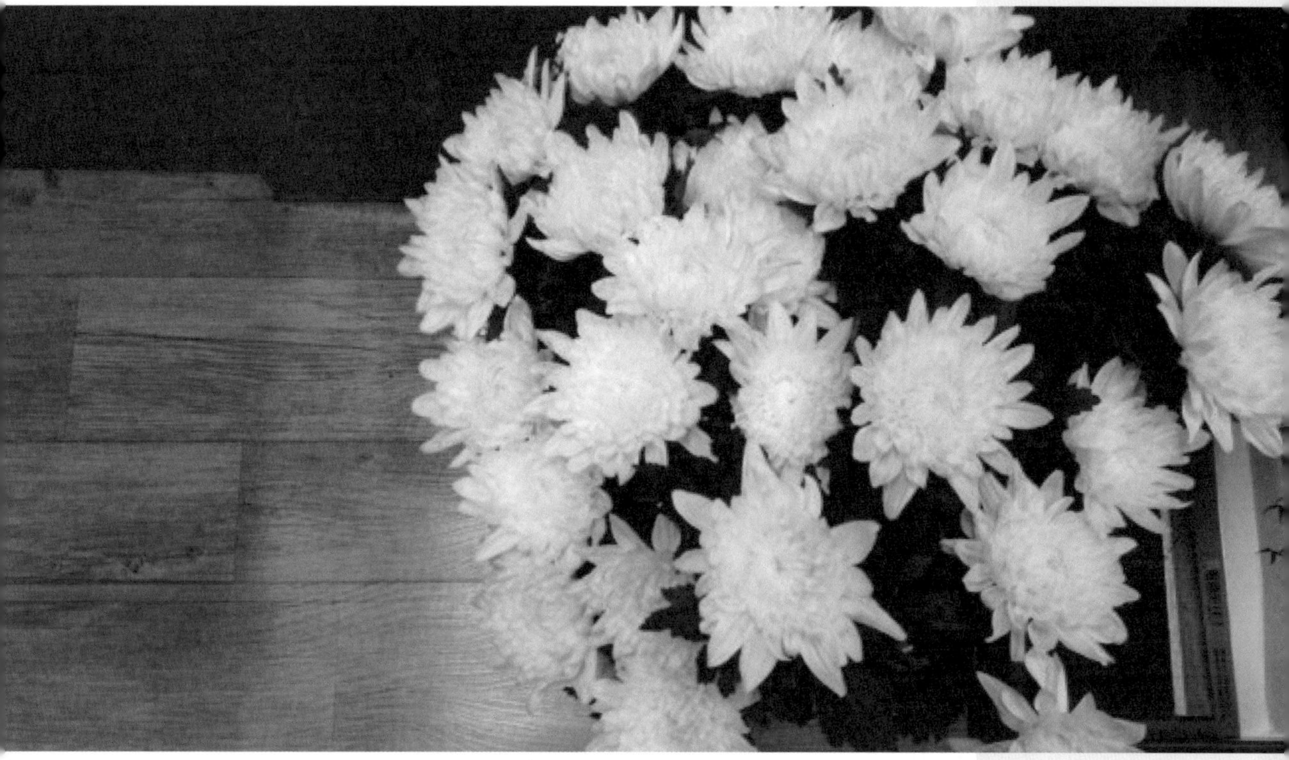

엄마는 어떤 마음일까.

엄마가 지금 느끼는 감정을
나는 영원히 느끼고 싶지 않다.

뜨거운 여름이 다 끝나기 전에

길에서 만나다

서른 살 하고도 손가락 몇 개가 더해진
서른둘의 나이.

30년의 삶을 살며 내가 가장 잘했던 일은
스물아홉 살에 미친 척하고
산티아고 순례길을 다녀온 게 아닌가 싶다.

대학교 3학년 때부터 다짐했던 일
서른 살이 되기 전엔 꼭 걸어보고 싶었던 그 길
다들 꿈은 꾸는 데 결정하기까지가 너무나 어려운 그 도전

그래서 수없이 기도했고 고민했지만
안 가고 후회하는 것보다
갔다 와서 후회하는 게 더 나을 거라 여겼기에
눈 감고 사표를 던졌다.
(사표는 다행히 회사의 배려로 두 달 휴직으로 바뀌었다.)

나에게 처음으로 주어진 60일이라는 빨간 날
나는 무언가를 시작할 때

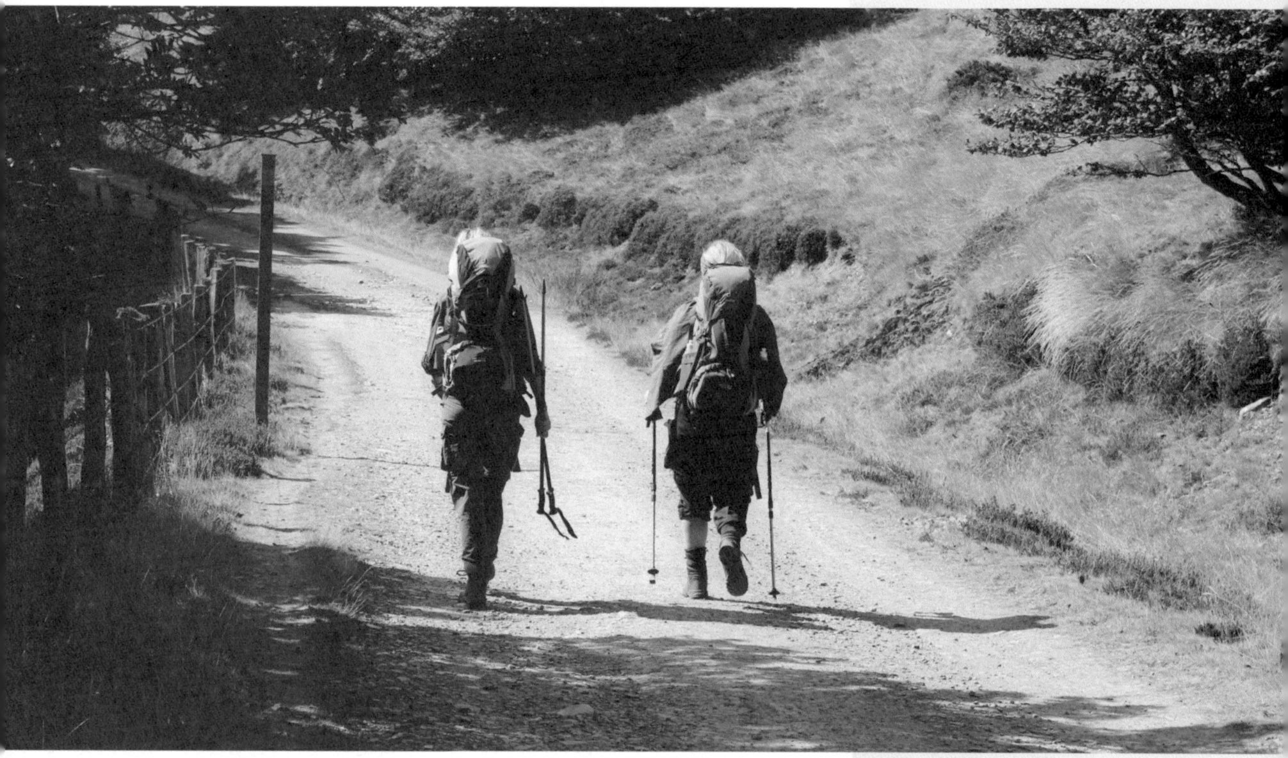

완벽하게 계획을 해놓고 시작하는 성격이 되지 못하는지라
솔직히 말해 아무런 목적도 없었고 뚜렷한 계획도 없었다.

그 당시 거길 왜 가냐고 누군가가 물으면
'나에게 시간을 주고 싶어서'라고 말했던 것 같다.

욕심도 목표도 없이
그 긴 시간 그 길을 걸으며
나에게 수많은 질문을 던져보고 싶었다.

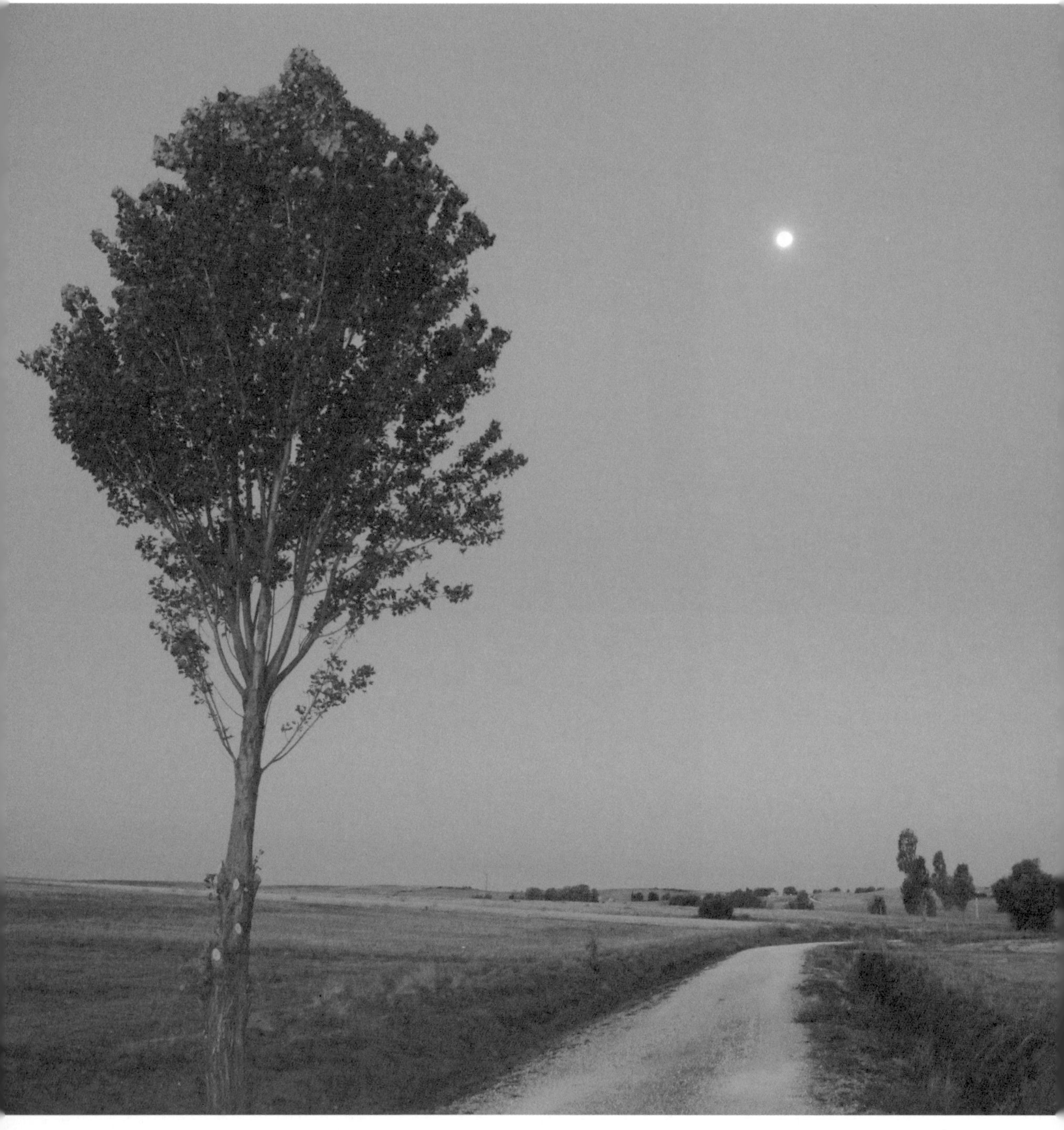

천 킬로미터 가까이 되는 머나먼 순례길
유치원생 무게 정도 되는 배낭을 짊어지고
매일매일 30킬로미터씩 걸었다.

처음에는 거뜬했던 배낭도 갈수록 무겁고
힘겹게 느껴지기 시작할 때쯤 누군가 내게 말했다.

"짊어진 배낭의 무게가 네가 살아온 인생의 무게야."

그래서 포기할 수도 있지만
다른 누구도 아닌 분명 내가 짊어져야 할 몫이기에
끝까지 짊어지기로 했다.

길 위에서 만나는 다양한 사람들
국적도 이곳에 온 이유도 달랐지만
언제든지 누군가의 이야기를 들어줄 수 있는
따뜻함과 여유가 있었다.

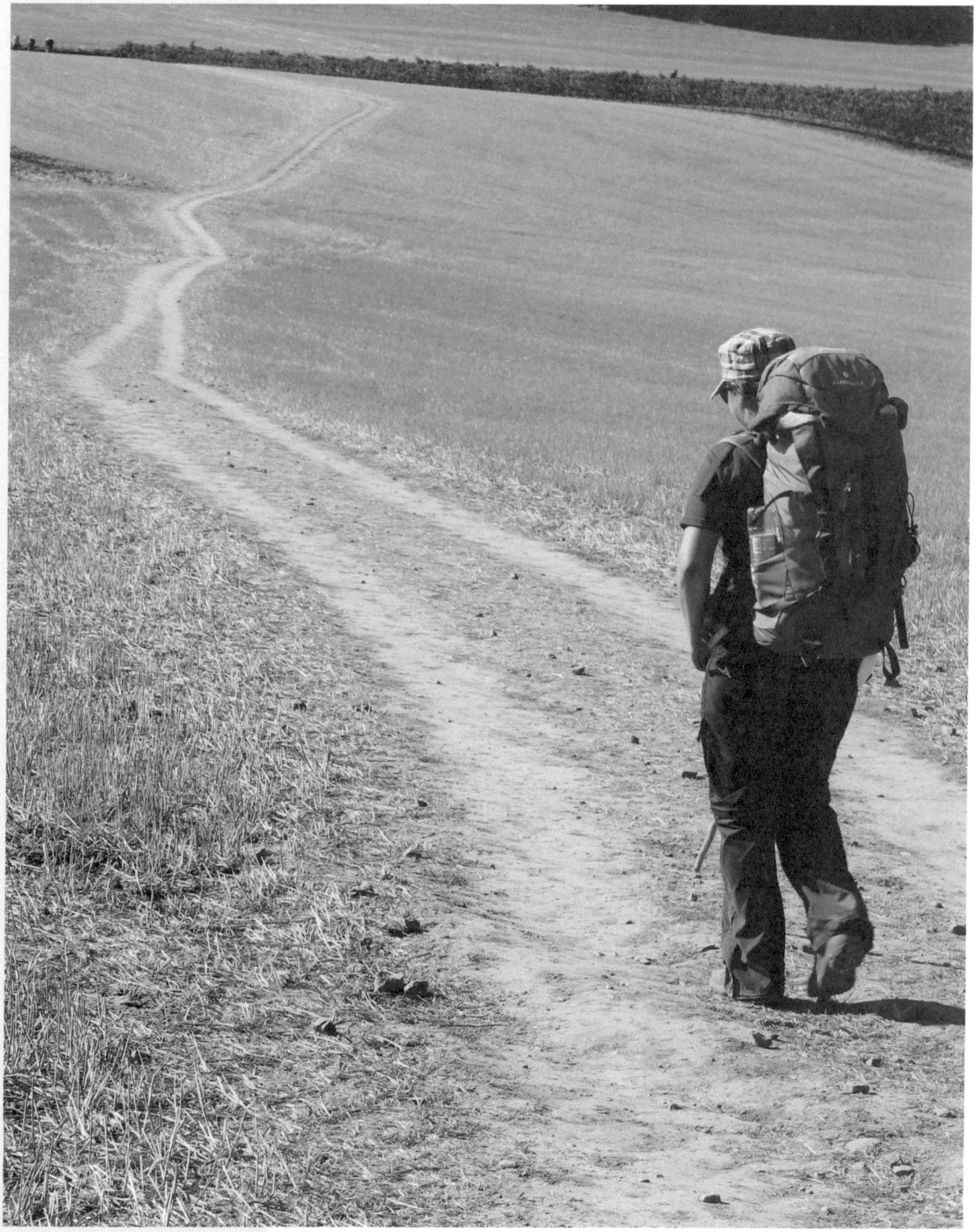

만나고 헤어지고 이야기하며 매일을 걷다 보니
서로가 서로에게 무장해제가 될 수밖에 없었다.
만나는 사람도 풍경도 이야기도
언제나 크리스마스 선물 같기만 하였다.

늘 쉼 없이 바쁘게
빠르게만 살아야 했던 나를 오로지 멈춰 세웠던 시간

길에서 만날 수 있었다.

짊어진 배낭의 무게가
네가 살아온 인생의 무게야

【 우리라는 시간 】

사랑했다는 것
헤어진다는 것

이별보다 이별 후가 더 아픈 이유는
완전히 그 사람에게 담갔다가
나를 빼내는 거라

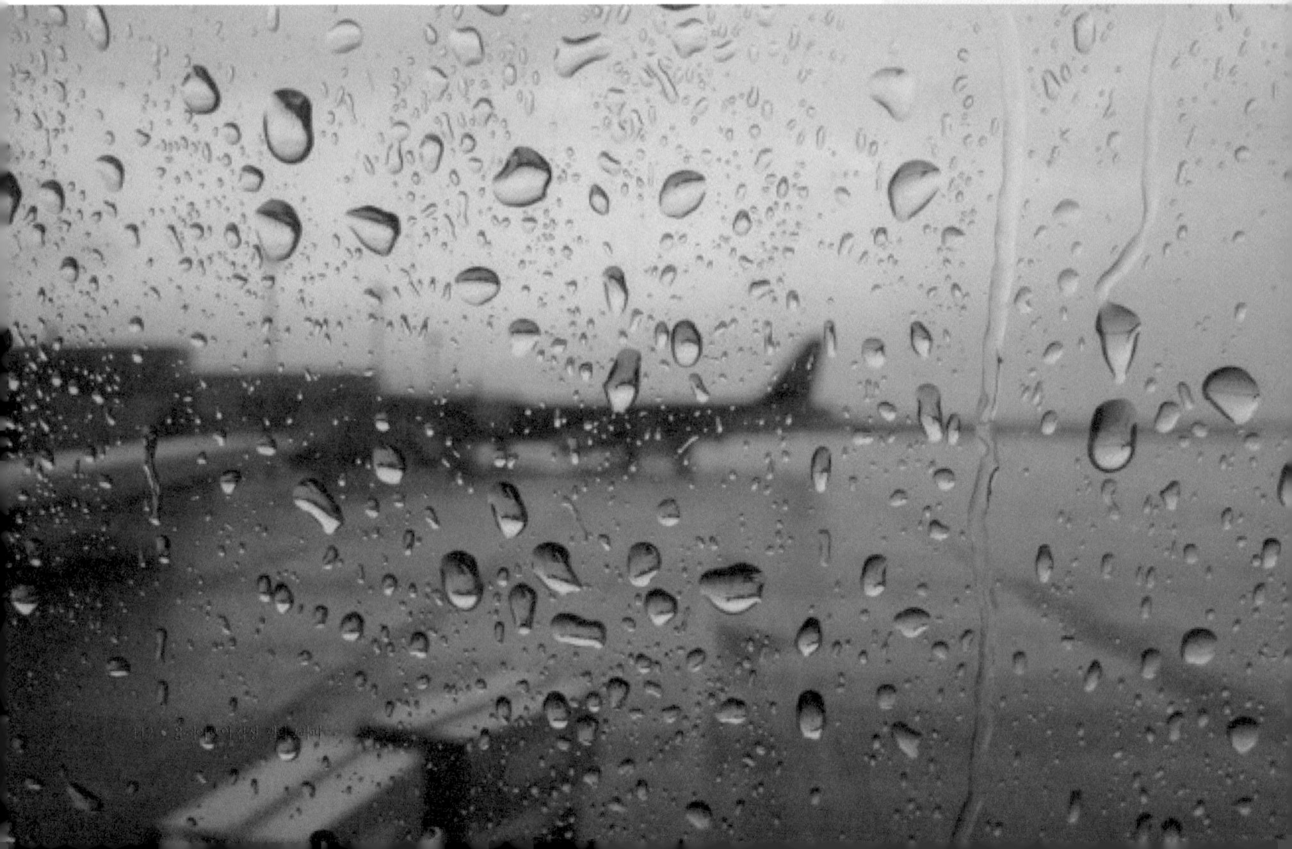

깊게 깊게 절어 있던

우리라는 시간이

아직도 뚝뚝 떨어지고 있어서.

우리라는 시간이
아직도 뚝뚝

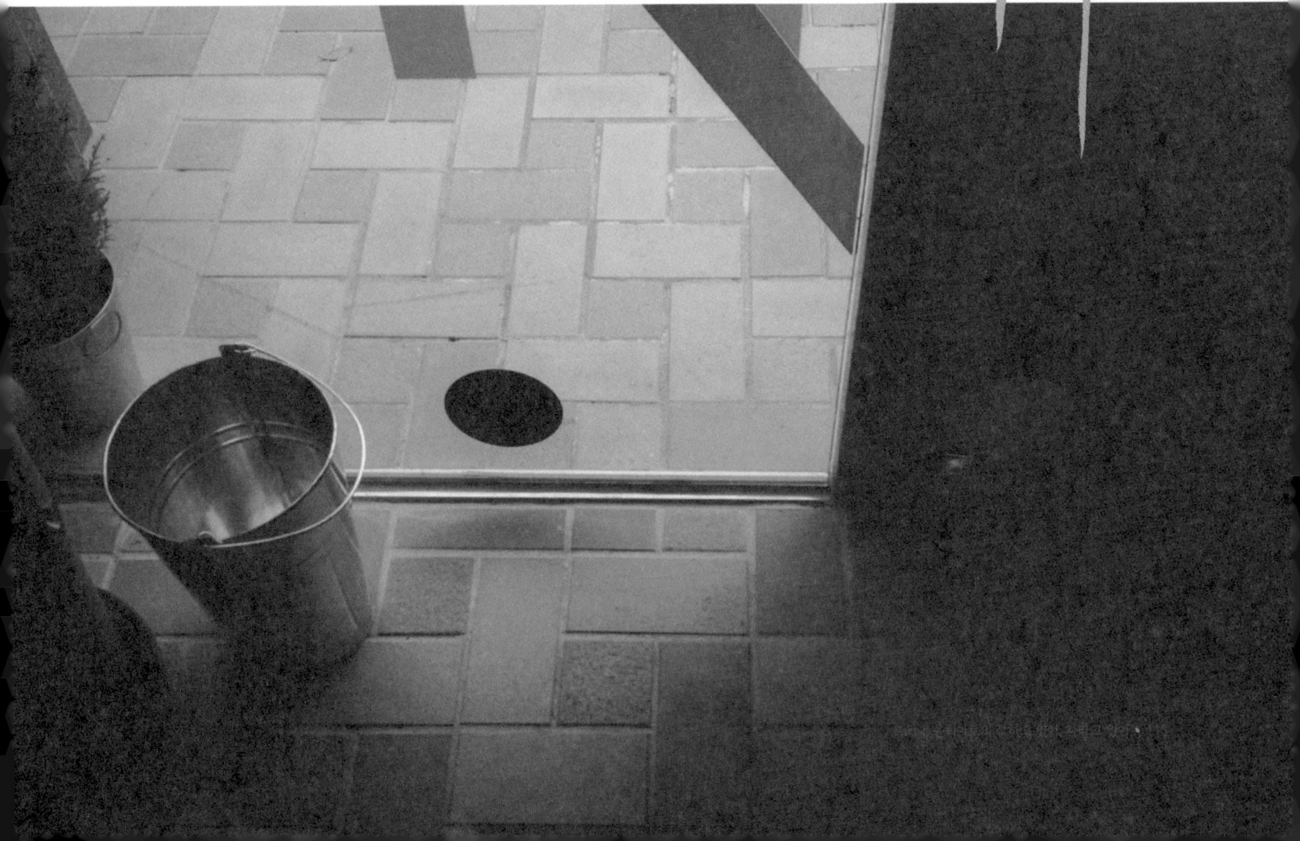

청춘이 얼마나 예쁘냐

지식향연 전국투어 기간
서울에서 강원도, 충청도, 경상도를 돌아다니며
대학생들을 만나 작은 응원 메시지를 적어주었다.

대학생들을 앞에 세워두고
무엇을 하고 싶으냐고 물어봤더니
취업이 하고 싶고, 대기업에 들어가고 싶다고 하였다.

웃음기 하나 없이 진지하게
꿈은 없느냐 물으니까
꿈은 취업하고 나서 생각해보겠다 하였다.
서로가 몹시도 진지했던 순간이었다.

출장 덕분에 대구에서 수학을 가르치고 있는
친구 대용이를 만나 함께 저녁을 먹었다.

오랜만에 요즘 사는 얘기를 하며
오늘 나의 관심사였던 꿈 얘기를 꺼냈다.

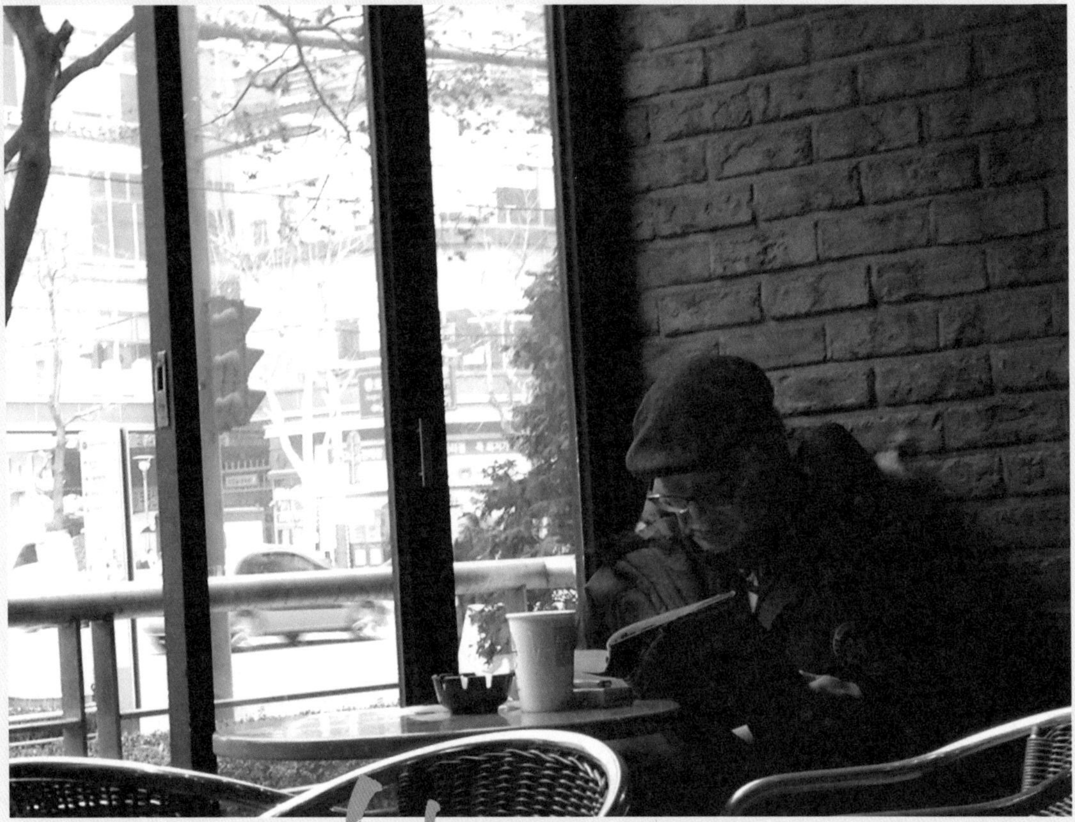

청춘이 얼마나 예쁘냐

대용이도 그런다.
본인도 교단에 서서 아이들에게
죽기 전에 못 이룬 꿈들이 생각나지 않게
하고 싶은 것들 이뤄가며 살아보라고
만약 지금 당장 하고 싶은 게 없으면
나중에 하고 싶은 게 생겼을 그때
공부 때문에 발목 잡히지 않게 열심히 공부하라 얘기한단다.

그래서 저도 진짜 잘 가르치기 위해
밤늦게까지 학교에 있다고 했다.

동대구역으로 데려다주던 차 안에서
나에게 하고 싶은 게 있다는 것이
얼마나 좋은 거냐며 대학교 다닐 때부터
넌 늘 하고 싶은 게 많았다고
되든 안 되든 다 해보고 살고 있으니

그러면 된다고
그래도 된다고
그게 맞다고
앞으로도 그러라고
건넨 말에 팍 용기가 났다.

녀석이 마치
'너는 항상 옳다'라고 말하는 것 같았다.

할미가 너보다 딱 두 배 더 살았는데,

못해봐서 후회가 되는 일은 있어도

해보고 후회되는 일은 그리 많은 것 같지 않더라.

인생이란 건,

낮잠 한숨 자고 나는 것처럼 금방이니까,

해보고 싶은 것 실컷 해보고,

즐겁게 살아라.

청춘이 얼마나 예쁘냐

-KBS 〈넝쿨째 굴러온 당신〉 42화 중 -

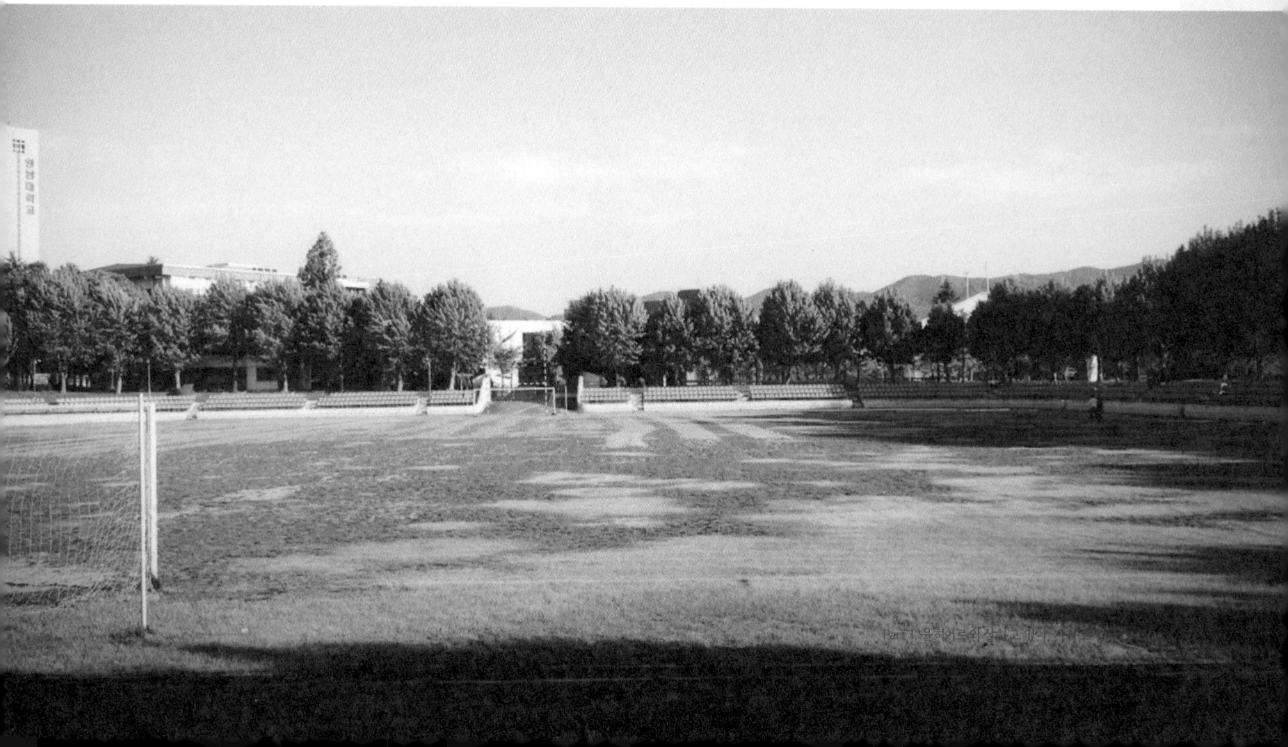

거꾸로 돌아오는 길

회사를 관두면
가장 하고 싶었던 게
밤새 책 읽고,
밤새 영화 보고,
먹고 싶을 때 먹고,
일어나고 싶을 때 일어나
스타벅스에서 온종일 여유 부려보는 게
소원 아닌 소원이었다.

정작 일을 그만두었는데
소원은 온데간데없고
삶의 속도를 높이려는 습관 때문에(습관이 아니라 이건 병)
절대 한가할 수가 없었다.

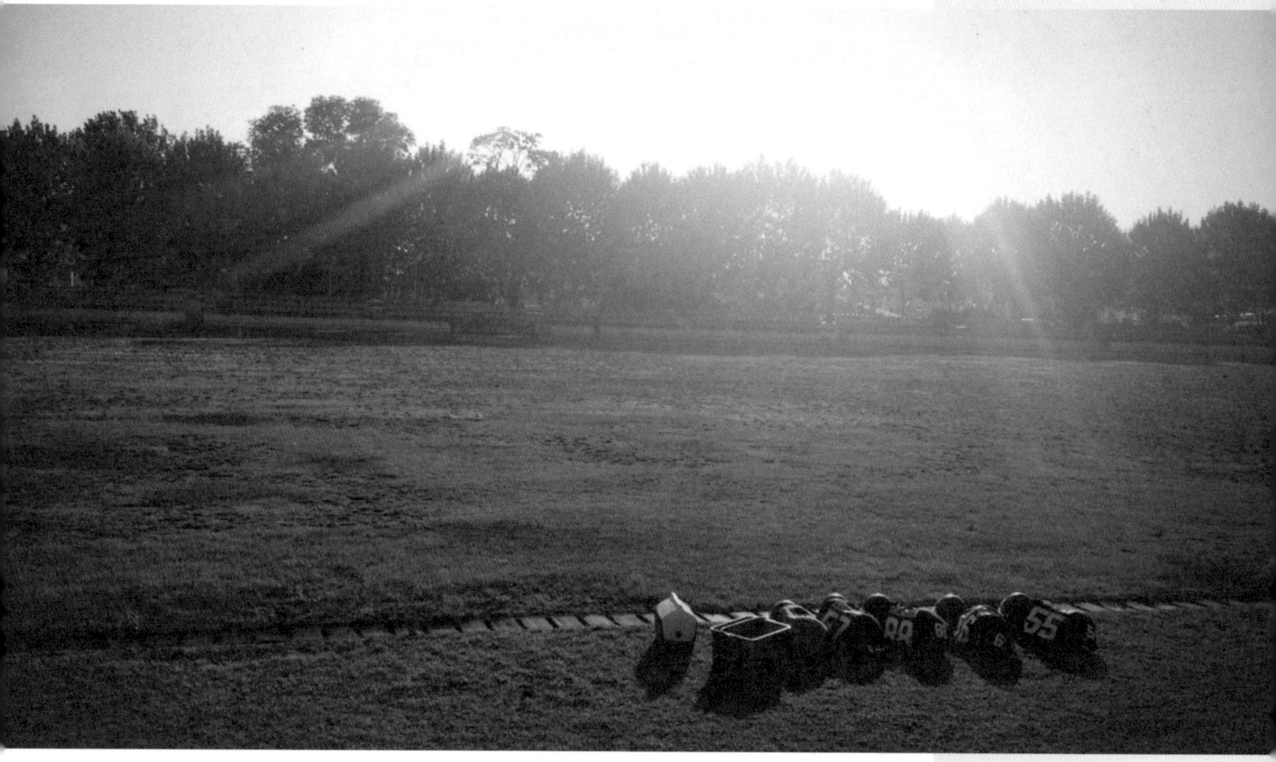

결국에 회사 다닐 때보다

더 이른 시간에 일어나

새벽 수영을 시작했고

아침을 허둥지둥 손에 들고

영어회화 학원으로 곧장 가 젖은 머리로 수업을 들었다.

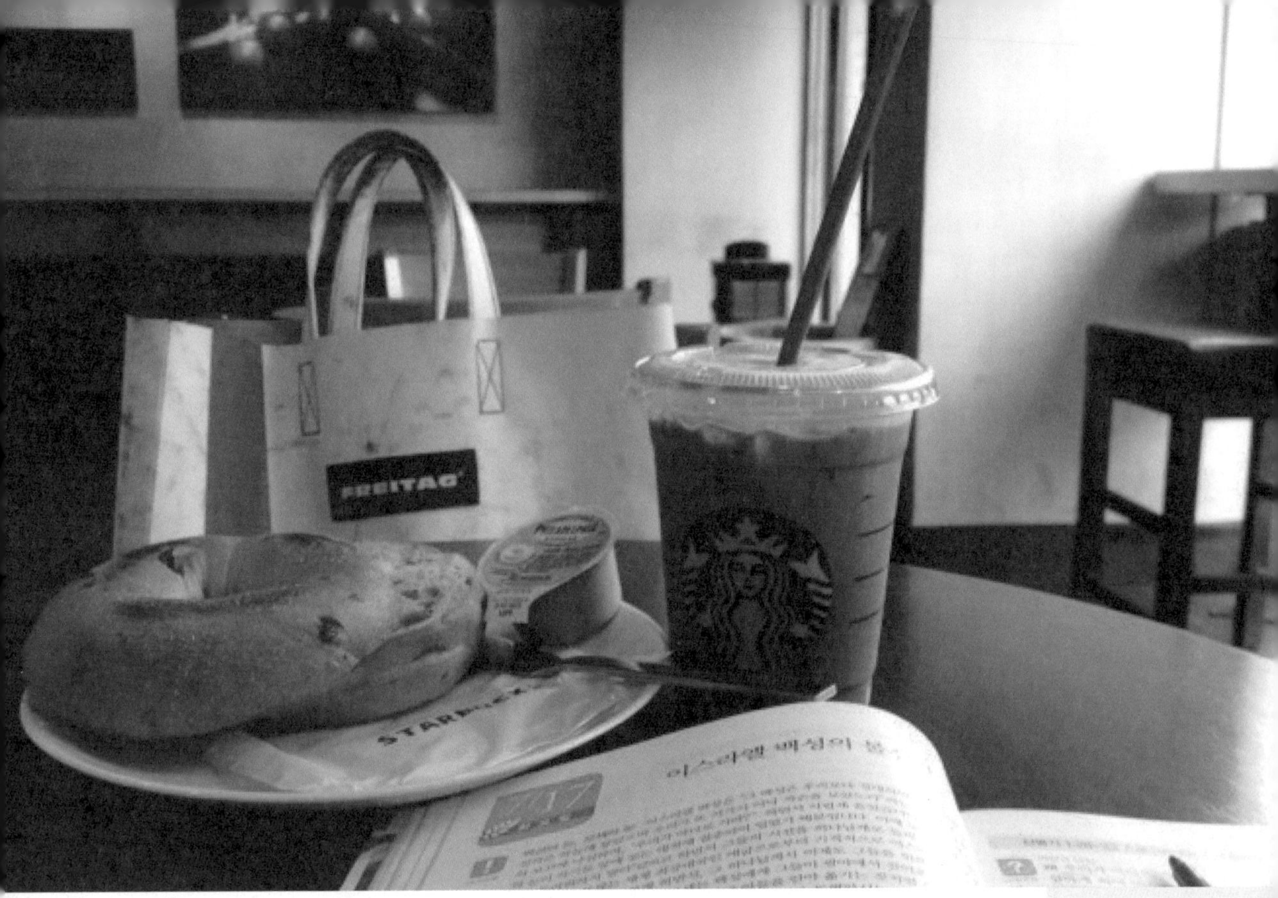

회사 다니며 바쁜 아침이 가장 싫었는데,

나는 또 바쁜 아침을 스스로 만들어가고 있다.

영어 수업을 듣고 회사 방향으로 가는 빽빽한 지하철이 아닌

집으로 가는 한가한 지하철을 타는 건 아직도 적응이 안 되었다.

모두가 가고 있는 방향이 아닌
반대 방향으로 가는 게 어색해서
자꾸만 뒤를 돌아보게 되었다.

자꾸만 뒤를 돌아보게 되었다

흔적

초등학교 다닐 때부터 쭉 이어온
규칙 같은 습관이 내게 있다면
바로 일기를 쓰는 거다.

난 아직도 일기를 쓰고 있고,
그 덕분에 오른손 중지는
공부 잘하는 애들만 생긴다는 그런 못난 굴곡이 하나 있다.

'공부 때문에'는 아니고
일기를 꾸준히 써온 탓에.

그 덕분에 나는 글씨 쓰는 손의 힘을 길러왔다고
자신 있게 말할 수 있다.

글씨를 어떻게 하면 잘 쓸 수 있느냐는 질문에 대한 대답은
늘 한결같다.

"연습을 꾸준히 많이 하세요."

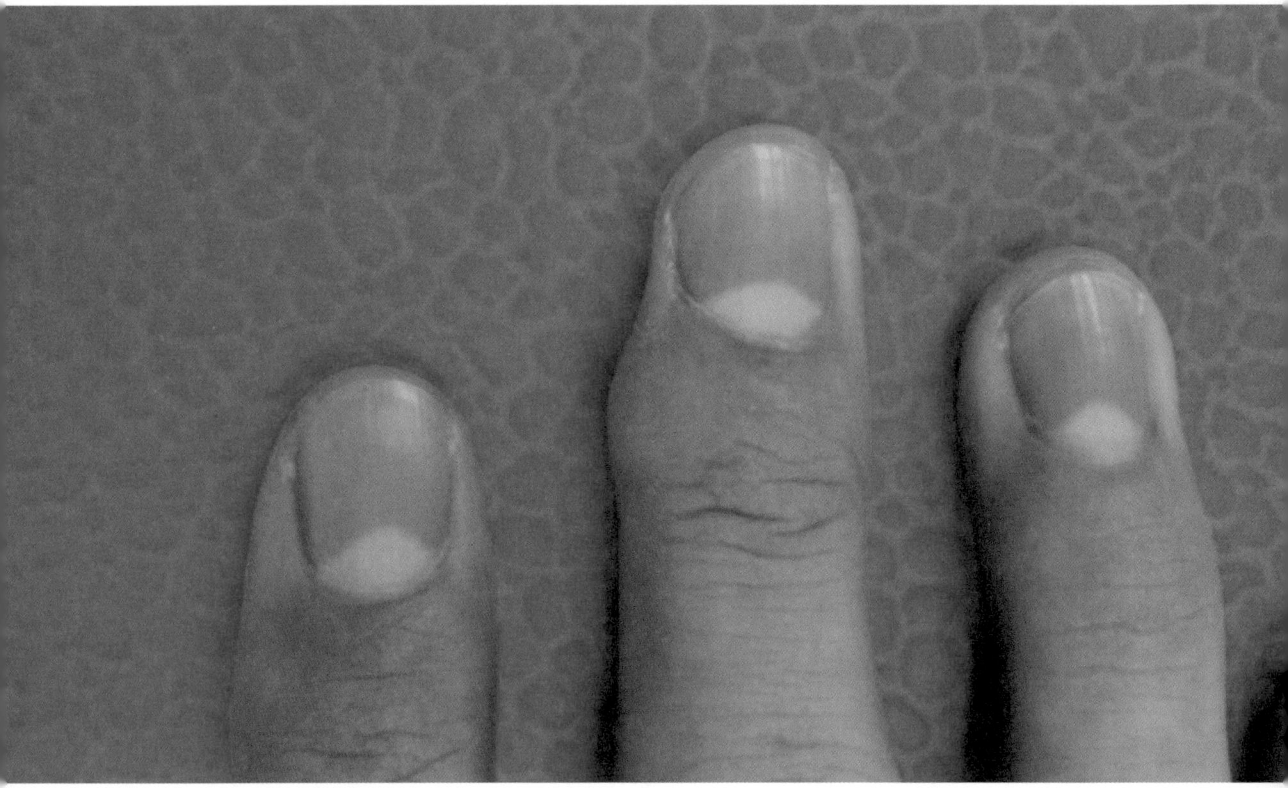

손가락이 못생겨질 정도는 아니더라도,
꾸준히 쓴다면 분명 나만의 멋진 글씨를 만들 수 있다.

그런 못난 굴곡이 하나 있다

Part 2.

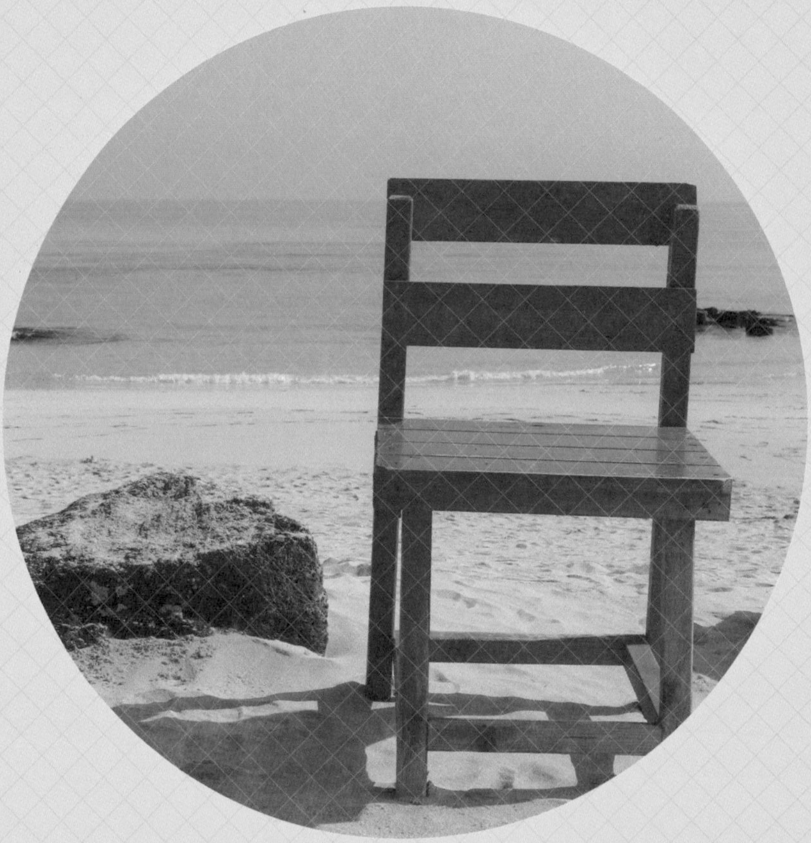

윤히어로의
마음을 그리는
따뜻한 습관

캘리그라피를 시작하며

어렸을 적부터 지금까지
꾸준히 가져온 습관이 하나 있다.

일기 쓰기
(이사하면서 엄마가 버린 초등학교 때 쓴 일기장은 꼭 찾고 싶다)

일기를 쓰며 어제의 나를 돌아보고
오늘을 살아갈 이유를 적어보고 있는데,
이 덕분에선지 글 쓰는 건 물론
글씨 쓰는 게 나는 참 좋다.

잘하는지는 여전히 잘 모르겠으나 좋아하는 건 분명한 사실이다.

'캘리그라피'라는 말은 방송사에서 작가로 일하던 시절,
취재를 하며 알게 된 단어였다.
당시 한글날 특집을 준비하던 중 한글을 예쁘게 쓰는 캘리그라퍼를 알게 되었고,
담당 피디님은 무조건 섭외를 해서 촬영을 꼭 해보고 싶어 하였다.
나 역시 방송사에서 흔히 말하는 새끈한 아이템이 되리라
믿어 의심치 않았다.

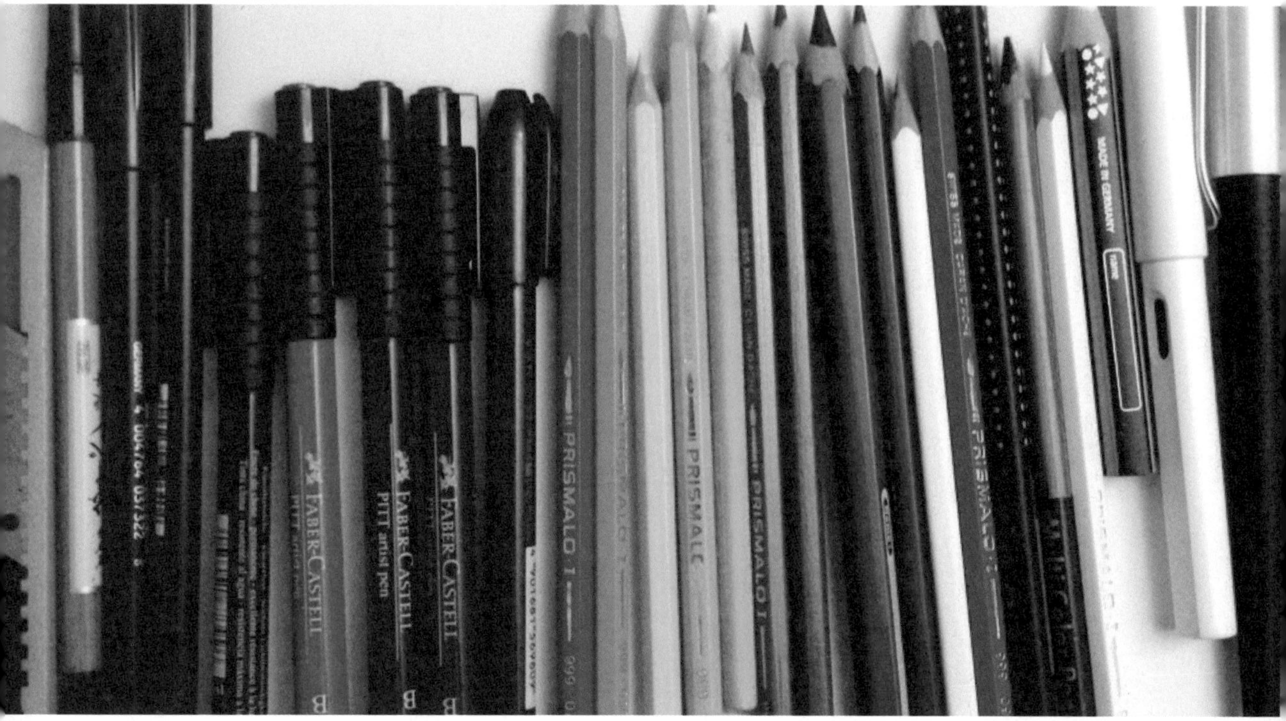

촬영을 다녀온 피디님도 꼭 마음에 들어하셨던 아이템 캘리그라피,
그렇게 나와 캘리그라피의 인연이 시작되었다.

대학교 시절, 교회 오빠 역할도 열심히 했었는데(교회 다닌다고 하면 왜 다들 놀라는 거야?)
그 큰 교회에서 수련회를 준비하면 정말 할 사람이 없어

내가 현수막을 만들고 이름표를 썼다.
이것도 사실 글씨가 느는 데에 한몫했다.
(왜 그 지고지순하고 청순하기 그지없던 교회 누님들은 피아노만 잘 쳤던 걸까?)

당시 나는 글씨를 잘 쓴다고 생각하기보다
글씨를 쓰는 일은 그냥 내가 당연히 해야 하는 일로 여겼다.
(이렇게 직업으로 다가올 줄은 정말 상상도 못했다)

회사를 옮겨 마케팅 일에 에너지를 쏟고 있을 때쯤,
'마이크임팩트'에서 연락이 왔다.
캘리그라피 강의 한번 하자고.

'강의라니! 그것도 캘리그라피?'

사실 처음엔 무슨 소리인 줄 몰라 전화를 그냥 끊었었다.
이메일로 전화로 하도 연락이 와서
육하원칙에 의거하여 설명을 해달라고 했었다(나도 진상).

누가 : 지금의 내 수업 담당 매니저 송샘님이

언제 : 인터넷을 하던 중

어디서 : 내 블로그에서

무엇을 : 내가 올린 캘리그라피를

어떻게 : 한참을 진지하게 살펴보았다.

왜 : 강사로 한번 세워보고 싶어서(반신반의)

처음 나에게 캘리그라피를 가르쳐볼 마음이 없냐 했을 때,
솔직히 전혀 없었다.

'나 까짓게 뭐라고 캘리를 가르쳐!
제대로 배운 적도 없고 그냥 어깨너머로 배운 글씨를
내 스타일대로 써서 블로그에 올리는 정도인데'

몇 번을 거절했다.
아니 무시했다.

결국 담당자가 회사 앞으로 찾아왔고,
오랜 설득 끝에 일단 한 번만 해보자는 식으로 얘기를 끝내고
강의를 시작하게 되었다.

잘 가르쳤는지 잘 못 가르쳤는지는 기억에
전혀 없는 나의 첫 캘리그라피 강의.

기억에 남는 건, 나를 믿고 온 수강생 12명
그리고 내가 알려주는 대로 진짜 열심히 따라 쓰던 모습
지금 내가 하고 있는 게 맞는지 틀린지도 모른 채 가르쳤던
그 첫날 수업을 시작으로
나는 한 달에 한 번 캘리그라피를 가르치고 있다.
가르친다기보다 함께 글씨를 써본다는 표현이 더 맞는 것 같다.

앞에서 말했지만 사실 나도 캘리그라피를 배운 적이 있었다.
수업만 들으면 나도 저 선생님처럼 글씨를
쓸 수 있을 줄 알았다.

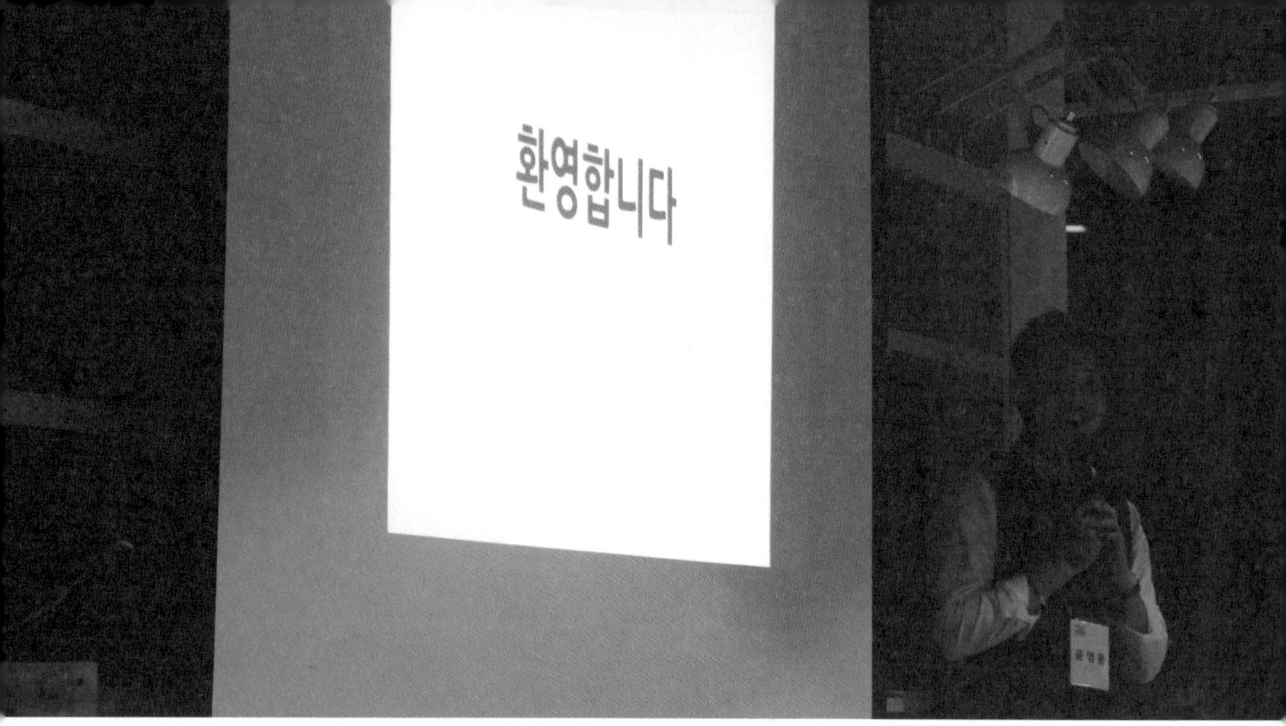

그런데 따라 쓰는 방법을 알려주는 게 아니었다.
나는 저 선생님의 글씨를 배우고 싶었던 건데
그게 아니었던 것이다.

그래서 나는 '나만의 강의'를 하기로 결심했다.
내 글씨체가 예뻐서, 따라 쓰고 싶어서 수업을 듣는 수강생들에게
고스란히 '윤히어로 글씨체'를 전수하자!

캘리그라피

나는 여전히 배우고 있고, 여전히 글씨를 쓰고 있다.
물론 많이 부족하다.

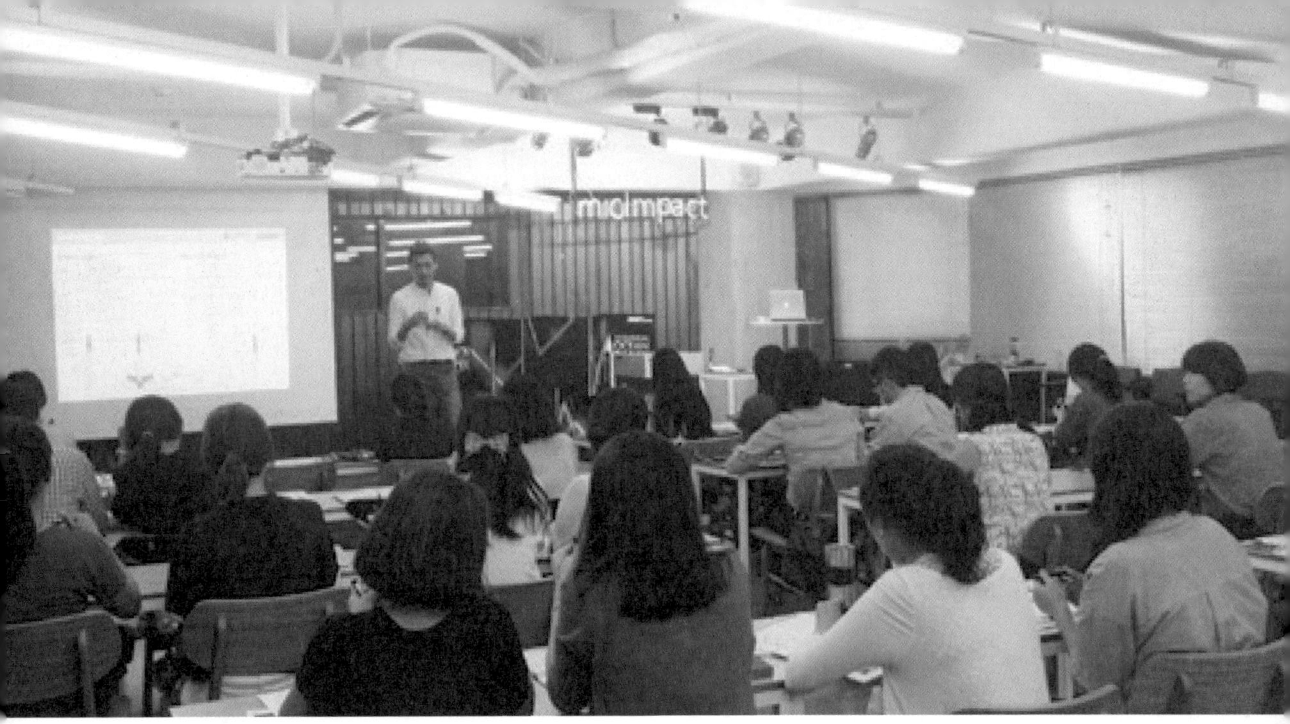

현재 캘리그라퍼로 활동하는 선생님들이나 선배님들에게는
감히 명함도 못 내미는 말도 안 되는 사람이지만
내가 이렇게 저렇게 시작해서
지금까지 하고 있는 글씨를 함께 써나가는 일,
이 일이 나는 참 좋다.

이 책을 통해 내가 캘리그라피를 하면서 느끼고 받았던
따뜻한 마음을 함께 나누고 싶다.

일상이 글씨가 될 때

【 손가락으로 쓰는 글씨 】

이가 없다면 잇몸으로! 펜이 없다면 손가락으로!
갑자기 문장이 떠오르거나 지금 벅차오르는 그 감정을 끄적이고 싶은데
어떻게 해야 할지 모르겠다면 손가락으로 글씨를 써보자.

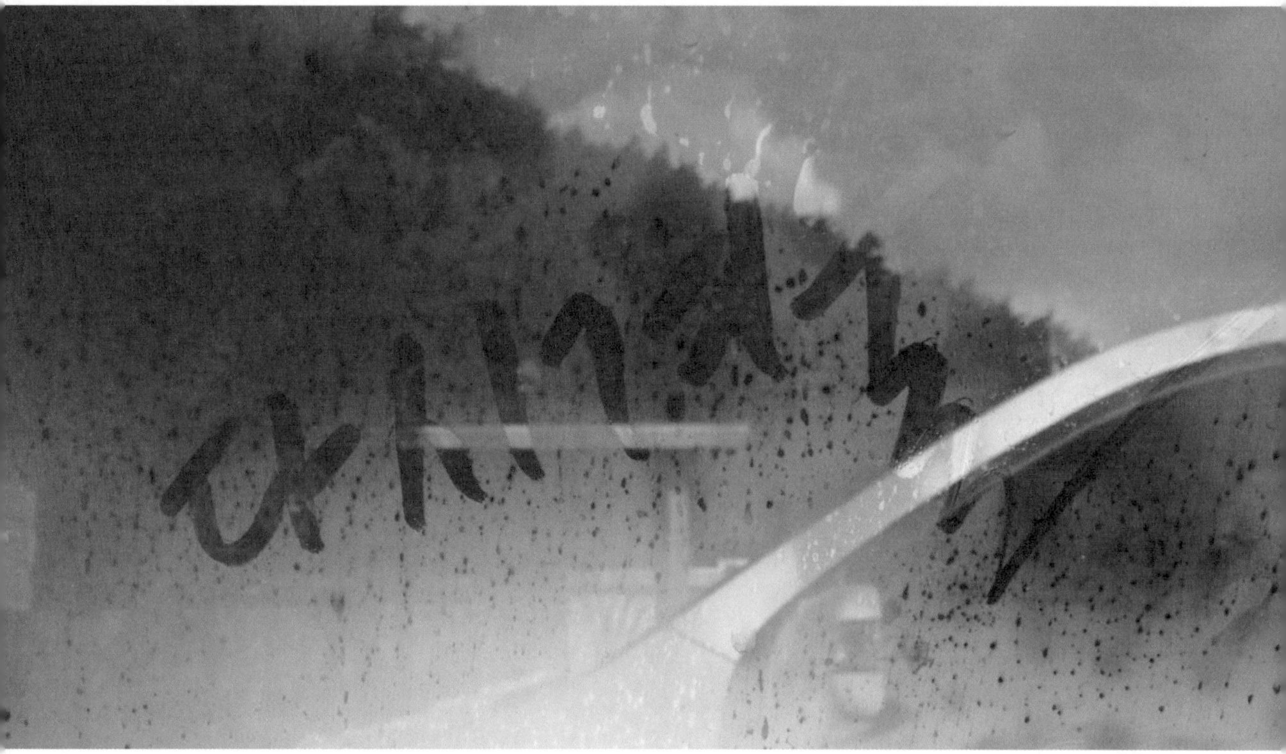

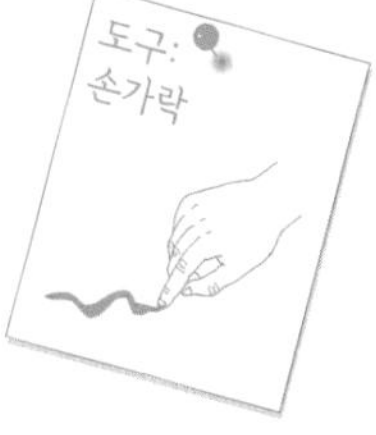

검지손가락을 이용해 습기 찬 욕실거울,
자동차나 버스, 지하철 창문을 종이 삼아
손가락 끝으로 하고 싶은 메시지를 적어본다.

"탁자 위에 물로 쓰신 마지막 그 한마디, 안녕"이라는 노랫말처럼!

글씨를 썼다면 글씨가 사라지기 전에
사진으로 꼭 남겨두는 센스도 잊지 말자.

눈이 소복하게 쌓인 자동차 보닛 위에다가
알콩달콩 남긴 메시지는 우리를 더욱 설레게 한다.

욕실거울에 써놓은 메시지는
때에 따라 로맨틱한 상황을 연출해주기도 하더라며! (19금)

*point
잘 닦아놓은 유리에 얼룩이 진다는 이유로 등짝을 한 대 얻어 맞을 수 있음. 자동차 보닛 위에 쓴 멘트는 사진을 찍은 뒤 치우고 사라져주는 센스를 발휘할 것!

낙서인 듯 낙서 아닌 글씨

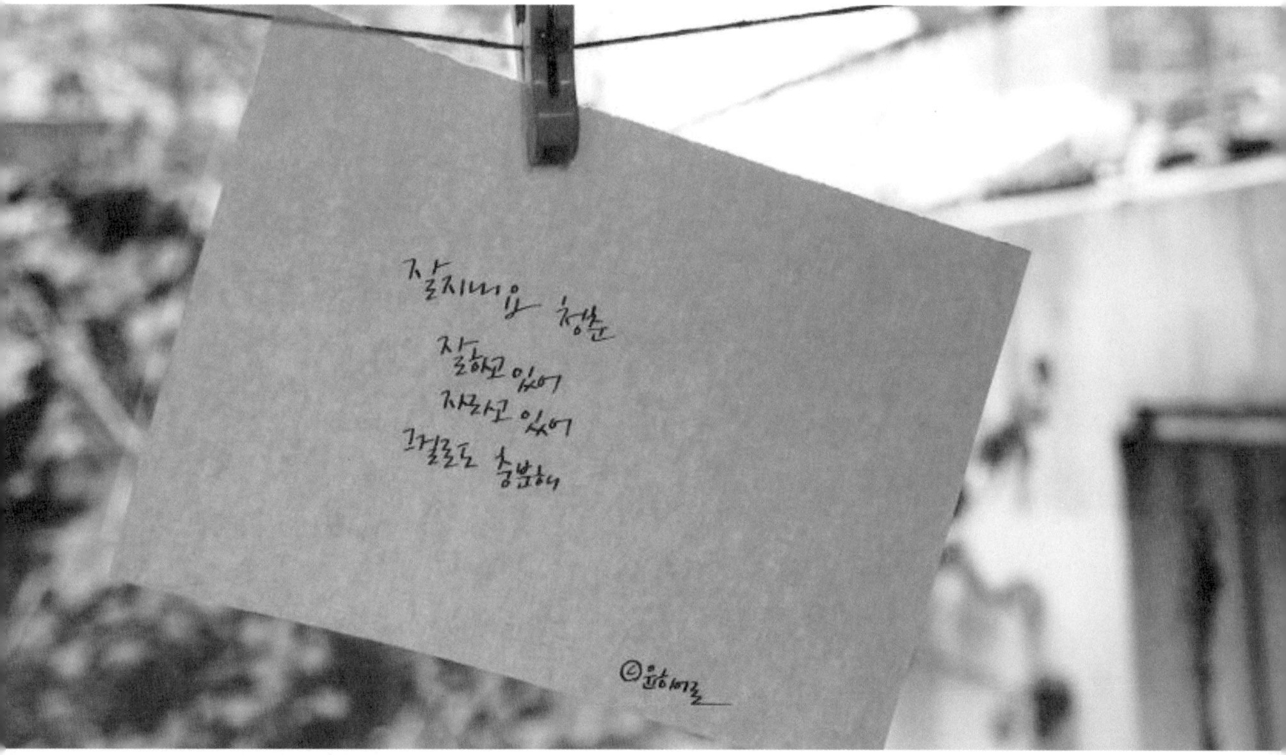

항상 A4 용지와 몇 가지 펜을 꼭 챙겨 다닌다.

그냥 이런저런 이유에서.

2년 전 가을쯤 삼청동의 어느 찻집에서 친구와 이야기를 나누고

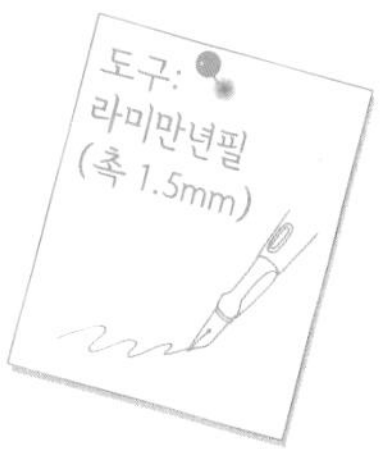

낙서 삼아 종이를 두고 왔는데, 저게 아직도 그 찻집에 걸려 있다.
그래서인지 저 찻집에 간 지인들마다 내게 연락을 한다.

"야 이거 네 글씨 맞지?"

예전에 쓴 글씨라 어설픈 마음이 들어
더 날렵하게 새로 써서 걸어놓고 오고 싶었는데,
갈 때마다 자리가 없어서 몇 번이나 돌아 나온다는
삼청동 그 찻집!

사진과 함께 한 글씨

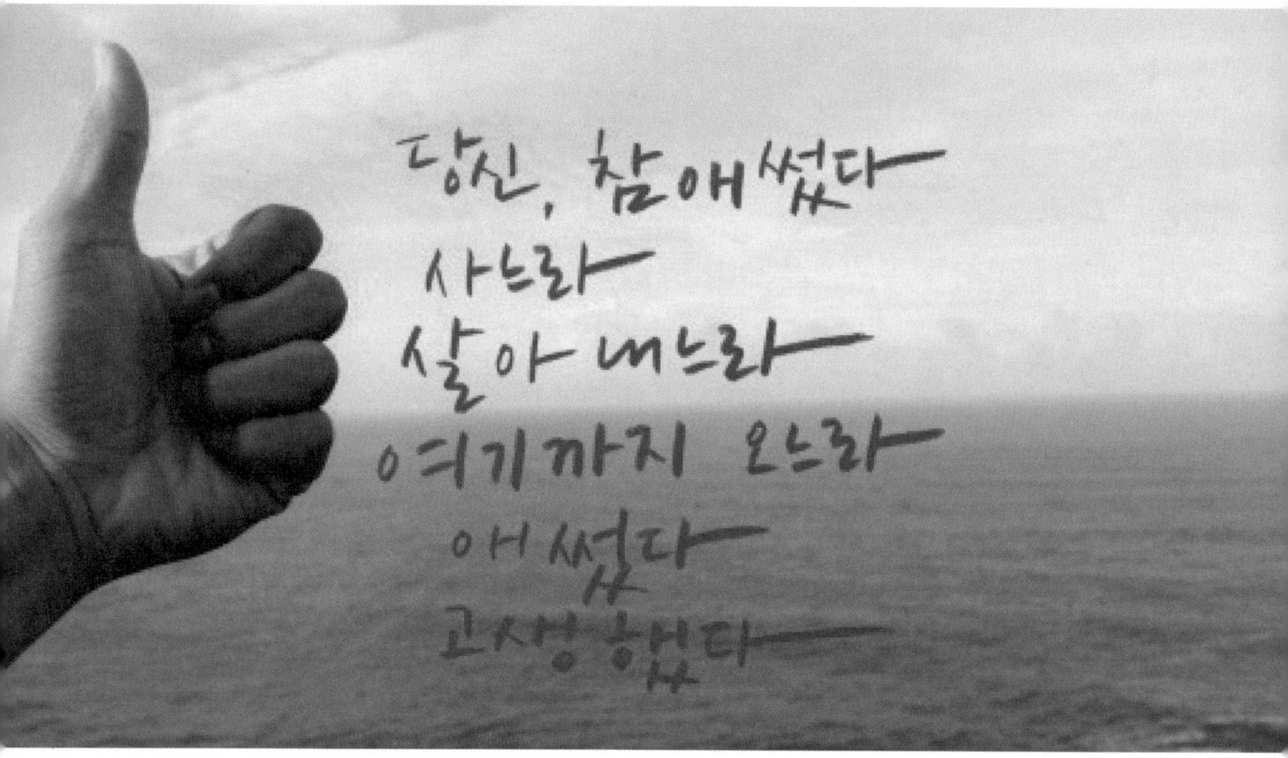

글씨를 쓰고 사진을 찍는 걸 좋아하는 나로서는
캘리그라피가 나에게 꼭 맞는 취미생활임에 틀림없다.

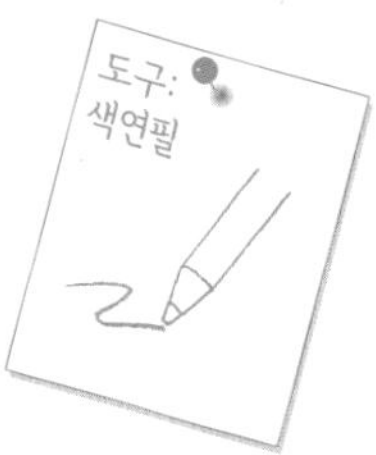

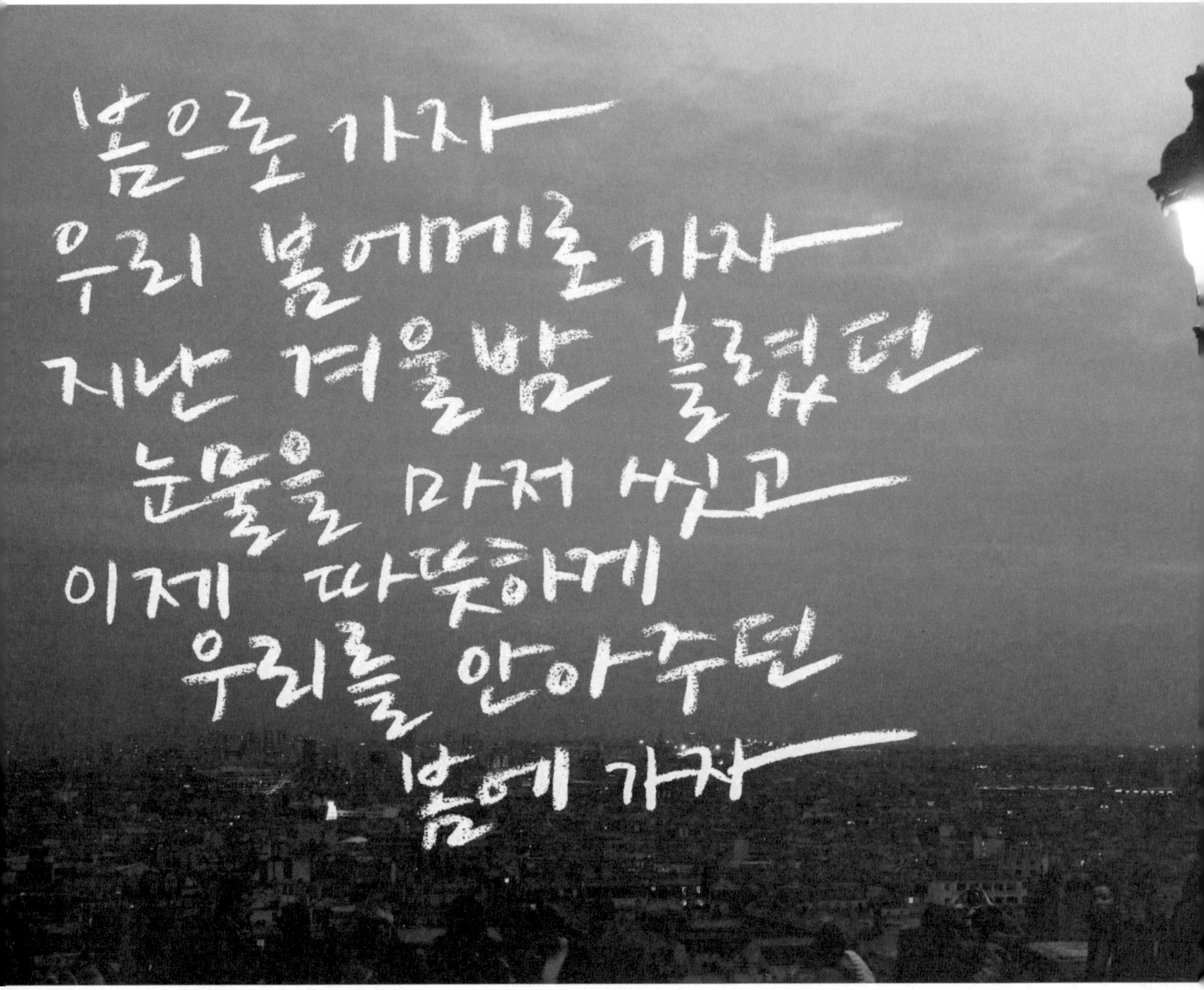

생긴 것과는 다르게 소년 감성이 아직 내게 남아 있어서
그 감성이 언제 증발해버릴지 몰라
있을 때 잘 활용하고자 가끔 사진에 글씨를 입히곤 한다.
(요즘 들어 그 감성에 빨간불이 켜진 것 같지만!)

소녀들의 마음을 흔들어놓을 만한 감성 사진 위에,
좋아하는 노래 구절이나
책에서 읽었던 (밑줄을 안 칠 수 없는) 주옥같은 문장을
캘리그라피로 써서 블로그나 SNS에 하나둘 올려보자.

그것도 밤 12시에

나 역시 그저
많은 사람들과 공유하고 싶은 마음으로 올렸던 글씨였는데
어느 날 비밀덧글이 달렸다.

퇴사를 앞두고 고민이 많았는데
내가 썼던 글귀를 읽고 한참을 울었고,
고단했던 하루에 위로가 되었다고.

사실 이 얘기에 내가 더 큰 위로를 받았다.
분명 누군가는 오늘도
여러분이 적어둔 글귀에 위로를 받고
또 새로운 하루를 시작할 용기를 얻을 것이다.

* point
사진에 글씨를 입히는 작업은
책 360쪽을 참고할 것!

여행의 추억이 담긴 글씨

퇴사를 앞두고
마지막 휴가 열흘

다들 그 춥고 볼 것 없는
베를린에 왜 가냐고
떠나는 날 아침까지 전화로 뜯어 말렸다.

그래서 더 가고 싶었다.

베를린은 흔히 유럽여행객들에겐
건너뛰거나
그냥 스쳐가거나
단 하루면 충분히 다 볼 수 있다고 각인된
관심 없는 곳이라고 한다.

나의 지인들도 골백번 내게 말했었고
그래서 더 끌렸을지 모른다.

민박집에서 만난
대학생 배낭여행객 친구들도

내가 베를린에 10일을 머무를 거라 하니
눈이 휘둥그레지며
무슨 이유인지를 항상 되묻곤 했다.

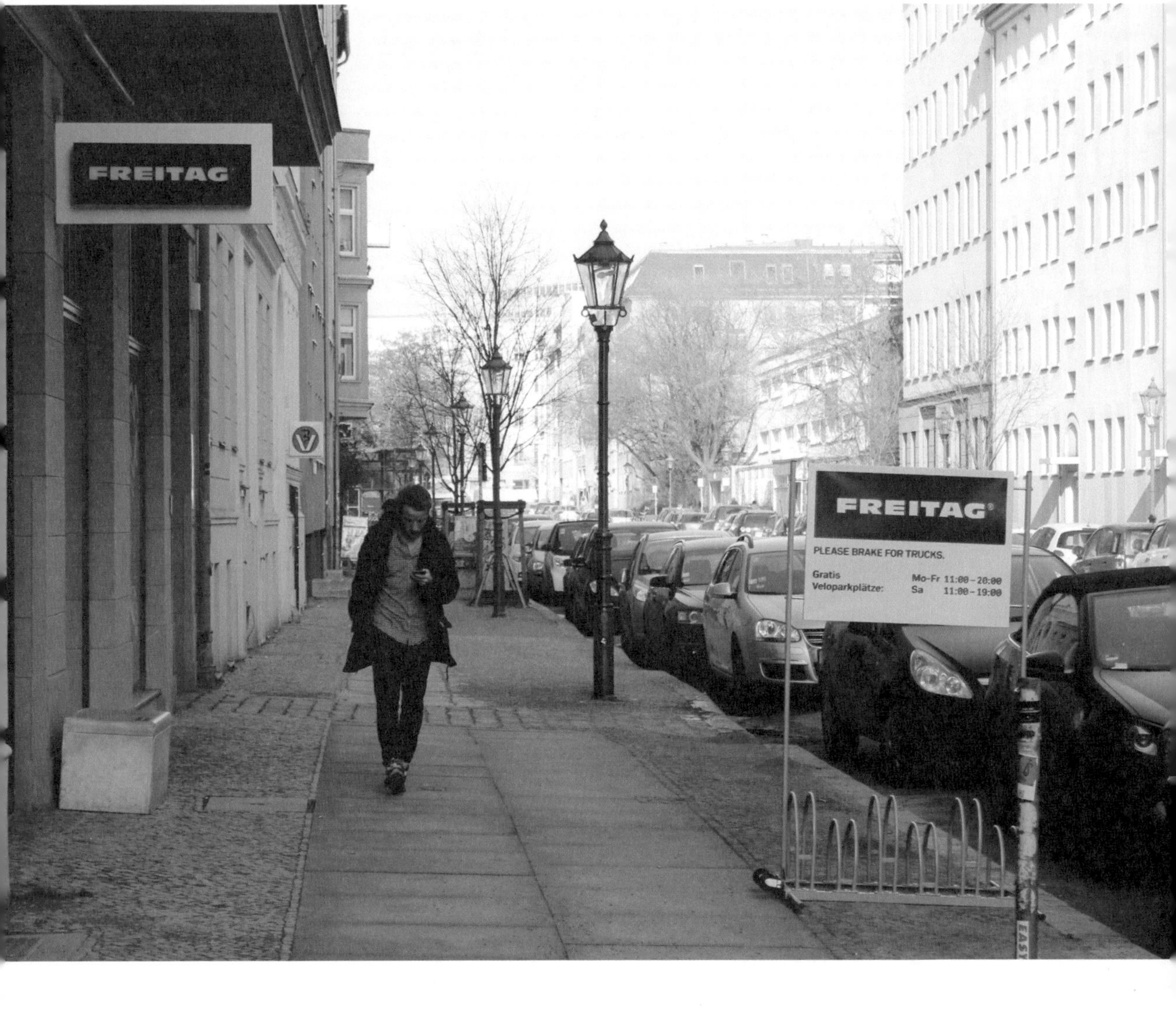

베를린에서의 열흘

어디를 가야 할지도
무엇을 해야 할지도
아무런 계획 없이 날아온 열흘이라
뭐 이래도 그만
뭐 저래도 그만
그런 느낌으로 살았다.

내일 죽을 사람처럼
열심히도 말고, 완벽하게도 말고, 치열하게도 말고
그냥 흐르는 대로
어디 회사 어느 부서 누구누구가 아닌
그냥 동양인 여행객으로

나에겐 너무나도 사랑스러웠고
느리게 느리게 오랫동안 걷고 싶었던 시간

정확함이 있고
여유가 있고
클래식 음악이 있고
때론 눈 감고 싶을 만큼의 심심함도 있는데

아무리 생각해도
베를린을 만끽하기엔
열흘도 부족하지 싶다.

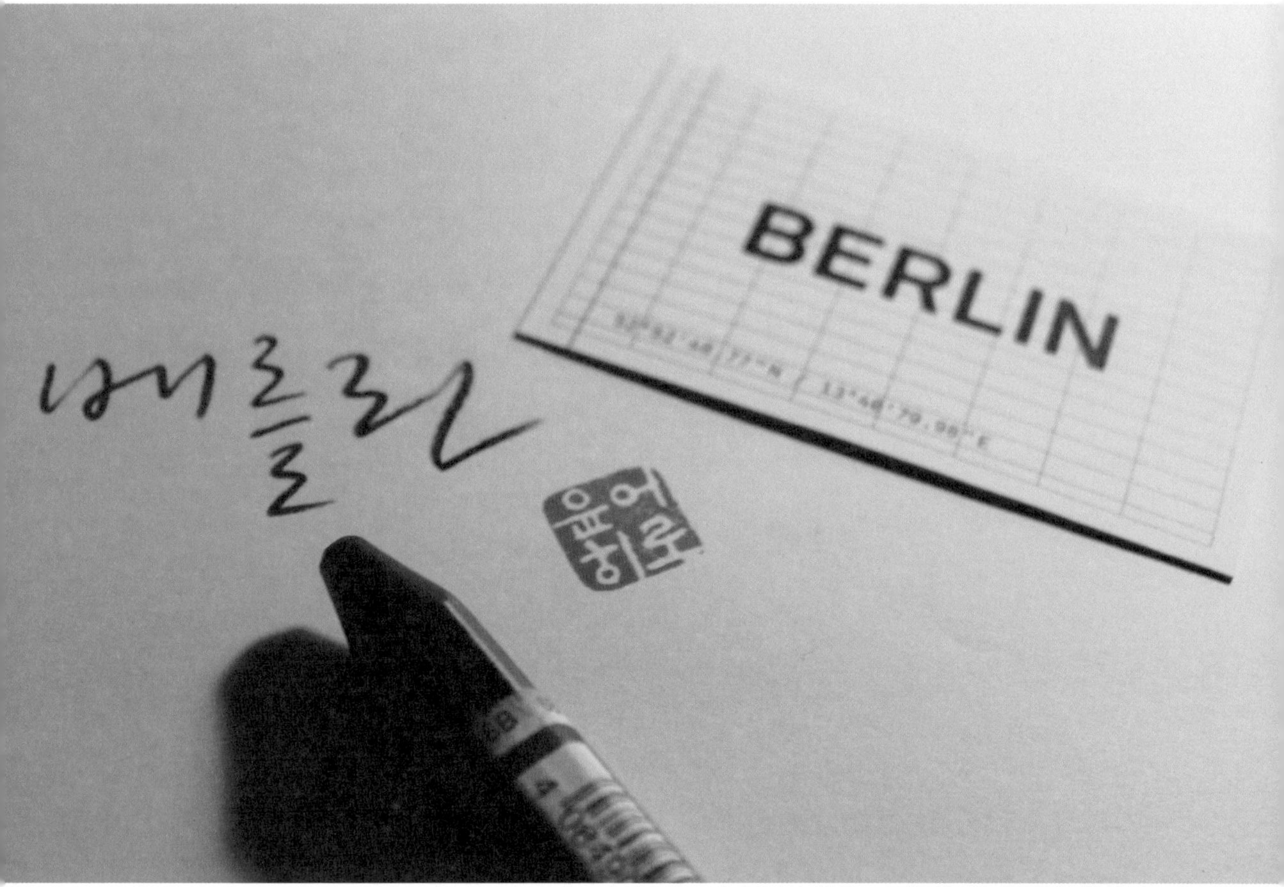

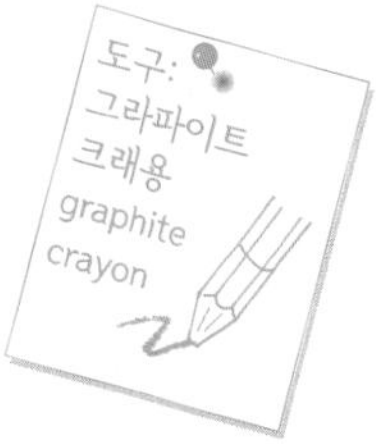

사람 많은 유럽의 어디 같지 않아
꼭 마음에 들었던
베를린.

그곳을 글씨로 남겨보았다.
어느새 글씨가 추억을 담았다.

누군가 원하는 글씨를 써야 할 때

욕망을 담은 글씨

<싱글즈> 잡지에서 내게
투명한 아크릴판, 나스립스틱 20개를 퀵으로 보내왔다.

립스틱으로 욕망의 화신 같은 여자가 화장대에 앉아
립스틱으로 후려갈긴 듯한 느낌의 자극적인 글씨를 써달라고.

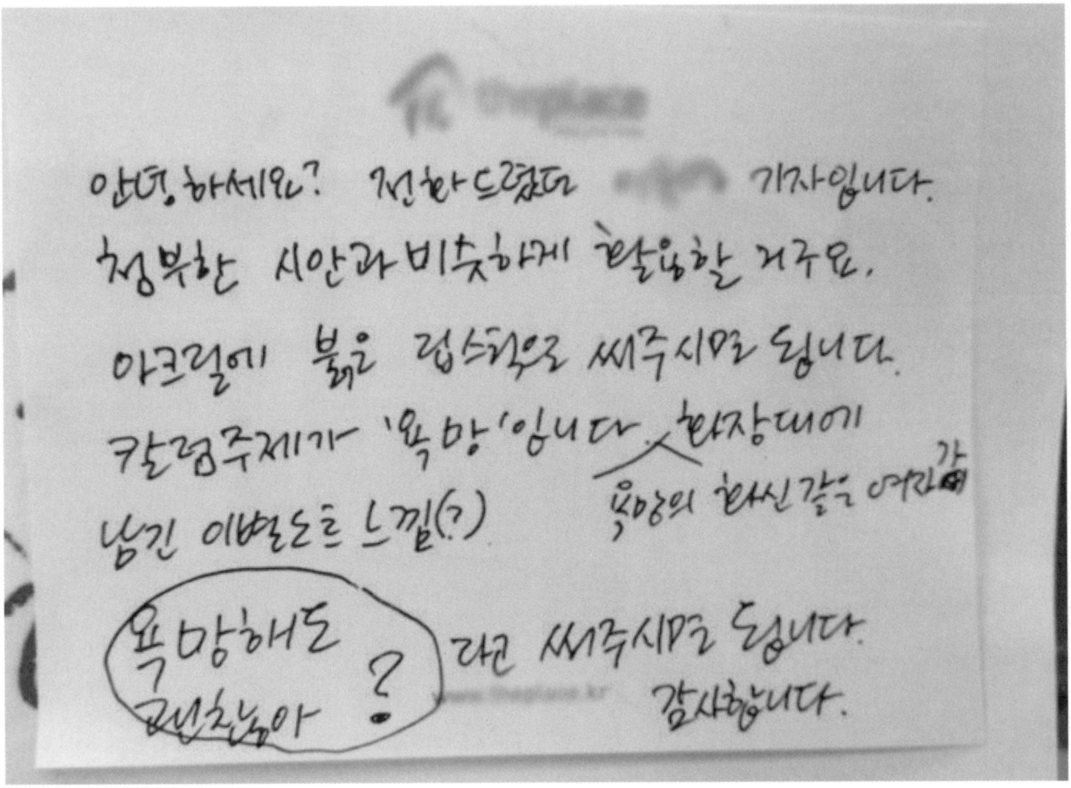

안녕하세요? 전화드렸던 기자입니다.
첨부한 시안과 비슷하게 활용할 거구요.
아크릴에 붉은 립스틱으로 써주시면 됩니다.
칼럼주제가 '욕망'입니다. 화장대에
욕망의 화신 같은 여자가
남긴 이별노트 느낌(?)
욕망해도 괜찮아? 라고 써주시면 됩니다.
감사합니다.

안녕하세요?

전화드렸던 OOO 기자입니다.

첨부한 시안과 비슷하게 활용할 거고요.

아크릴에 붉은 립스틱으로 써주시면 됩니다.

칼럼 주제가 '욕망'입니다.

욕망의 화신 같은 여자가 화장대에 남긴 이별노트 느낌(?)

욕망해도 괜찮아? 라고 써주시면 됩니다.

감사합니다.

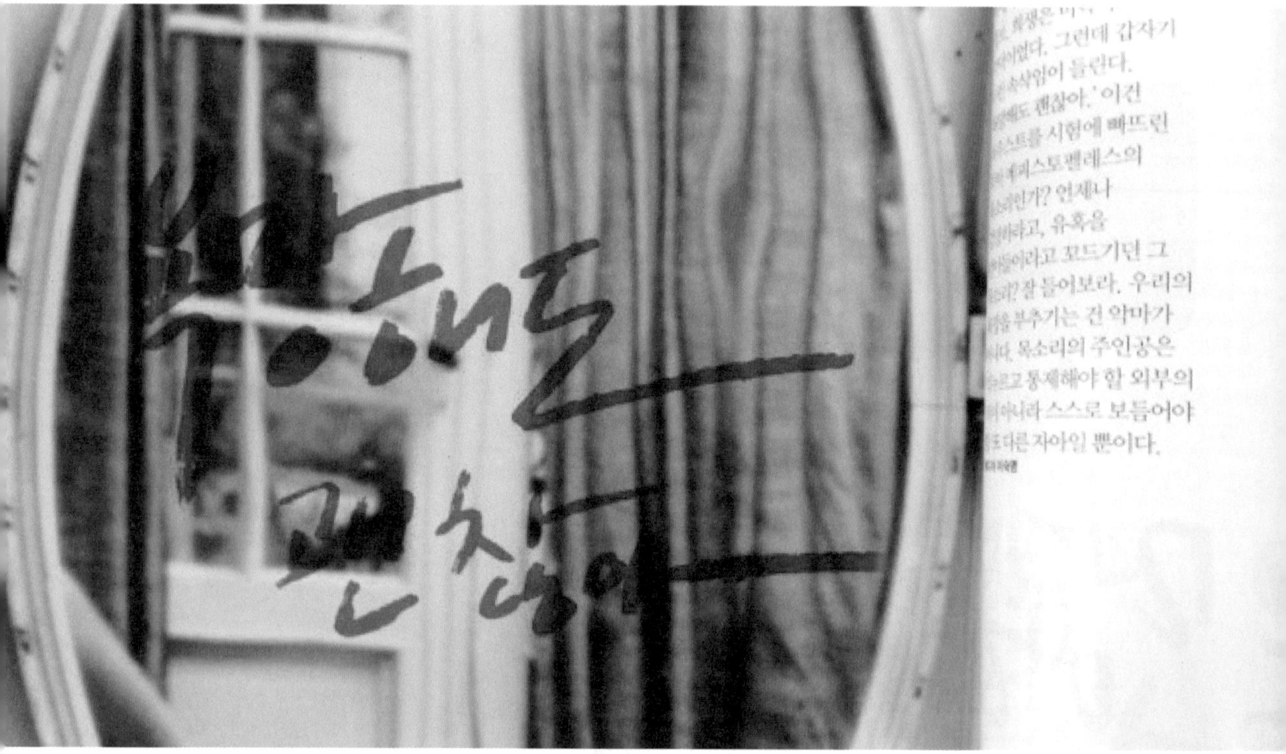

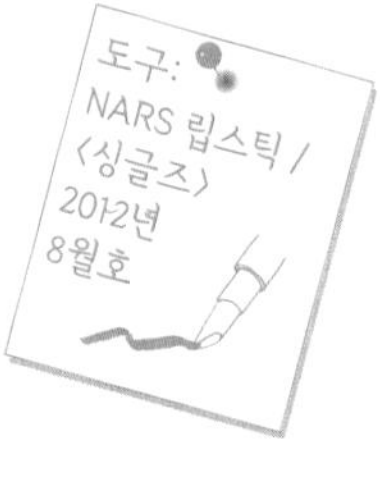

내가 본 화장대 앞에 앉아 화장을 하던 여자는
엄마나 누나의 그 초라하기 그지없는 모습이라
상상이 잘 되지 않아 매우 어려웠던 작업이었다.
(이래서 사람은 많은 경험을 해야 하나)

나중에 알게 된 사실이었다만
저 립스틱이 그렇게 비싼 브랜드였다며? 어쩐지!
그날, 내 주변에 생전 오지도 않던 여직원들이
자꾸만 어슬렁어슬렁 대더라니.

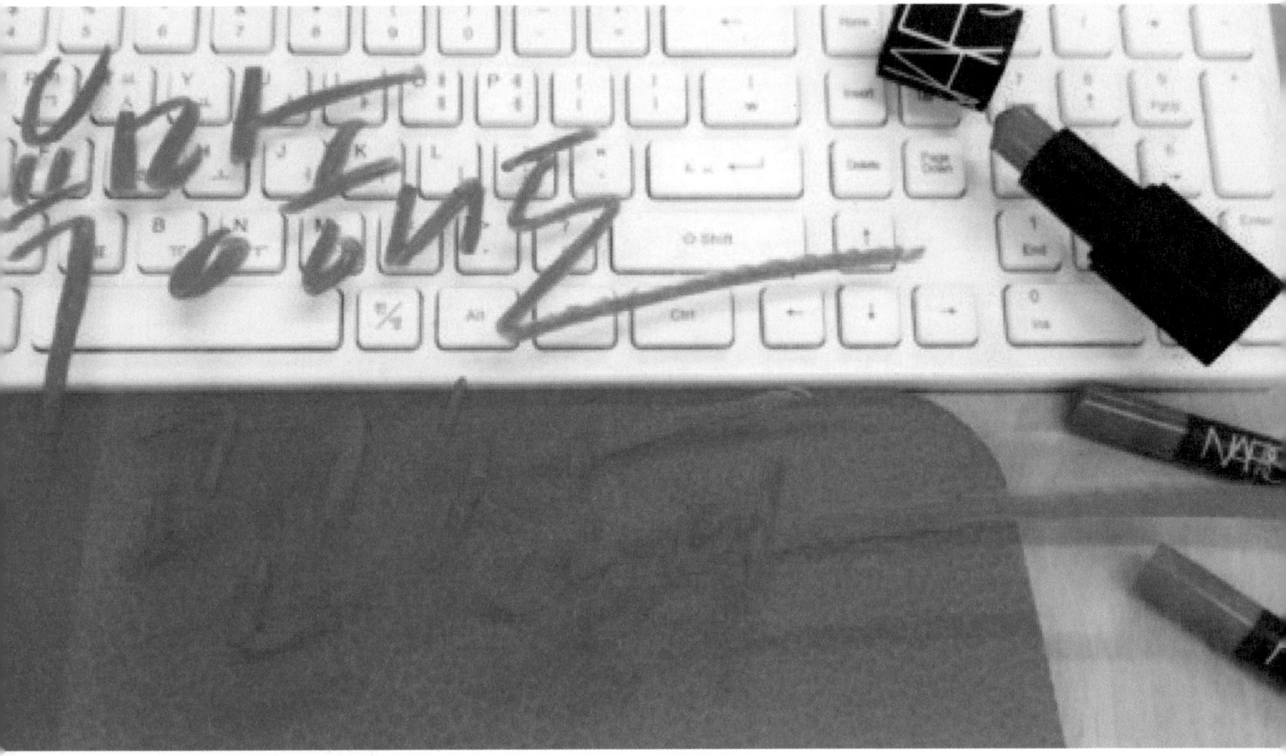

* point

립스틱을 입술에도 바르기 아깝거나

글씨 쓸 립스틱이 없다면,

하얀 실이 달려 있는 빨간 색연필로 표현을 해도

비슷한 느낌을 나타낼 수 있다.

하지만 색연필보단 립스틱이 훨씬 더

잘 지워진다는 게 포인트!

사심을 담은 글씨

P회사에서 새로운 라면이 출시되었다.

여배우들에게 신제품과 메시지 카드를 보내고 싶은데,
카드 좀 직접 써달라고!

신제품 라면보다 여배우도 아닌 여배우'들'이라니!

여배우들이 생각보다 좀 많았지만
메시지를 정성스럽게 한 글자 한 글자 쓰며 마음을 담던 중
개인적으로 좋아하는 여배우 신민아 님께는
보이지 않는 사심을 좀 더 꾹꾹 눌러 담았다.

물론 사심은 전달이 되지 않았을 테지만.
아무튼!

여배우들 손에 내가 쓴 카드가 도착한다는 게 신기한 일이었다.

그러고 나서 며칠 후에 혹시나 그들이 본인의 SNS에 올리지는 않았을까
검색을 했던 남모를 비참함을 누가 알까….

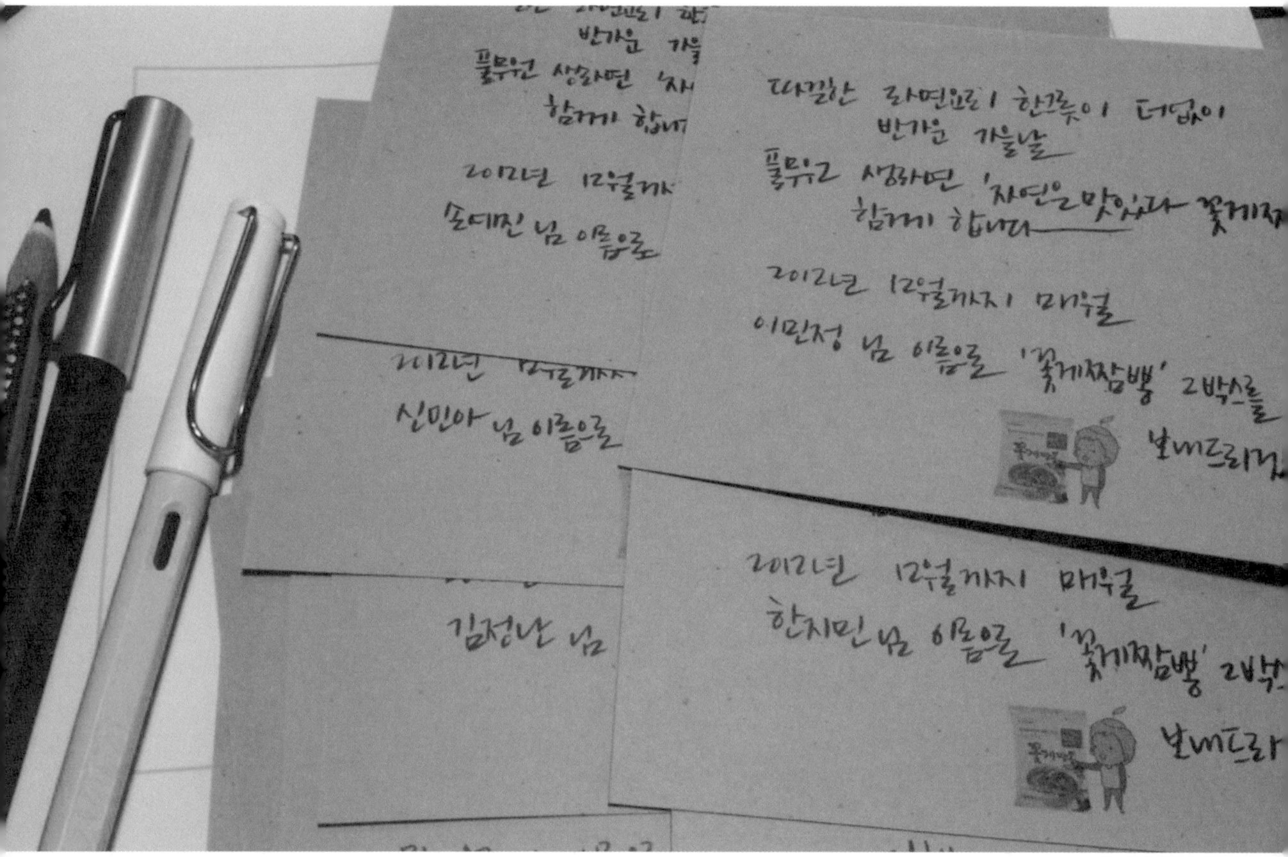
반가운 가을날
풀무원 생라면
함께 합니다
2012년 12월까지 매월
이민정 님 이름으로 '꽃게짬뽕' 2박스를
신민아 님 이름으로
김정난 님
2012년 12월까지 매월
한지민 님 이름으로 '꽃게짬뽕'

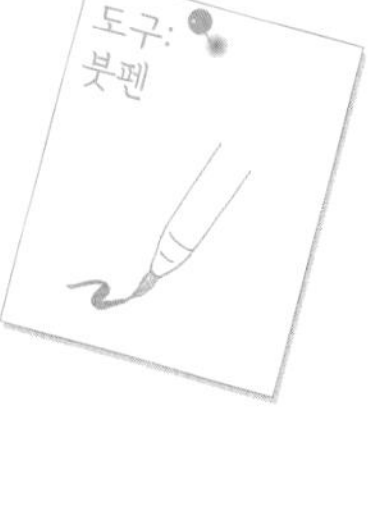
도구:
붓펜

【 응원을 담은 글씨 】

학교 다닐 때 미술 시간에
붓글씨를 배웠던 기억…

일단 책상에 신문지를 깔고, 팔 토시를 하고,
교복에 먹물이 튈까봐 체육복으로 갈아입고,
신문지로 온 전신을 가려야 하는 대단했던 시간.

선생님은 항상 붓은 세워서!
팔꿈치를 들고 바른 자세로 써야 한다고 했다.

그때는 붓글씨 쓰는 게 참 싫고 재미가 없었는데
요즘은 재미있는 걸 보니 참,
좋아서 하는 일은 막을 수 없나 보다.

홍대에서 마이너 감성으로 노래하는 후배가
디지털 음원을 발표한다고 연락이 왔다.

연락과 동시에 이루어진 부탁
"타이틀 좀 써줘요~ 오빠!"

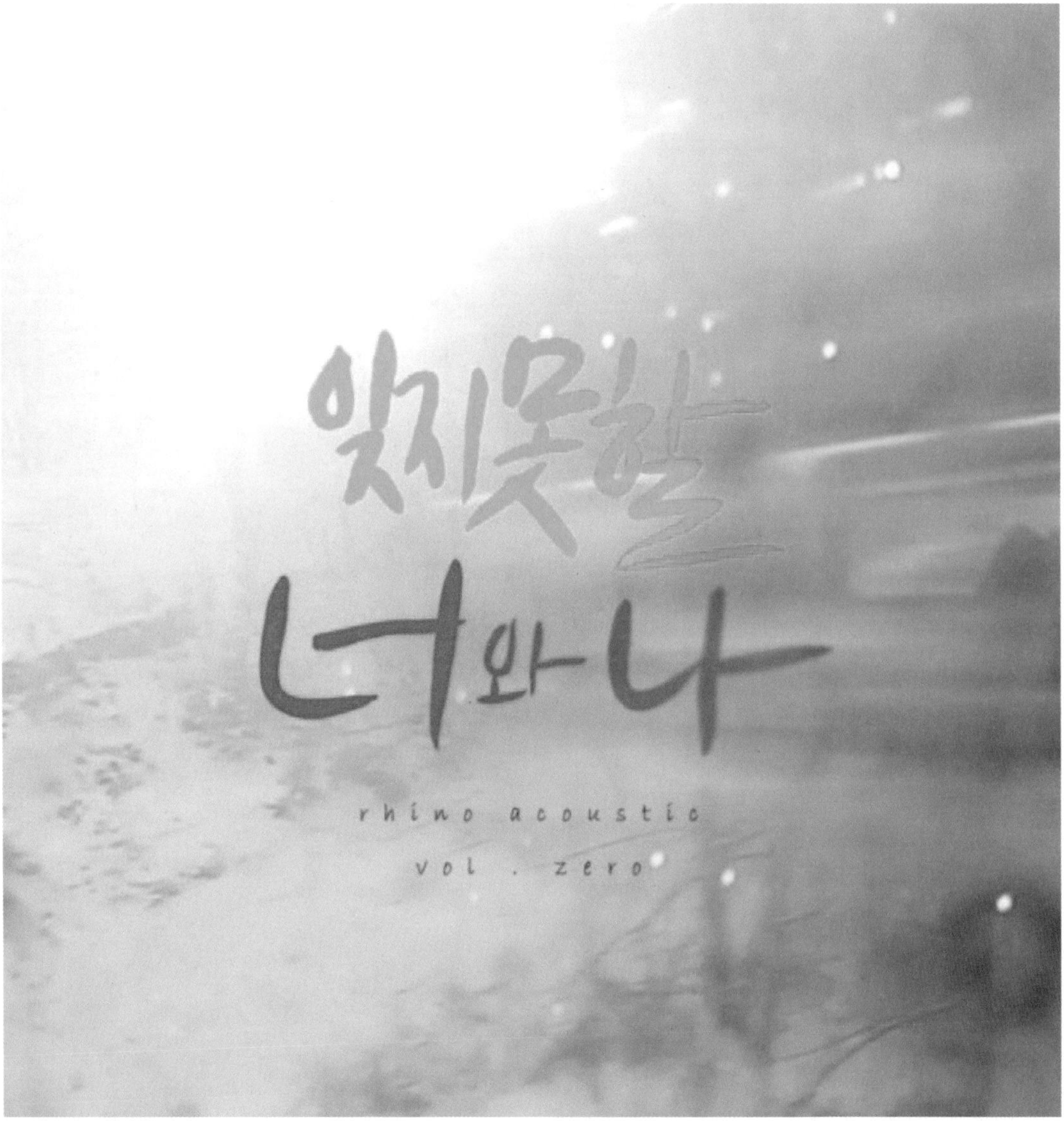
잊지못할
너와나
rhino acoustic
vol . zero

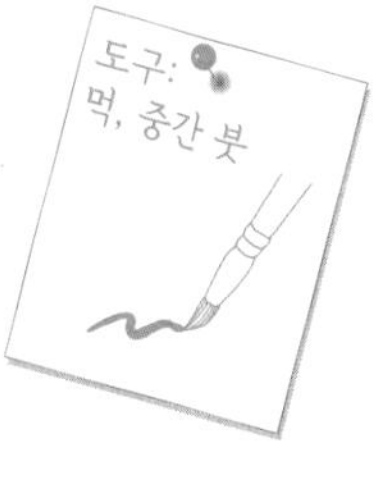
도구:
먹, 중간 붓

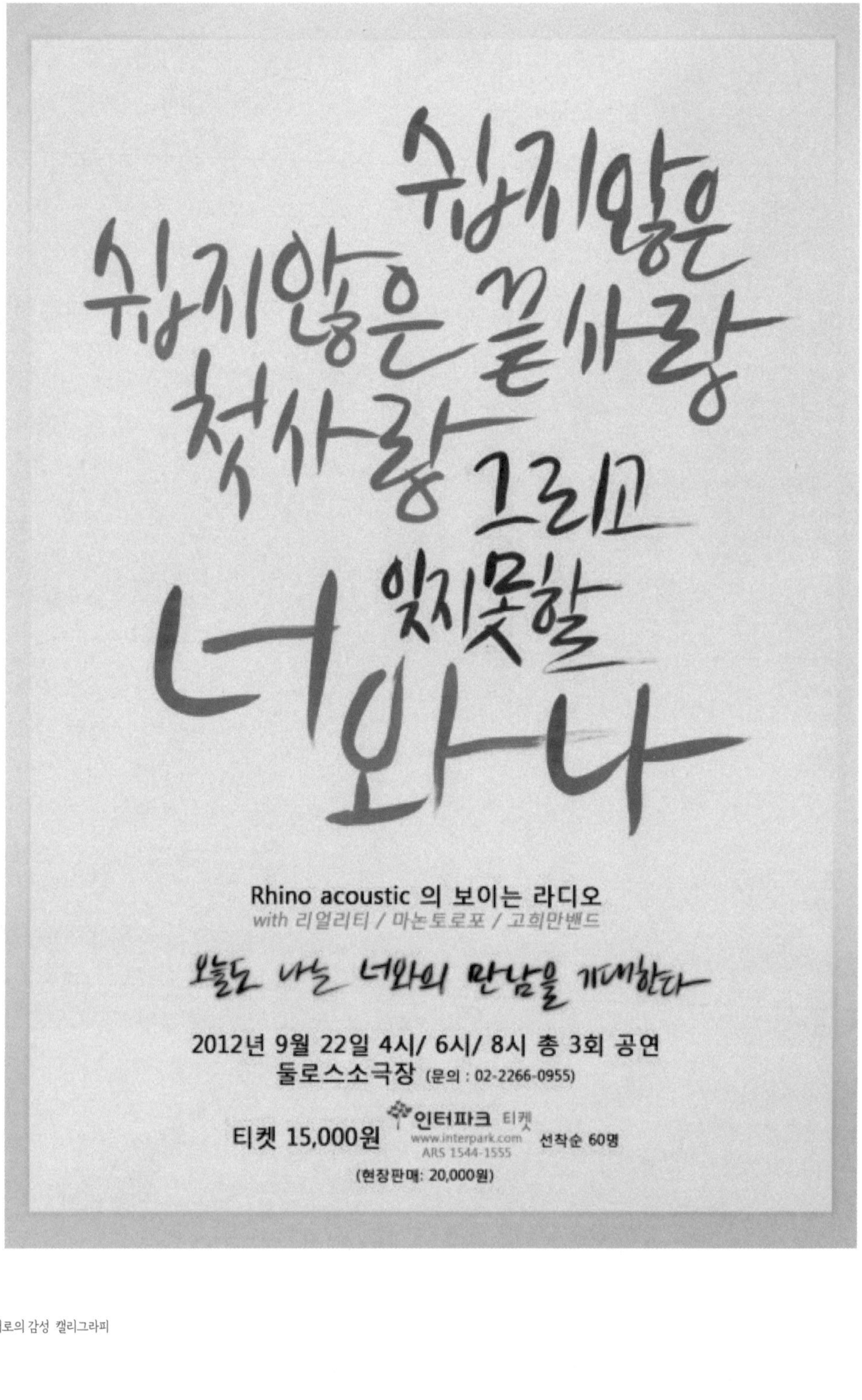
쉽지않은
쉽지않은 끝사랑
첫사랑 그리고
잊지못할
너와나
Rhino acoustic 의 보이는 라디오
with 리얼리티 / 마논토로포 / 고희만밴드
오늘도 나는 너와의 만남을 기대한다
2012년 9월 22일 4시/ 6시/ 8시 총 3회 공연
둘로스소극장 (문의 : 02-2266-0955)
티켓 15,000원
인터파크 티켓
www.interpark.com
ARS 1544-1555
선착순 60명
(현장판매: 20,000원)

오랫동안 노래하며 정성이 가득 들어간 음반이었기에
이왕이면 좀 더 큼직하고 정성스레 써주고 싶었다.
(코 먹은 소리로 "오빠~"라고 부탁해서가 절대 아님)

그리하여 며칠 동안
먹을 갈고, 붓을 세워 썼던 글씨

잊지 못할 너와 나.

느낌을 표현한 글씨

2013년 11월, 가수 현아와 현승의 두 번째 이야기
'내일은 없어' 작업을 할 때
기획사 담당자가 보내온 이메일은 이렇다.

-내일은 없어
-트러블메이커 / Trouble Maker
-comeback

이고, 수위가 높은 사진들에 사용할 예정이라
글자도 좀 더티하고 야한 느낌이었으면 좋겠습니다.

수위가 높은 사진들에 사용할 예정이고
더티하고 야한 느낌…

이메일을 받고 처음 들었던 생각은
'어.렵.다.'였다.

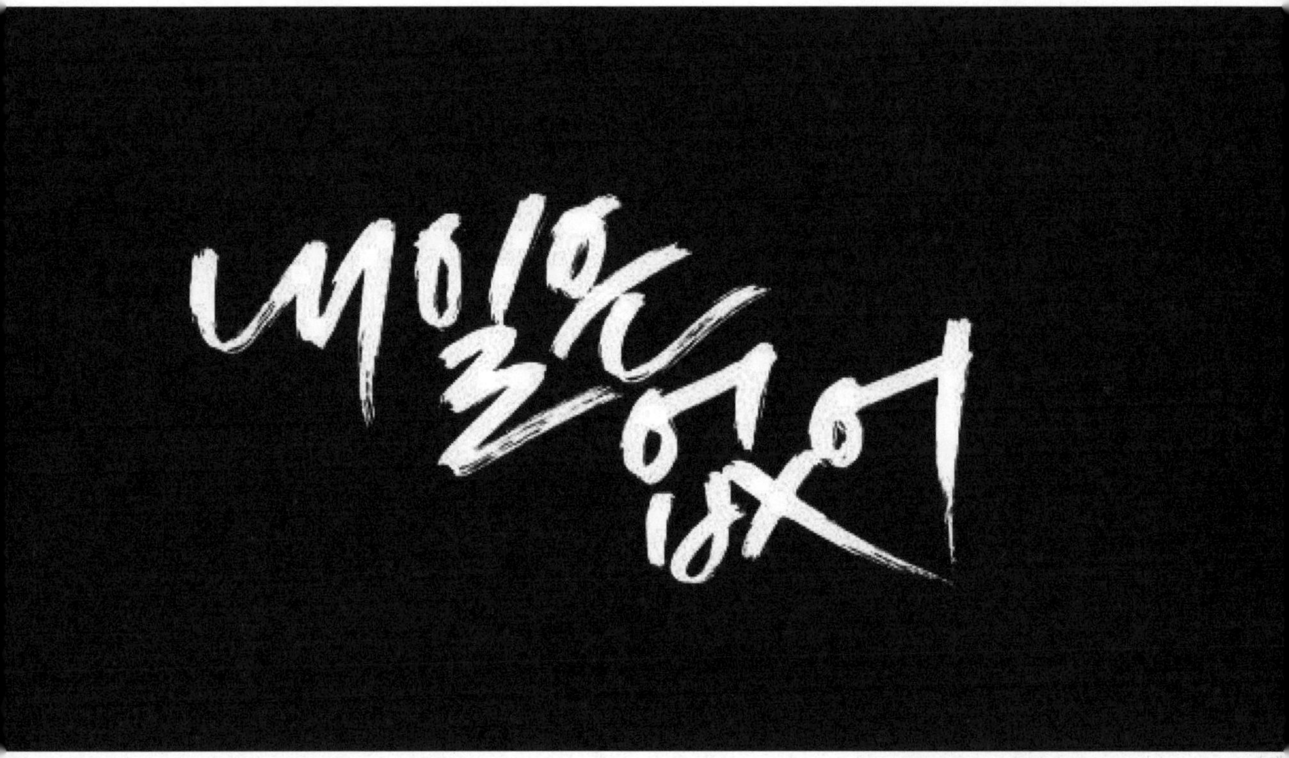

어떻게 써야 더티하고 야한 느낌일 수 있을까 싶어
에로영화 제목도 쭉 검색해보고
문 닫기 직전 여자 속옷가게에 들러
가장 야해 보이는 속옷도 몇 개 샀다.

지금 떠올려보면 그 매장 직원은
내가 변태이거나 성적 취향이 상당히 독특하다고 생각했을 것 같다.
아무튼 그 더티하고 야한 느낌을 표현하기 위해
온갖 시도를 하고 글씨를 보냈는데
더 야시시(?)하게 표현을 해달라는 게 아닌가!

부사장님께 보여드렸는데...

좀 더 야시시(?)하게 해주셨으면 좋겠어요 ^^;

트러블메이커 영문은 너무 동글동글하다고 하셔서…

'아~ 정말 어렵다' 어떤 게 대체 야시시란 말인가!
그래서 나는 '야시시'보다 '더럽게'에 초점을 맞췄다.

가지고 있던 펜을 아스팔트 도로 위에 거칠게 문지른 다음,
그 거칠고 날카롭게 된 펜으로 작업을 했다.

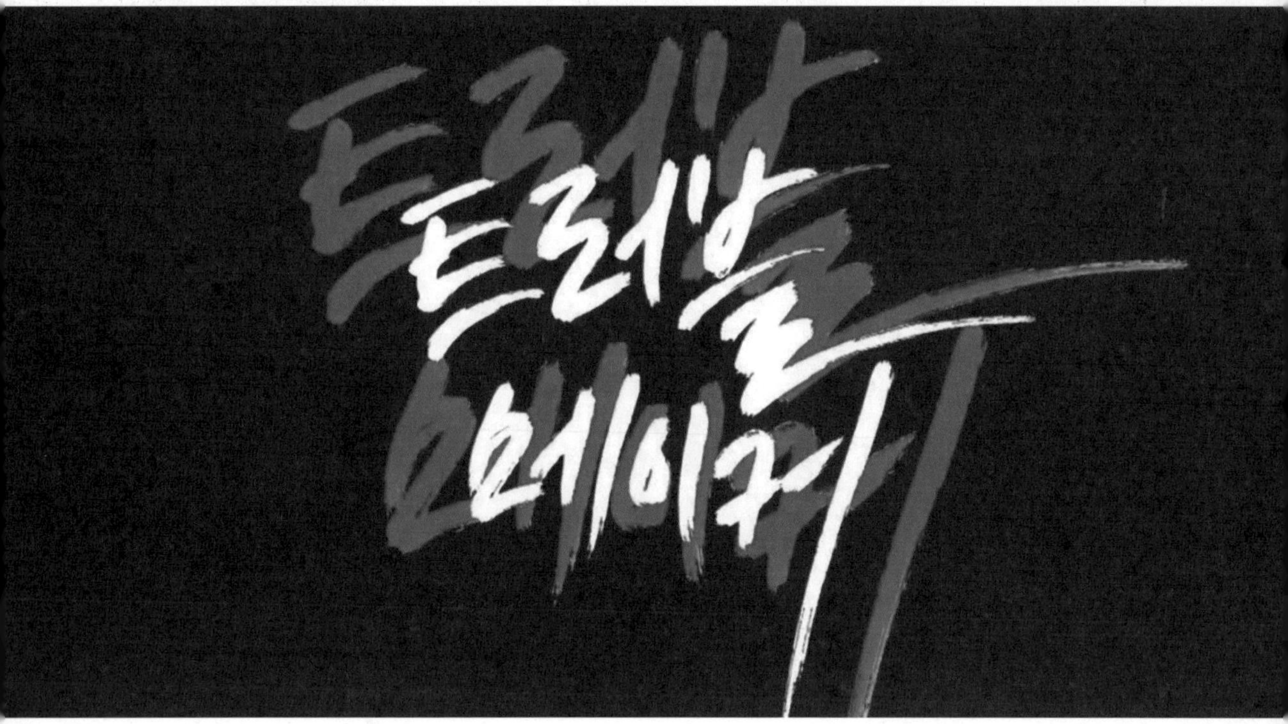

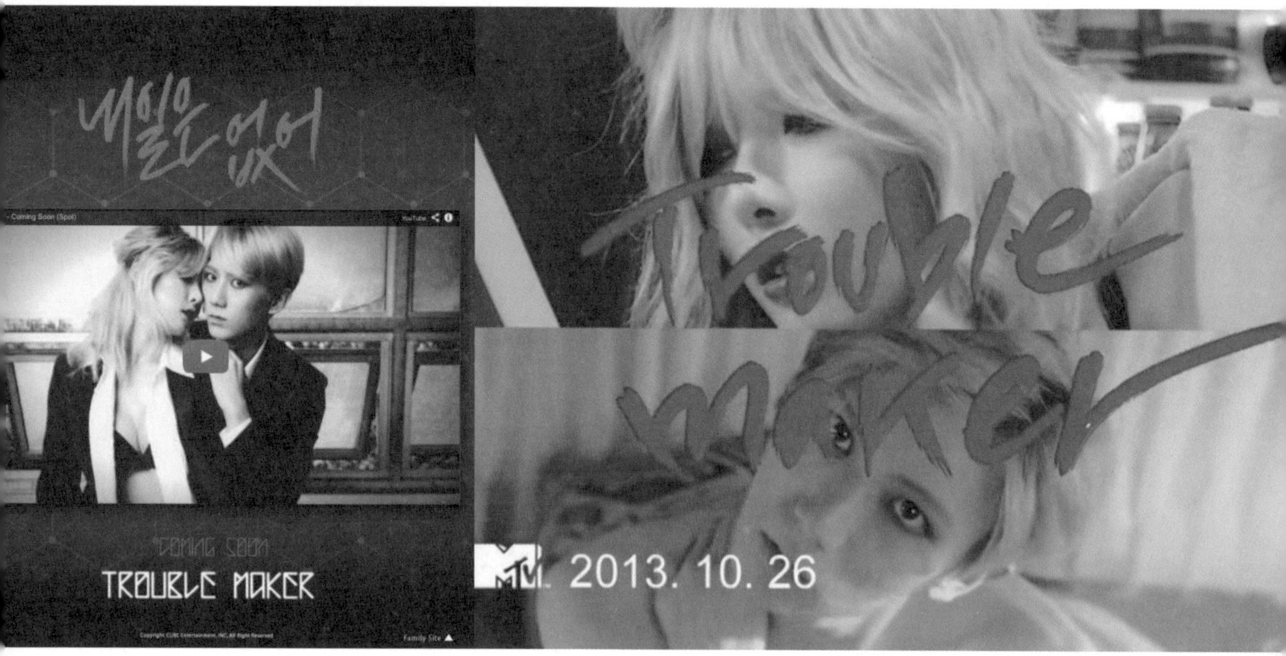

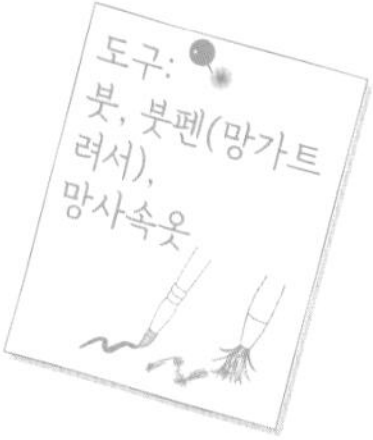

다행히 통과!

담당자도 가수도

모두 만족해했다고 하니 괜히 묘한 기분이 들었다.

내가 쓴 글씨였지만

오래 보기 민망하여 몰래 힐끔 힐끔 봤던

트러블메이커의 '내일은 없어'

'없어'라는 글자 받침 'ㅅ'을 'X'로 표현해 좀 더

더티하고 강한 느낌을 실었다면 믿으려나?

【 일상을 보여주는 글씨 】

"평소에도 캘리그라피처럼 글씨를 쓰세요?"
사람들은 이런 질문을 많이 한다.
그러면 나는 이렇게 답한다.

"캘리 느낌 나게 쓰려고 저도 노력합니다."

나는 대학 시절 산돌광수체 글씨를 따라 연습을 했었다.
광수글씨체가 그냥 좋았다.
그래서 내 글씨에는 여전히 산돌광수체의 느낌이
어쩔 수 없이 묻어난다.

잡지사에서 연애에 대한 글씨 작업을 해달라고 요청해왔다.
지나치게 캘리 느낌이 나지 않게
이왕이면 알콩달콩 분위기를 표현해달라고 하여
진짜 내 글씨다운 일상 글씨를 썼다.

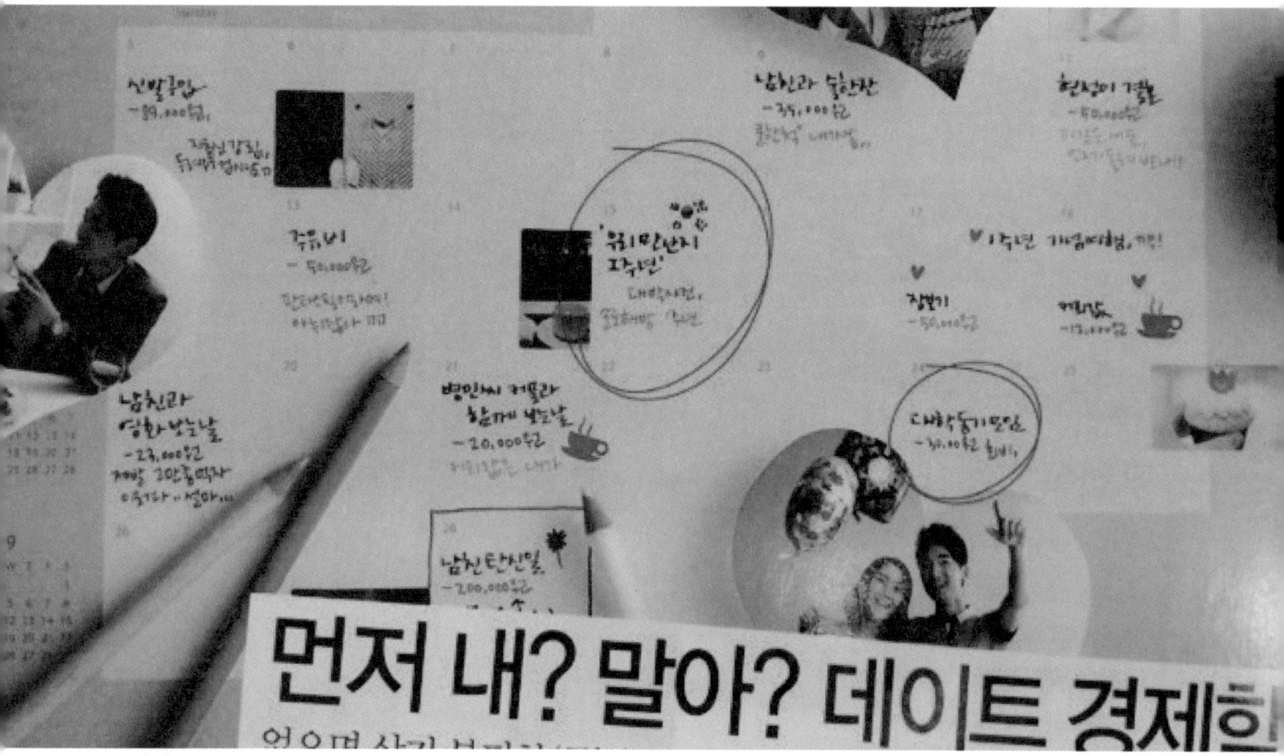

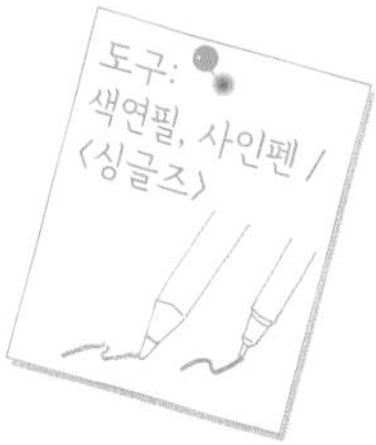

남친과 술 한 잔

-35,000원

쿨한 척 내가 쏨

여자친구가 어느 날 쿨한 척 술값 계산을 한다면

정말 예쁘겠다 하면서 끄적끄적 완성했던

데이트 경제학을 담은 다이어리 글씨.

사람을 끌어당기는 글씨

"간판을 만들어야 하는데, 가게가 불맛이 강한 요리가 많아,
불맛요리 알지? 그 불맛 나는 느낌으로 만들고 싶어.
불맛 나게 만들어줄 수 있지? 그 느낌 알지? 부탁해."

작업을 하면서 가장 어려운 게
그 느낌을 글씨에 그대로 녹여내는 거다.
아날로그 감성에 현대과학의 힘을 빌릴 수도 없고
참으로 어렵고도 힘든 요청이다.

불맛 나는 요리를 직접 먹어봐야 알 수 있다는 핑계로,
길 건너 숯불바베큐 전문점에 들러 구경을 하며
영감을 받아 만든 게 이 작품이다.

그나저나 글씨를 보고 있자니
불맛요리가 또 먹고 싶다.

간판은 멀리서도 눈에 잘 띄어야 하고,
어떤 글씨인지 한 눈에 알아볼 수 있도록 쓰는 게 포인트다.

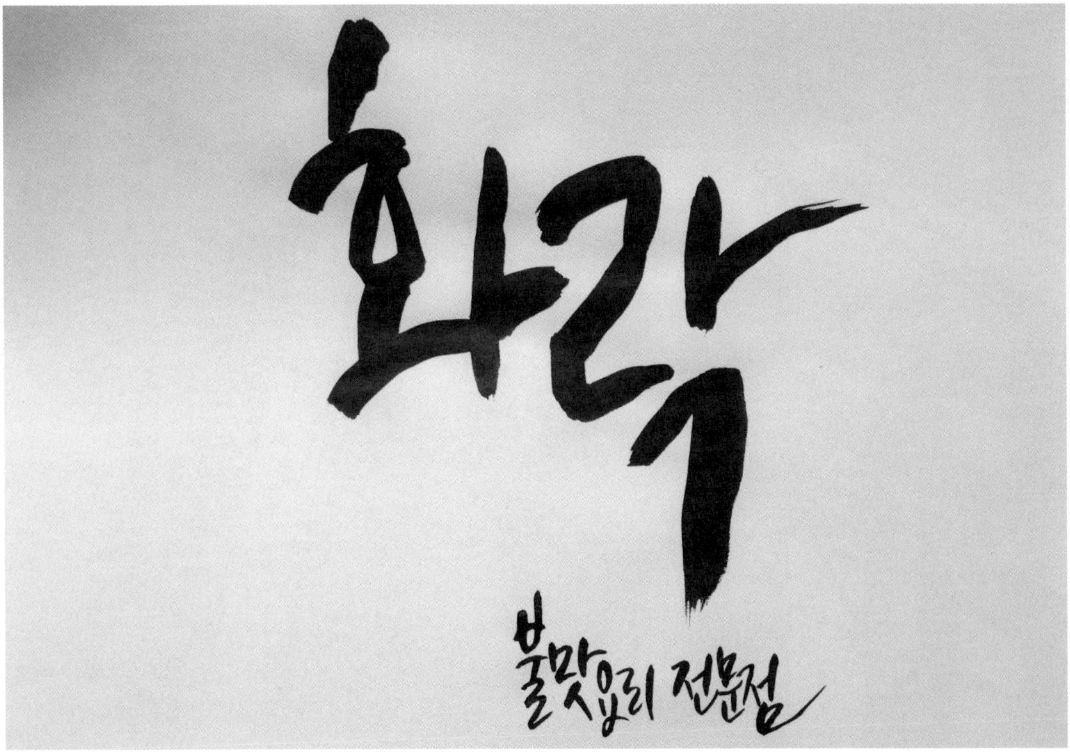
화락
불맛요리 전문점

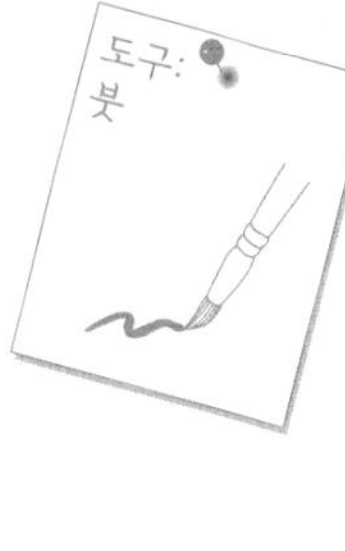
도구:
붓

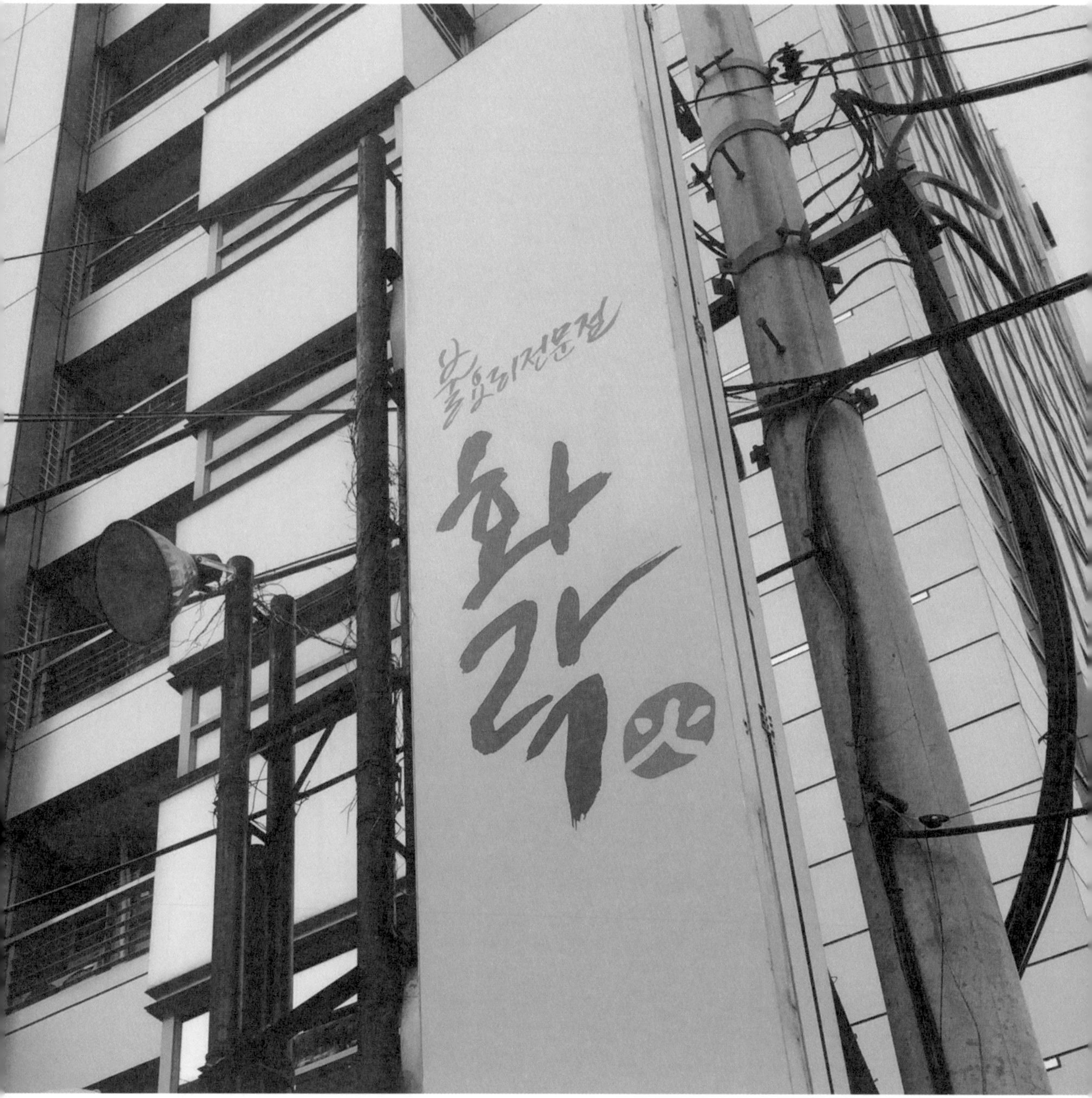
불요리전문점
화락

간판 글씨는 굵고 진하게 표현하는 게 가장 중요하다.
따라서 간판을 어떤 소재로 어느 정도의 크기에
어떤 위치에 설치되는지도 중요하지만
가게의 용도에 맞는 느낌을 표현해야
간판만으로도 가게의 아이덴티티를 나타낼 수 있다.

* point

건물에 따라 간판 설치 기준이
조금씩 차이가 있으니
제작 전에 미리 꼭 확인 후
제작을 하자. 366쪽 참고할 것!

글씨가 마음을 담을 때

세상에 하나밖에 없는 글씨

캘리그라피를 배우고 나서
가장 많이 하는 일이 있다.

바로
청첩장 글씨 써주기.

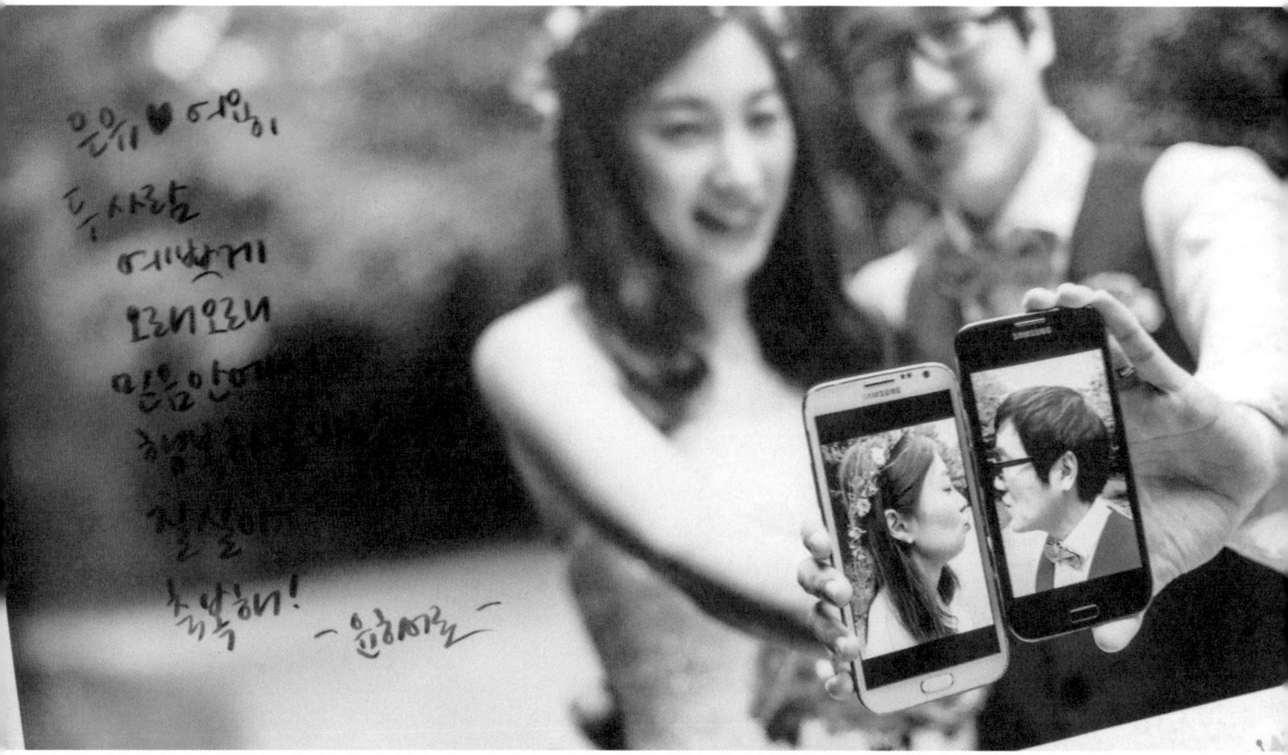

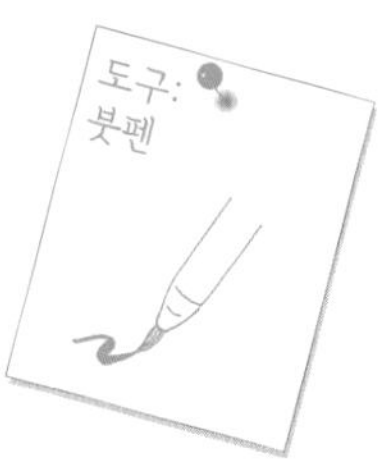

청첩장 글씨를 써주면서 알게 된

다양한 결혼준비에 대한 정보도 쏠쏠하다.

그리고 무엇보다
캘리그라피 덕분에 버리지 못하는 청첩장이
많아진 것도 사실.

* point
인쇄용 청첩장을 만들 때는
366쪽을 참고할 것!

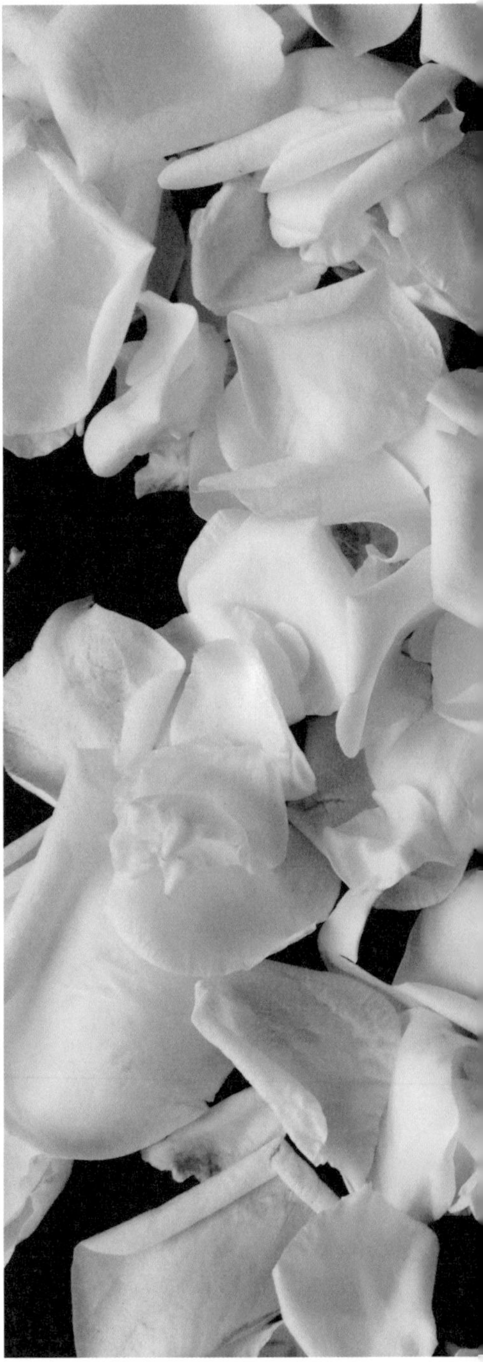

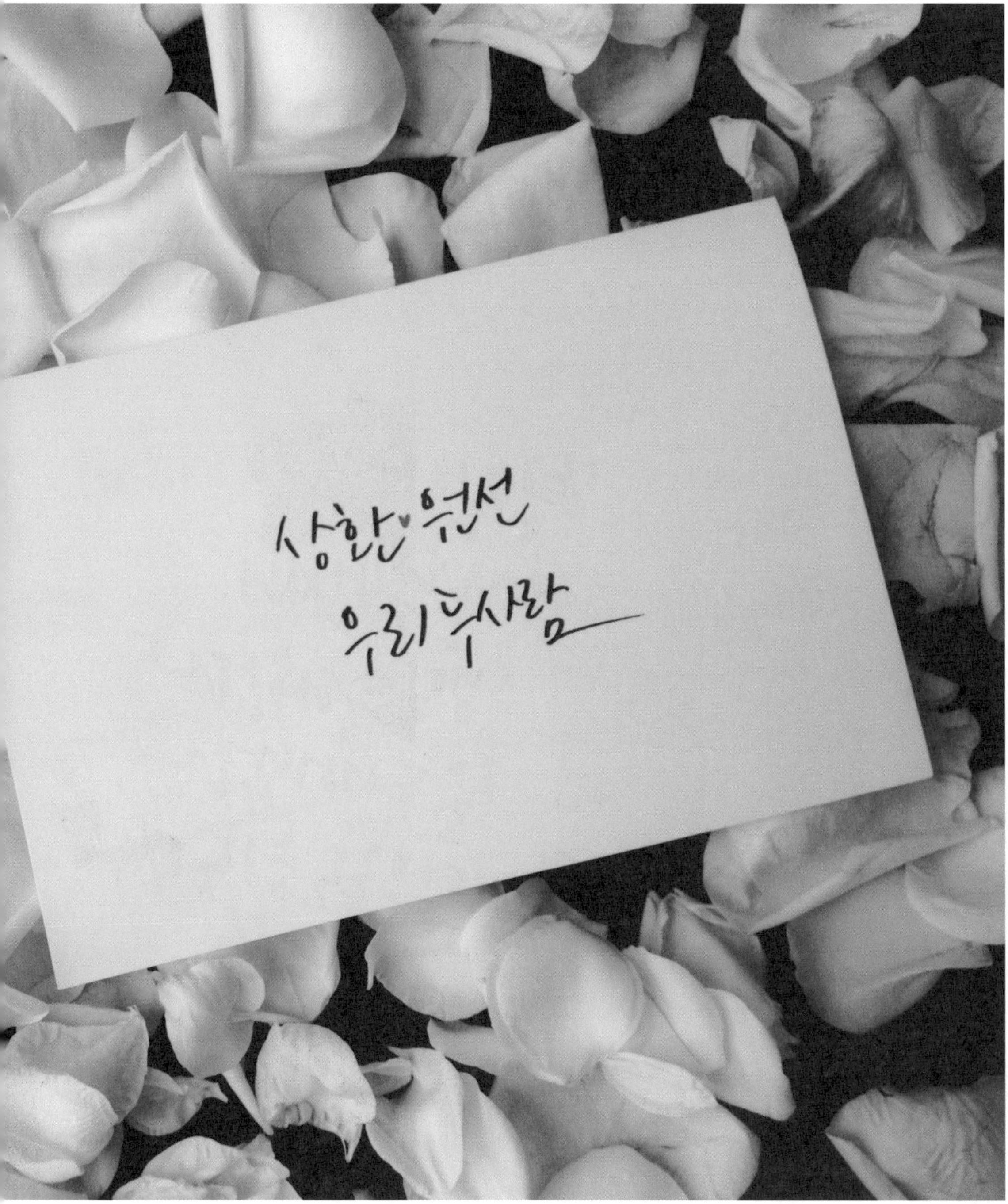
상한♥윤선
우리 두사람

정성이 담긴 축하 글씨

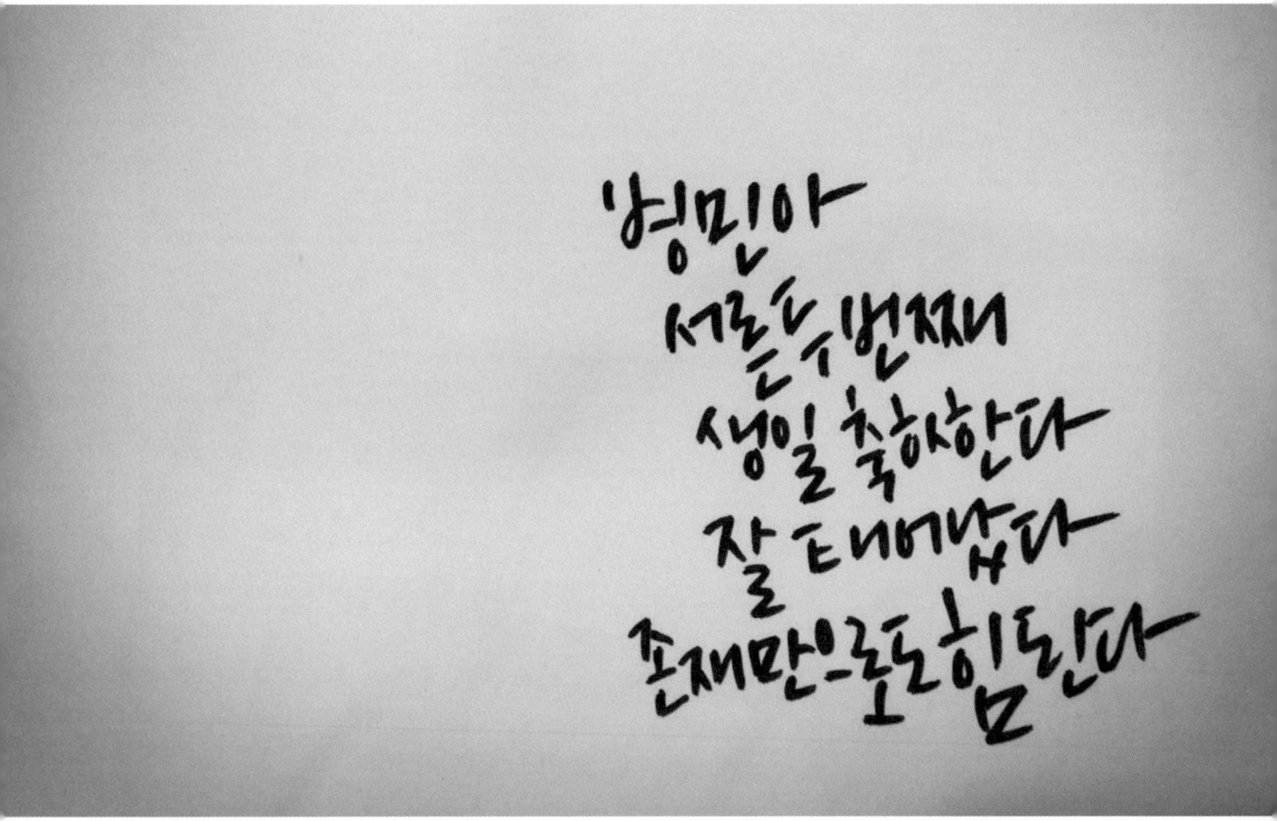

지인의 생일에는 무조건,
글씨를 직접 써서 사진으로 찍어 문자 메시지로 마음을 전한다.

아무리 디지털 디지털해도
이런 정성이 들어간 축하 메시지는
주는 나도 받는 나도 늘 기분이 좋다.

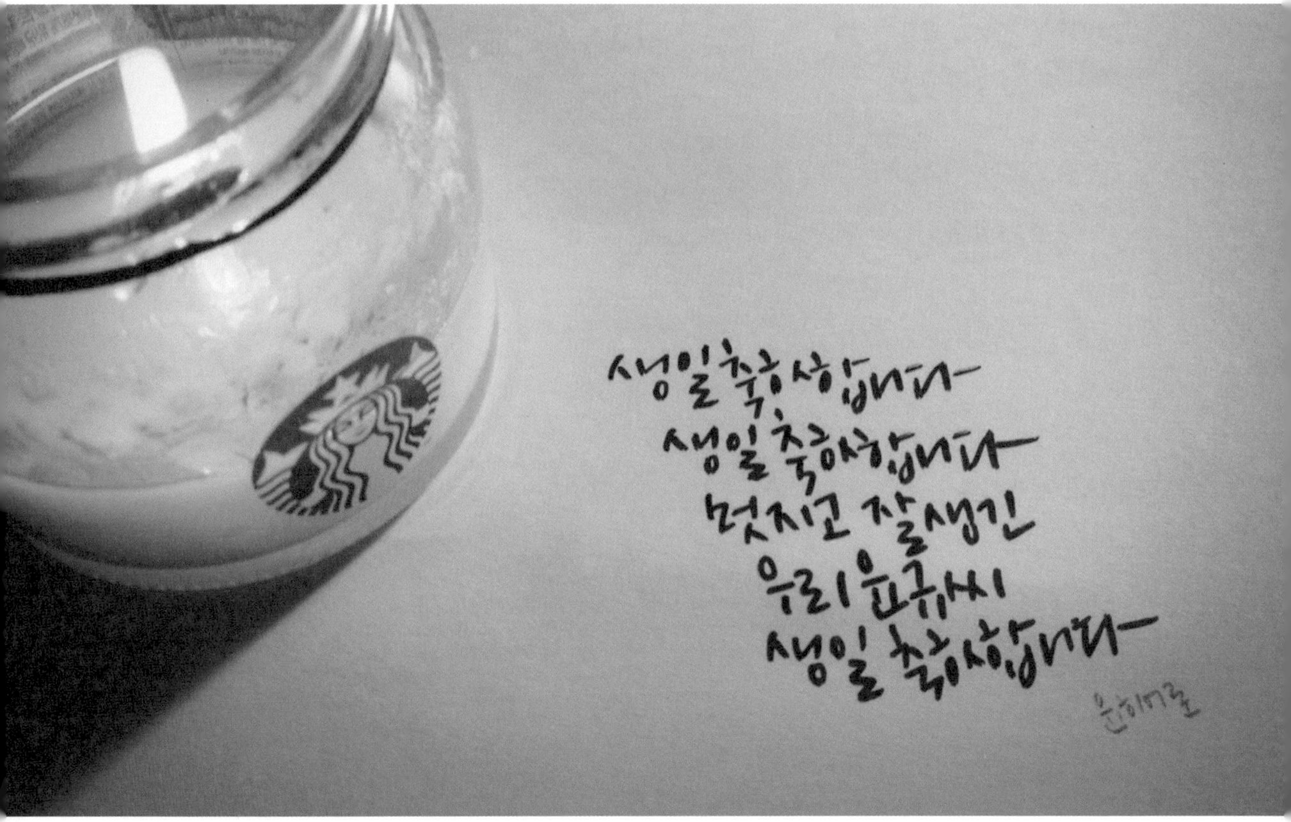

도구:
붓펜, 회사에 널리고 널려 있는 A4용지

【 감사를 담은 글씨 】

결혼을 앞둔 친구가 말했다.
청첩장 보낼 사람 명단을 정리하고 보내는 게
정말 귀찮고 힘든 일이라고.

아직 결혼을 하지 않은 나도
사실 그 마음을 잘 알고 있다.
그 이유가 나는 매년 크리스마스, 그리고 연말연시만 되면
손으로 직접 쓴 카드를 보내는 일을 몇 년째 하고 있기 때문이다.

크리스마스 카드를 산 적은
초등학교 이후로는 없고,
항상 종이를 잘라서
직접 만든 카드를 건넸다.

받는 사람보다 주는 내가 더 귀찮고
무엇보다 힘든 작업이지만
그래도 정성 가득 고마운 마음을 꾹꾹 눌러 담아줄 수 있어 참 좋다.

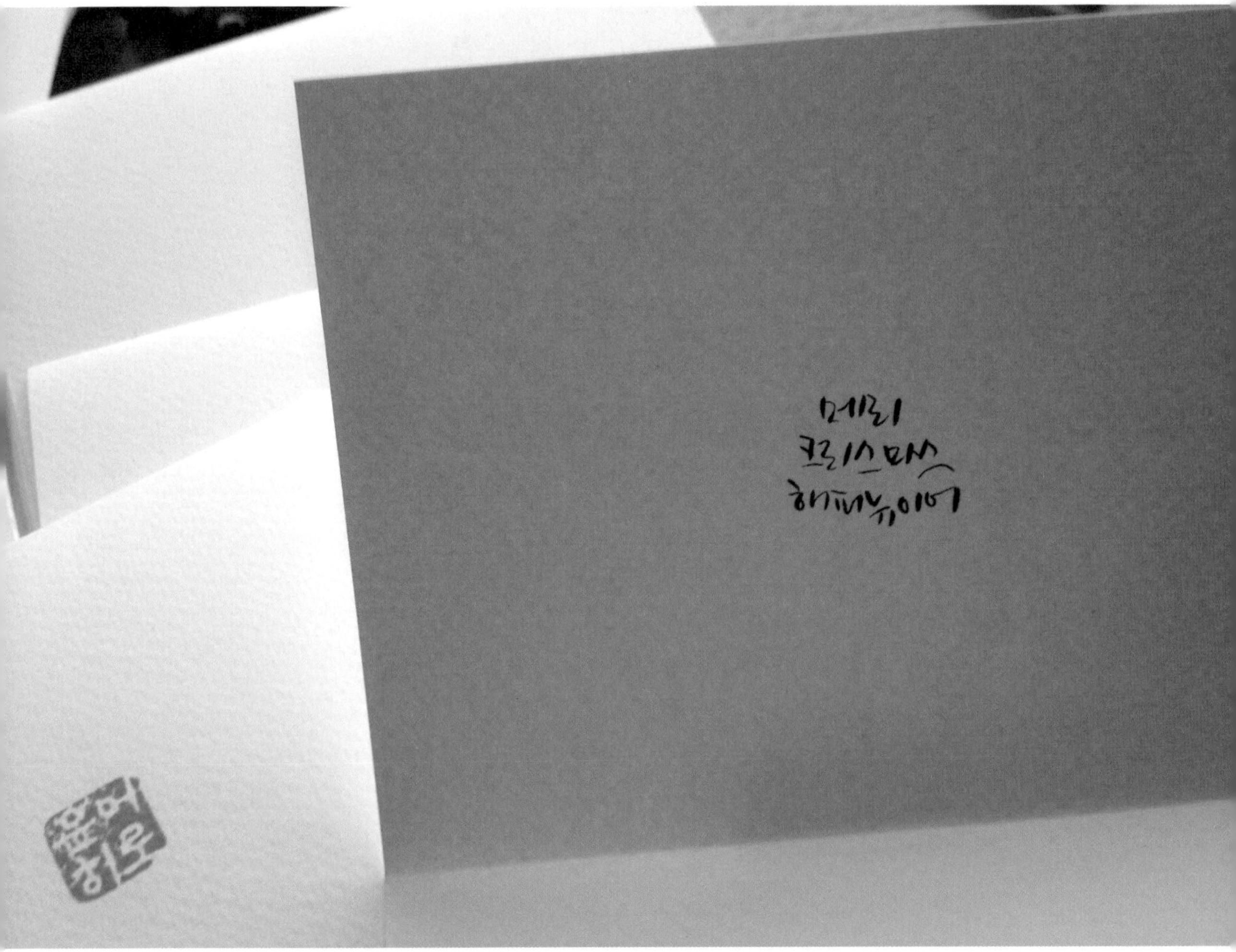
메리
크리스마스
해피뉴이어

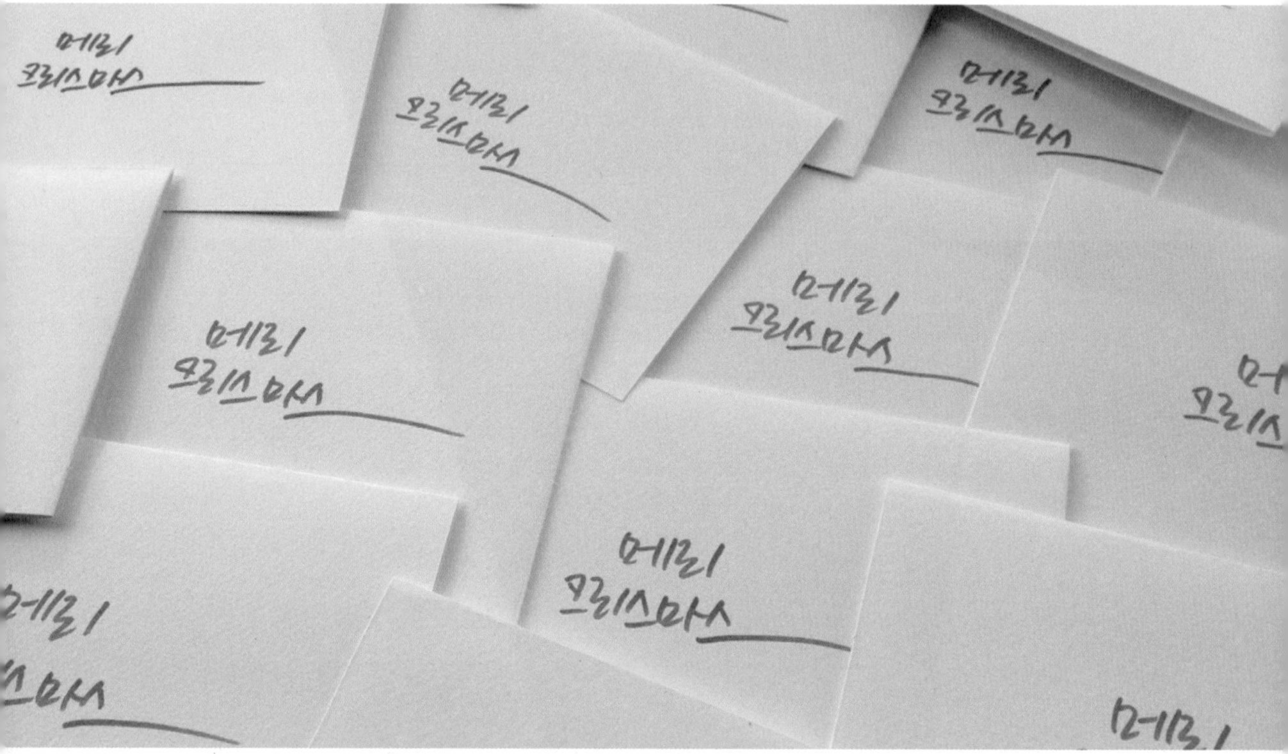

캘리그라피를 배우고 더 예쁜 카드를 보낼 수 있어 좋지만,
매년 이 카드 작업은
실은 여름부터 시작이 되어야 제때 보낼 수 있다.

올 여름도 인쇄소에 들러 종이를 재단하고,
1000장 가까이 카드 모양의 종이를 받아왔다.

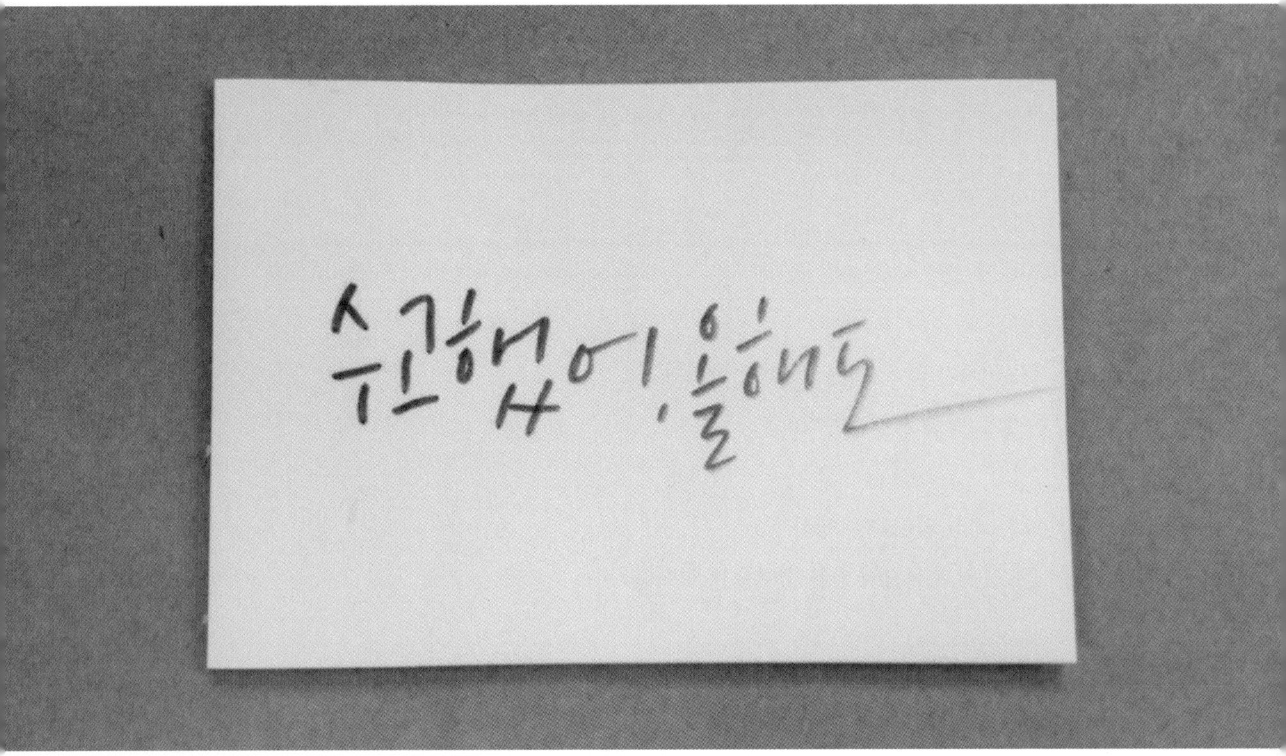

글씨도 인쇄하고 싶었지만,
아직까지는 귀찮은 마음보다 직접 쓰면서 느끼는 기쁨이 더 크기에,
에어컨 앞에 앉아 수박을 먹으며 크리스마스 카드를 만들고 있다.

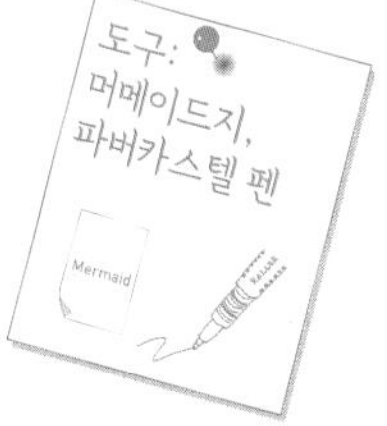

펜에 눌러 담은 응원의 글씨

캘리그라피가 인기가 많아지면서 다양한 행사에
글씨 써주는 일로 종종 초청받는다.

그 중에서 내가 가장 좋아하는 행사가
대학생들에게 응원 메시지나 꿈을 적어주는 것이다.

대학생들이 여긴 뭐하는 곳인가 하는 호기심으로
힐끔힐끔 먼발치에서 지켜보고 있으면
내가 오라고 손짓하여 꿈이 뭐냐고 항상 물어보곤 한다.

그들은 각자 다양한 꿈을 가지고 있었다.
물론 자신의 꿈이 '취업'이라고 말하는 학생도 있었다 .

취업이 꿈이 되어버린 시대,
나는 그 친구에게 이런 메시지를 써주었다.

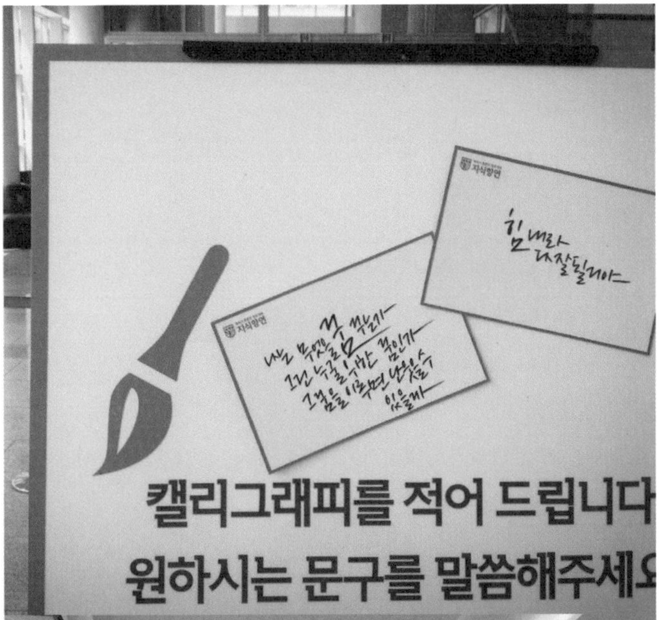

지식향연
힘내라 다 잘될거야
지식향연
캘리그래피를 적어 드립니다
원하시는 문구를 말씀해주세요

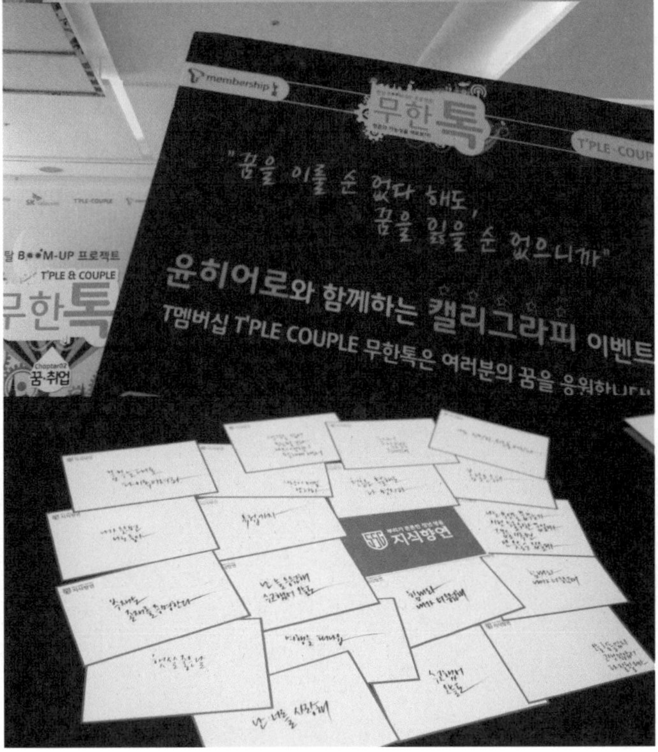

membership
무한톡
T'PLE-COUPLE
"꿈을 이룰 순 없다 해도, 꿈을 잃을 순 없으니까"
윤히어로와 함께하는 캘리그라피 이벤트
T멤버십 T'PLE COUPLE 무한톡은 여러분의 꿈을 응원합니다
B●●M-UP 프로젝트
T'PLE & COUPLE
꿈·취업
지식향연

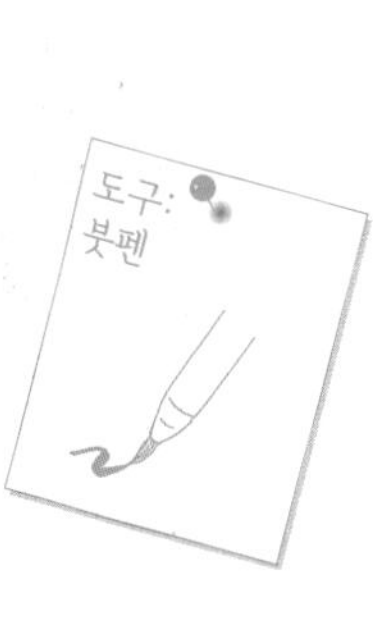

도구:
붓펜

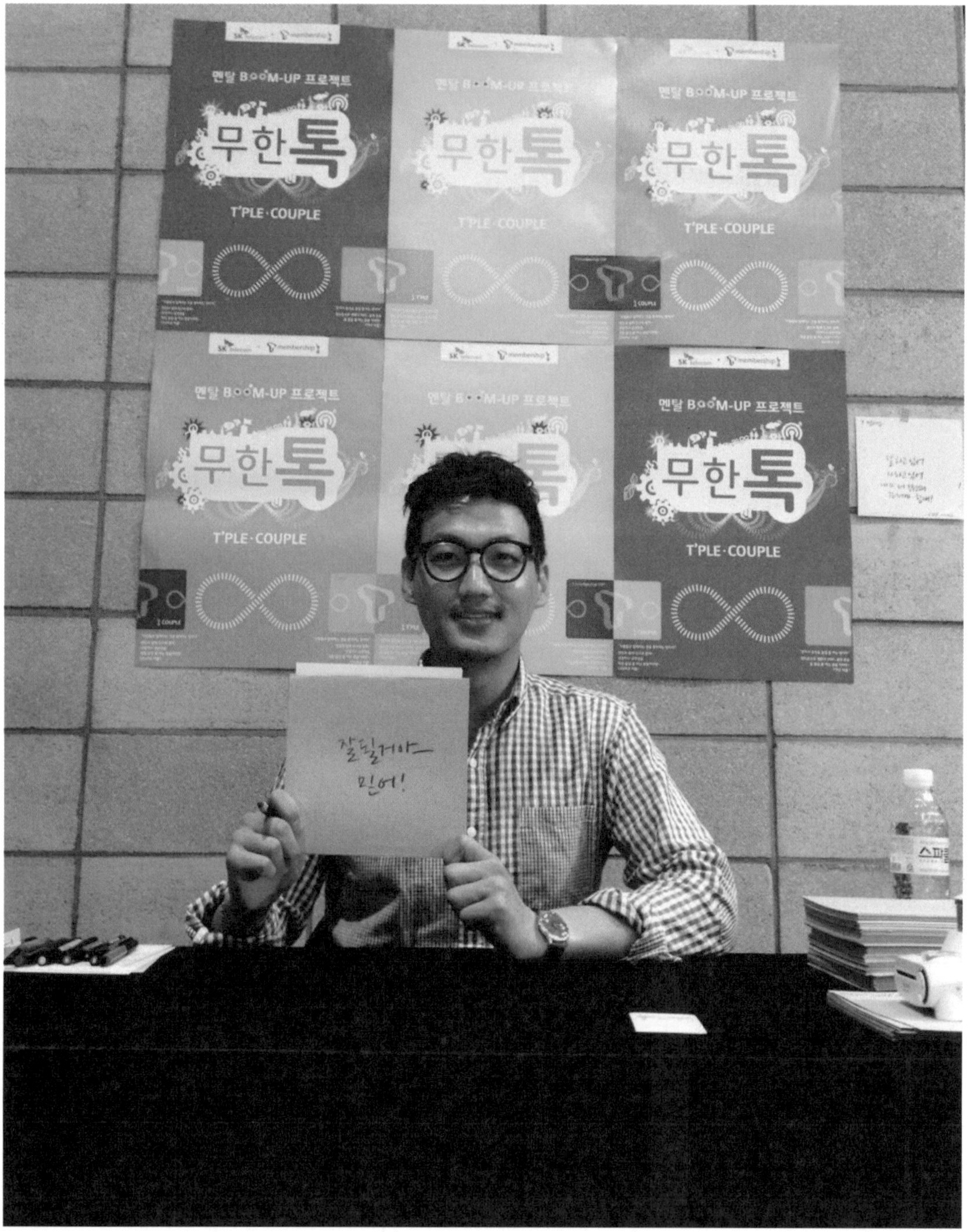
멘탈 B○○M-UP 프로젝트
무한톡
T'PLE · COUPLE
잘될거야
믿어!

"세상이 널 아직 모른대도, 영원히 넌 나만의 히어로"

다 잘 될 거예요.

힘내요!

우리.

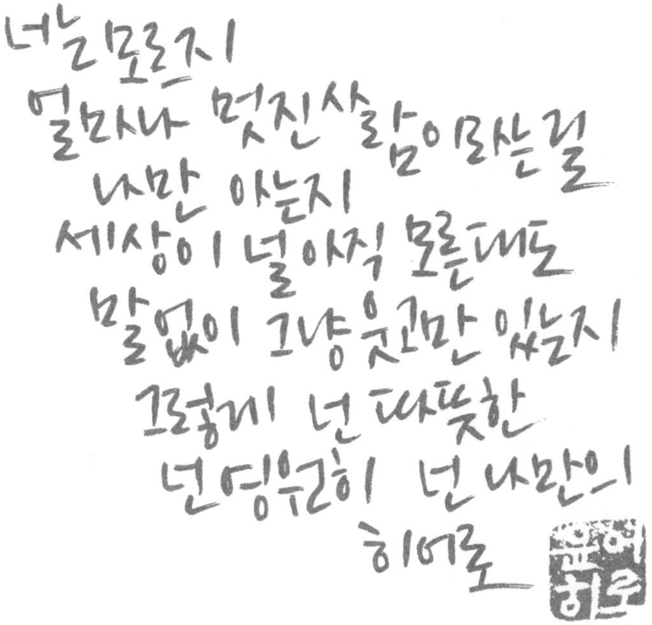

글씨 쓰는 재능을 나눠줄 때

【 신발 회사에서 쓴 글씨 】

TOMS라는 회사에서 4년 동안 일을 했다.
공부를 하기 위해 어렵게 회사를 그만뒀지만
나에겐 최고의 직장, 최고의 일터였다고 자부할 수 있다.

회사를 다니면서 가장 기분 좋았던 건
내가 가진 재능을 회사에서

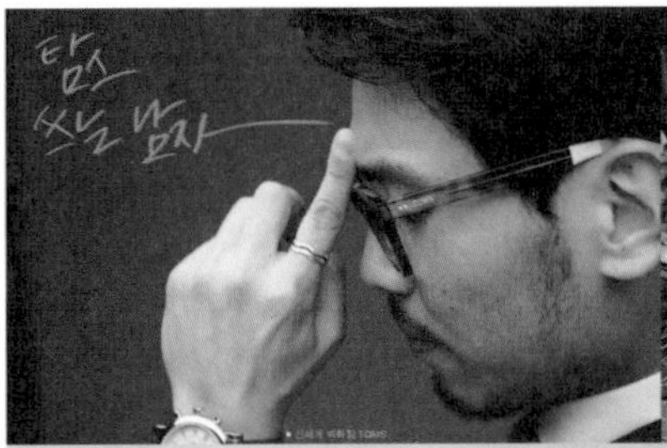
탐스
쓰는 남자

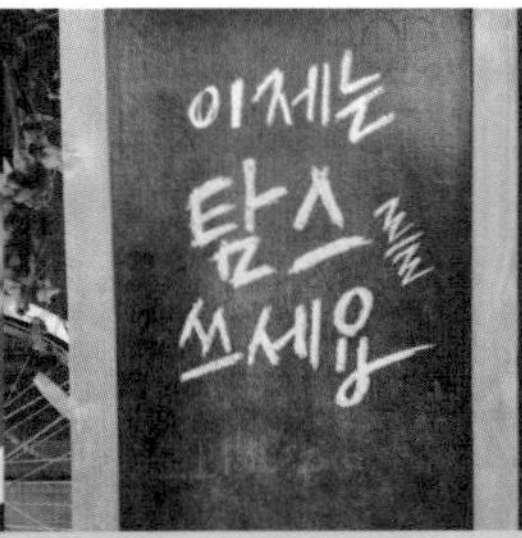
이제는
탐스를
쓰세요

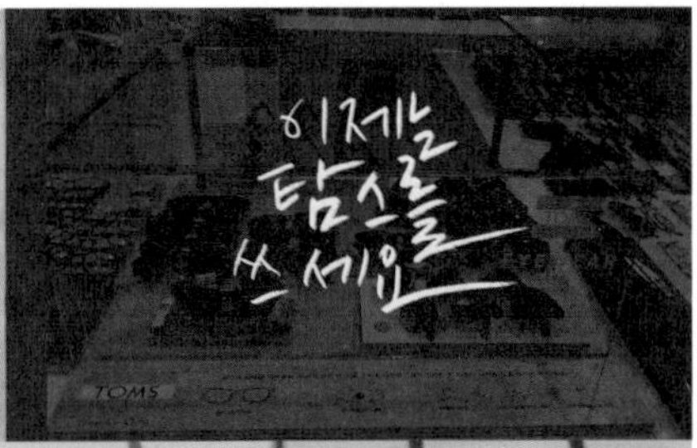
이제는
탐스를
쓰세요
TOMS

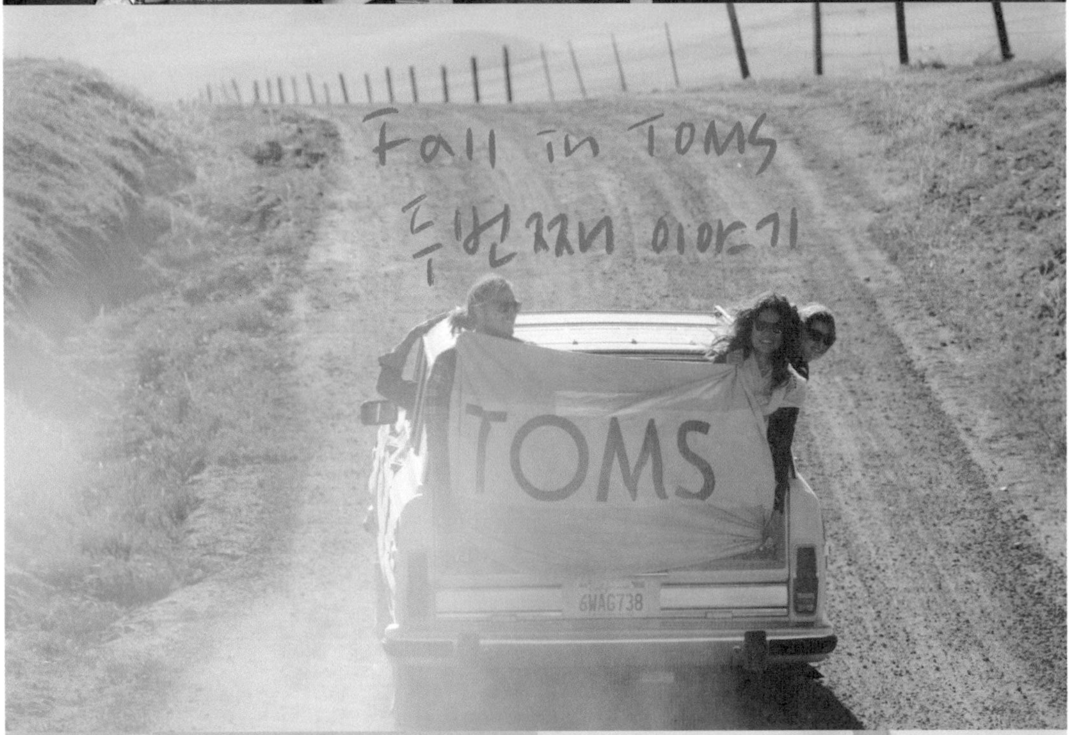
Fall in TOMS
두번째 이야기
TOMS
6WAG738

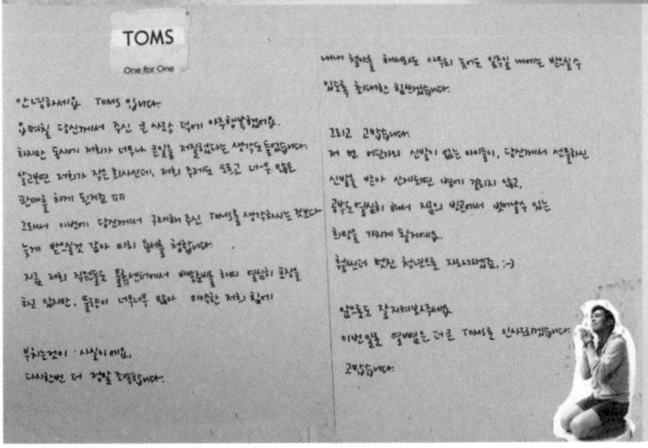
TOMS
One for One
안녕하세요. TOMS 입니다.
요며칠 당신께서 주신 글 사랑 덕에 아주 행복했어요.
하지만 동시에 저희가 너무나 큰일을 저질렀다는 생각도 들었습니다.
알고보면 저희가 작은 회사인데, 저희 주제도 모르고 너무 많은
판매를 하게 되었죠 ㅠㅠ
그래서 이번에 당신께서 구매해 주신 TOMS를 생각하시는 것보다
늦게 받으실것 같아 미리 양해를 청합니다.
지금 저희 직원들도 물류센터에서 배송준비를 하며 열심히 포장을
하고 있지만, 물건이 너무너무 많아 미약한 저희 힘에
부치는것이 사실이에요.
다시한번 더 정말 죄송합니다.
나서 출발을 해서요 아무리 늦어도 일주일 뒤에는 받으실수
있도록 최대한 힘쓰겠습니다.
그리고 고맙습니다.
저 먼 어딘가의 신발이 없는 아이들이, 당신께서 선물하신
신발을 받아 신게되면 병에 걸리지 않고,
공부도 열심히 해서 지금의 빈곤에서 벗어날수 있는
희망을 가지게 될거예요.
훨씬 더 멋진 청년으로 자라나겠죠. :-)
앞으로도 잘 지켜봐주세요.
이번일로 열배 많은 더 큰 TOMS로 인사드리겠습니다.
고맙습니다.

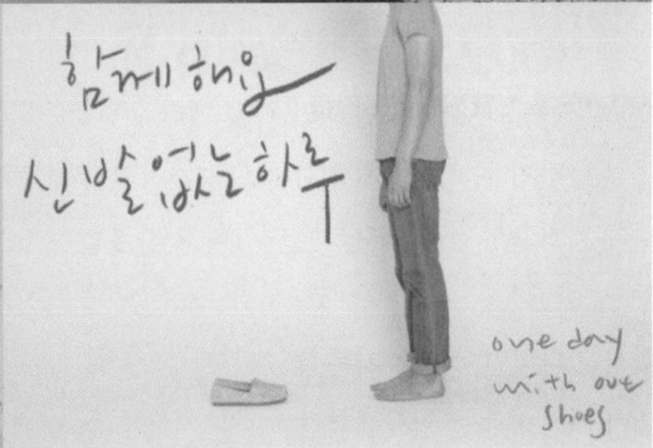
함께 해요
신발없는 하루
one day
with out
shoes

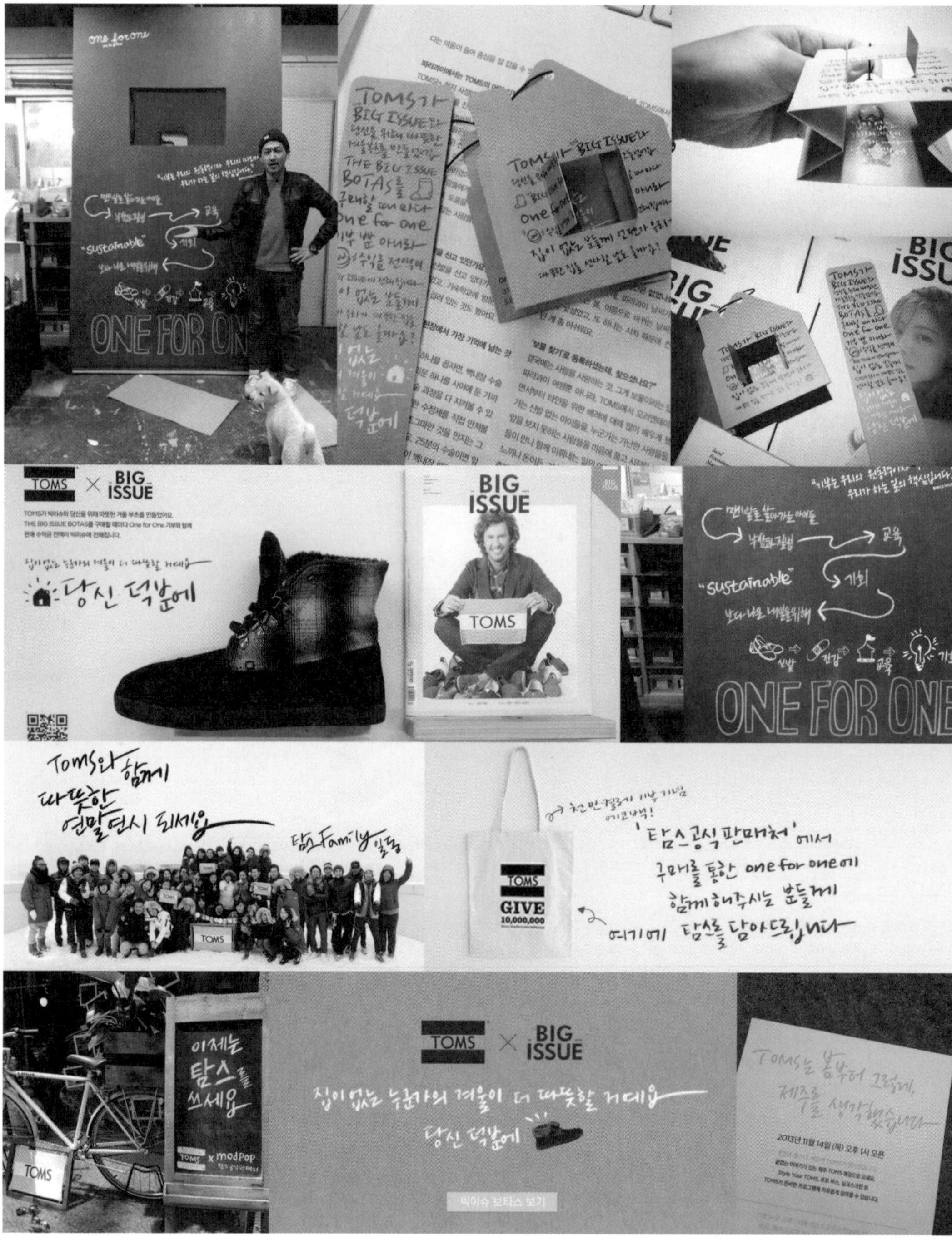
TOMS가 BIG ISSUE와 당신을 위해 따뜻한 겨울부츠를 만들었어요
THE BIG ISSUE BOTAS를 구매할 때마다 One for One 기부 뿐 아니라 판매수익금 전액이 빅이슈에 전해집니다
ONE FOR ONE
"sustainable"
교육
기회
TOMS × BIG ISSUE
집이 없는 누군가의 겨울이 더 따뜻할 거예요
당신 덕분에
TOMS
TOMS와 함께 따뜻한 연말연시 되세요
탐스 Family 일동
천만켤레 기부 기념 에코백!
'탐스공식판매처'에서 구매를 통한 one for one에 함께해주시는 분들께 여기에 탐스를 담아드립니다
TOMS GIVE 10,000,000
이제는 탐스를 쓰세요
TOMS x modPop
TOMS × BIG ISSUE
집이 없는 누군가의 겨울이 더 따뜻할 거예요
당신 덕분에
빅이슈 보타스 보기
TOMS는 봄부터 그렇게, 제주를 생각했습니다
2013년 11월 14일 (목) 오후 1시 오픈

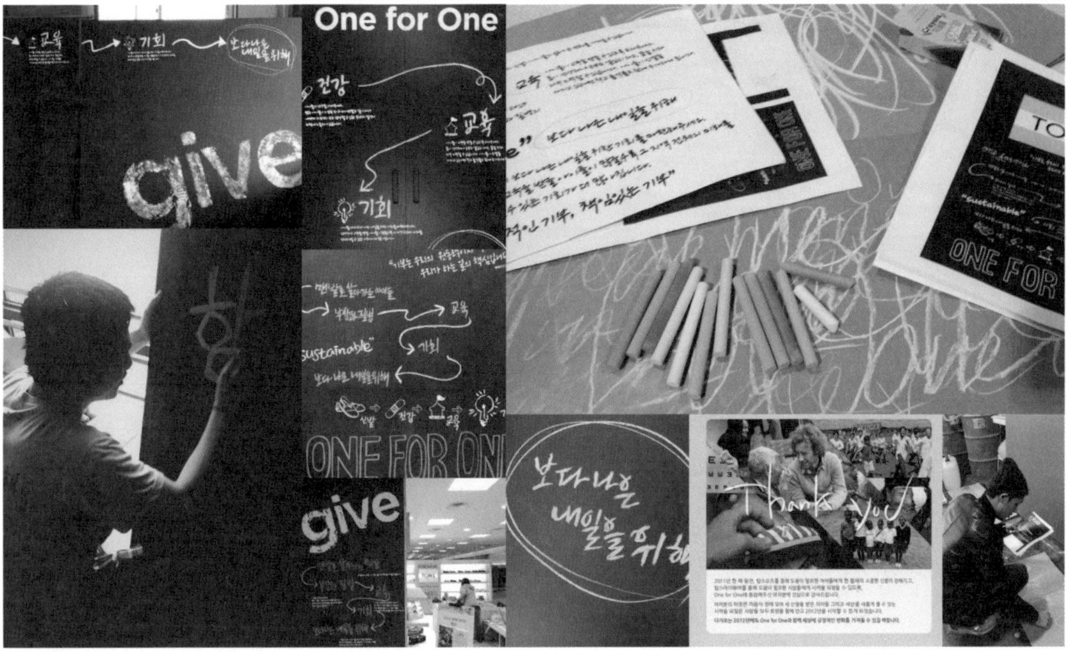

마음껏 쓸 수 있었다는 게 아닐까 싶다.

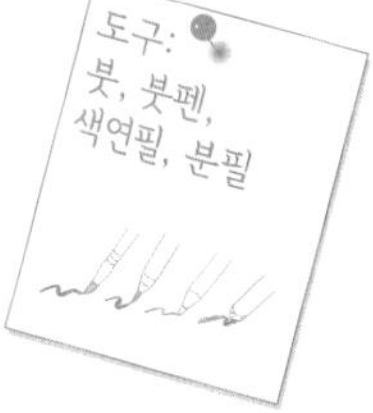

나 역시 내가 가진 재능을
아낌없이 발휘해볼 수 있는 기회였다.

기분 좋은 사람들과 함께
기분 좋은 일을 마음껏 시도해볼 수 있었던
기분 좋은 일터.

재능을 기부한 글씨

캘리그라피를 쓰기 시작한 건,
정말 우연한 기회였다.

블로그에 그냥 올리기 시작한 일기 같은 한 줄 메시지가
인터넷 이곳저곳을 돌고 돌았다.

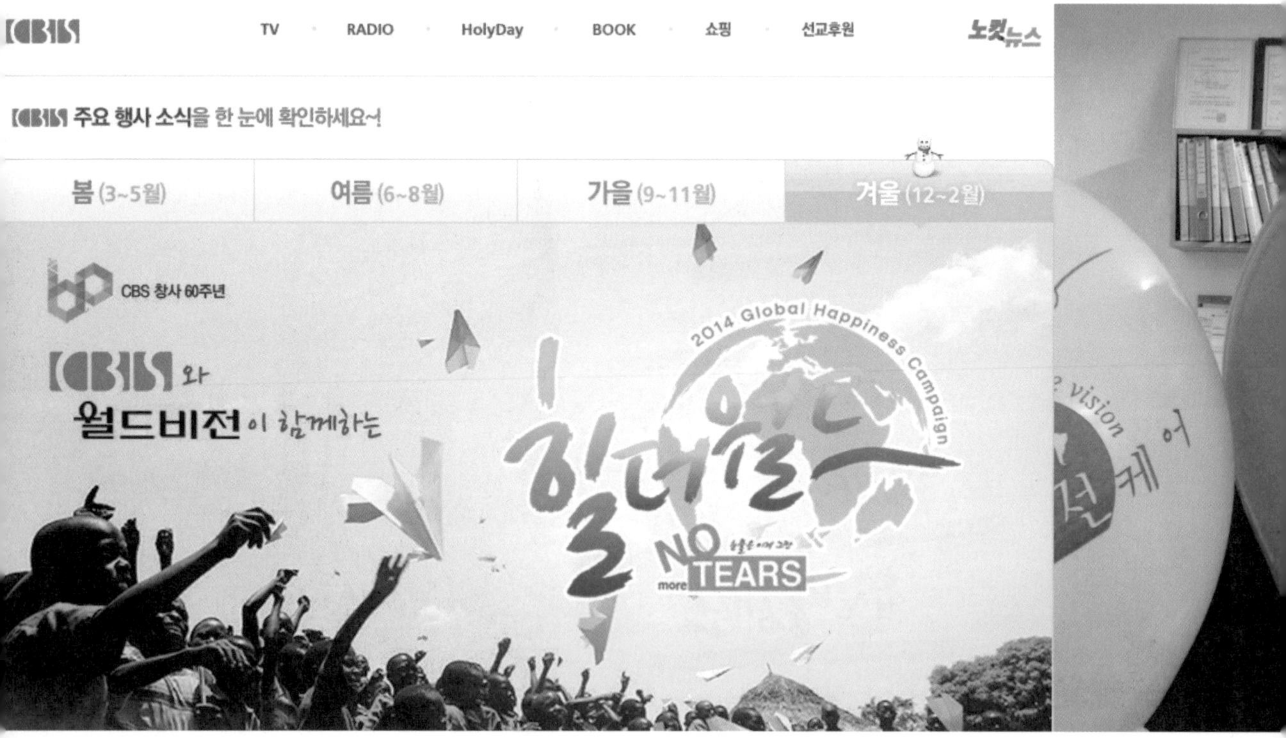

그 덕분에 강의도 했고,
여러 작업도 할 수 있었다.

캘리그라피를 배우고 진짜 글씨다운 글씨를 쓰기 시작할 때쯤,
의미 있는 일에 내 글씨가 보탬이 되면 좋겠다고 생각했다.
그래서 NGO 재단에 재능기부를 하고 싶다고 문을 두드렸다.

흔쾌히 문을 열어준 재단 덕분에
나는 더욱 다양한 작업을 해볼 수 있었다.

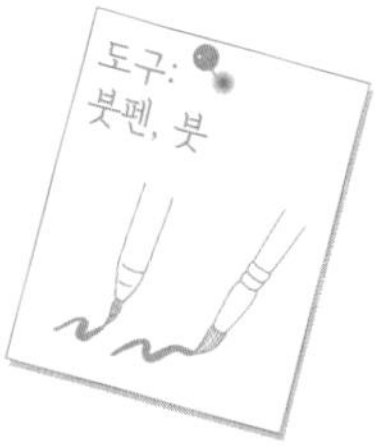

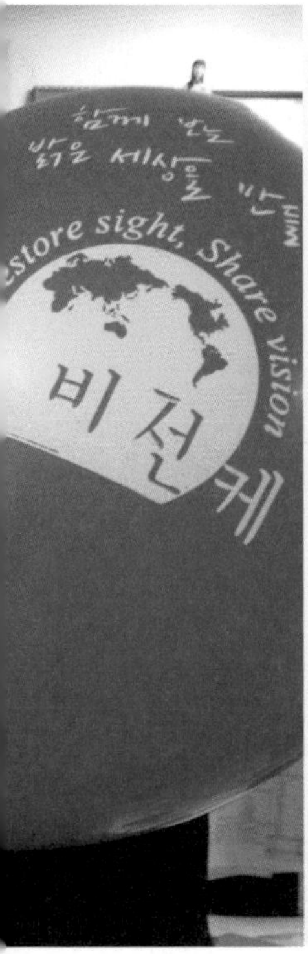

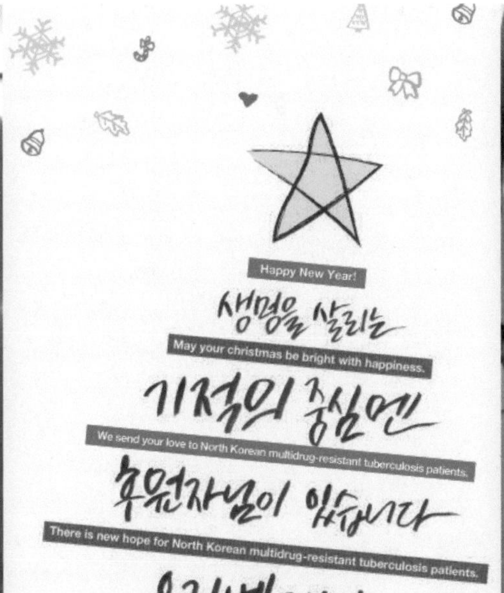

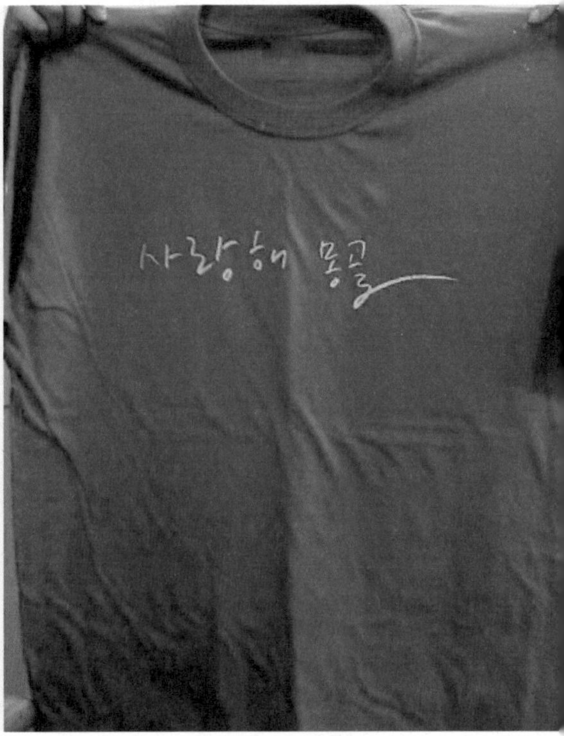

【 마지막을 함께 한 글씨 】

내가 가진 재능을 나눌 수 있다는 건
도움을 주는 나도
도움을 받는 누군가도
행복했기에 더없이 좋았다.

그렇게 이어진 인연 덕분에
MBC 휴먼 다큐멘터리 <사랑>에 들어가는 글씨 작업도 할 수 있었다.

이 글씨를 본 사람들은
아마추어 냄새가 물씬 난다는 얘기도 많이 한다.
하지만 내가 만들었던 작품 중
가장 기억에 남는 것이 바로 이 다큐멘터리 타이틀 작업이다.

방송을 마무리하고 방영을 며칠 앞둔 날
주인공의 갑작스런 슬픈 소식에
나도, PD님도, 방송을 준비하던 모두가 함께 울었다.

찬바람이 부는 11월이 되면
그때 그 기억이 늘 떠오른다.

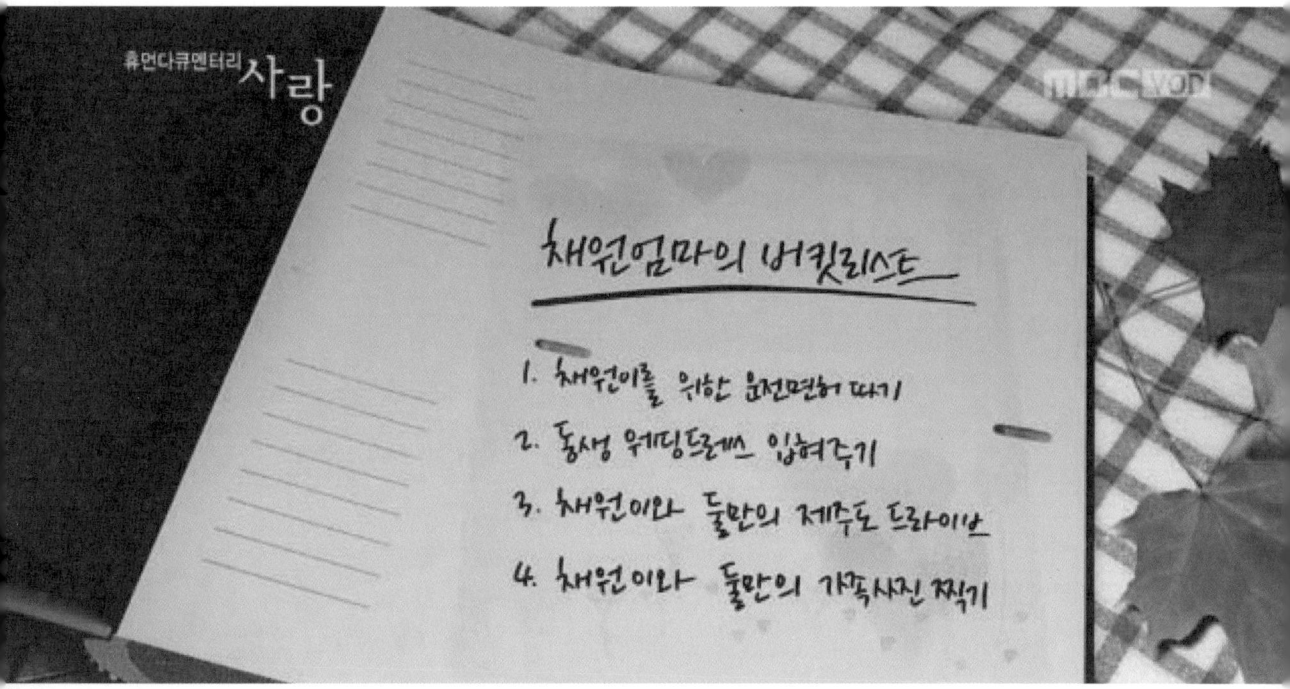
휴먼다큐멘터리 사랑
채원엄마의 버킷리스트
1. 채원이를 위한 운전면허 따기
2. 동생 웨딩드레스 입혀주기
3. 채원이와 둘만의 제주도 드라이브
4. 채원이와 둘만의 가족사진 찍기

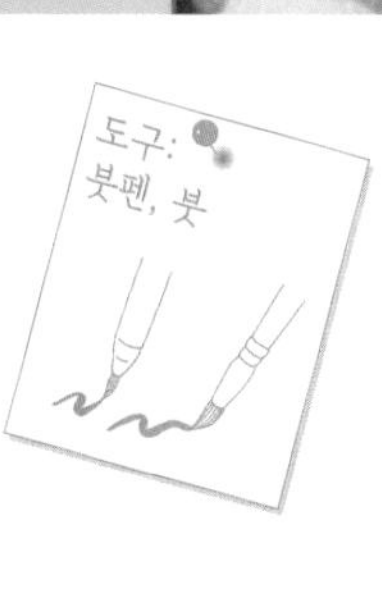
도구:
붓펜, 붓

기분 좋은 부탁을 받은 글씨

대학교 다닐 때, 책을 무지하게 읽었다.

그때 마음에 드는 책의 저자 이름은 다이어리 한편에 꼭 적어뒀는데,
역시 세상은 좁고, 인연은 닿고 닿아
그 책 저자님을 실제로 만나게 되었다.

그 저자님께서는 소소한 이야기를 담은 책을 준비 중에 있었는데,
이런 저런 나의 이야기를 들으시더니
나의 이야기도 그 책에 넣고 싶다고 했다.

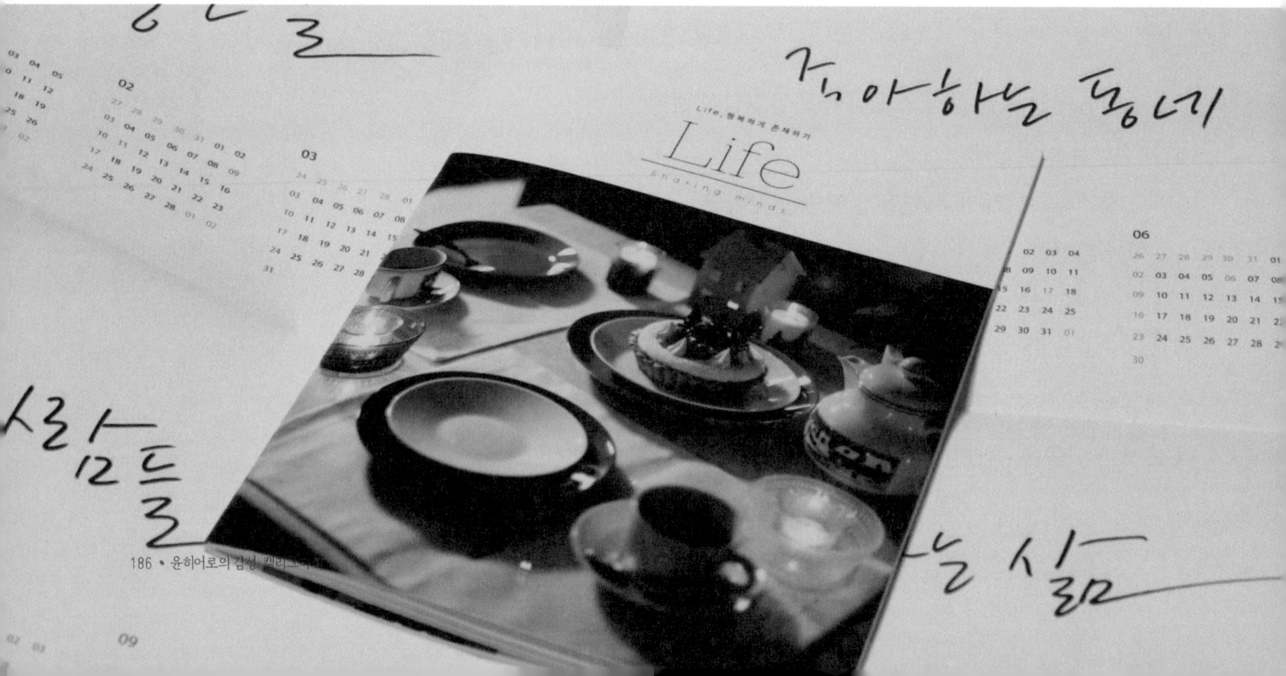

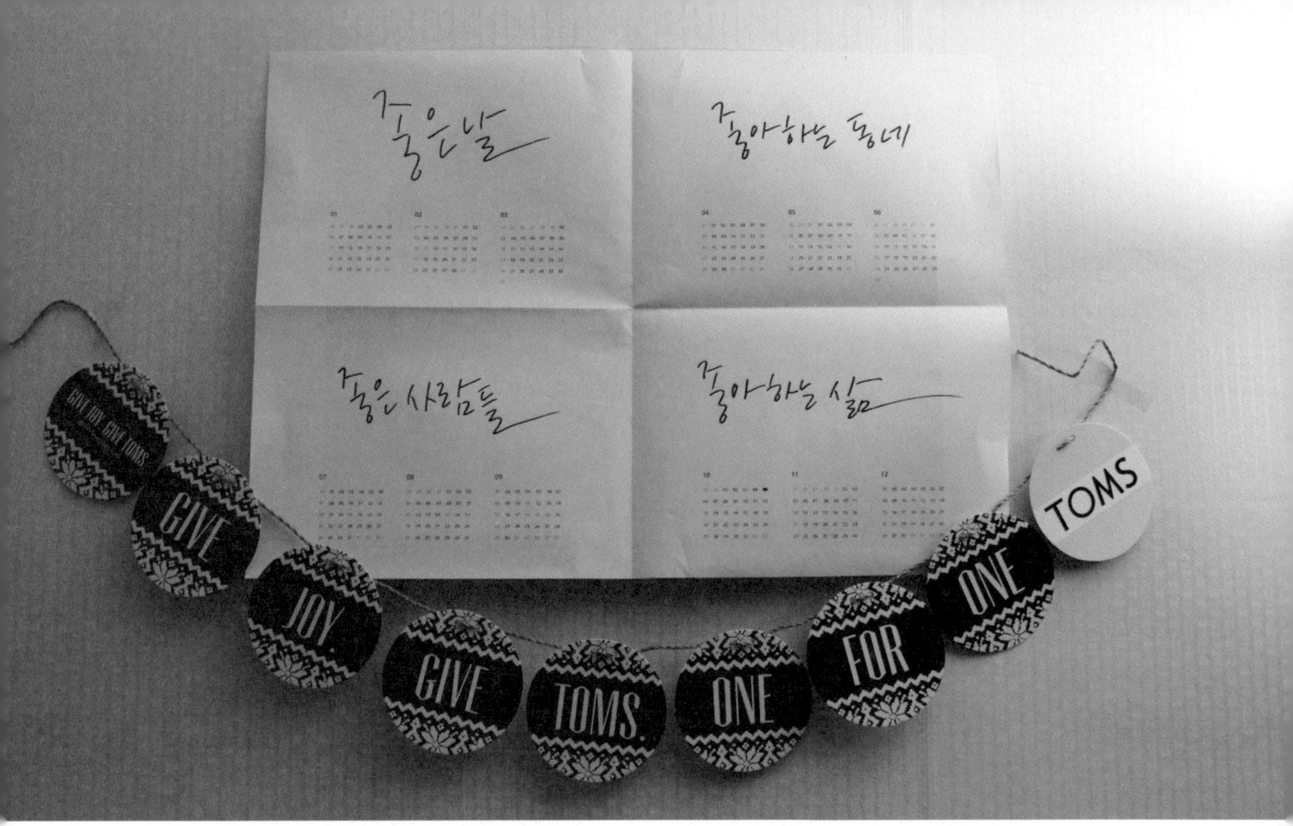

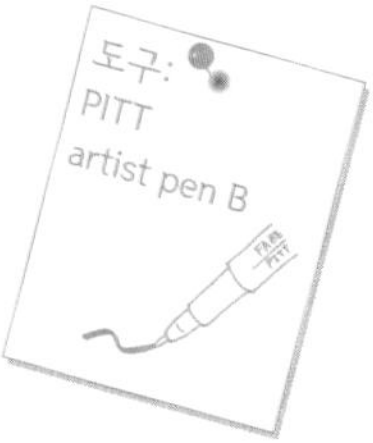

저자님을 만나 이야기를 나눈 것만으로도 내겐 큰 영광이라 여겼는데,
나의 변변찮은 이야기도 귀담아 듣고 책에 실어주신다니…
인생 진짜 참.

그렇게 만들어진 책을 우편으로 받아 조심스럽게 열어
내가 썼던 글을 읽는데,
라디오에서 디제이가 내 사연을 읽어주는 것마냥
가슴이 울렁였다.

감사한 마음을 담아
그 책을 읽는 독자님들을 위해
나도 작은 선물을 하였다.

Part 3.

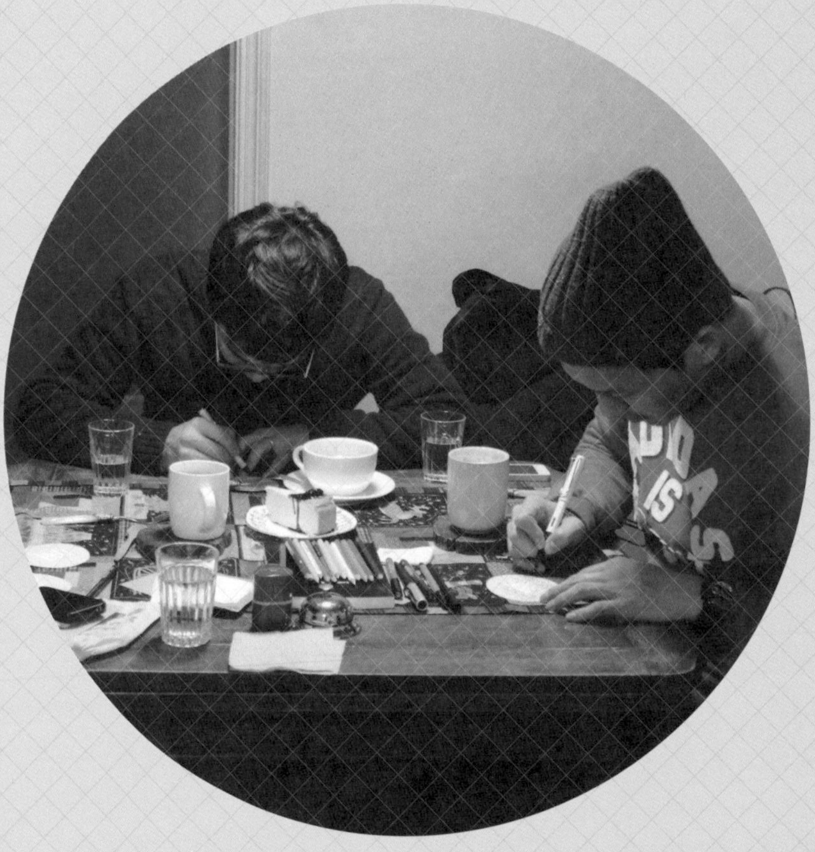

윤히여름의
캘리그라피

선 그리기

선 그리기는 캘리그라피의 시작이자 기본 중의 기본이다.

쉬운 것 같으면서도 만만치 않은 게 바로 '선 그리기'다.

선은 반듯반듯하게 천천히 그려나가는 게 포인트!

캘리그라피는 획을 잘만 활용하면

훨씬 더 매력적인 글씨를 만들 수 있다.

획을 자유자재로 잘 그리기 위해서는 이 '선 그리기'가

필수 과정이나 마찬가지다.

마음의 준비가 되었다면

펜 뚜껑을 열고 천천히 반듯하게 따라 그려보자.

GERMANY PITT PASTEL FABER-CASTELL
KURETAKE CO.,LTD. MADE IN JAPAN

네모 그리기

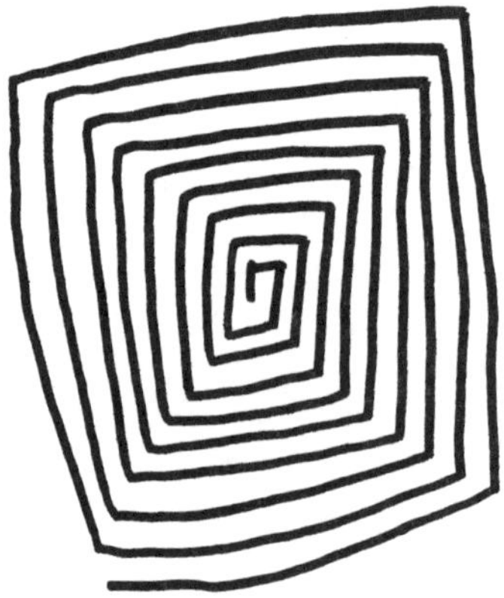

【 원 그리기 】

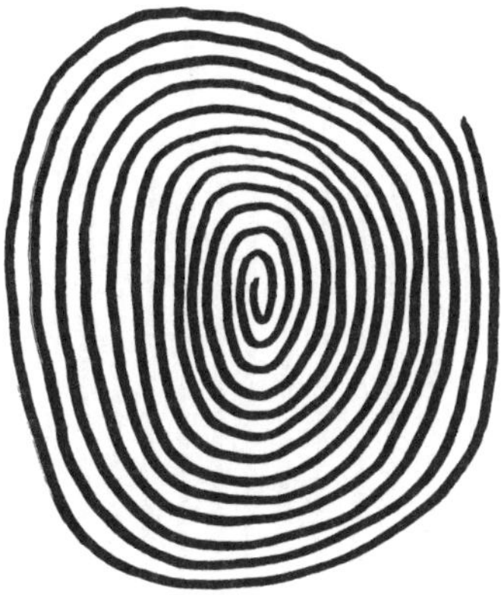

【 세로선 그리기 】

【 가로선 그리기 】

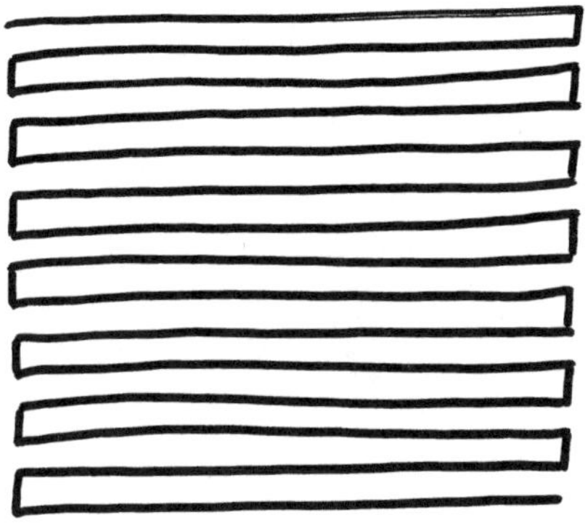

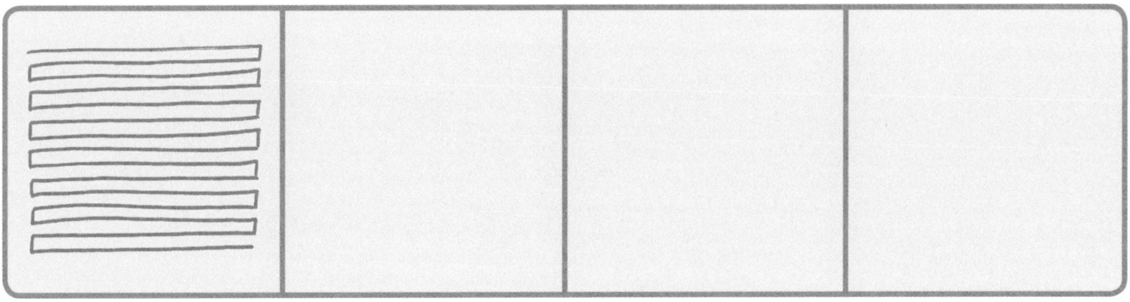

자음 쓰기

우리가 처음 한글을 배웠던 그때를 떠올려보자.
자음, 모음 정성 들여 또박또박 썼던 그 기억과 함께
한글 자음을 써보도록 한다.

오랫동안 각자 써왔던 방식이 있기 때문에
손에 익어 쉽게 바뀌지 않을 수도 있다.
하지만 한 획 한 획 그어가며 꾸준히 한다면
분명 캘리그라피 느낌의 자음을 표현하게 된다.

획의 순서에 따라 천천히
붙이는 부분과 붙이지 않는 부분을 염두에 두고 쓴다.

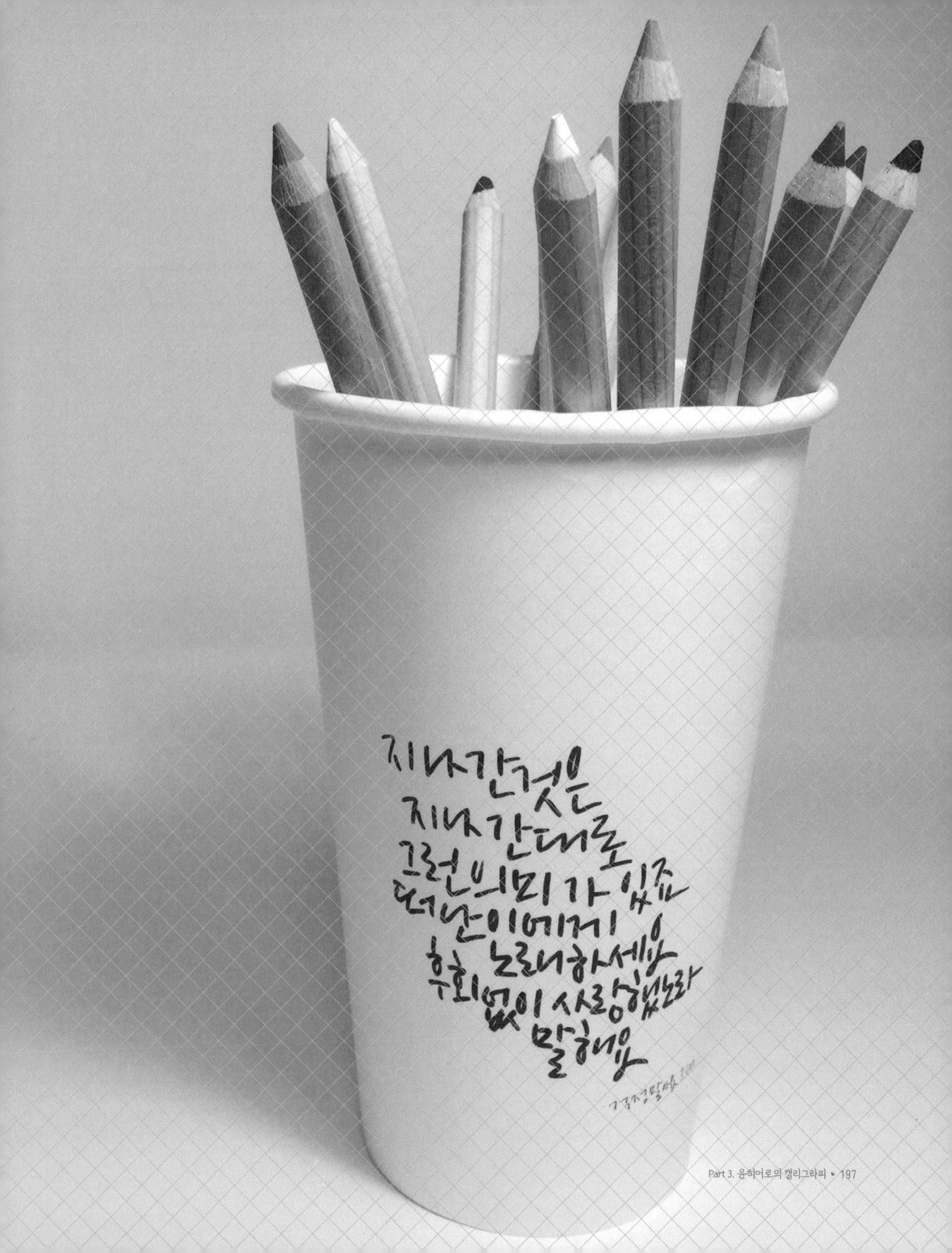
지나간 것은
지나간 대로
그런 의미가 있죠
떠난 이에게
노래하세요
후회없이 사랑했노라
말해요

【 기역 】

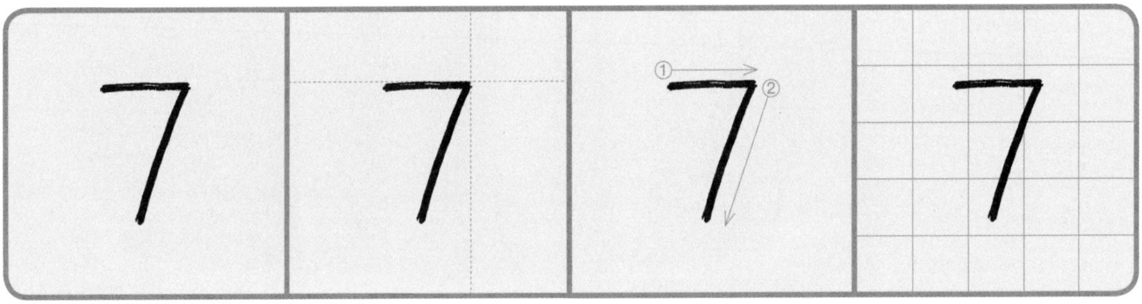

[쓰는 방법]

- ①은 가로로 반듯하게 그려준다.
- ②는 60도 정도 사선으로 내려준다.
- 받침도 같은 방법으로 쓴다.

참고 글씨

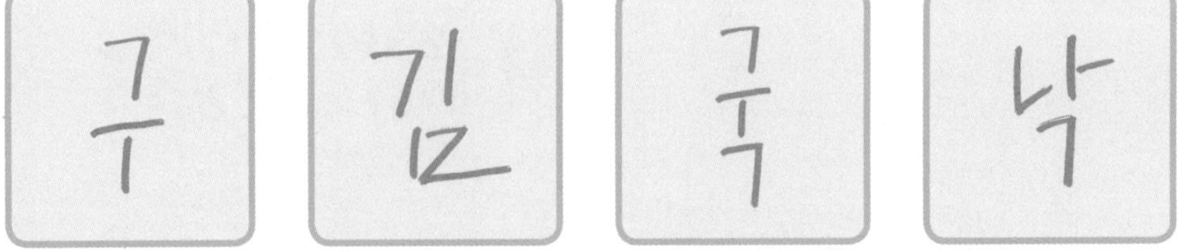

[연습하기]

7 7 7 7

【 쌍기역 】

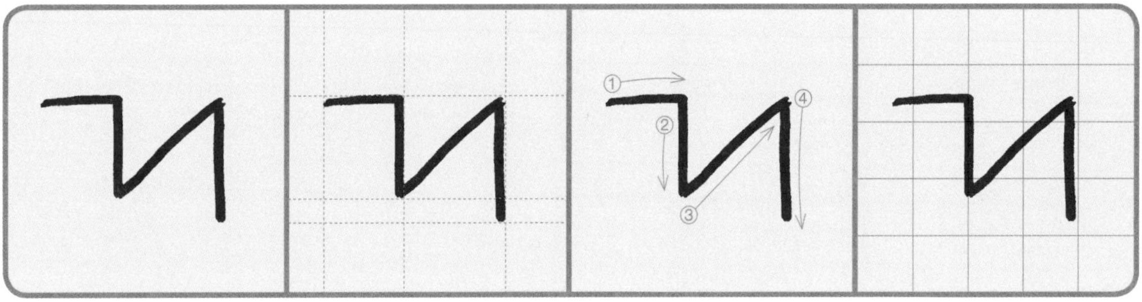

[쓰는 방법]

- ①은 가로로 반듯하게 그려준다.
- ②는 세로로 쭉 내려준다.
- ③은 45정도 사선으로 올려주되 ①의 높이까지 그린다.
- ④는 세로로 ②보다 좀 더 길게 내려준다.
- 받침도 같은 방법으로 쓴다.

[Point]

- 실제 글씨를 쓸 때는 ①을 살짝 올려쓰면서
  자연스럽게 획들이 이어지게 한다.

참고 글씨

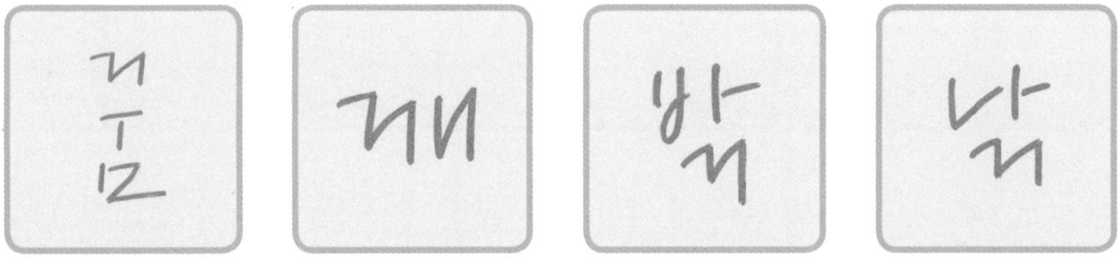

[연습하기]

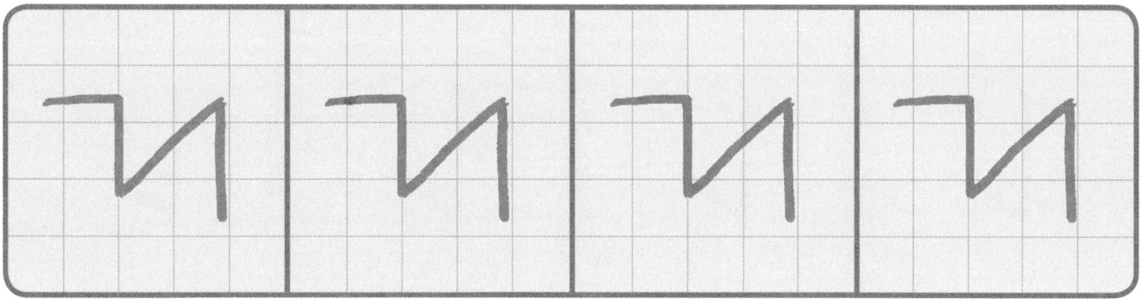

【 니은 】

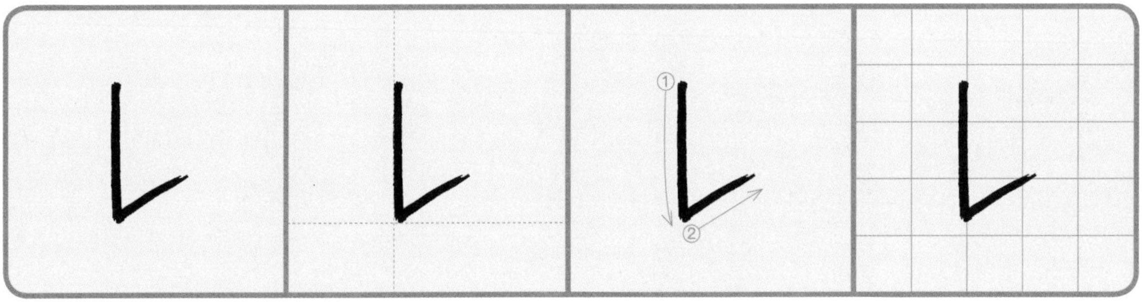

[쓰는 방법]

- ①은 세로로 쭉 내려준다.
- ②는 60도 정도 사선으로 올려준다.
- 받침도 같은 방법으로 쓴다.

참고 글씨

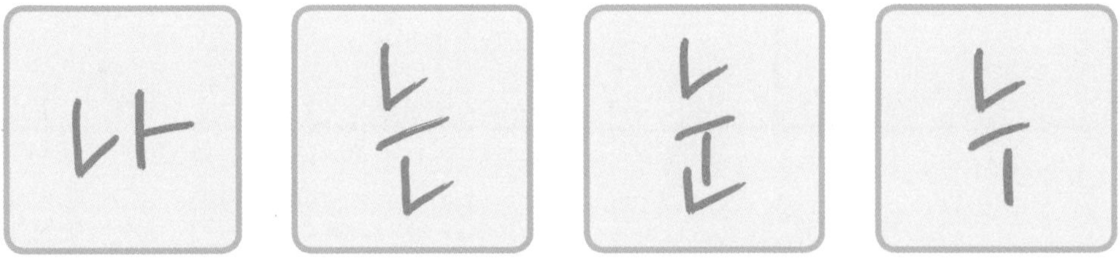

[연습하기]

ㄴ ㄴ ㄴ ㄴ

【 디귿 】

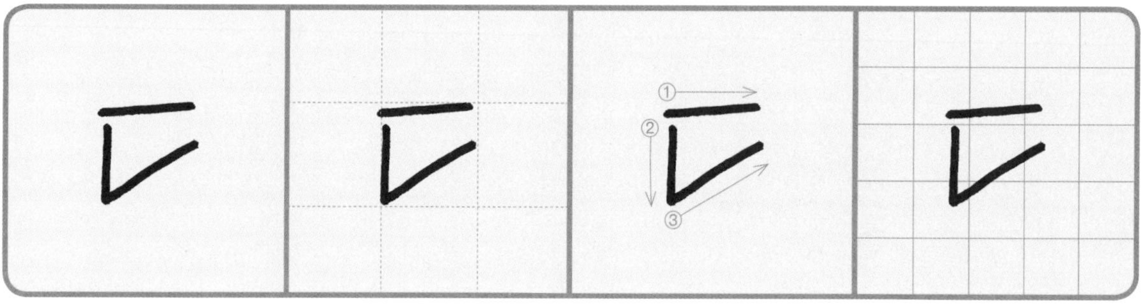

[쓰는 방법]

- ①은 가로로 반듯하게 그려준다.
- ②는 ①에 붙이지 말고 약간 공간을 띄운 뒤 세로로 쭉 내려준다.
- ③은 60도 정도 사선으로 ①의 끝 길이까지 빼준다.
- 받침도 같은 방법으로 쓴다.

[Point]

- ②를 그릴 때 반드시 ①과 공간을 띄운다.

참고 글씨

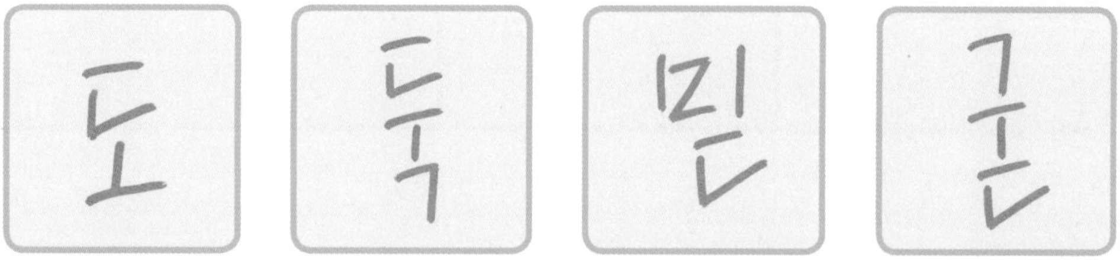

[연습하기]

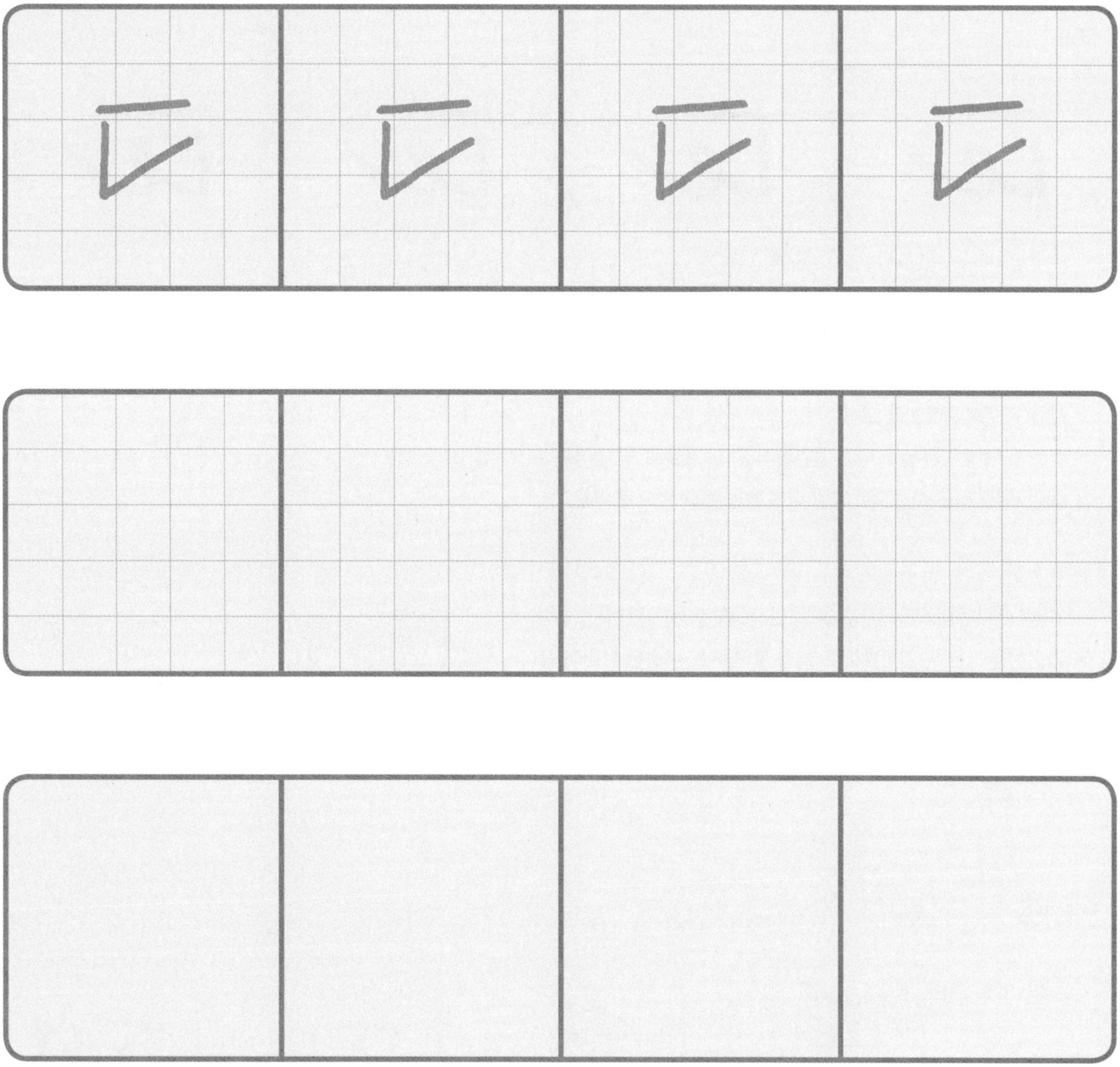

쌍디귿

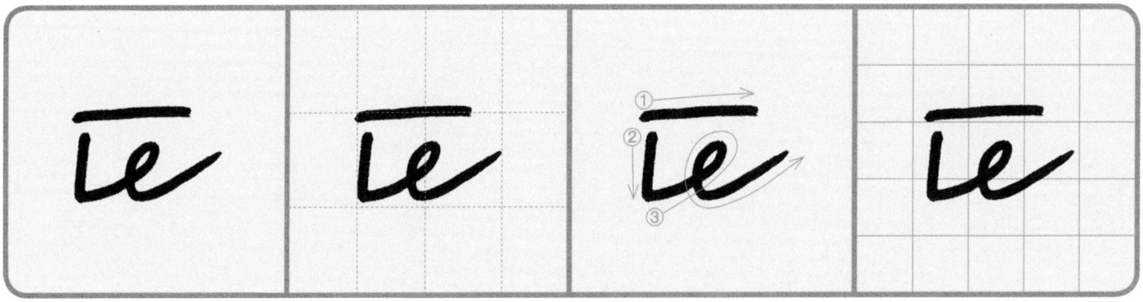

[쓰는 방법]

- ①은 가로로 반듯하게 그려준다.
- ②는 ①에 붙이지 말고 약간 공간을 띄운 뒤 세로로 쭉 내려준다.
- ③은 60도 정도 사선으로 올린 다음 끝을 돌려 밖으로 빼준다.

[Point]

- '디귿' 쓰기의 마지막에서 끝을 한 번 더 돌린다고 생각하면 쉽다.
- 가로선을 그은 뒤 알파벳으로 LC를 붙여 써도 비슷한 느낌이 난다.

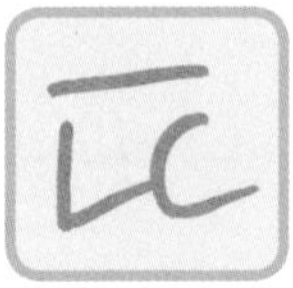

참고 글씨

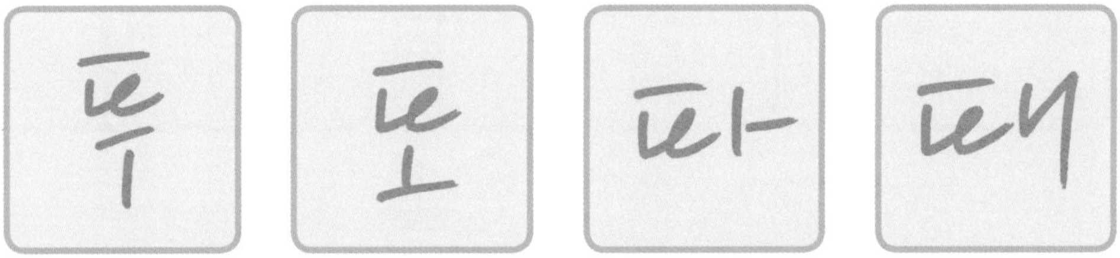

[연습하기]

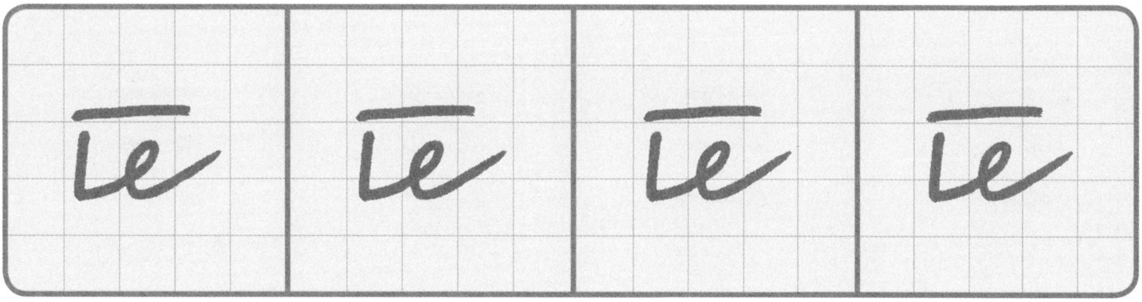

【 리을 】

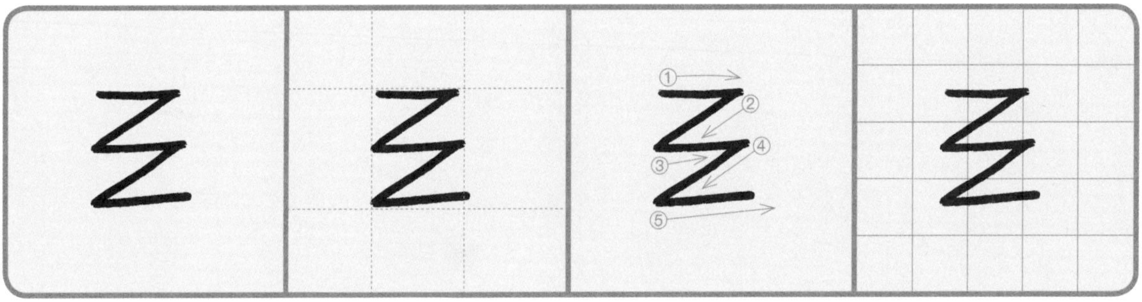

[쓰는 방법]

- ①은 가로로 반듯하게 그려준다.
- ②는 30도 정도 사선으로 내려준다.
- ③은 가로로 반듯하게 그려준다.
- ④는 30도 정도 사선으로 내려준다.
- ⑤는 가로로 반듯하게 그려준다.
- 받침도 같은 방법으로 쓴다.

[Point]

- 알파벳 Z가 2개 있다고 생각해보자. 단 2개의 Z가 크기가 같도록 꺾어지는 각도를 모두 같게 한다.
- 세로선을 두 개 그어놓고 '리을'을 써보는 연습을 하면 더 좋다.

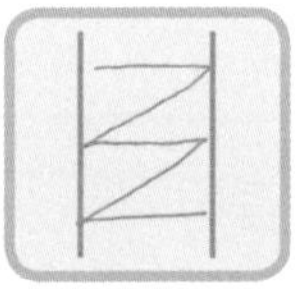

참고 글씨

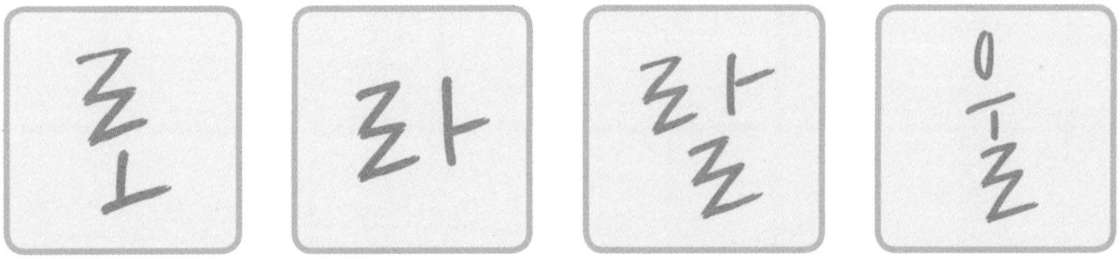

[연습하기]

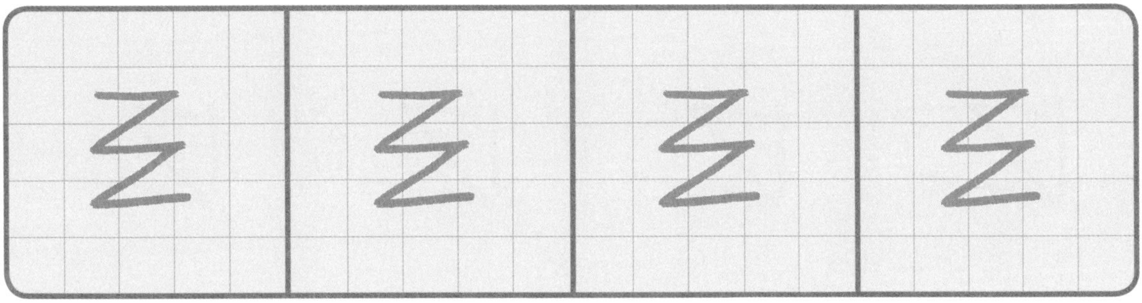

【 미음 】

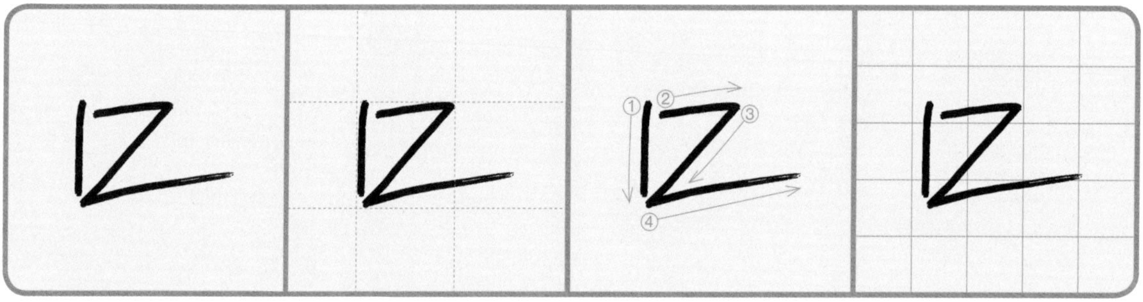

[쓰는 방법]

- ①은 세로로 쭉 내려준다.
- ②는 ①에 붙이지 말고 약간 공간을 띄운 뒤 가로로 반듯하게 그려준다.
- ③은 45도 정도 사선으로 ①의 끝 지점까지 내려준다.
- ④는 가로로 반듯하게 그려준다.
- 받침도 같은 방법으로 쓴다.

[Point]

- 마지막에 그리는 ④는 좀 더 길게 빼주어도 좋다.
- ③의 끝이 ①의 끝 지점에 닿게(혹은 닿일 듯 말 듯) 그려준다.
  빨리 쓰다 보면 이 부분이 벌어지게 되는데 그러면
  글씨가 안 예쁘게 보인다.

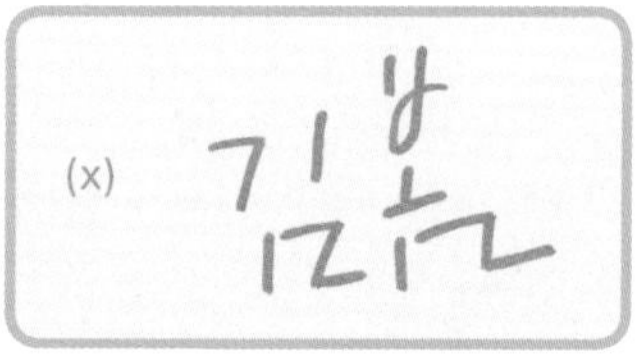

참고 글씨

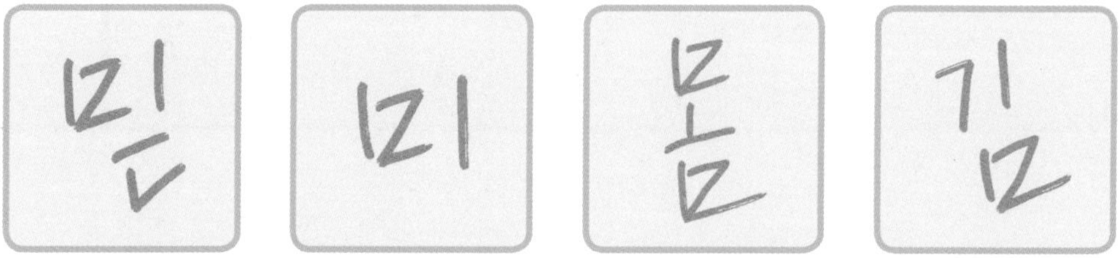

[연습하기]

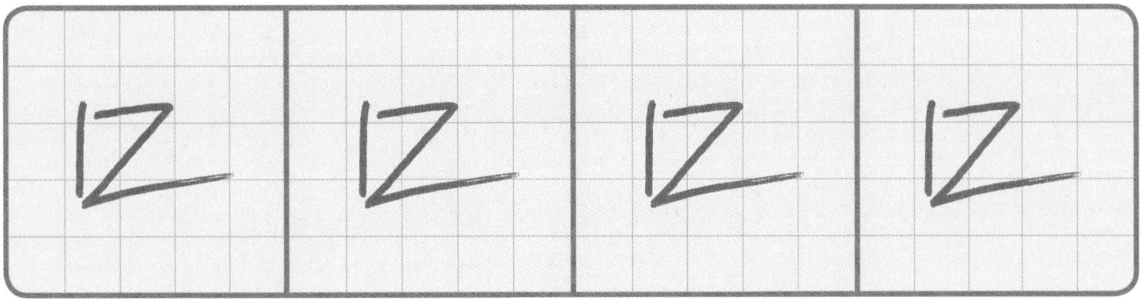

비읍

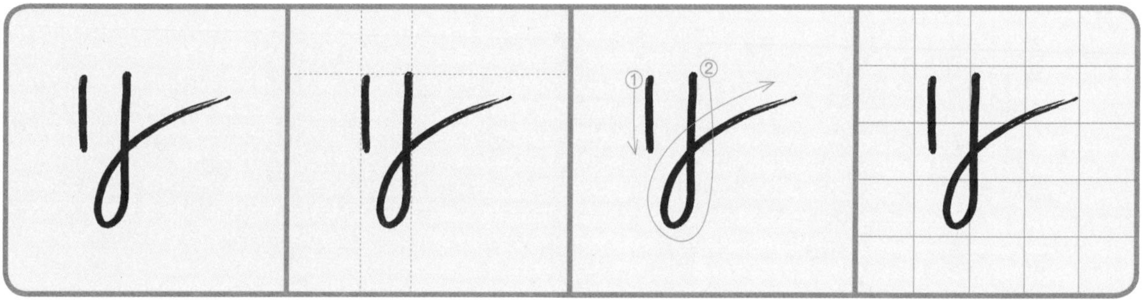

[쓰는 방법]

- ①은 세로로 쭉 내려준다.
- ②는 ①의 시작 지점과 동일한 높이에서 세로로 쭉 내려주되, ①보다 더 길게 내리다가 기다란 원을 그린다는 느낌으로 돌려서 끝을 위로 빼준다. 이때 ①의 끝 지점과 닿지 않게 주의한다.
- 받침으로 쓸 때는 ②의 끝을 오른쪽 옆으로 빼준다.

[Point]

- ②는 ①과 넓게 벌어지지 않도록 한다.
- ②의 끝은 위로 날린다는 느낌으로 빼준다.
- 모음에 붙어서 가독성이 떨어질 수 있으므로 '으'나 '우'처럼 자음 아래에 위치하는 모음 외에는 너무 길게 빼지 않는다.

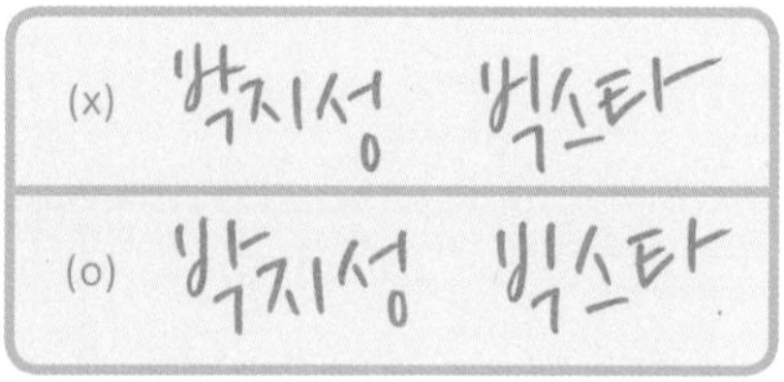

참고 글씨

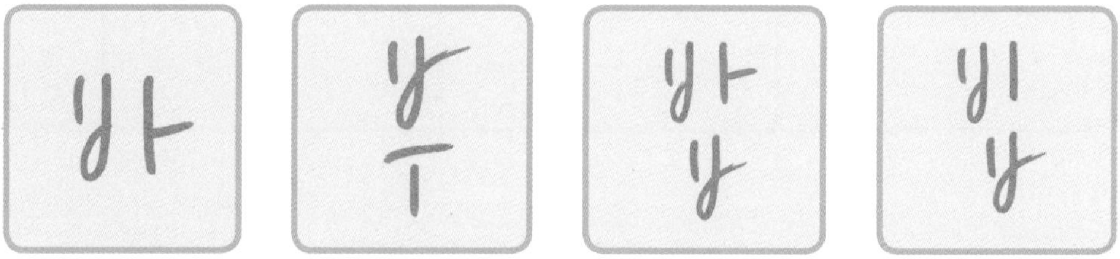

[연습하기]

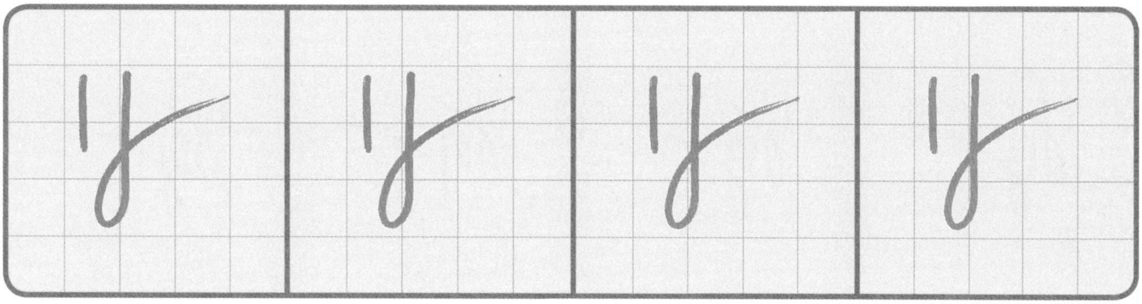

【 쌍비읍 】

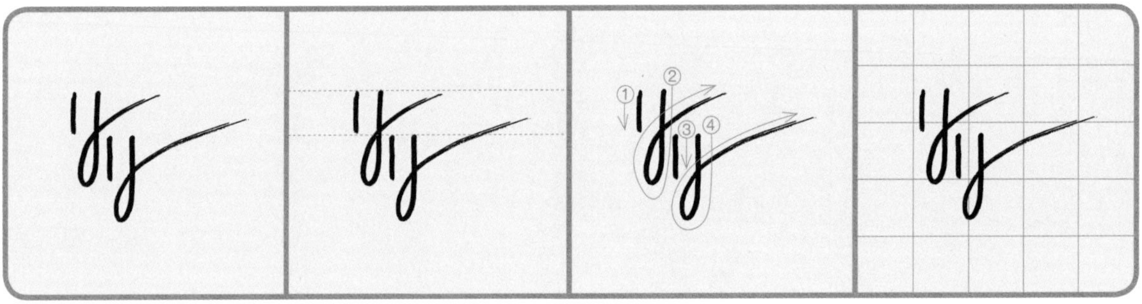

[쓰는 방법]

- 첫 번째 '비읍'은 212쪽 '비읍'을 쓰는 순서와 동일하다.
- 두 번째 '비읍'도 순서와 방법은 동일하게 쓰되
  처음 쓴 '비읍'의 ②가 교차하는 지점에서 시작한다.

[Point]

- 두 개의 '비읍'을 똑같은 크기로 쓴다.
- '비읍'과 마찬가지로 모음에 붙어서 가독성이 떨어질 수 있으므로
  '으'나 '우'처럼 자음 아래에 위치하는 모음 외에는 너무 길게 빼지 않는다.

참고 글씨

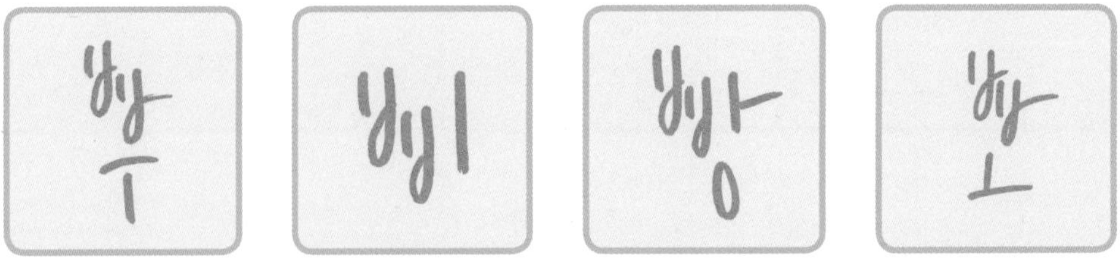

[연습하기]

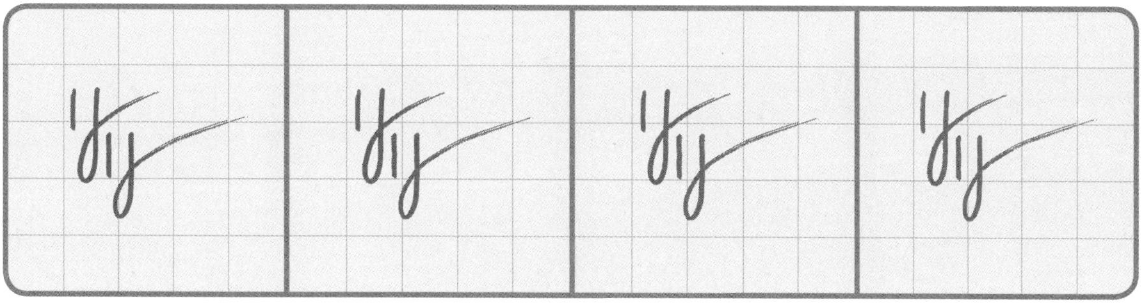

【 시옷 】

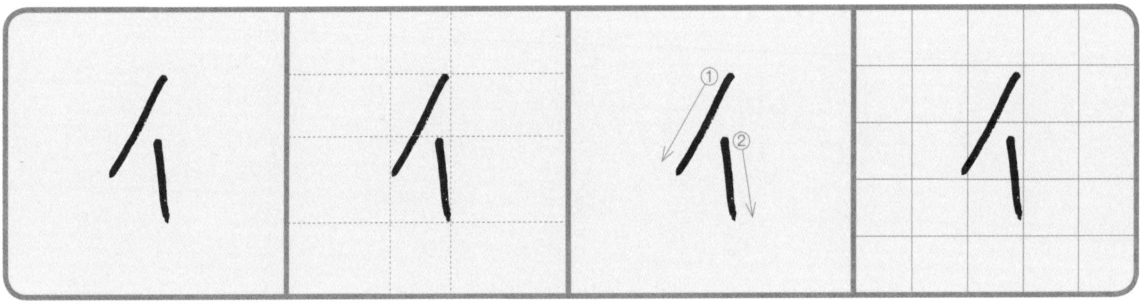

[쓰는 방법]

- ①은 45도 정도 사선으로 내려준다.
- ②는 ①의 가운데 지점에서 공간을 띄우고 아래로 떨어뜨린다는 느낌으로 15도 정도 사선으로 내려준다.
- 받침도 같은 방법으로 쓴다.

[Point]

- ①과 ②는 비슷한 길이로 그려준다. 단 받침으로 쓸 때는 ②를 길게 쓴다.
  시옷이 생각보다 어려운 이유가 ②에 따라서 글자 느낌이 많이 달라지기 때문이다.
- 받침이 있는 글자의 첫 자음으로 쓸 때는 ②의 길이를 조금 짧게 한다.

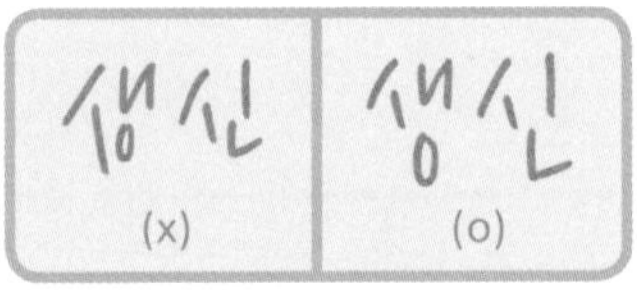

참고 글씨

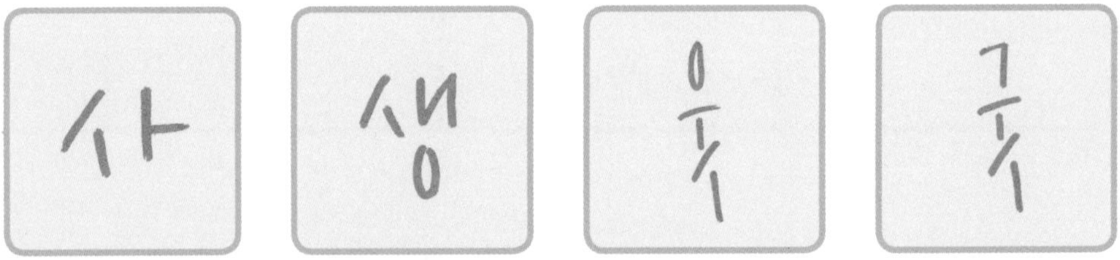

[연습하기]

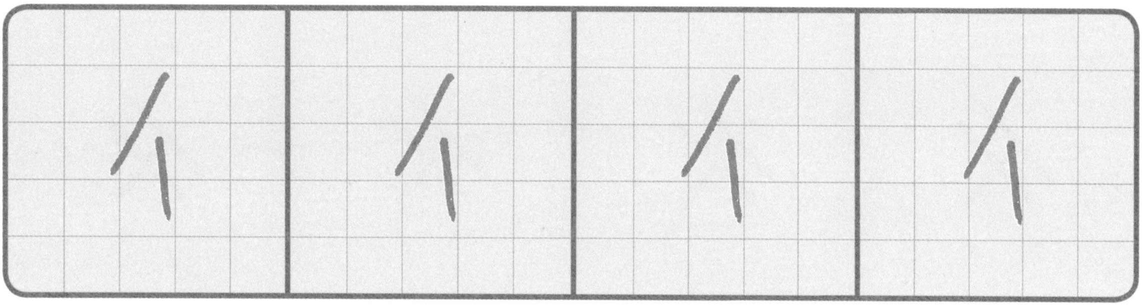

【 쌍시옷 】

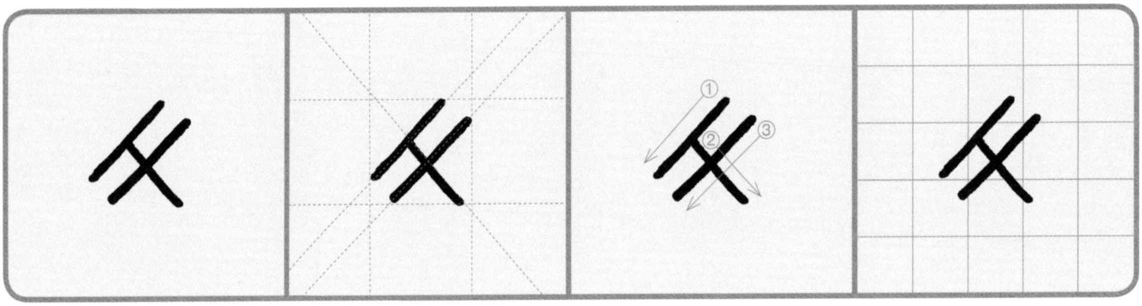

[쓰는 방법]

- ①은 45도 정도 사선으로 내려준다.
- ②는 ①의 가운데 지점에서 반대편 사선으로 ①의 길이 정도로 그려준다.
- ③은 ①과 평행을 이루게 하여 ②의 가운데 지점을 통과하여 그려준다.
- 받침도 같은 방법으로 쓴다.

참고 글씨

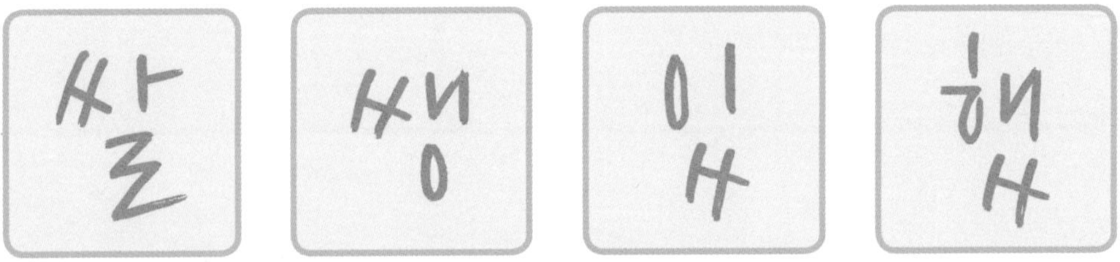

[연습하기]

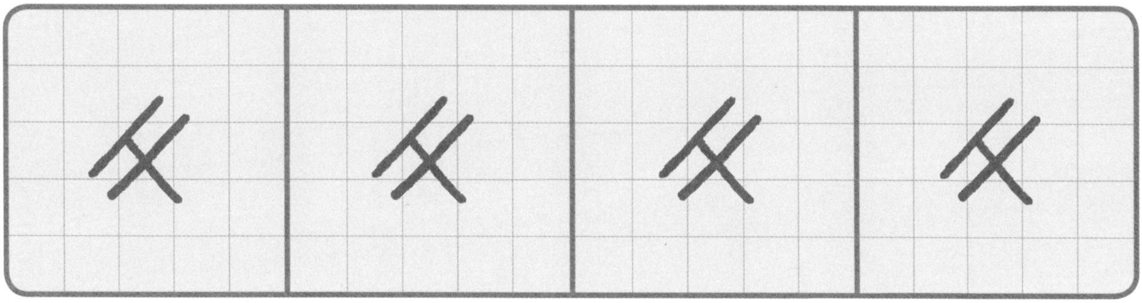

【 이응 】

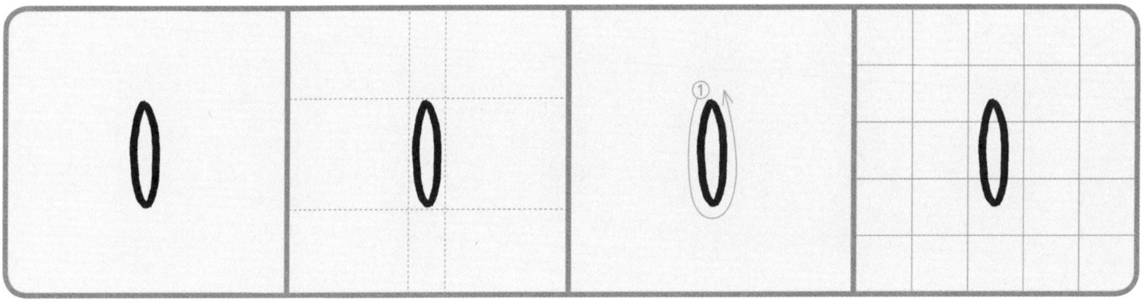

[쓰는 방법]

- 눈물, 쌀알 같은 이미지를 생각하면서 천천히 길고 가늘게 원을 그린다.
- 받침도 같은 방법으로 쓴다.

[Point]

- 절대로 원이 커지거나 넓어지지 않도록 한다.
- 어렵다면 왼쪽, 오른쪽 반반씩 그려도 좋다.

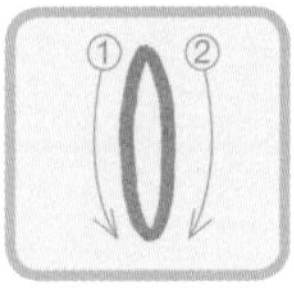

참고 글씨

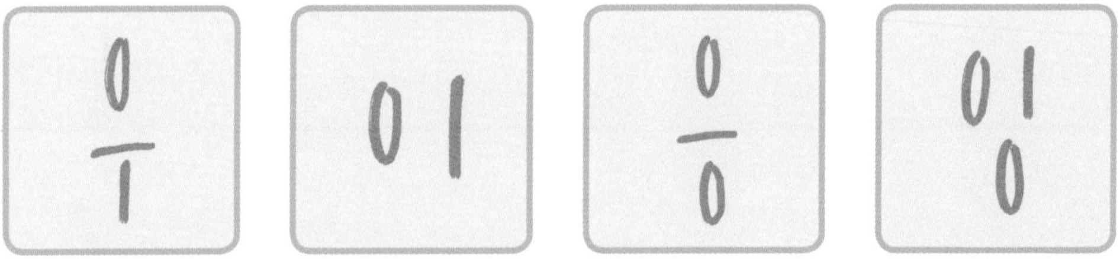

[연습하기]

【 지읒 】

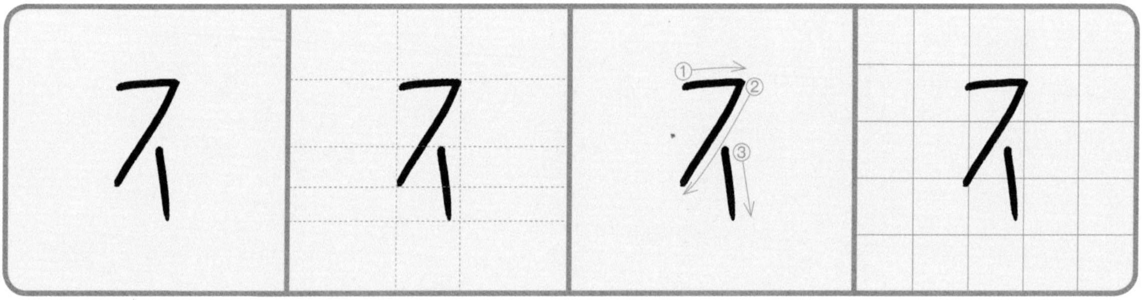

[쓰는 방법]

- ①은 가로로 반듯하게 그려준다.
- ②는 45도 정도 사선으로 내려준다.
- ③은 '시옷'을 그렸던 것처럼 ②의 가운데 지점에서 공간을 띄운 뒤 아래로 떨어뜨린다는 느낌으로 15도 정도 사선으로 내려준다.
- 받침도 같은 방법으로 쓴다.

[Point]

- 시옷 위에 가로로 지붕이 하나 얹어졌다고 생각하면 쉽다.
- 시옷과 마찬가지 받침이 있는 글자의 첫 자음으로 쓸 때는 ③의 길이를 조금 짧게 한다.
- 받침으로 쓸 때는 ③을 조금 길게 뺀다.

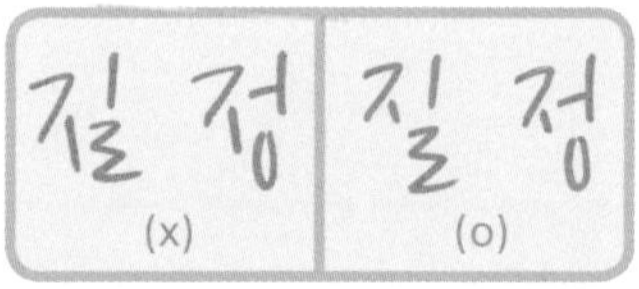

참고 글씨

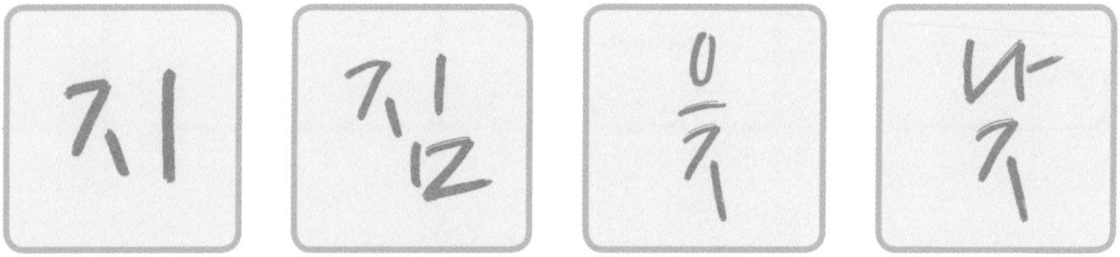

[연습하기]

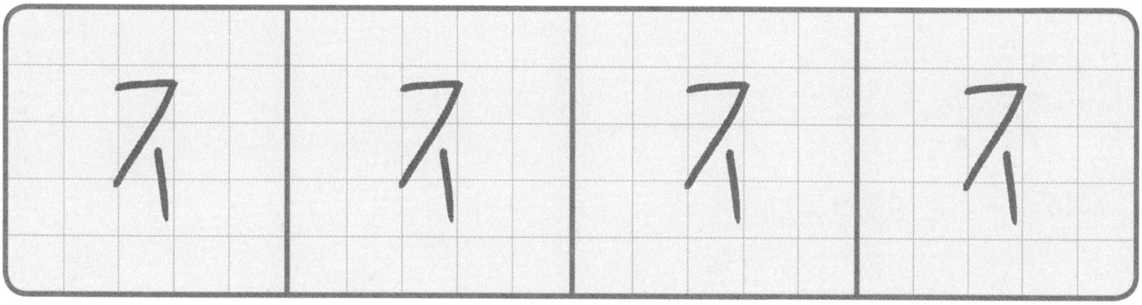

【 쌍지읒 】

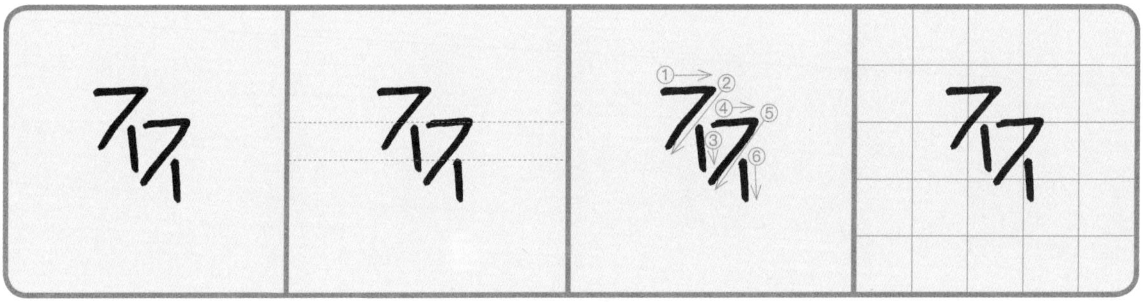

[쓰는 방법]

- 첫 번째 '지읒'은 222쪽 '지읒'을 쓰는 방법과 동일하다.
- 두 번째 '지읒'도 순서와 방법은 동일하게 쓰되
  처음 쓰는 '지읒'의 ③이 시작하는 높이에서 시작한다.

[Point]

- 두 개의 '지읒'을 똑같은 크기로 쓴다.

참고 글씨

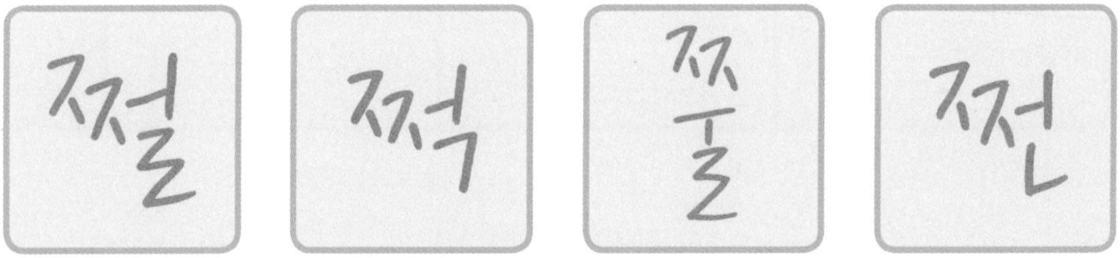

[연습하기]

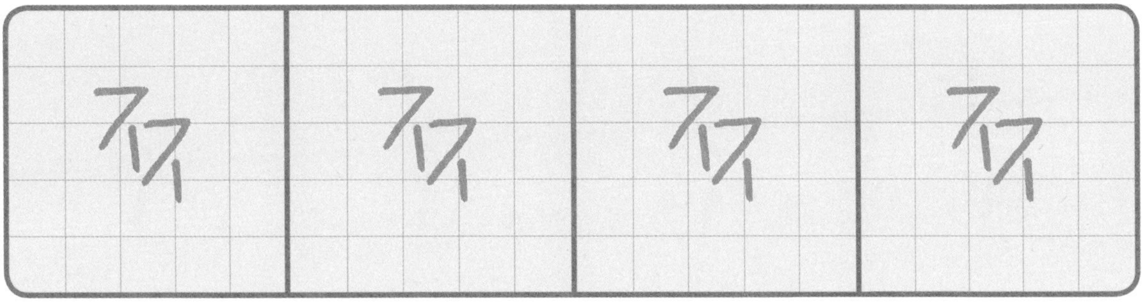

【 치읓 】

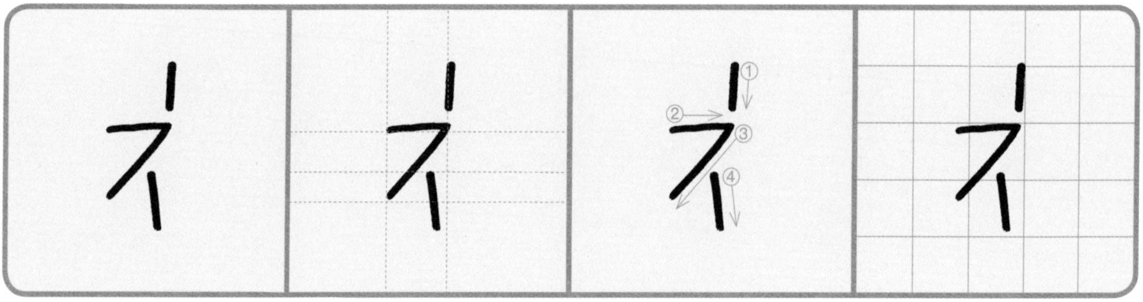

[쓰는 방법]

- ①은 세로로 쭉 내려준다.
- ②는 ①과 닿지 않게 가로로 반듯하게 그려준다.
- ③은 45도 정도 사선으로 내려준다.
- ④는 ③의 가운데 부분에서 공간을 띄운 뒤
  아래로 떨어뜨린다는 느낌으로 15도 정도 사선으로 내려준다.
- 받침도 같은 방법으로 쓴다.

[Point]

- '지읒' 위에 세로선이 하나 더 얹어졌다고 생각하면 쉽다.
- 받침으로 쓸 때는 ④를 좀 더 길게 내려줘도 좋다.

참고 글씨

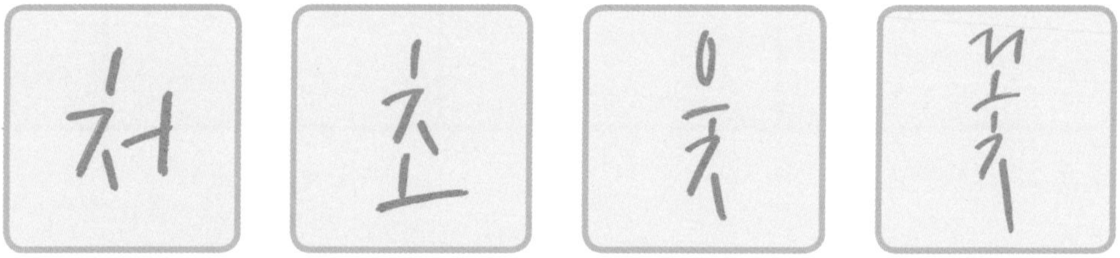

[연습하기]

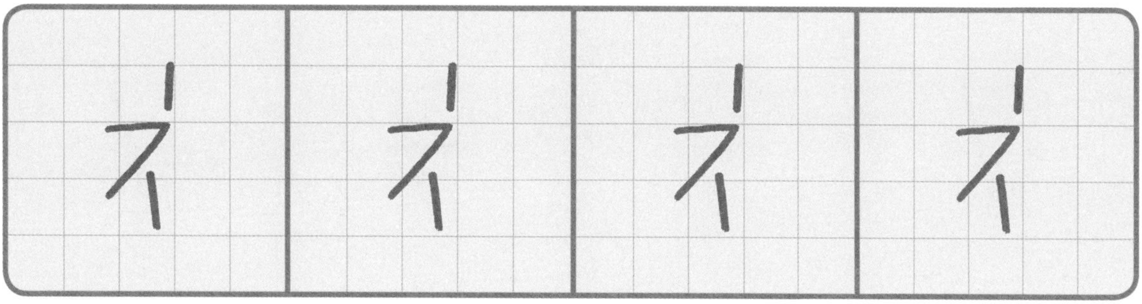

【 키읔 】

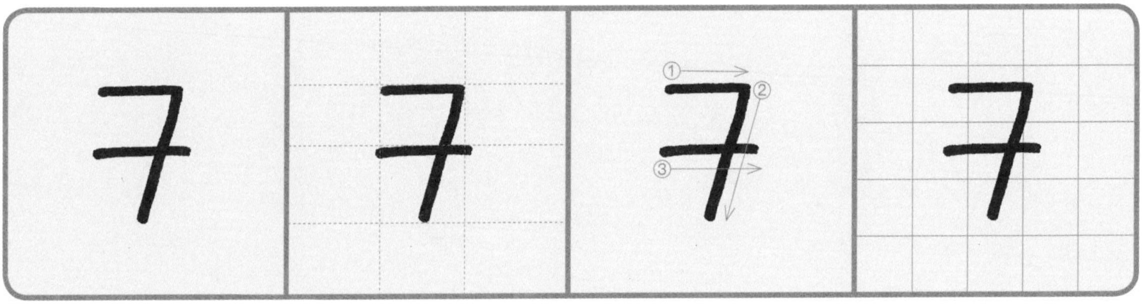

[쓰는 방법]

- ①은 가로로 반듯하게 그려준다.
- ②는 60도 정도 사선으로 내려준다.
- ③은 ①의 시작 지점에 맞춰 가로로 반듯하게 그려준다.
- 받침도 같은 방법으로 쓴다.

[Point]

- '기역'에서 가운데로 가로선이 하나 더 지나간다고 생각하면 쉽다.

참고 글씨

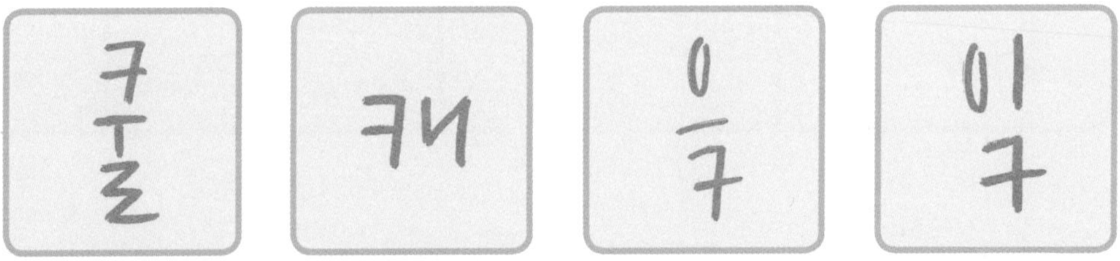

[연습하기]

ㅋ ㅋ ㅋ ㅋ

【 티읕 】

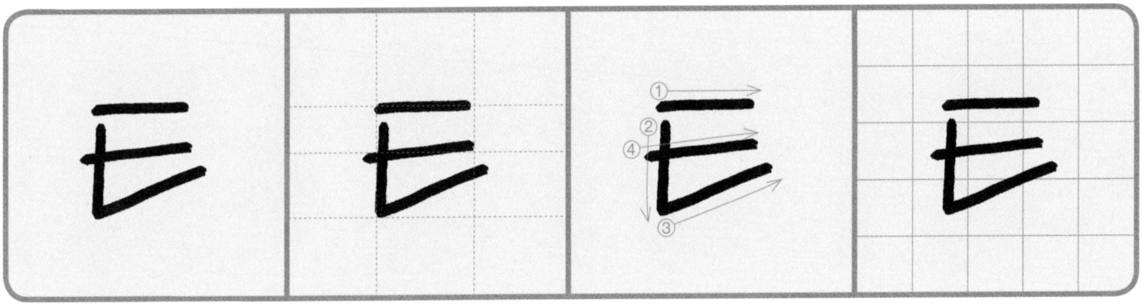

[쓰는 방법]

- ①은 가로로 반듯하게 그려준다.
- ②는 ①에 붙이지 말고 약간 공간을 띄운 뒤 세로로 쭉 내려준다.
- ③은 60도 정도 사선으로 ①의 끝 길이보다 조금 더 길게 빼준다.
- ④는 ①과 ③의 가운데를 통과하여 가로로 반듯하게 그리되, ①의 끝 길이까지 빼준다.
- 받침도 같은 방법으로 쓴다.

[Point]

- '디귿'을 쓴 뒤 가운데로 가로선이 하나 더 지나간다고 생각하면 쉽다.

참고 글씨

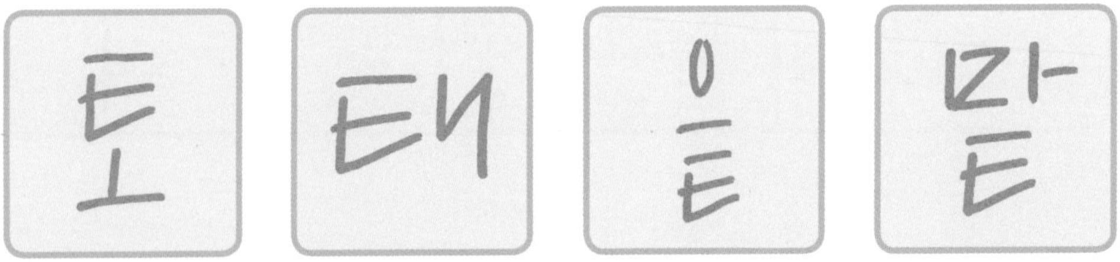

[연습하기]

ㅌ ㅌ ㅌ ㅌ

【 피읖(첫 번째 방법) 】

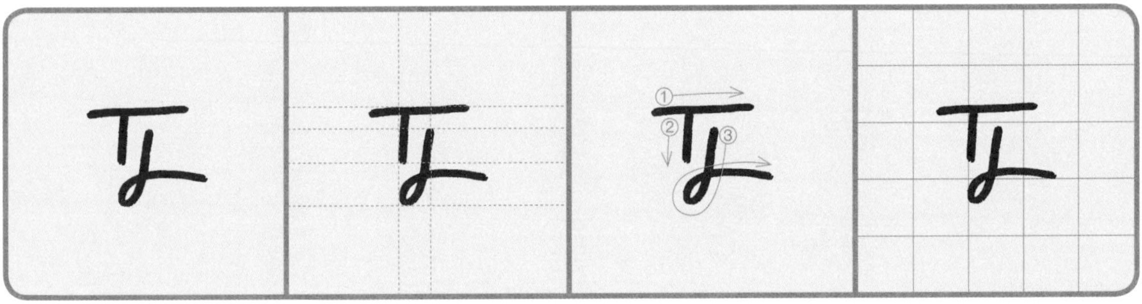

[쓰는 방법]

- ①은 가로로 반듯하게 그려준다.
- ②는 ①의 3분의 1 지점에서 세로로 쭉 내려준다.
- ③은 '비읍'을 그렸던 것처럼 ②와 벌어지지 않게 좁혀서 ①의 3분의 2 지점에서 약간 공간을 띄운 뒤 세로로 내리다가 원을 그려 오른쪽으로 끝을 빼준다.
- 받침도 같은 방법으로 쓴다.

[Point]

- '비읍'과 다르게 '피읖'은 끝을 위가 아닌 오른쪽 옆으로 뺀다는 것이다.

참고 글씨

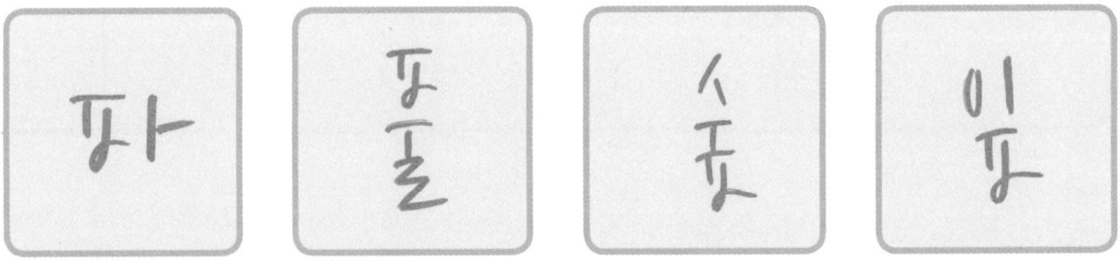

[연습하기]

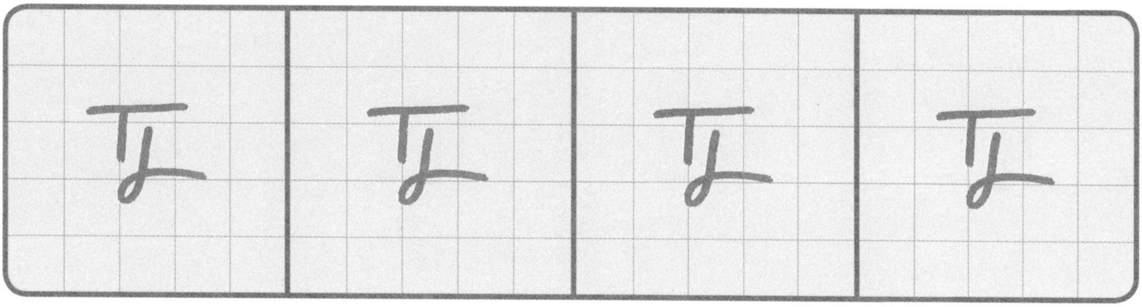

피읖(두 번째 방법)

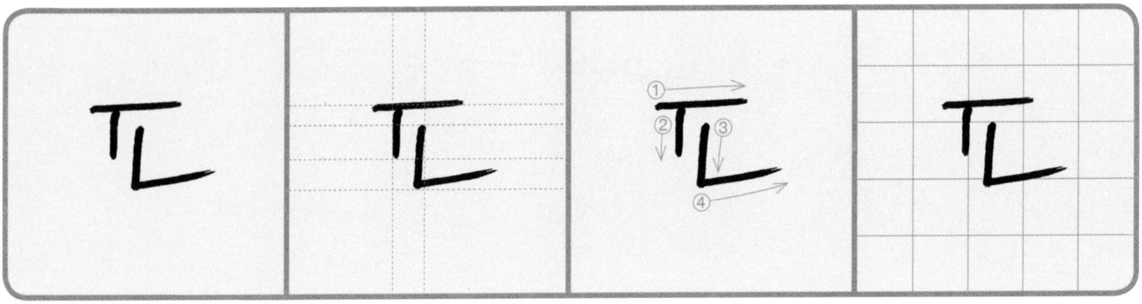

[쓰는 방법]

- ①은 가로로 반듯하게 그려준다.
- ②는 ①의 3분의 1 지점에서 세로로 쭉 내려준다.
- ③은 ②와 벌어지지 않게 좁혀서 ①의 3분의 2 지점에서 약간 공간을 띄운 뒤 세로로 쭉 내려준다.
- ④는 끝을 위로 살짝 올려 그려준다.
- 받침도 같은 방법으로 쓴다.

참고 글씨

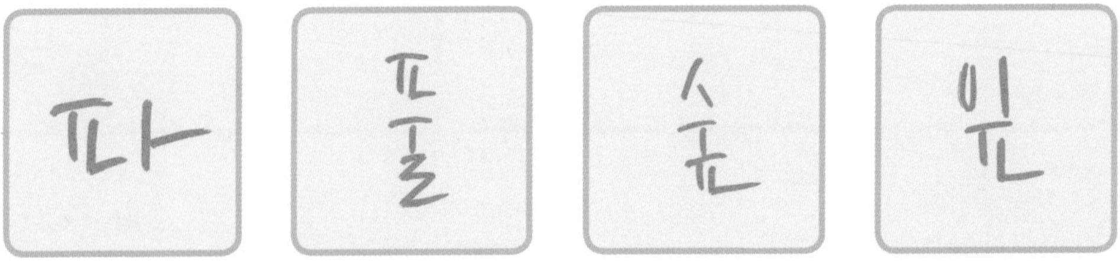

[연습하기]

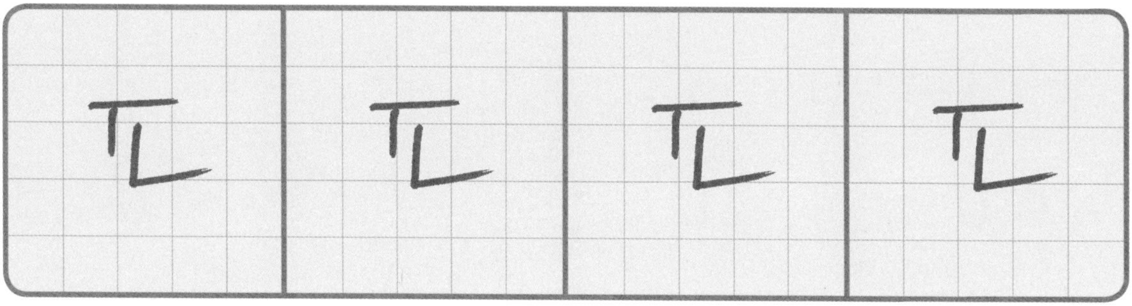

【 히읗(첫 번째 방법) 】

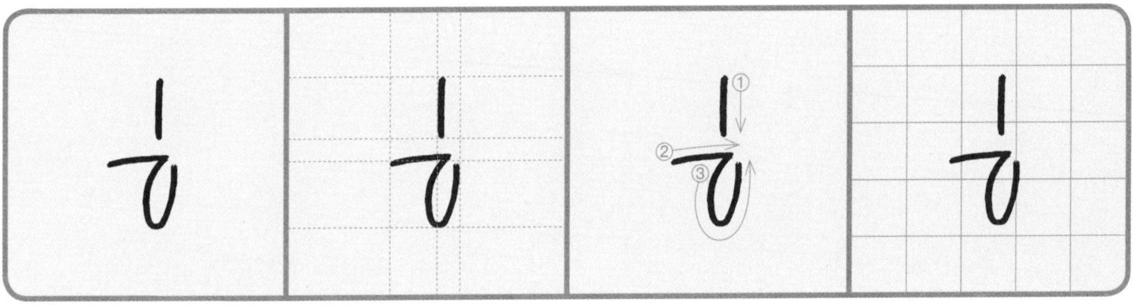

[쓰는 방법]

- ①은 세로로 쭉 내려준다.
- ②는 ①과 닿지 않게 가로로 반듯하게 그려준다.
- ③은 '이응'을 그린다는 느낌으로 길고 날씬하게 원을 그리되,
  원이 닫히지 않도록 한다.
- 받침도 같은 방법으로 쓴다.

[Point]

- '히읗'도 '이응'처럼 길고 날씬하게 표현해준다.

참고 글씨

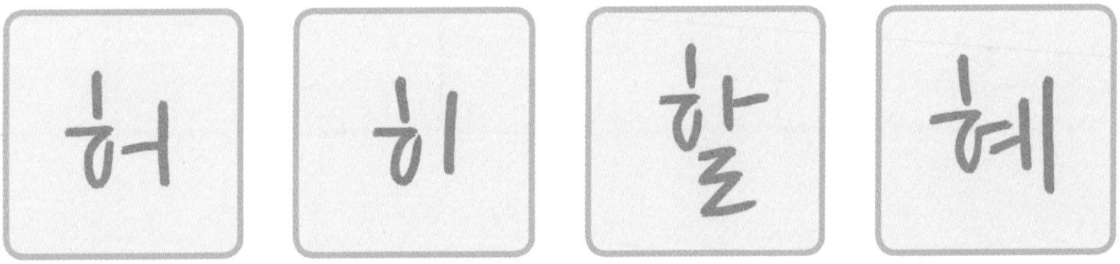

[연습하기]

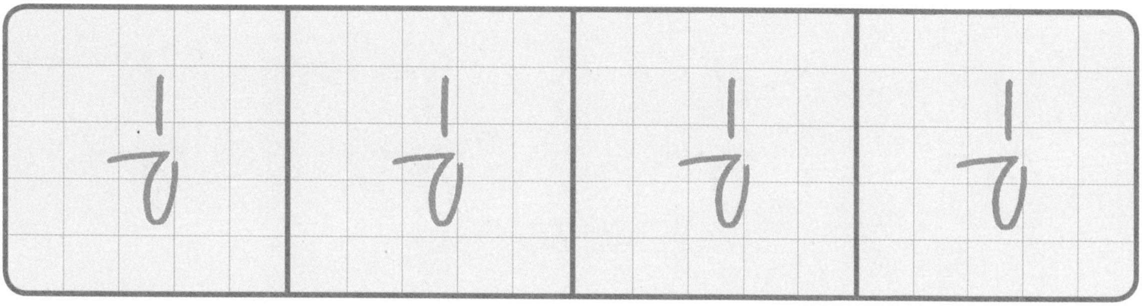

【 히읗(두 번째 방법) 】

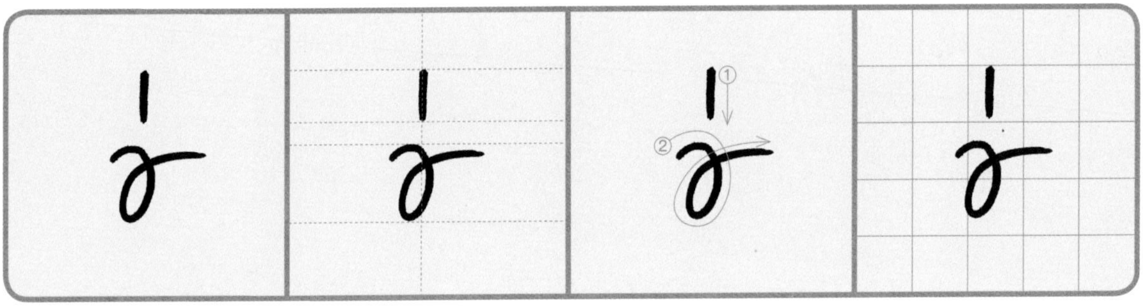

[쓰는 방법]

- ①은 세로로 짧게 내려준다.
- ②는 숫자 6을 대칭해놓은 것처럼 시계 방향으로 원을 그리듯 하다가 끝을 오른쪽으로 길게 빼준다.

[Point]

- 글씨를 좀 더 멋스럽게 쓰고자 할 때 '히읗'을 이렇게 표현하면 좋다.

참고 글씨

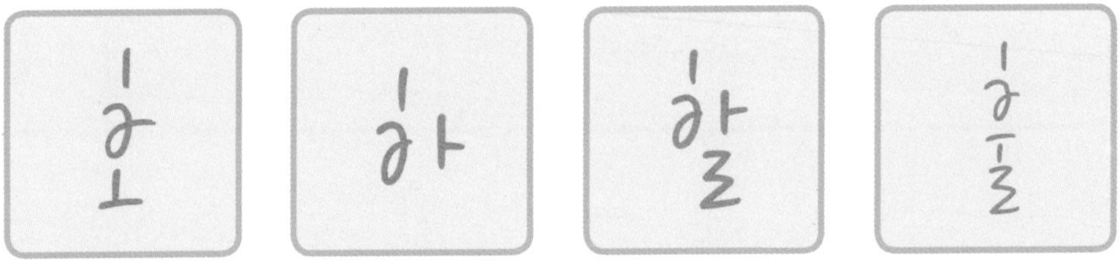

[연습하기]

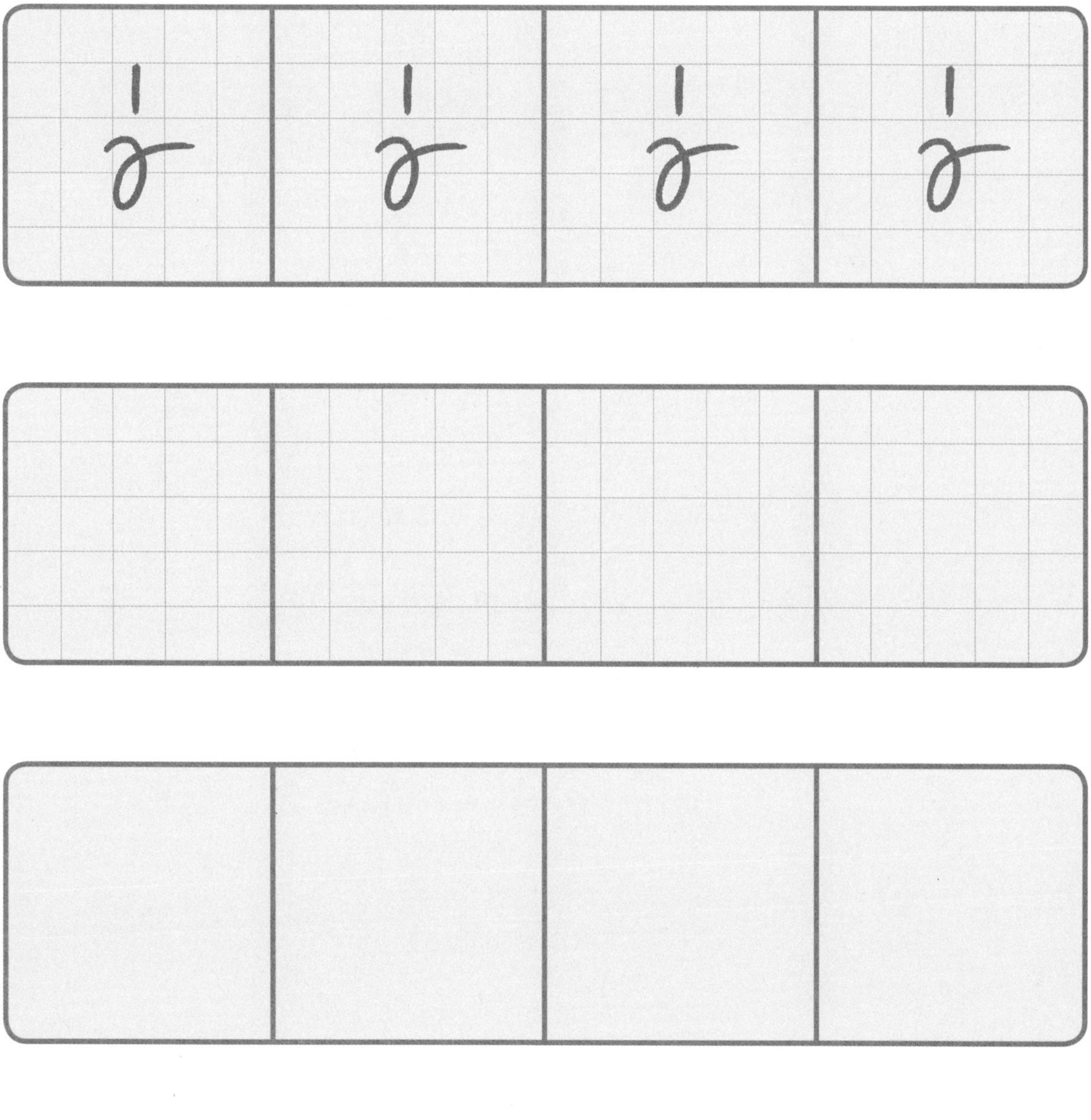

모음 쓰기

모음은 주로 선으로 이루어져 있다 보니,
앞서 표현했던 선 그리기 방식과 다소 흡사하다.
혹시, 반듯하게 그리는 것이 아직 시툴다면
앞장에 있는 '선 그리기'를 좀 더 연습한 후 시작하는 게 좋다.

모음 역시, 자음 쓰기와 마찬가지로
천천히 획의 순서에 따라 표현하는 게 가장 중요하다.
문장을 쓰다 보면 모음으로 인해 글씨가
안 예뻐 보이는 경우가 꽤 많다.
그만큼 연습이 많이 필요하다.

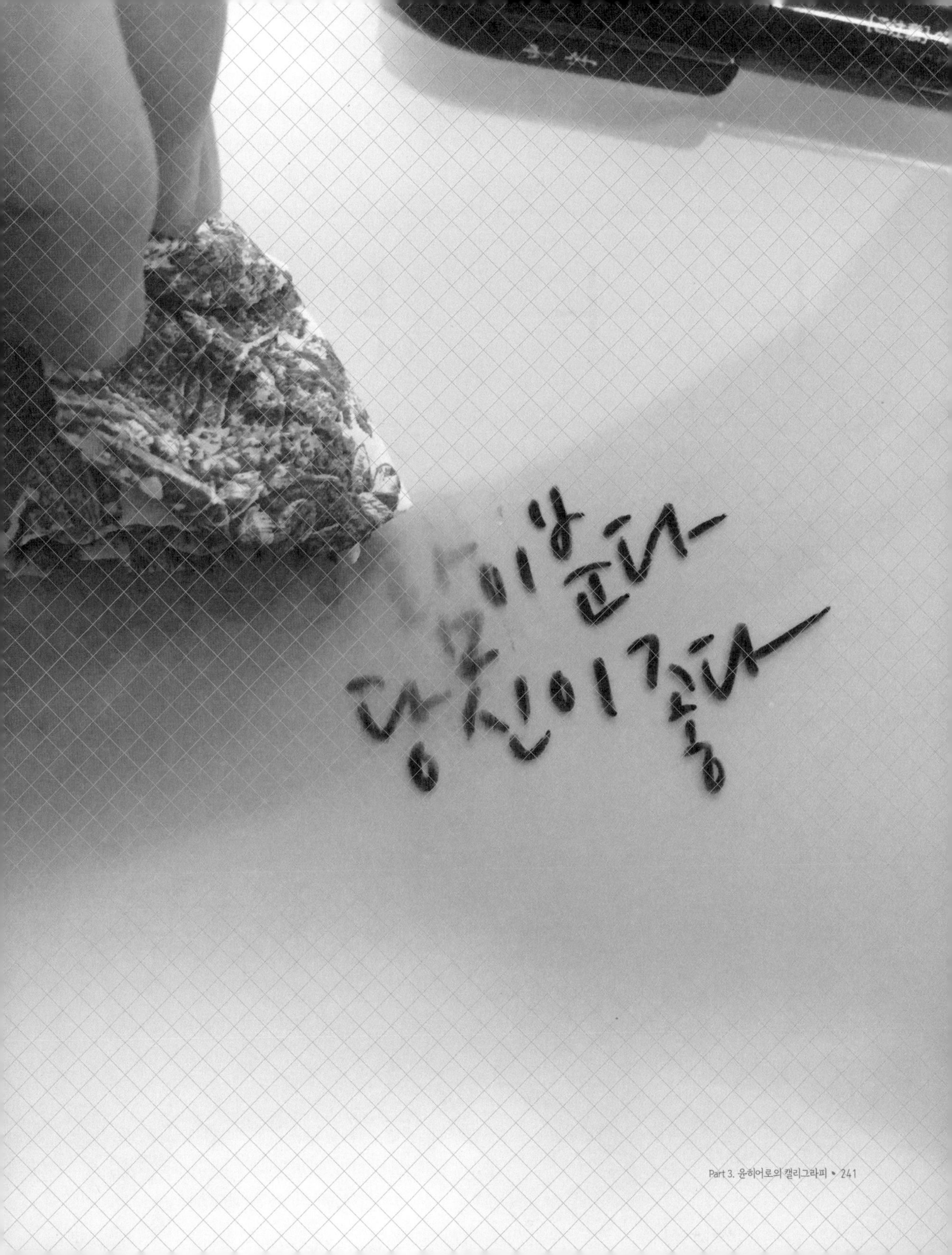
당신이 좋다

【 아 】

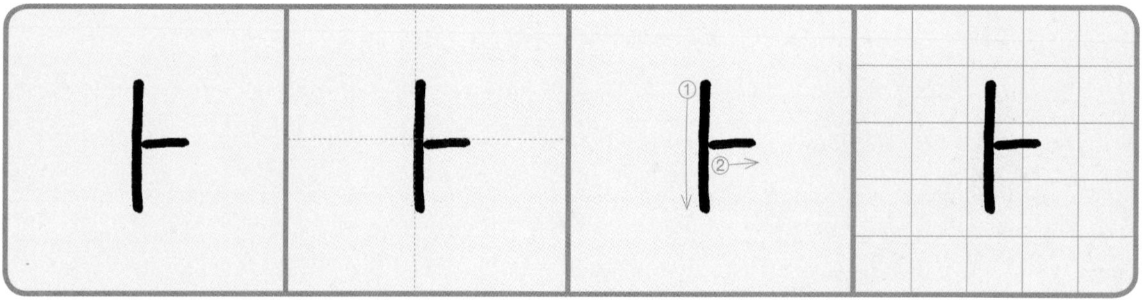

[쓰는 방법]

- ①은 세로로 쭉 내려준다.
- ②는 ①의 가운데에서 가로로 반듯하게 그려준다.

참고 글씨

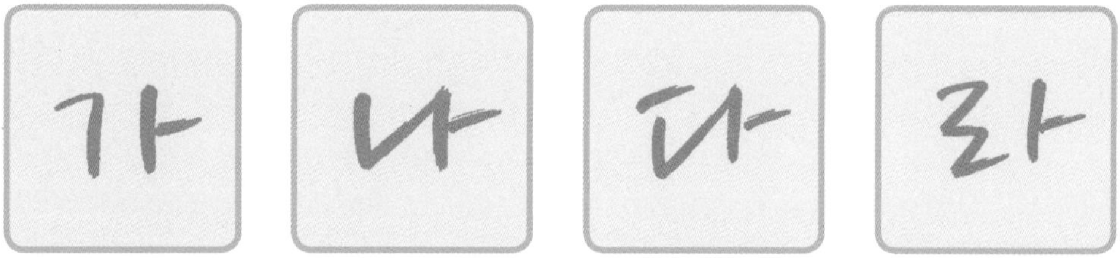

[연습하기]

ㅏ ㅏ ㅏ ㅏ

【 애(첫 번째 방법) 】

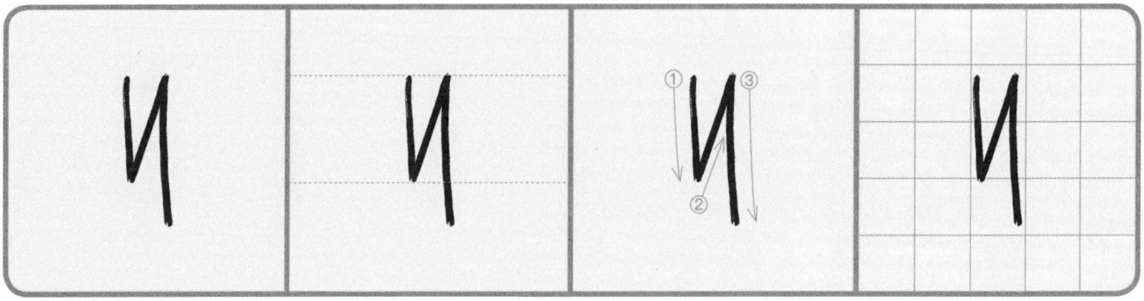

[쓰는 방법]

- ①은 세로로 쭉 내려준다.
- ②는 15도 정도 사선으로 ①의 시작 지점 높이까지 올려준다.
- ③은 세로로 쭉 내려준다.

[Point]

- ①과 ③이 벌어지지 않게 그린다.

참고 글씨

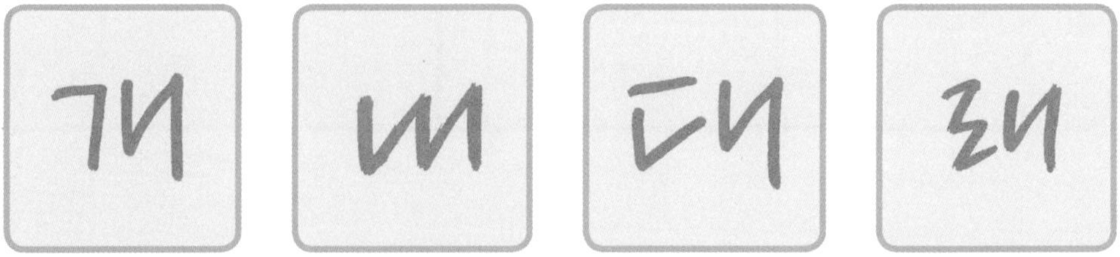

[연습하기]

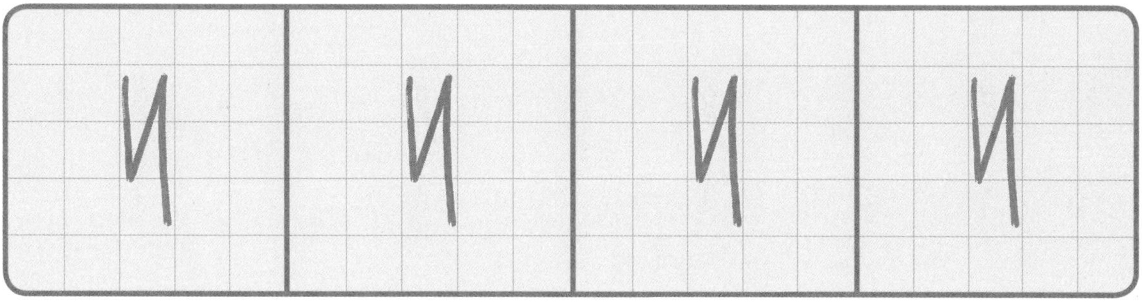

애(두 번째 방법)

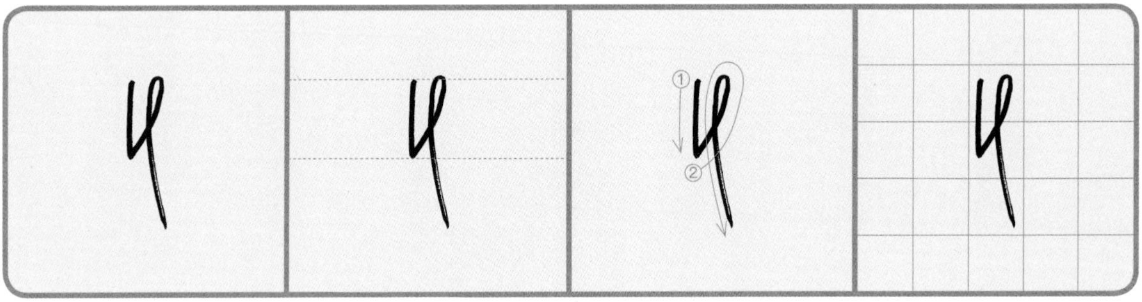

[쓰는 방법]

- ①은 세로로 쭉 내려준다.
- ②는 15도 정도 사선으로 쭉 올라가다가 작고 가느다란 원을 그리며 아래로 쭉 내리되, 살짝 바깥쪽으로 끝을 빼준다.

[Point]

- '애'를 쓰는 첫 번째 방법과 마찬가지 벌어지지 않게 좁혀서 그린다.

참고 글씨

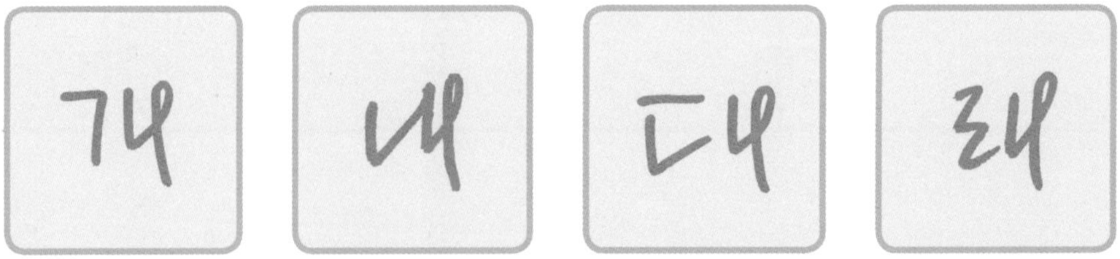

[연습하기]

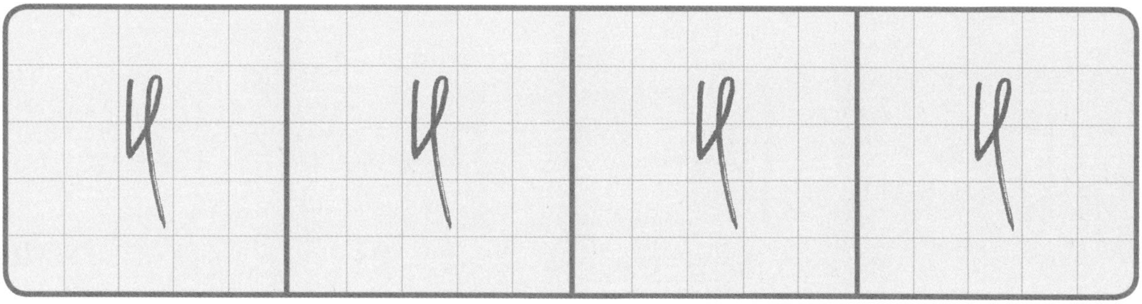

【 야 】

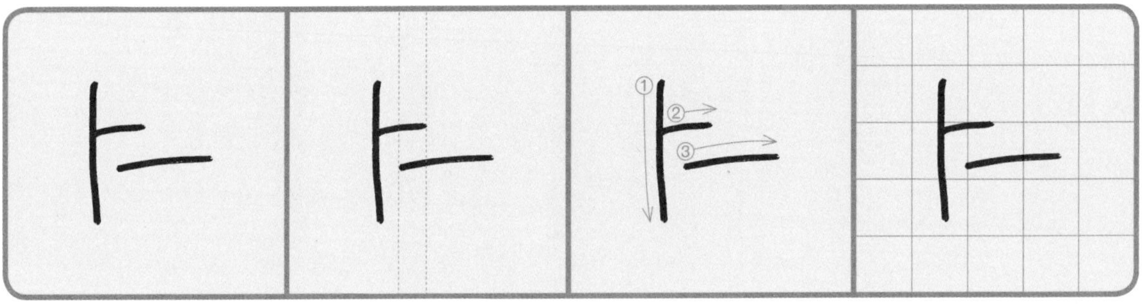

[쓰는 방법]

- ①은 직선으로 쭉 내려준다.
- ②는 ①의 3분의 1 지점에서 가로로 반듯하게 그려준다.
- ③은 ①의 3분의 2 지점에서 약간 공간을 띄우고 반듯하게 그려준다.

[Point]

- ③을 길게 빼주면 글씨가 좀 더 예뻐보인다.

참고 글씨

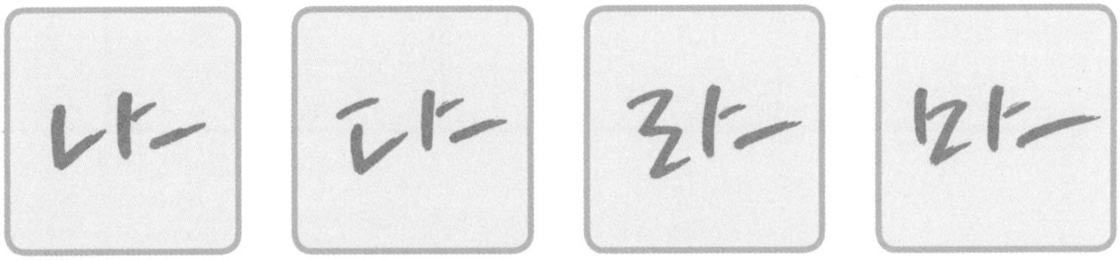

[연습하기]

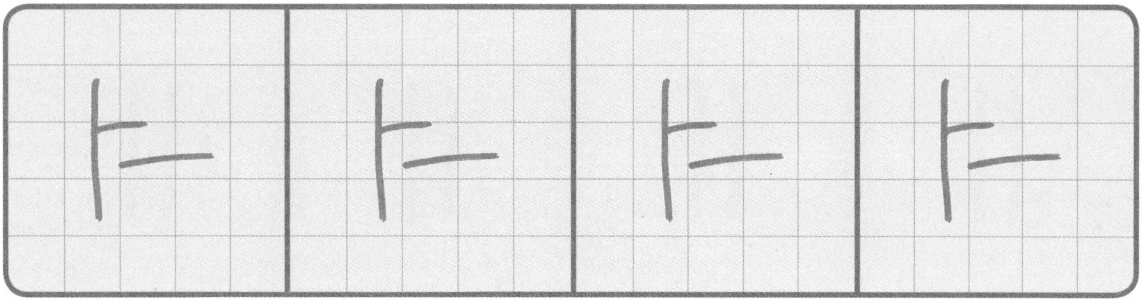

【 얘 】

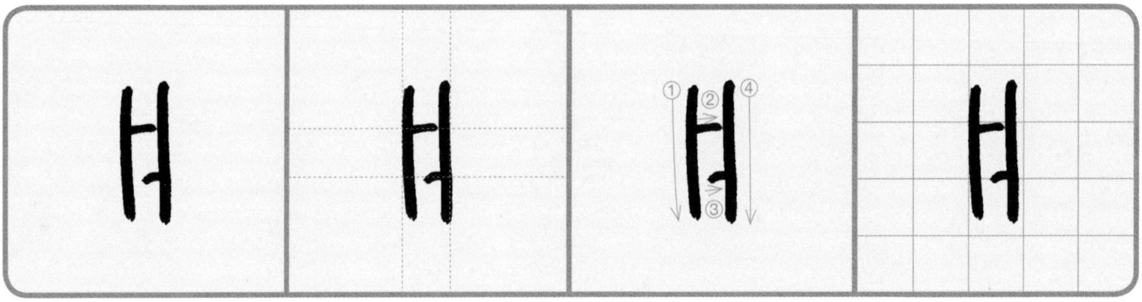

[쓰는 방법]

- ①은 세로로 쭉 내려준다.
- ②는 ①의 3분의 1 지점에 붙여서 가로로 짧게 그려준다.
- ③은 ①의 3분의 2 지점에 약간 공간을 띄워 ②의 길이 정도로 그려준다.
- ④는 ③이 닿도록 ①의 길이와 비슷하게 세로로 쭉 내려준다.

[Point]

- 앞에 오는 자음을 기준 삼아 자음보다 위아래 조금씩 길게 그려준다.

참고 글씨

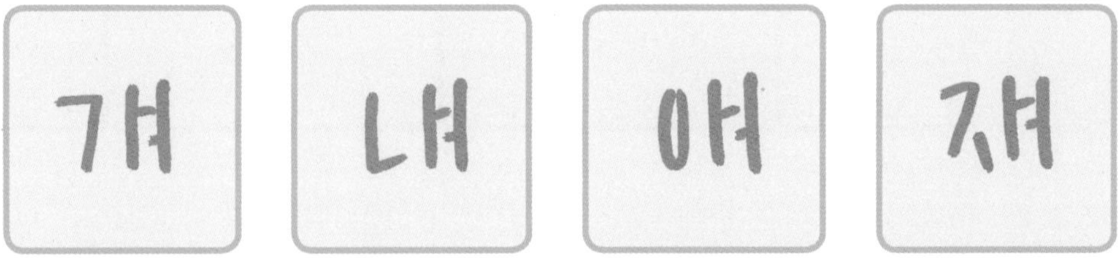

[연습하기]

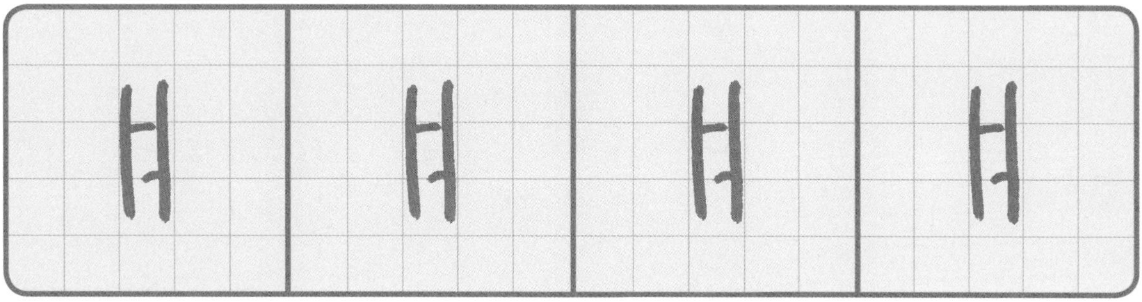

【 어 】

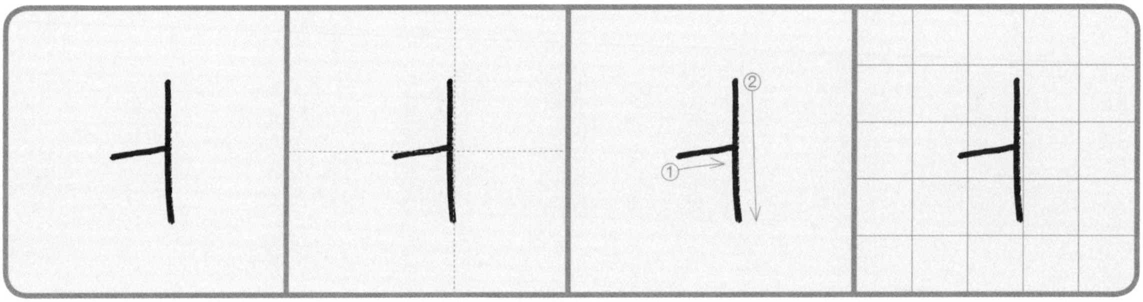

[쓰는 방법]

- ①은 가로로 반듯하게 그려준다.
- ②는 ①이 가운데 오도록 세로로 쭉 내려준다.

참고 글씨

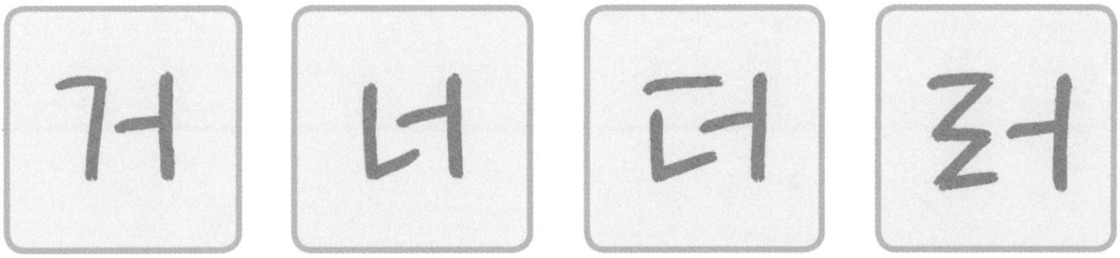

[연습하기]

【 에 】

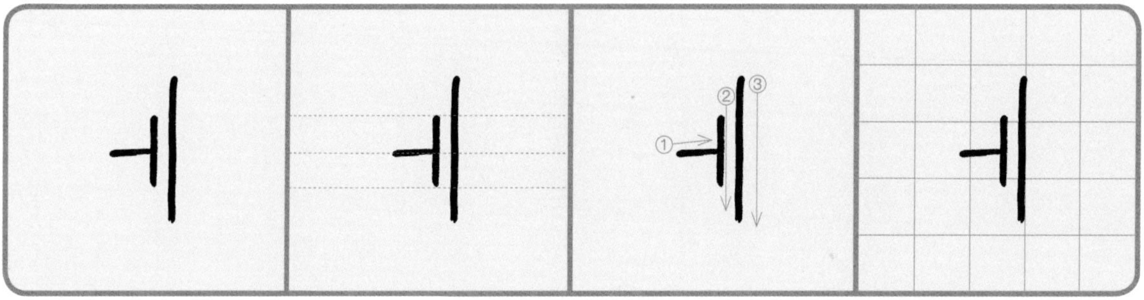

[쓰는 방법]

- ①은 가로로 반듯하게 그려준다.
- ②는 ①이 가운데 오도록 세로로 쭉 내려준다.
- ③은 ②보다 위아래 길게 세로로 쭉 그려준다.

참고 글씨

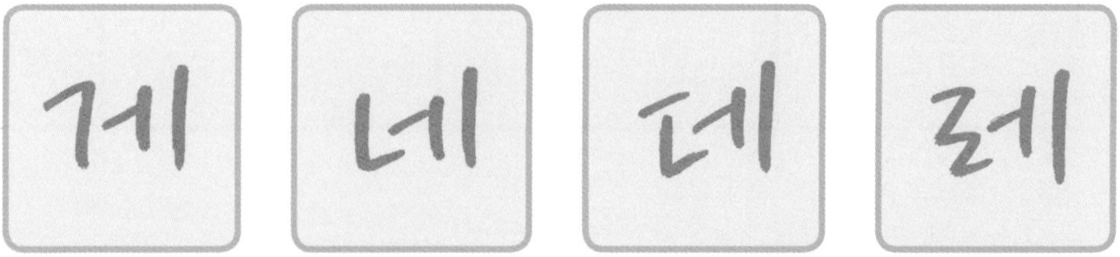

[연습하기]

ㅔ ㅔ ㅔ ㅔ

【 여 】

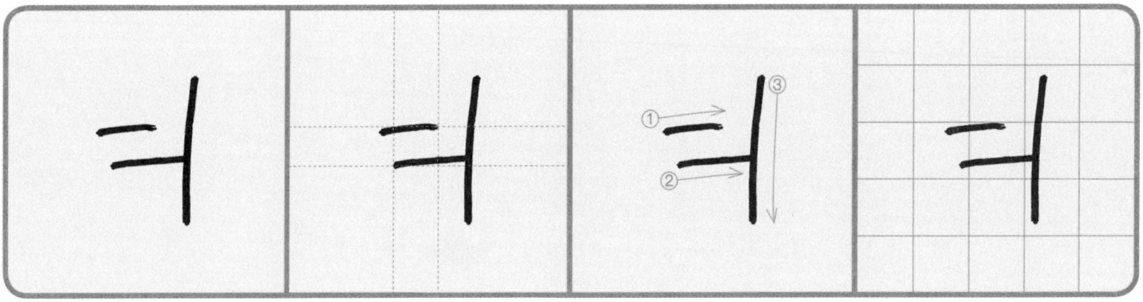

[쓰는 방법]

- ①은 가로로 반듯하게 그려준다.
- ②는 ①보다 좀 더 오른쪽에서 시작하여 가로로 반듯하게 그려준다.
- ③은 ②가 3분의 2 지점에서 닿을 수 있도록 세로로 쭉 내려준다.

[Point]

- '여'는 위의 획 ①이 붙지 않고, '야'는 아래의 획 ③이 붙지 않는다.

참고 글씨

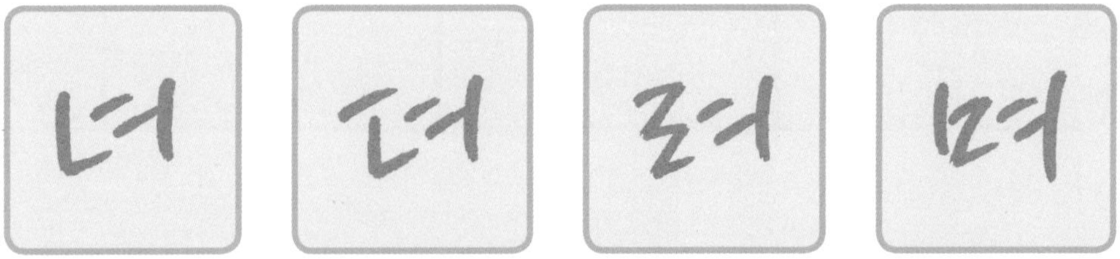

[연습하기]

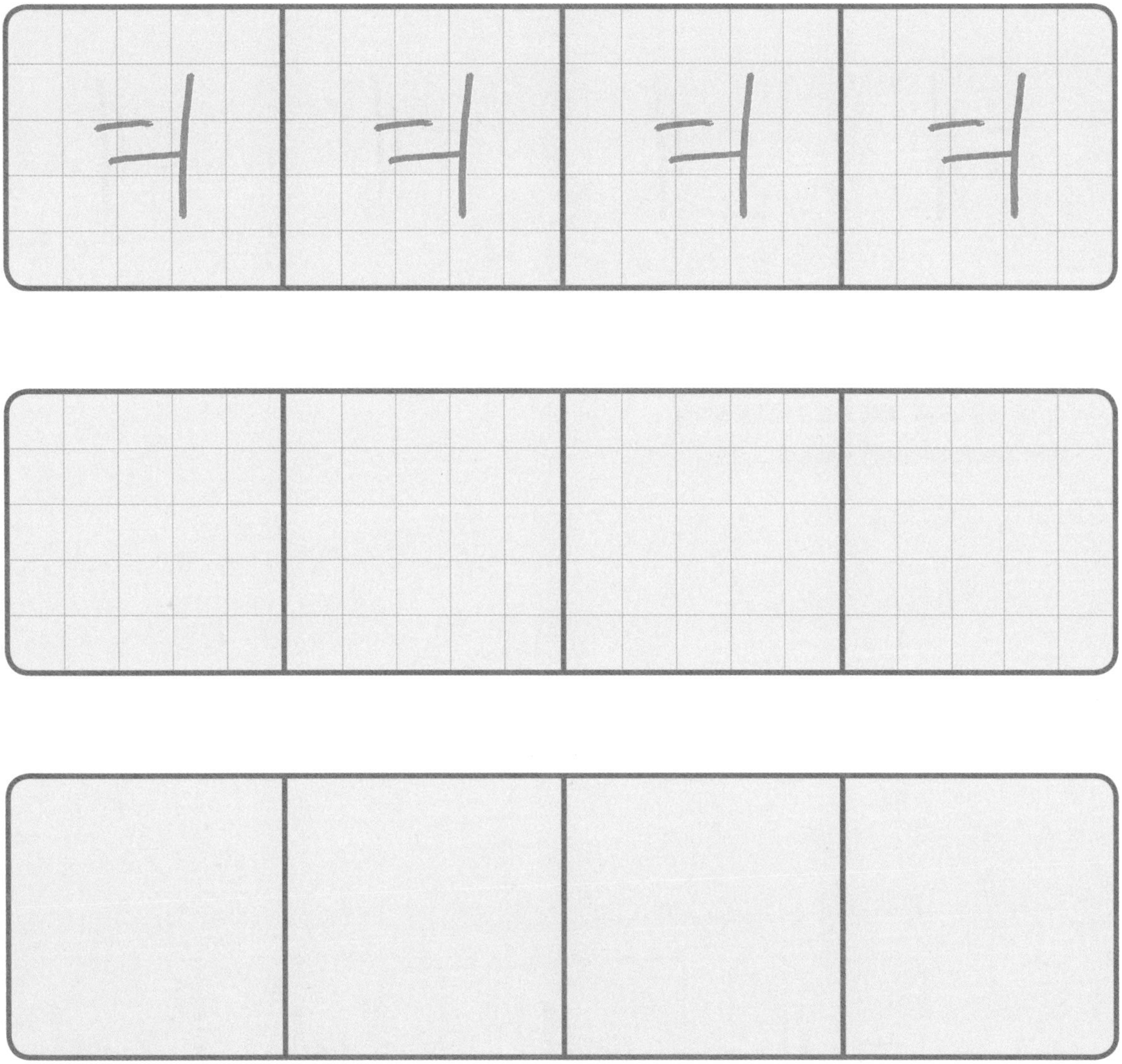

【 예 】

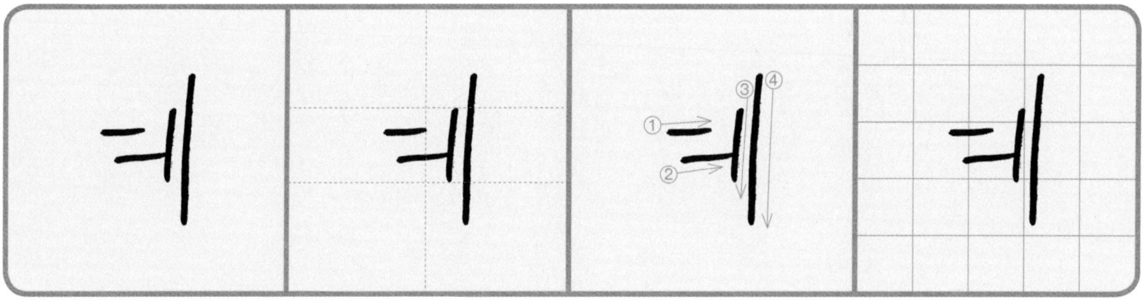

[쓰는 방법]

- ①, ②, ③은 256쪽 '여'를 쓰는 순서와 동일하다.
- ④는 ③보다 위아래 길게 세로로 쭉 그려준다.

참고 글씨

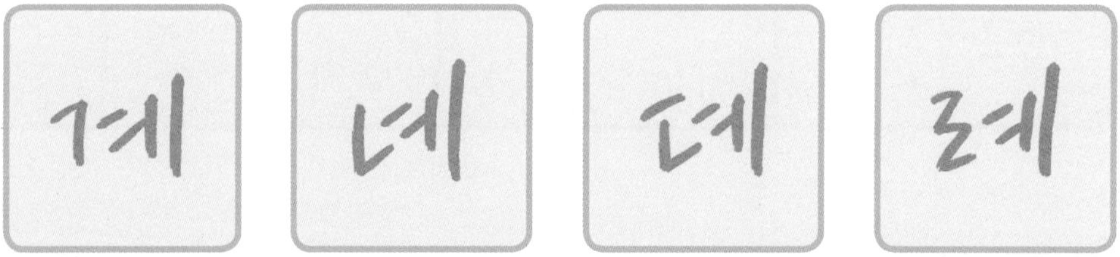

[연습하기]

ㅖ ㅖ ㅖ ㅖ

【 오(첫 번째 방법) 】

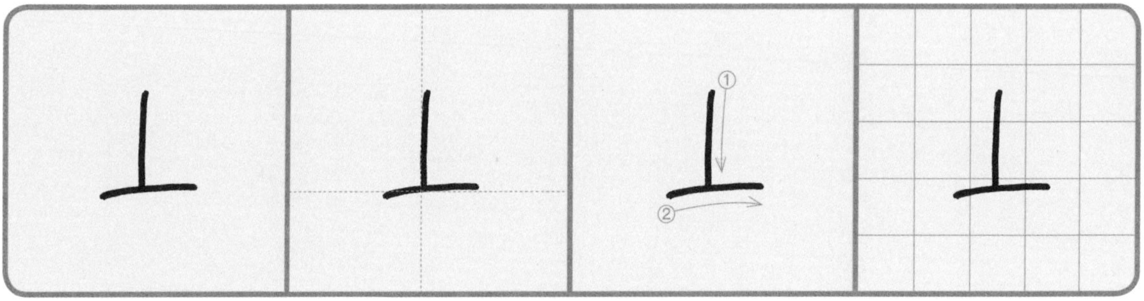

[쓰는 방법]

- ①은 세로로 쭉 내려준다.
- ②는 ①이 가운데에 오도록 가로로 반듯하게 그려준다.

참고 글씨

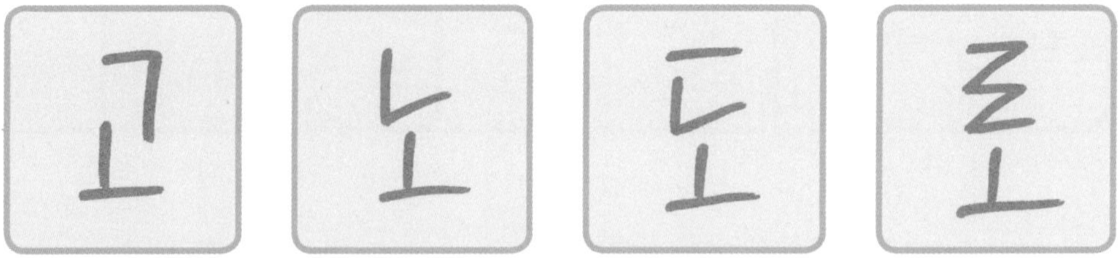

[연습하기]

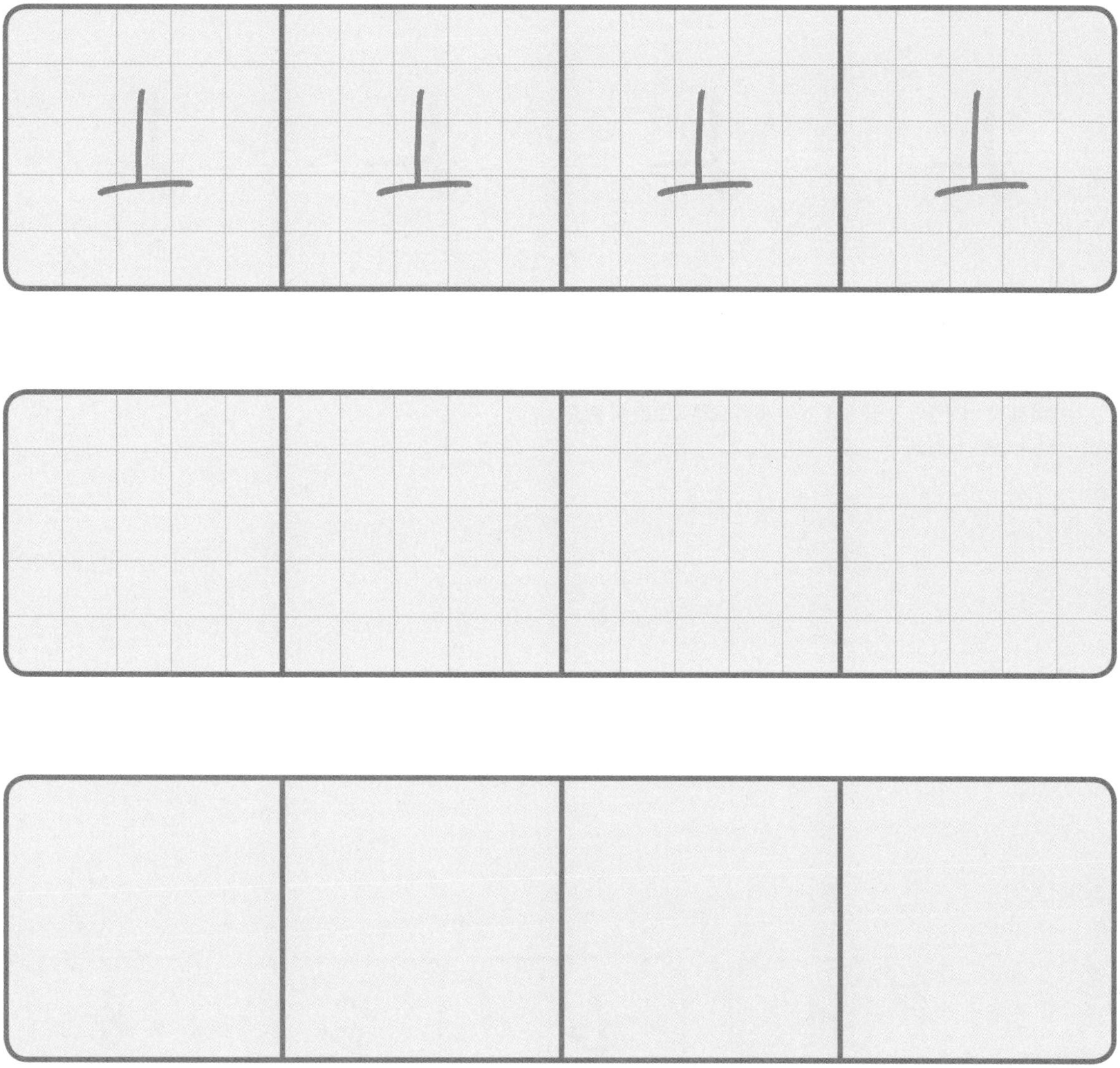

오(두 번째 방법)

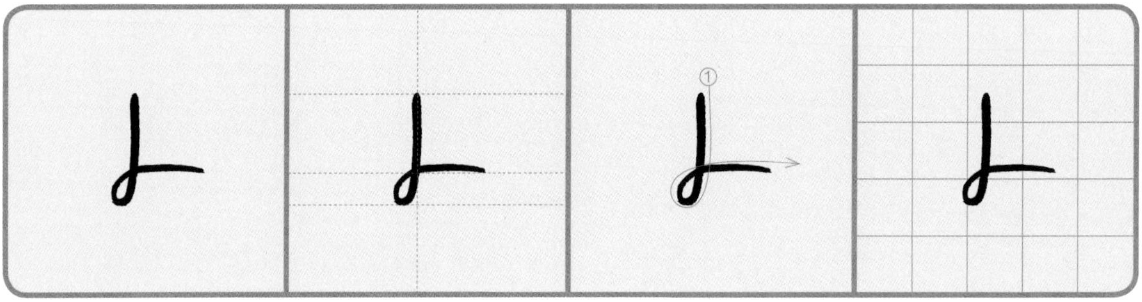

[쓰는 방법]

- 세로로 쭉 내려주다가 끝에서 한 번 돌려 오른쪽으로 쭉 빼준다.

참고 글씨

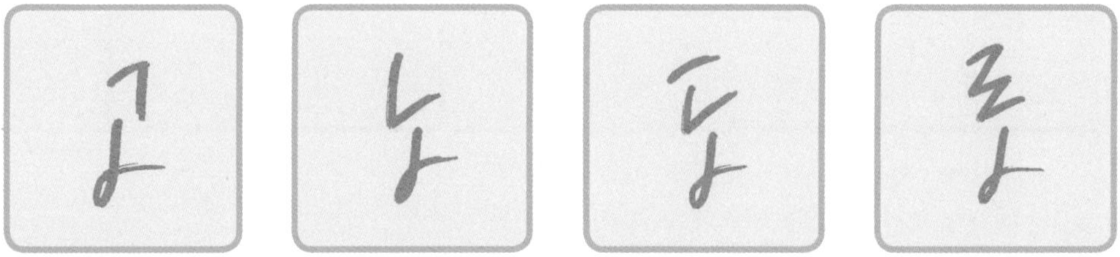

[연습하기]

ㄴ ㄴ ㄴ ㄴ

【 오(세 번째 방법) 】

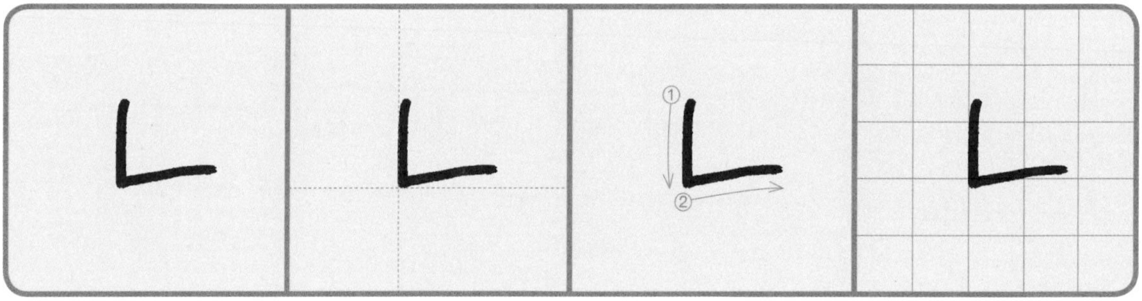

[쓰는 방법]

- ①은 세로로 쭉 내려준다.
- ②는 살짝 위쪽으로 반듯하게 그려준다.

참고 글씨

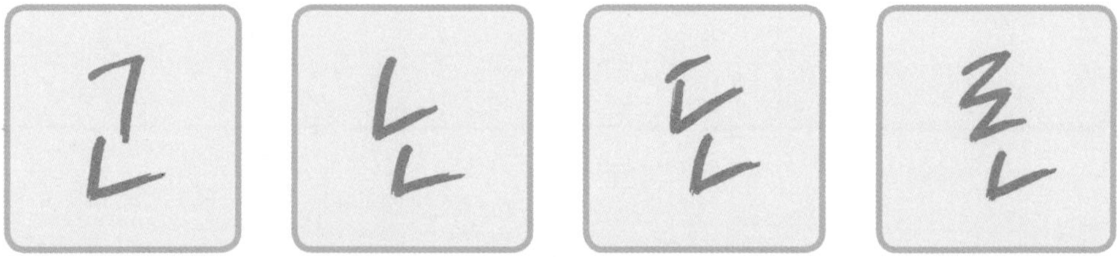

[연습하기]

ㄴ ㄴ ㄴ ㄴ

【 와 】

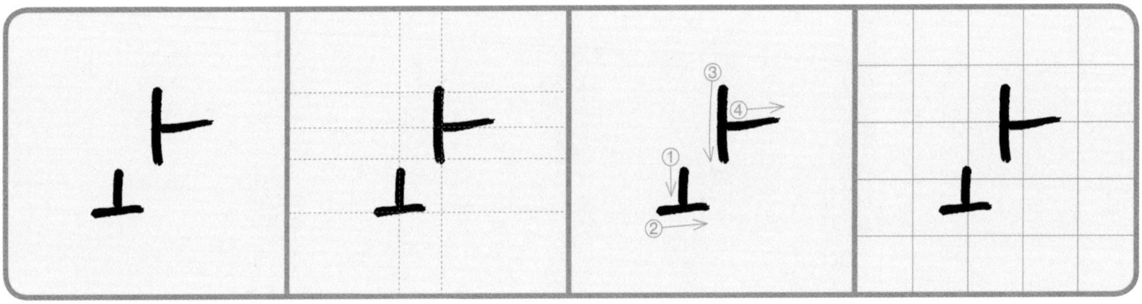

[쓰는 방법]

- ①은 세로로 쭉 내려준다.
- ②는 ①이 가운데로 오도록 가로로 반듯하게 그려준다.
- ③은 ①보다 더 위쪽에서 세로로 쭉 내려준다.
- ④는 ③의 가운데에서 가로로 반듯하게 그려준다.

[Point]

- 첫 자음을 기준으로 ①은 자음을 가운데 두고 공간을 띄운 뒤 반듯하게 내려준다.
- 260쪽의 '오'와 242쪽의 '아'가 합쳐진 형태라고 생각하면 쓰기 쉽다.

참고 글씨

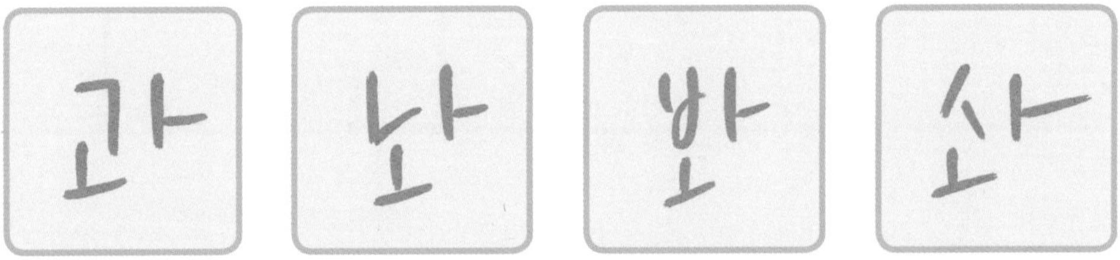

[연습하기]

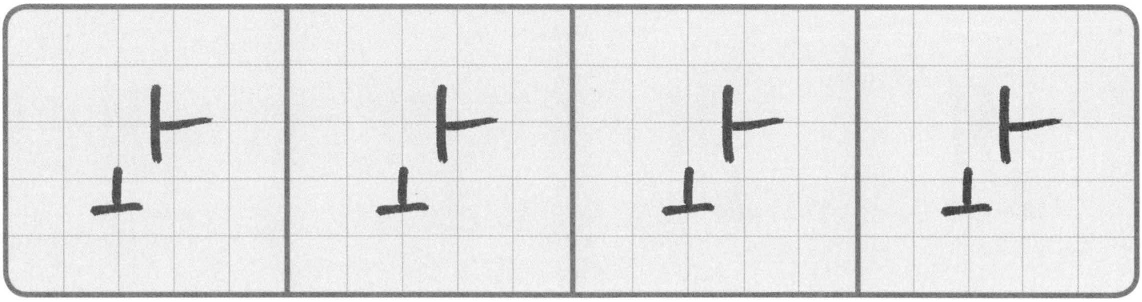

【 왜 】

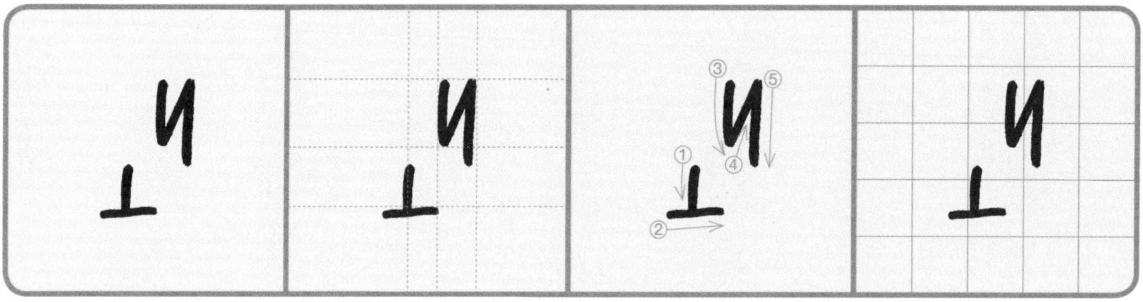

[쓰는 방법]

- ①은 세로로 쭉 내려준다.
- ②는 ①이 가운데로 오도록 가로로 반듯하게 그려준다.
- ③은 ①보다 더 위쪽에서 세로로 쭉 내려준다.
- ④는 ③의 시작 지점 높이까지 15도 정도 사선으로 올려준다.
- ⑤는 세로로 쭉 내려준다.

[Point]

- 첫 자음을 기준으로 ①은 자음을 가운데 두고 공간을 띄운 뒤 반듯하게 내려준다.
- 260쪽의 '오'와 244쪽의 '애'가 합쳐진 형태라고 생각하면 쓰기 쉽다.
- '왜' 중에서 '애' 부분은 획을 모두 붙이지 않고 또박또박 써도 되고, 246쪽의 두 번째 방법으로 써도 된다.

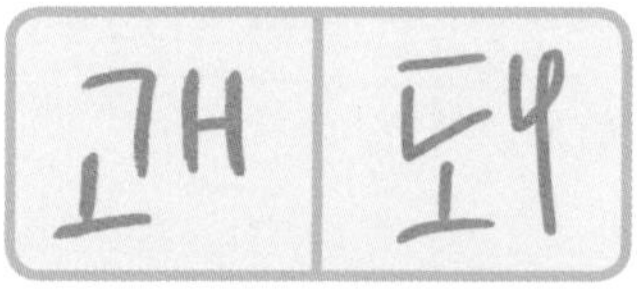

참고 글씨

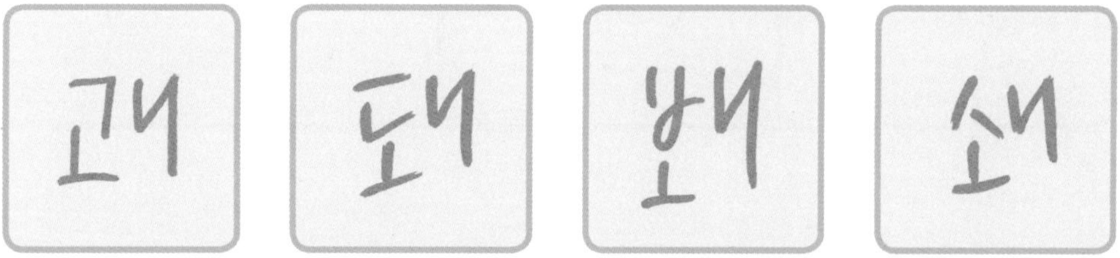

[연습하기]

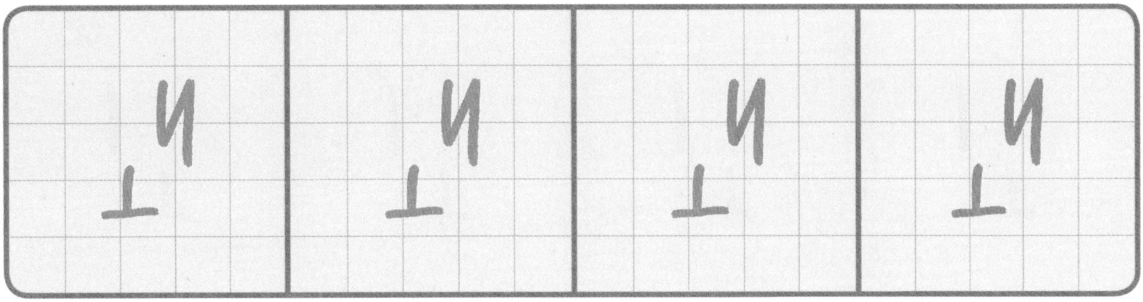

【 외 】

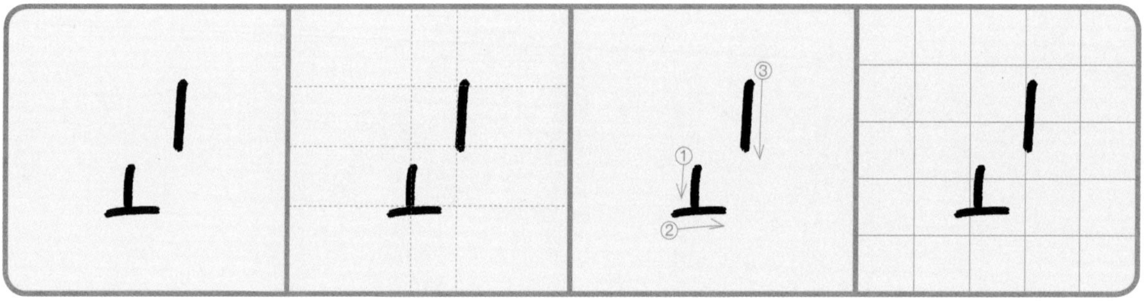

[쓰는 방법]

- ①은 세로로 쭉 내려준다.
- ②는 ①이 가운데 오도록 가로로 반듯하게 그려준다.
- ③은 ①보다 더 위쪽에서 세로로 쭉 내려준다.

[Point]

- ③은 첫 자음보다 좀 더 길게 그려준다.

참고 글씨

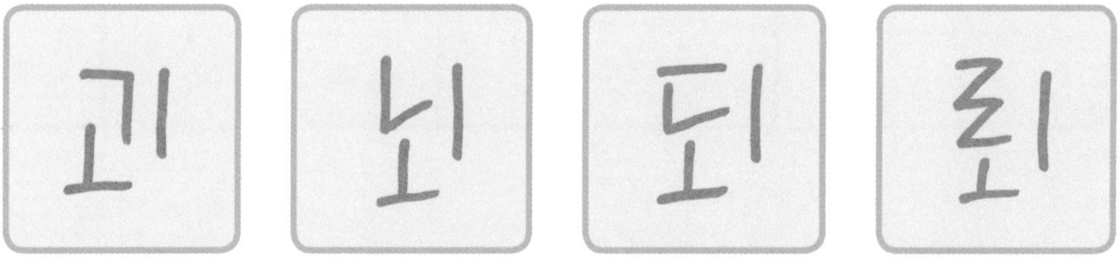

[연습하기]

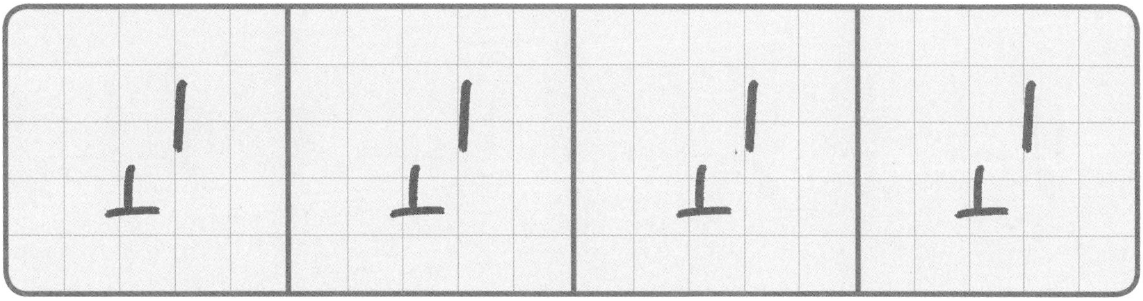

【 요(첫 번째 방법) 】

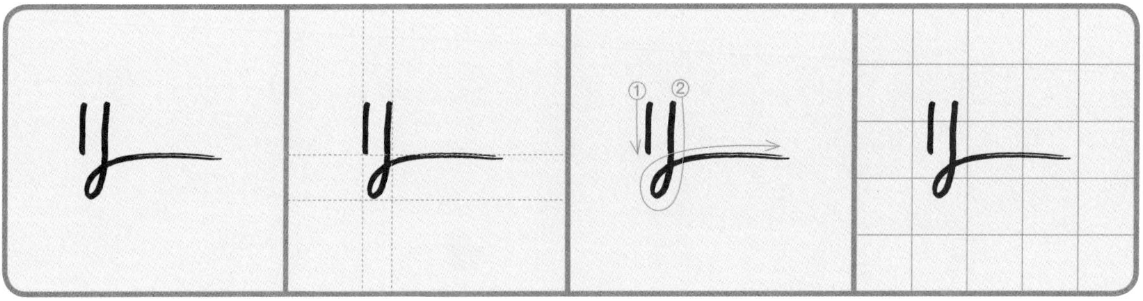

[쓰는 방법]

- ①은 세로로 쭉 내려준다.
- ②는 ①의 시작 지점과 동일한 높이에서 ①보다 더 길게 세로로 쭉 내리다가 기다란 원을 그린다는 느낌으로 돌려서 끝을 오른쪽으로 빼준다.

[Point]

- 자음 중에서 '비읍' 쓰기와 비슷한데 끝을 위가 아니라 옆으로 빼주는 것이라 생각하면 쉽다.

참고 글씨

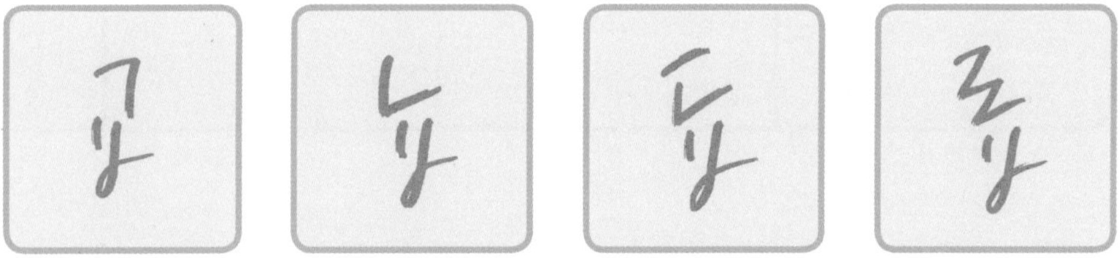

[연습하기]

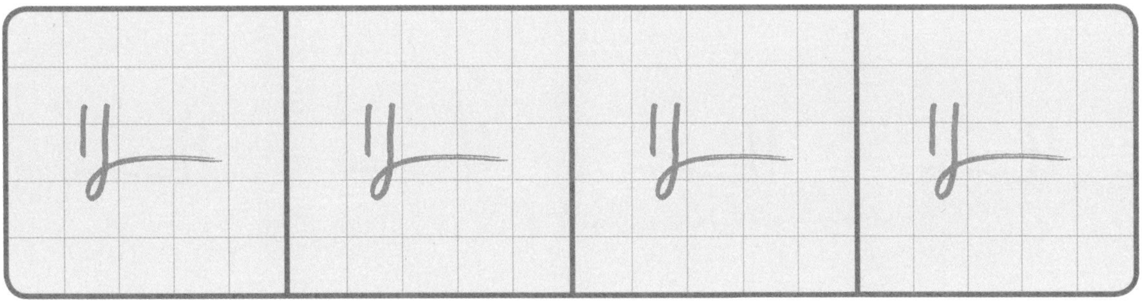

【 요(두 번째 방법) 】

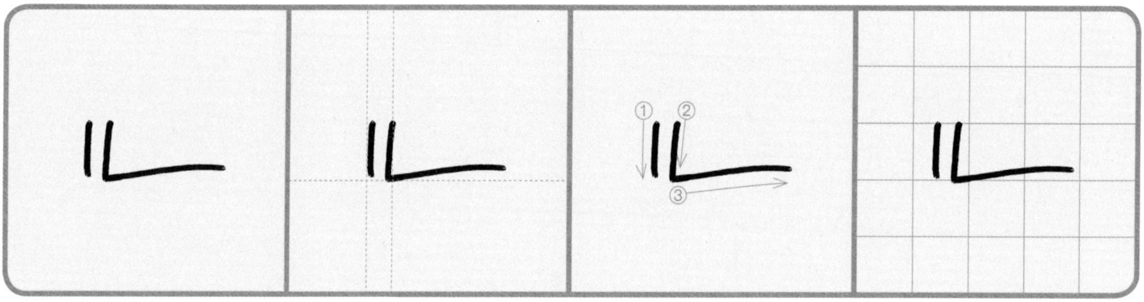

[쓰는 방법]

- ①은 세로로 쭉 내려준다.
- ②는 ①과 가까운 위치에 같은 길이로 그려준다.
- ③은 끝을 위로 살짝 올려 길게 빼준다.

참고 글씨

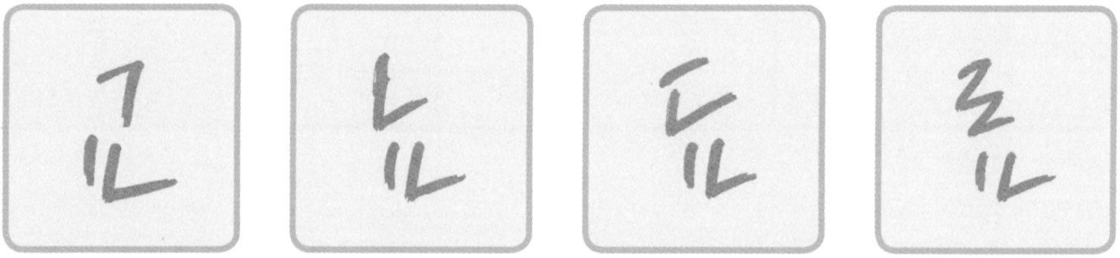

[연습하기]

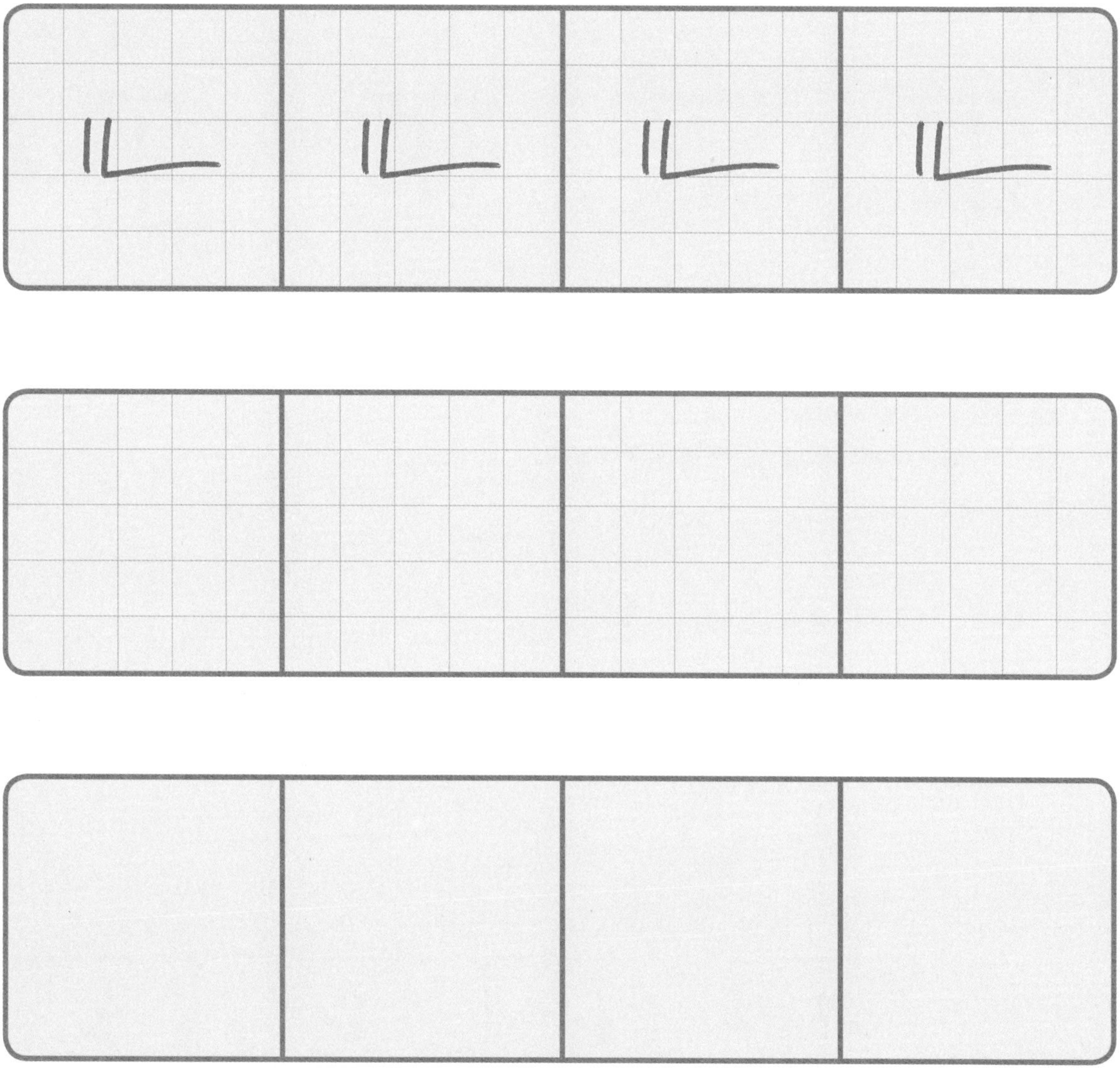

【 우 】

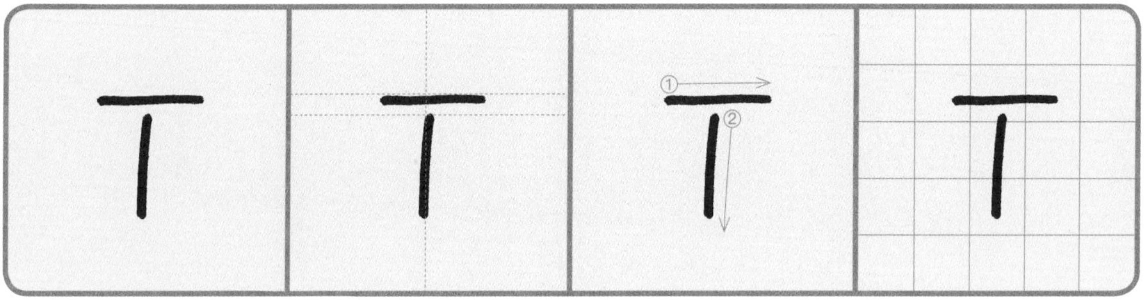

[쓰는 방법]

- ①은 가로로 반듯하게 그려준다.
- ②는 ①의 가운데 부분에서 공간을 띄운 뒤 세로로 쭉 내려준다.

참고 글씨

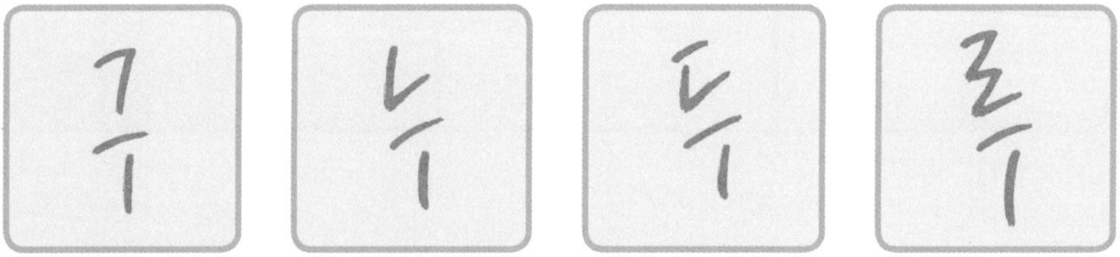

[연습하기]

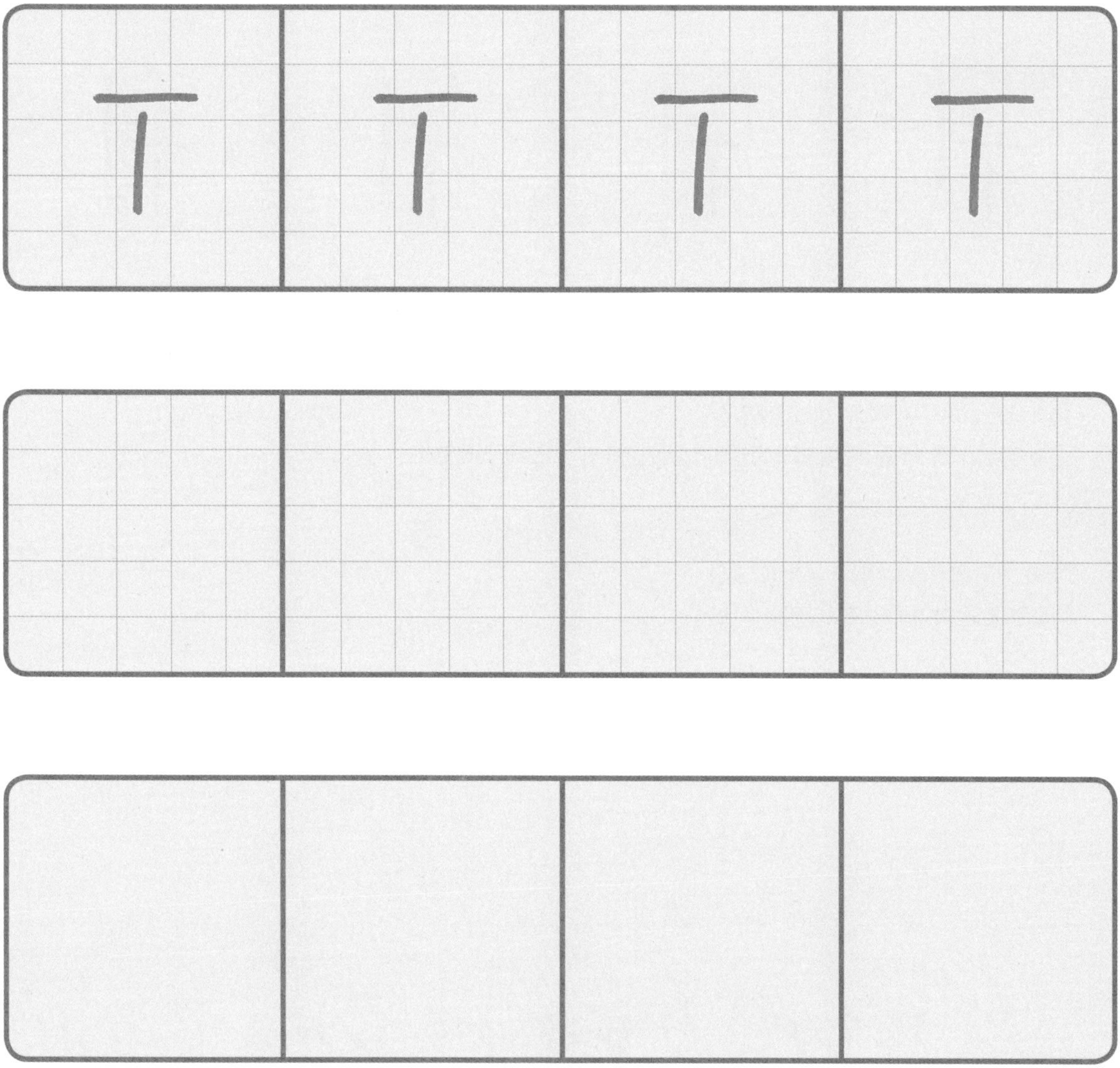

【 워 】

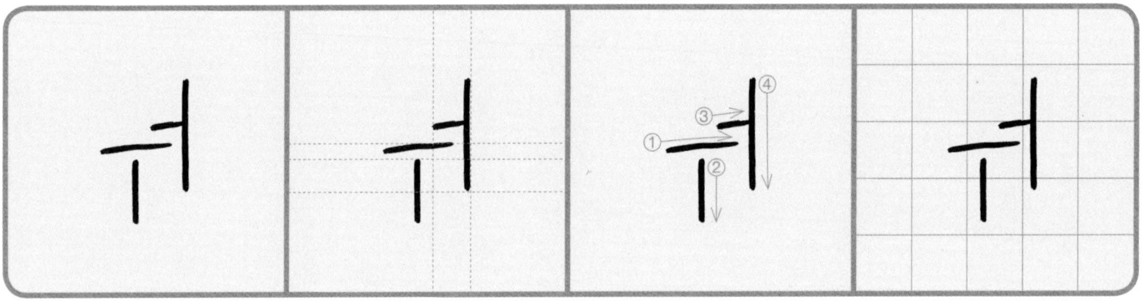

[쓰는 방법]

- ①과 ②는 276쪽 '우'를 쓰는 방법과 동일하다.
- ③과 ④는 252쪽 '어'를 쓰는 방법과 동일하되 ③이 ①의 위에 오도록 그려준다.

[Point]

- '우'와 '어'가 합쳐진 것이라고 생각하면 쉽다.
- 비율은 '우'와 '어'가 1:1 정도로 그린다.

참고 글씨

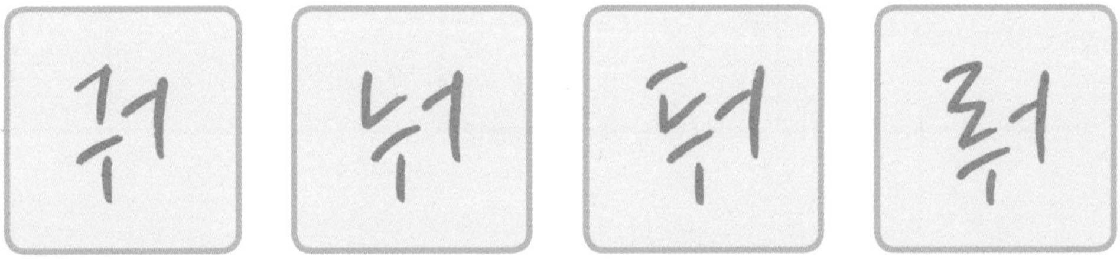

[연습하기]

귀 귀 귀 귀

【 웨 】

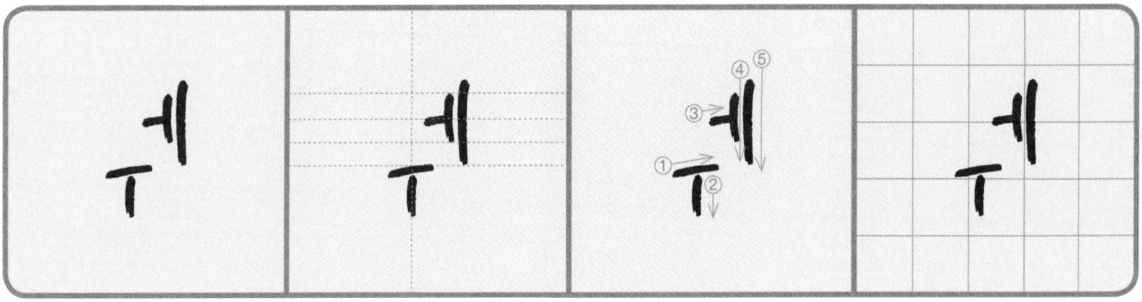

[쓰는 방법]

- ①과 ②는 276쪽 '우'를 쓰는 방법과 동일하다.
- ③, ④, ⑤는 254쪽 '에'를 쓰는 방법과 동일하되 ①의 위에 오도록 그려준다.

[Point]

- '우'와 '에'가 합쳐진 형태라고 생각하면 쉽다.
- 비율은 '우'와 '에'가 1:1 정도로 그린다.

참고 글씨

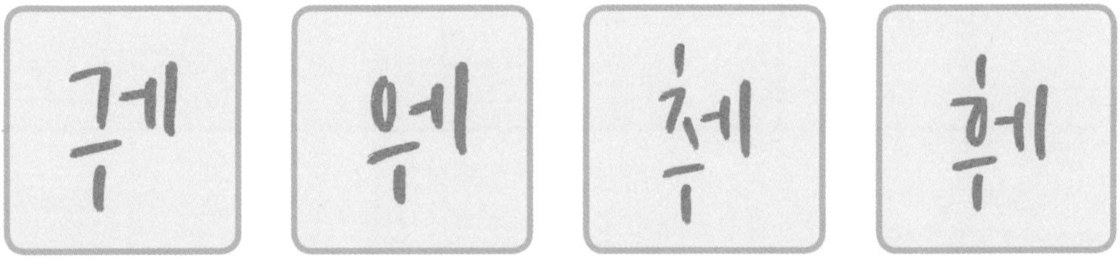

[연습하기]

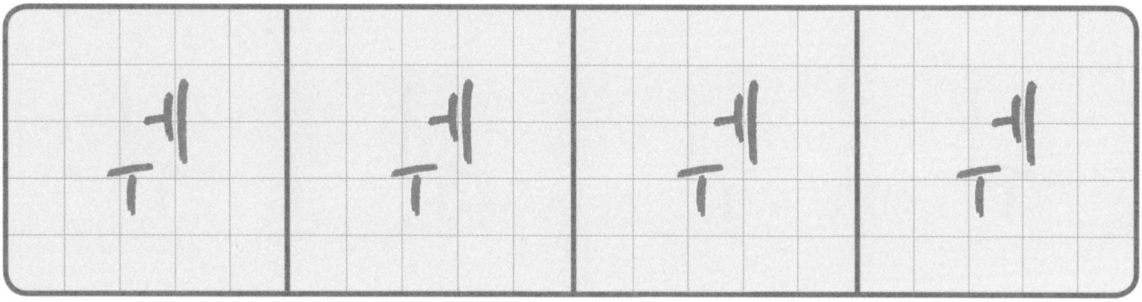

【 위 】

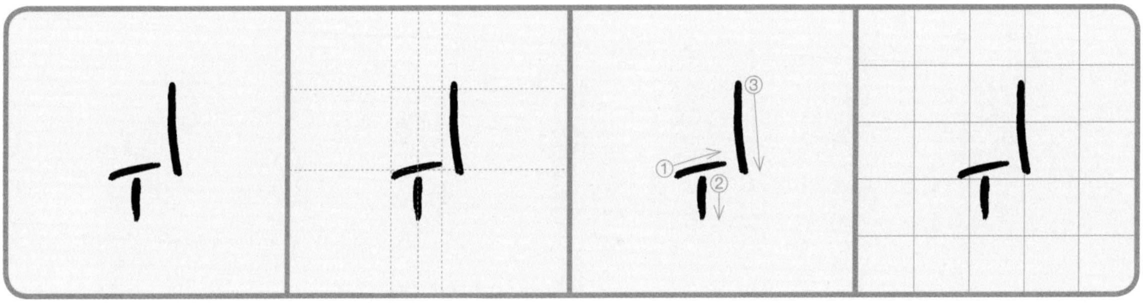

[쓰는 방법]

- ①과 ②는 276쪽 '우'를 쓰는 방법과 동일하다.
- ③은 세로로 쭉 내려주되 ①과 닿지 않게 그 높이까지 그려준다.

참고 글씨

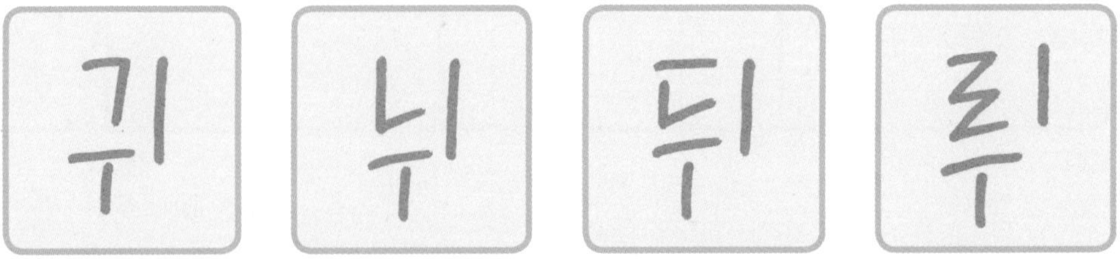

[연습하기]

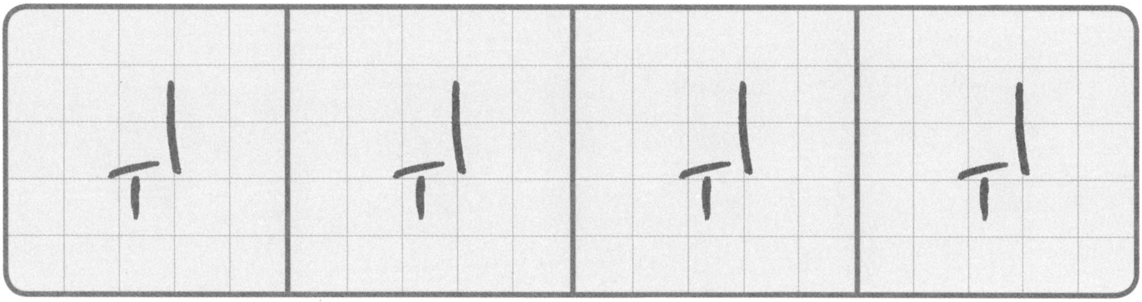

【 유 】

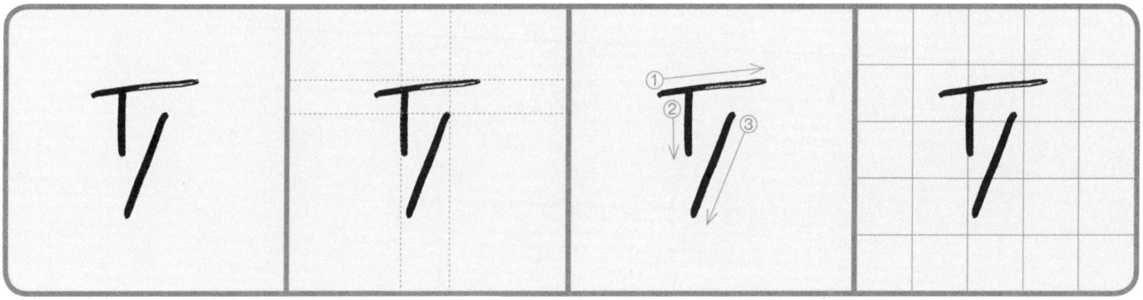

[쓰는 방법]

- ①은 가로로 반듯하게 그려준다.
- ②는 ①의 3분의 1 지점에서 세로로 쭉 내려준다.
- ③은 ①의 3분의 2 지점에서 약간 공간을 띄운 뒤 45도 정도 사선으로 내려준다.

참고 글씨

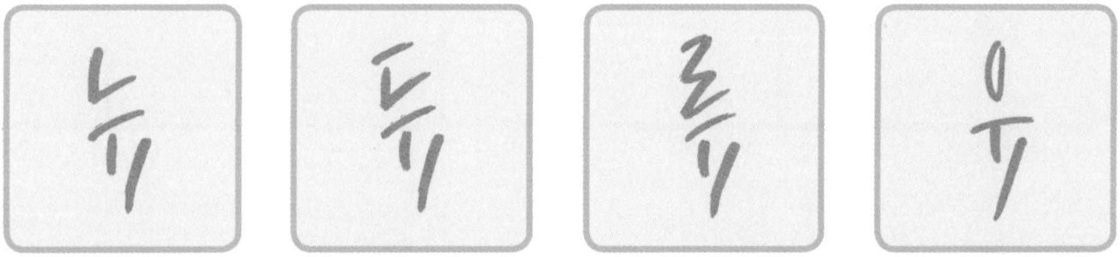

[연습하기]

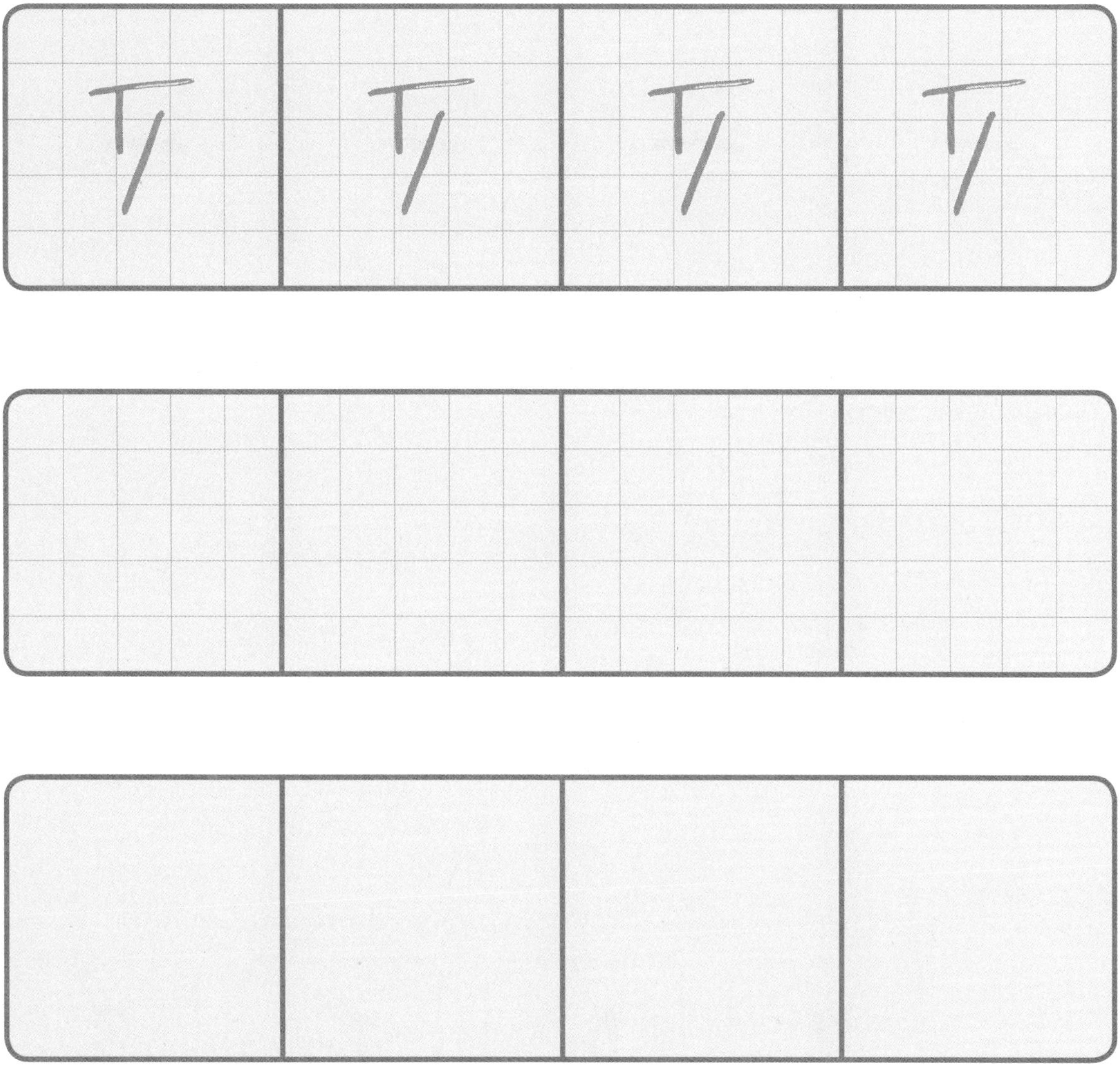

【 으 】

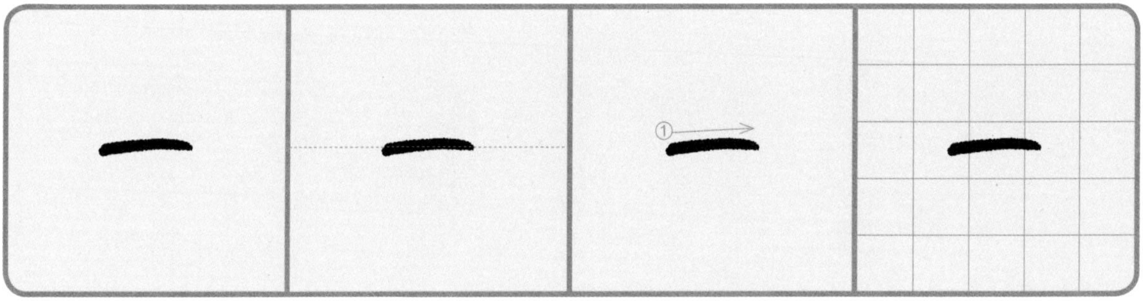

[쓰는 방법]

- 가로로 반듯하게 그려준다.

참고 글씨

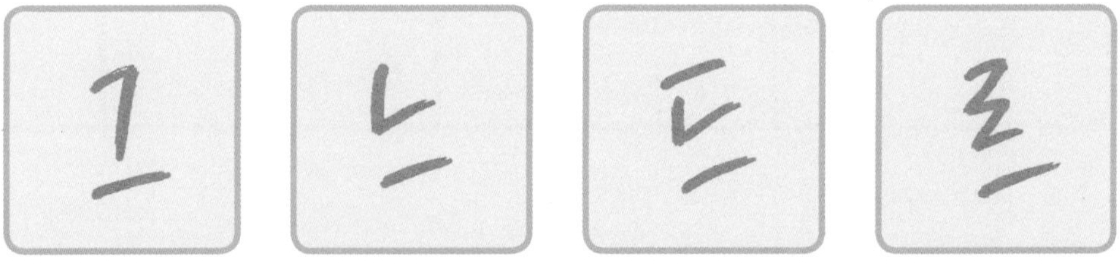

[연습하기]

【 의 】

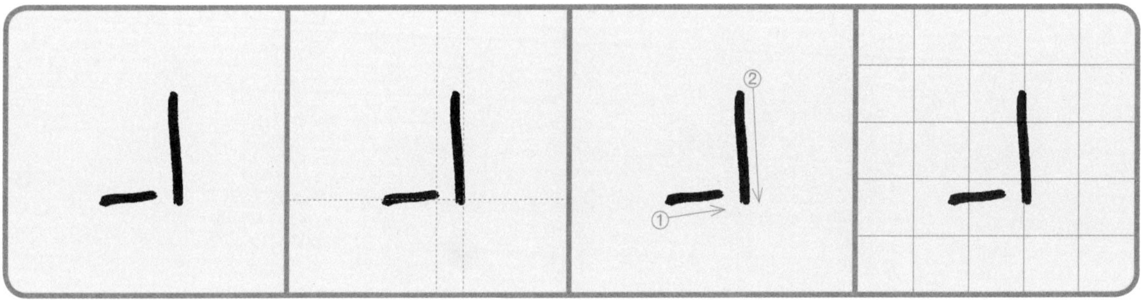

[쓰는 방법]

- ①은 가로로 반듯하게 그려준다.
- ②는 세로로 쭉 내려주되 ①과 닿지 않게 그 높이까지 그려준다.

[Point]

- 첫 자음이 ①의 가운데에 위치할 수 있도록 한다.

참고 글씨

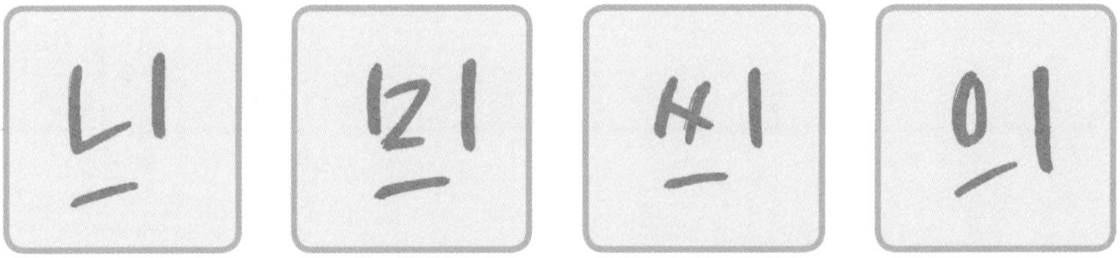

[연습하기]

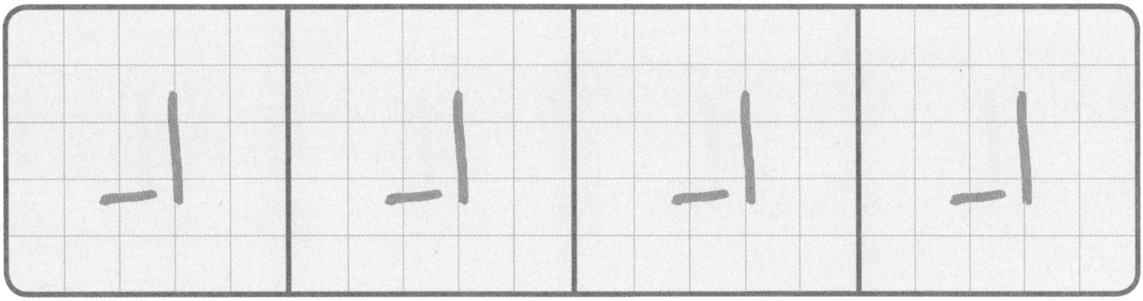

【 이 】

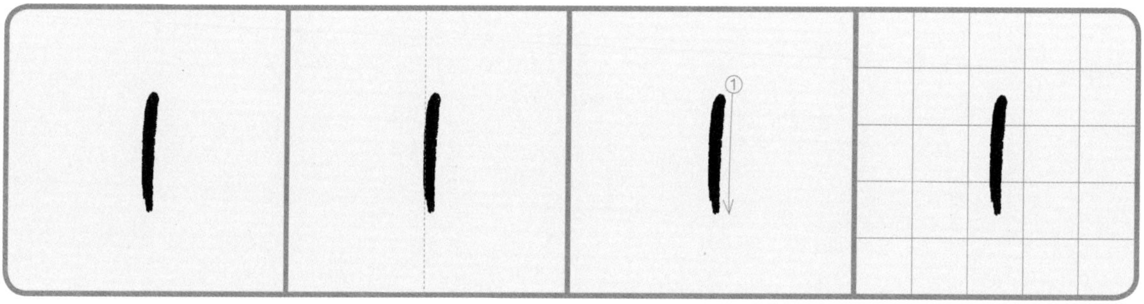

[쓰는 방법]

- 세로로 쭉 내려준다.

[Point]

- ①은 첫 자음의 길이 정도로 그린다.

참고 글씨

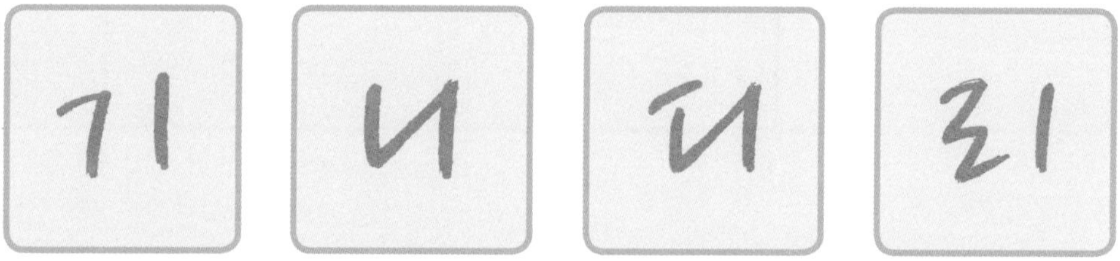

[연습하기]

자음과 모음 함께 쓰기

지루한 자음 쓰기, 모음 쓰기를 해냈다면
이제 자음과 모음을 함께 써볼 차례이다.
나 역시 처음 캘리그라피를 배울 때, 이 시간이 가장 기다려지고 떨렸다.

물론 생각했던 것만큼 글씨가 안 예뻐보일 수도 있다.
지금 잘하고 있는 것인가 의심이 들 수도 있다.

그래도 꾸준하게 선을 그리고 자음과 모음을 써보았다면
글자를 재미있게 표현해볼 수 있을 것이다.

연습을 게을리 하면 어느 순간
본인이 가지고 있는 글씨체가 불쑥불쑥 나오므로
천천히 한 글자 한 글자 정성을 다해 써보자.

기역+모음

구구단	구구단	구구단
고드름	고드름	고드름
각시탈	각시탈	각시탈
고맙습니다	고맙습니다	고맙습니다

쌍기역+모음

꿈꾸는 당신	꿈꾸는 당신	꿈꾸는 당신
꽃다운 그대	꽃다운 그대	꽃다운 그대
꿀단지	꿀단지	꿀단지
꺽쇠	꺽쇠	꺽쇠

【 니은+모음 】

날마다	날마다	날마다
내일할일	내일할일	내일할일
너랑나랑	너랑나랑	너랑나랑
노란색	노란색	노란색

디귿+모음

달리기	달리기	달리기
덥다	덥다	덥다
다 잘될거야	다 잘될거야	다 잘될거야
돌아와	돌아와	돌아와

【 쌍디귿+모음 】

뚜벅뚜벅	뚜벅뚜벅	뚜벅뚜벅
또다시	또다시	또다시
뜨거워요?	뜨거워요?	뜨거워요?
때리지마세요	때리지마세요	때리지마세요

리을+모음

랄랄라	랄랄라	랄랄라
룰루랄라	룰루랄라	룰루랄라
레코드	레코드	레코드
로맨스	로맨스	로맨스

【 미음+모음 】

마음	마음	마음
머리	머리	머리
몰라	몰라	몰라
무식	무식	무식

비읍+모음

배추	배추	배추
불다	불다	불다
보고싶어	보고싶어	보고싶어
빗소리	빗소리	빗소리

쌍비읍+모음

뿌리	뿌리	뿌리
뺄셈	뺄셈	뺄셈
빵	빵	빵
뽀뽀	뽀뽀	뽀뽀

시옷+모음

사랑	사랑	사랑
선생님	선생님	선생님
생일	생일	생일
수능대박	수능대박	수능대박

【 쌍시옷+모음 】

쓰리랑카	쓰리랑카	쓰리랑카
쌩쌩하다	쌩쌩하다	쌩쌩하다
쌀	쌀	쌀
쓰다	쓰다	쓰다

【 이응+모음 】

잉어	잉어	잉어
음악	음악	음악
응애 응애	응애 응애	응애 응애
유럽여행	유럽여행	유럽여행

지읒+모음

제주	제주	제주
진주	진주	진주
좋아요	좋아요	좋아요
진심이야	진심이야	진심이야

【 쌍지읒+모음 】

짱	짱	짱
짜장면	짜장면	짜장면
쨉	쨉	쨉
쫄면	쫄면	쫄면

【 치읓+모음 】

챔피온	챔피온	챔피온
출출	출출	출출
채소	채소	채소
철원	철원	철원

【 키읔+모음 】

코스모스	코스모스	코스모스
콧구멍	콧구멍	콧구멍
캐모마일	캐모마일	캐모마일
쿠바	쿠바	쿠바

【 티읕+모음 】

토요일	토요일	토요일
툴툴	툴툴	툴툴
트라우마	트라우마	트라우마
태극기	태극기	태극기

피읖+모음

포도	포도	포도
푸르다	푸르다	푸르다
풋사과	풋사과	풋사과
패밀리	패밀리	패밀리

히읗+모음

홀수	홀수	홀수
힘	힘	힘
헐	헐	헐
했다	했다	했다

【 모음+쌍받침 】

뚫어져라	뚫어져라	뚫어져라
태어났어요	태어났어요	태어났어요
괜찮아요	괜찮아요	괜찮아요
짊어지다	짊어지다	짊어지다

글씨가 예뻐지는 TIP

'비읍'이나 '히읗' 등의 자음은
어떤 모음과 함께 하는지에 따라서
획을 처리하는 방법이 모두 다르다.

작은 디테일 하나로 글씨의 느낌이 확 달라지고
좀 더 예쁘게 글씨를 표현할 수 있다.

가끔 초보자들이 자주 범하는 실수도
함께 언급하였으니 유의해서 살펴보자.

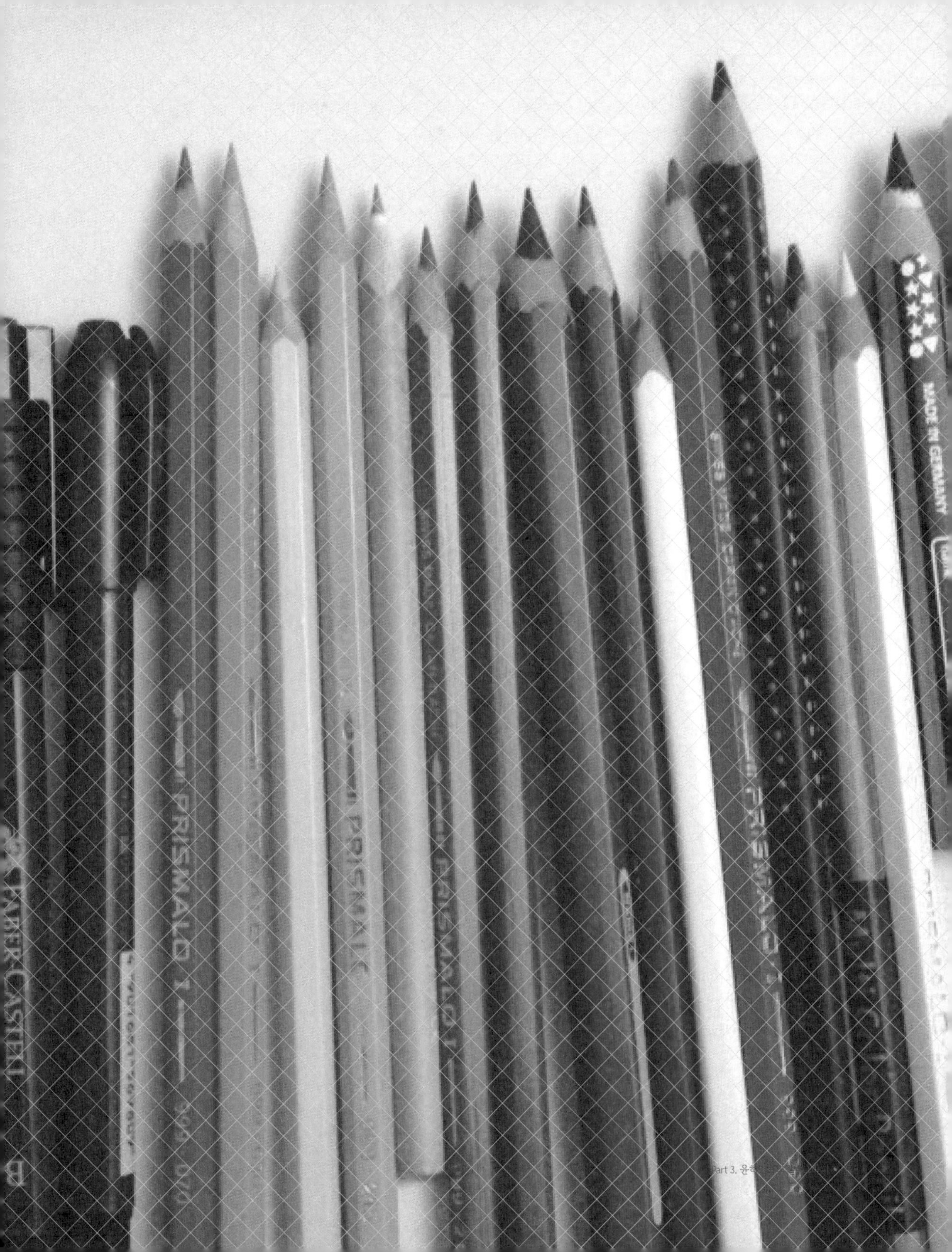
FABER-CASTELL
PRISMALO I
PRISMALO
PRISMALO
PRISMALO I
PRISMALO
MADE IN GERMANY

이어 쓰기

니 나 디 노 도 대

'니은'이나 '디귿'의 경우 모음 '이' '아' '오' '애'와 함께 쓸 때는 자음과 모음을 쭉 이어 써본다.
그러면 글씨가 더 자연스럽고 예뻐진다.

참고 글씨

날마다 니가 웃으면 나도 좋아

노래 도라지꽃 대한민국

[연습하기]

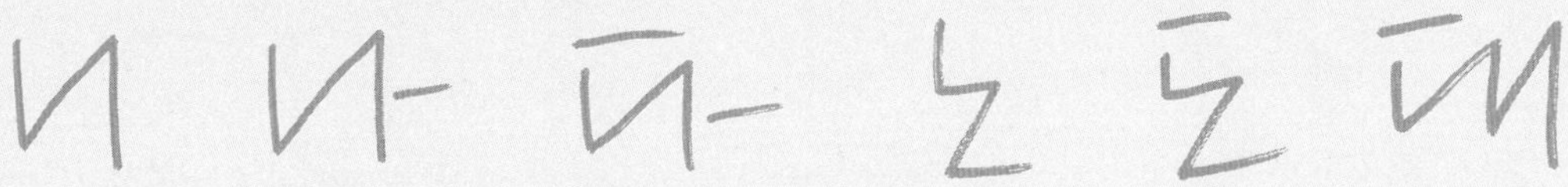

【 획을 활용하기 】

'비읍'의 마지막 획을 모음의 획으로 활용해볼 수 있다. 예를 들어 '어' '여' '에' '예'와 같이 안쪽 획이 있는 모음과 함께 쓸 때는 자연스럽게 연결해서 써본다.

'히읗' 쓰기의 두 번째 방법에서 마지막 획을 모음의 획으로 활용해볼 수 있다. '비읍'과 마찬가지 모음 '어' '여' '에' '예'와 같이 쓸 때 시도해본다.

참고 글씨

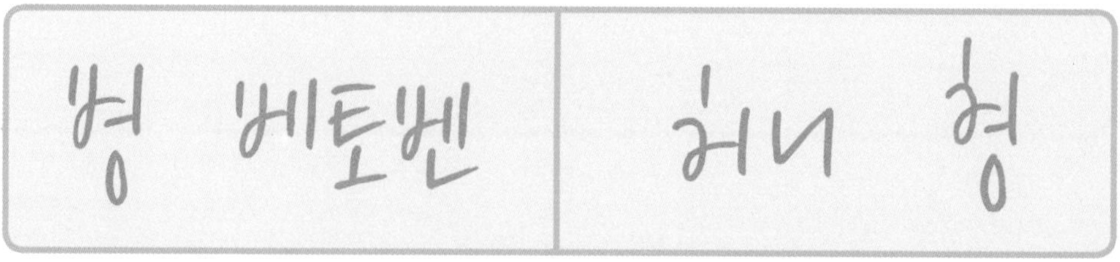

[연습하기]

벌	벌	헐	헐

【 글씨는 길쭉길쭉 】

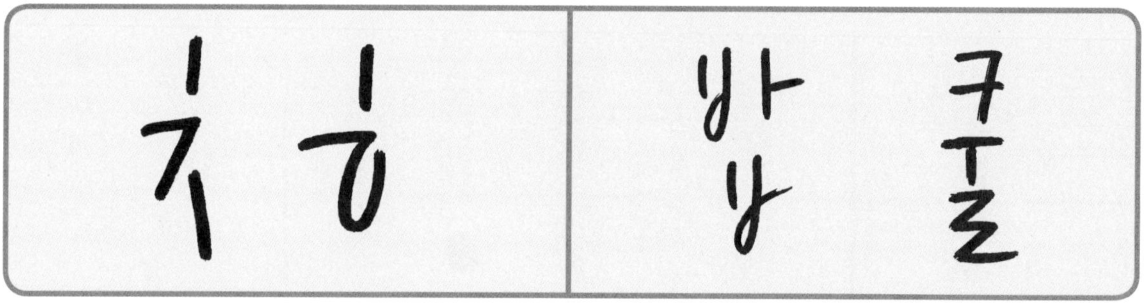

치읓, 히읗 등 첫 획을 위에서부터 그려주는 글자들은 곧게 세워서 표현한다.

캘리그라피는 가로로 뚱뚱한 글씨보다 길쭉길쭉 날씬한 느낌으로 표현하는 게 좋다. 따라서 세로선들은 길고도 반듯하게 써준다.

참고 글씨

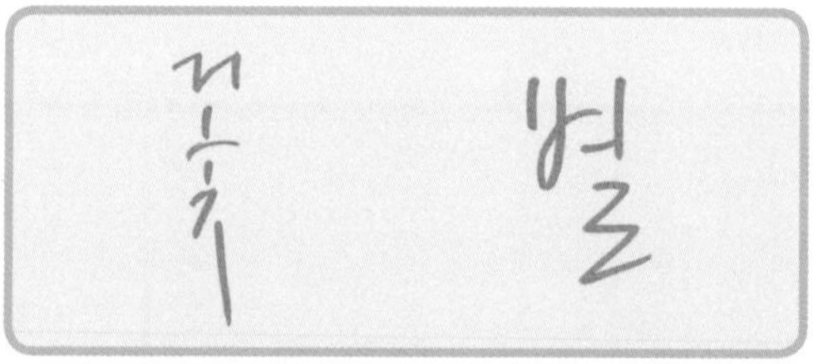

NG 글씨

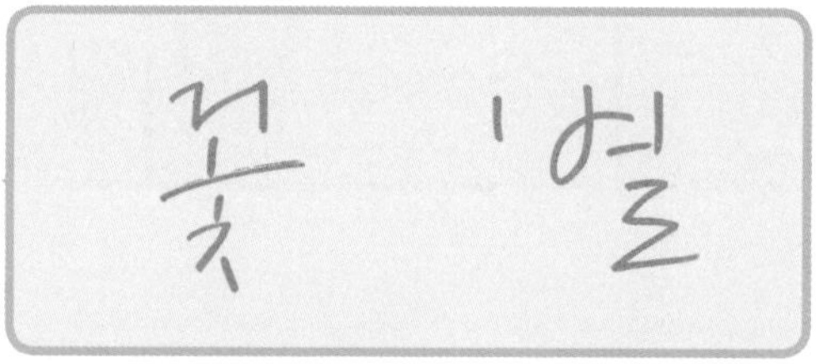

[연습하기]

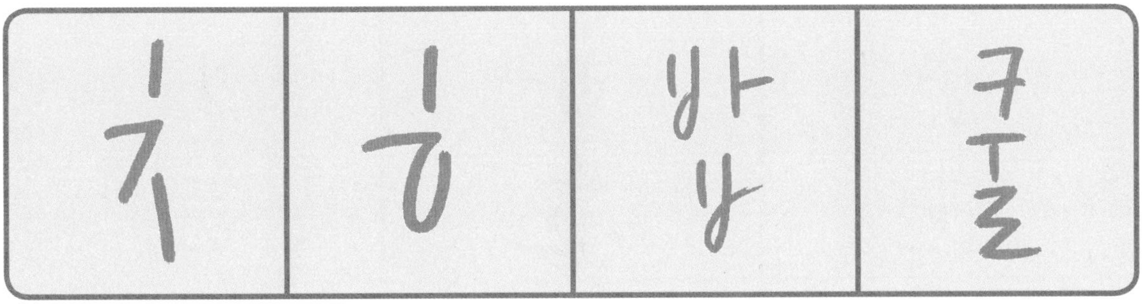

비율은 균등하게

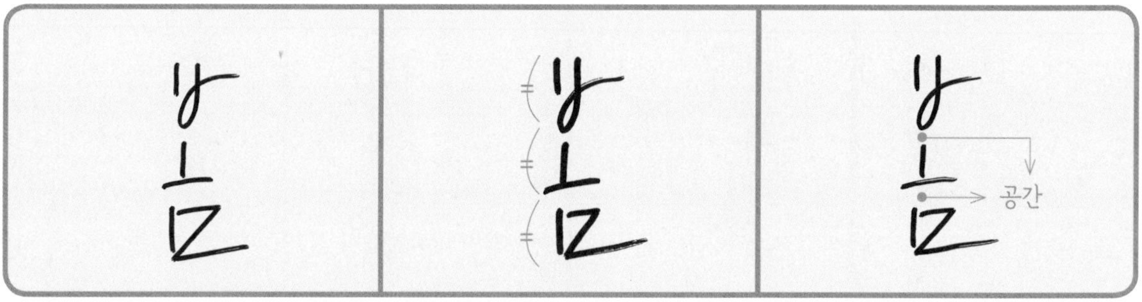

'자음+모음+자음'으로 표현되는 글자에서 첫 자음이나 마지막 자음이 지나치게 크지 않도록 균등한 비율로 쓰도록 한다.

'봄'이란 글씨를 예로 들자면 자음:모음:자음=1:1:1 비율이 되도록 신경을 쓴다.

자음과 모음을 딱 붙여서 쓰지 않고 적당한 공간을 두고 글씨를 써야 좀 더 예쁘다.

참고 글씨

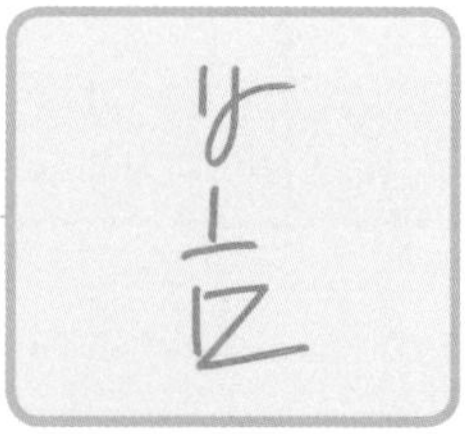

NG 글씨

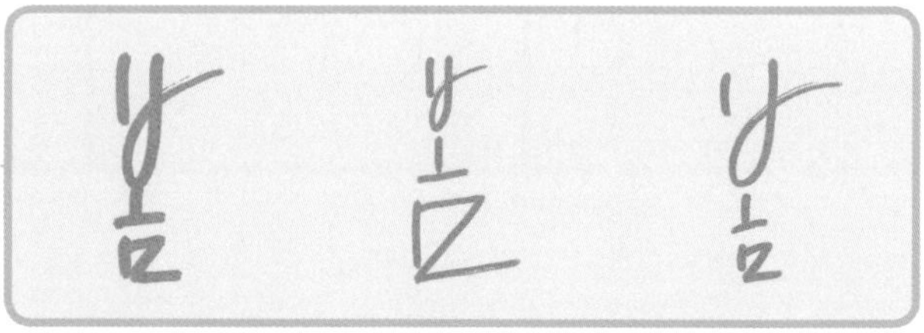

[연습하기]

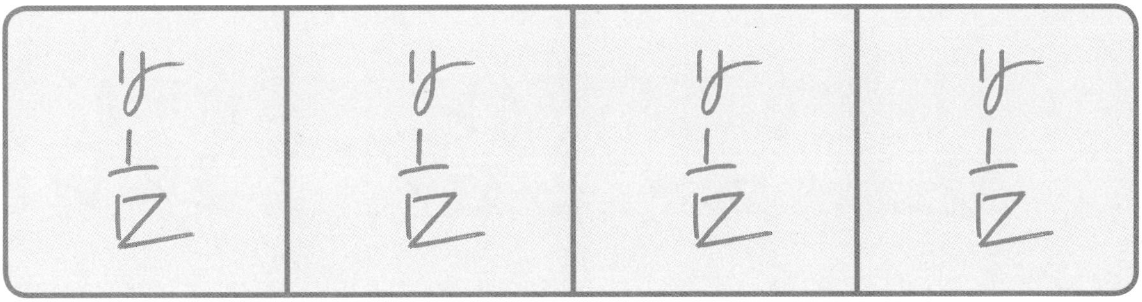

【 받침은 가운데에 】

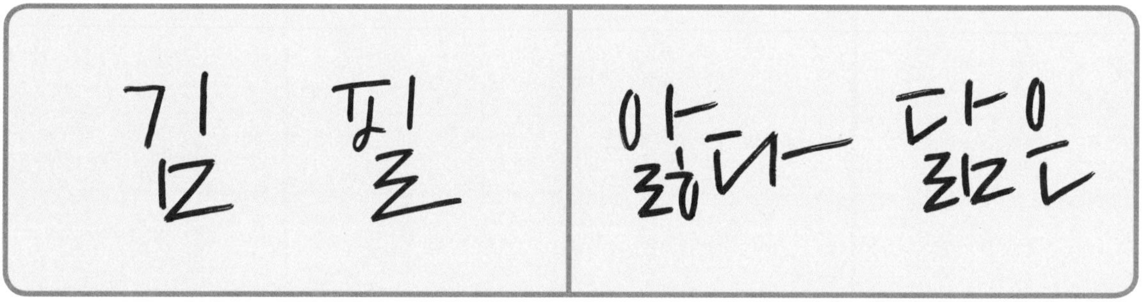

받침은 첫 번째 자음과 모음 가운데에 올 수 있도록 공간을 적절하게 유지한다.

쌍받침이 올 경우에는 자음과 모음의 공간을 좀 더 띄우도록 한다. 그래야 두 개의 쌍받침이 가운데에 올 수 있다.

참고 글씨

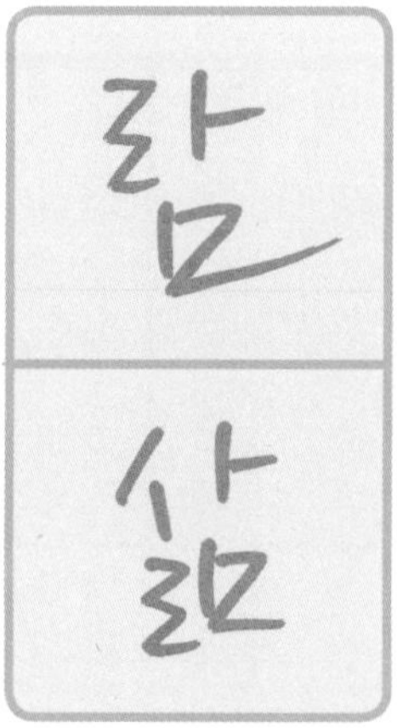

NG 글씨

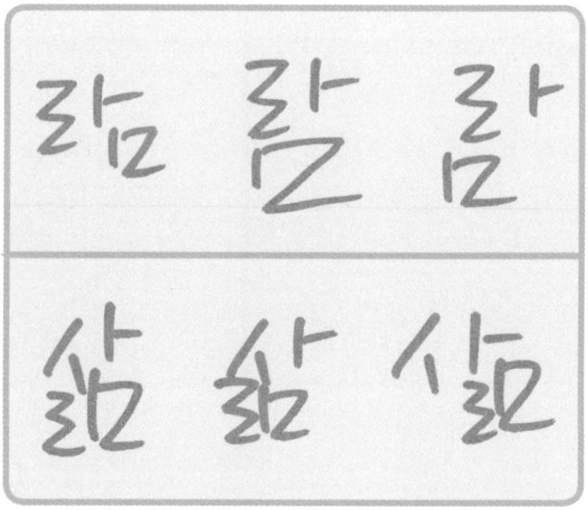

[연습하기]

길	필	앓다	닮은

【 마침표보다는 획을 뽑아내기 】

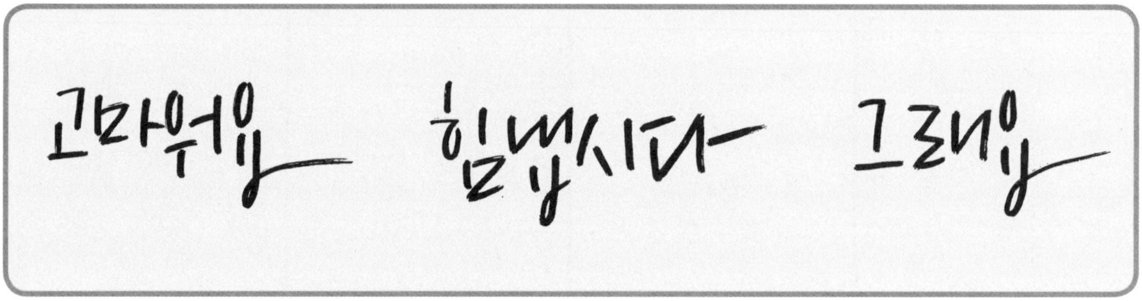

마지막 단어나 문장에 마침표를 찍어야 할 경우 마침표보다는 획을 뽑아내어 여운을 주는 게 좋다.

단, 획이 너무 인위적이지 않게 자연스럽게 뽑아낸다.

마침표 붙인 글씨

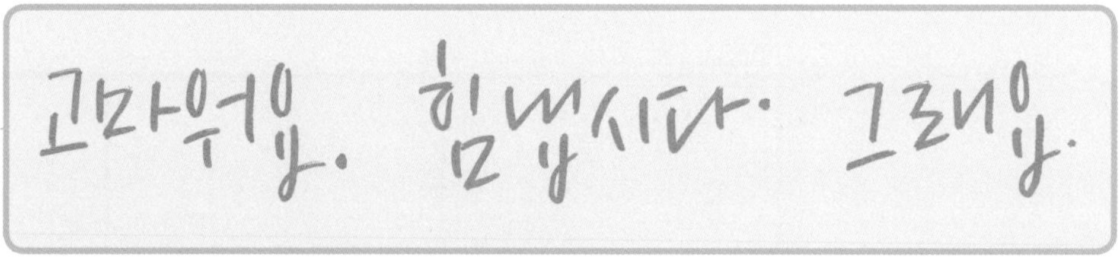

NG 글씨

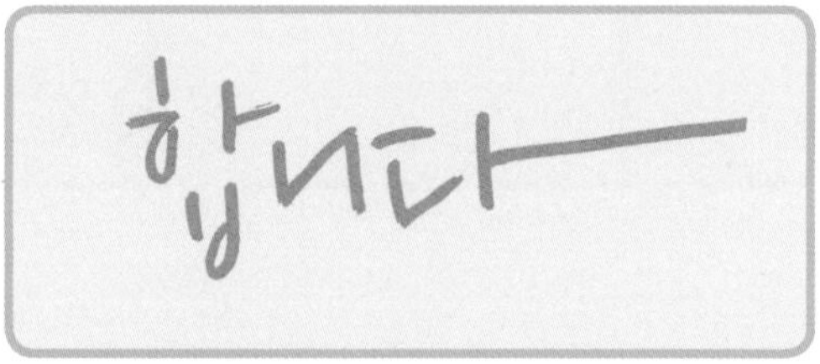

[연습하기]

고마워요			
힘냅시다			
그래요			

【 한 번만 꾸미기 】

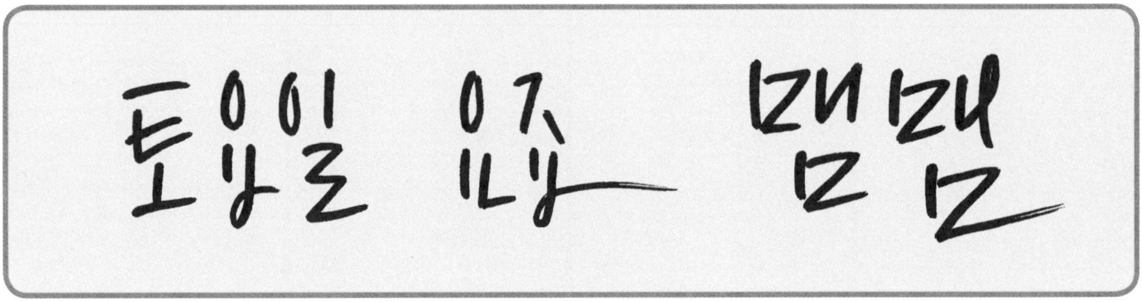

쓰는 방법이 여러 개인 자음, 모음이 있다. 자음에서는 '비읍'이나 '티읕', '피읖'이나 '히읗' 등, 모음에서는 '애'나 '요' 등.
그런데 단어에 따라서 반복이 될 때 같은 방법을 반복해서 쓰기보다 다른 방법을 겸해서 쓰도록 한다.
예를 들어 '토요일'에서 '오'를 반듯하게 썼다면 '요'는 돌려서 쓰는 식이다.
같은 방법을 반복해서 쓰면 가독성이 떨어질 뿐만 아니라 과하게 꾸몄다는 느낌을 준다.

NG 글씨

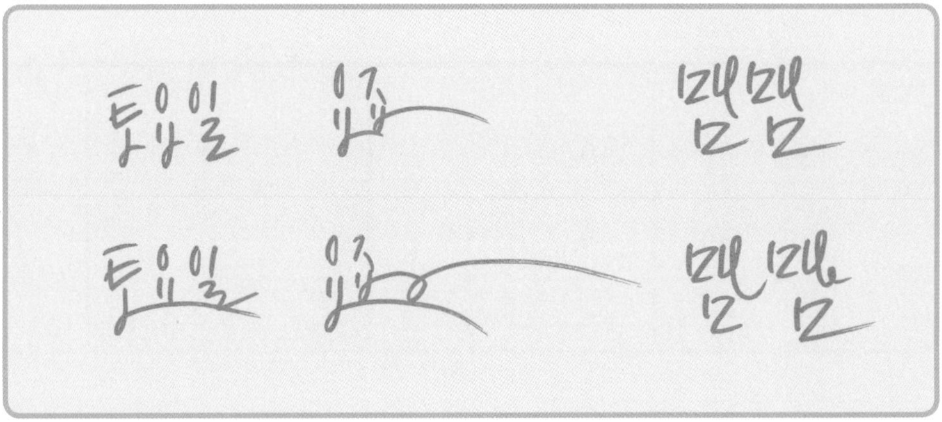

[연습하기]

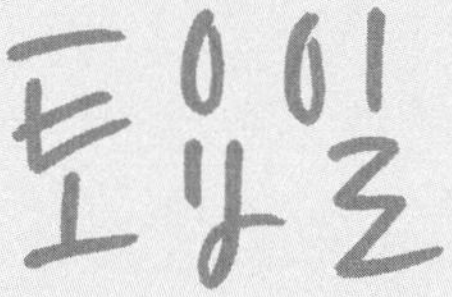

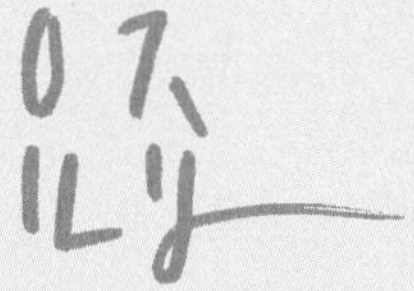

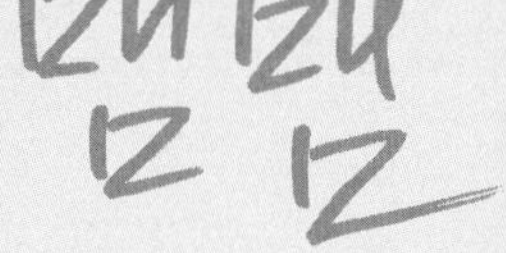

문장 쓰기

캘리그라피 강좌를 하고 나면 많은 분들이
어느 정도 글씨 쓰는 방법은 알겠는데
문장의 위치나 배열에 대해서 헷갈린다고 토로하곤 한다.

분명 쓰라는 대로 예쁘게 쓴 것 같은데
쓴 글씨가 뭔가 어색하게 느껴진다면
'문장 쓰기' 부분을 주목해보자.

문장의 높낮이 변화를 통해
캘리그라피가 가진 감성을 잘 표현할 수 있는 노하우를 알려준다.

무엇보다 꾸준히 연습이 중요하며
본인이 가장 좋아하는 문구 위주로 써보면 연습도 재미있을 것이다.

휘날려 써보기

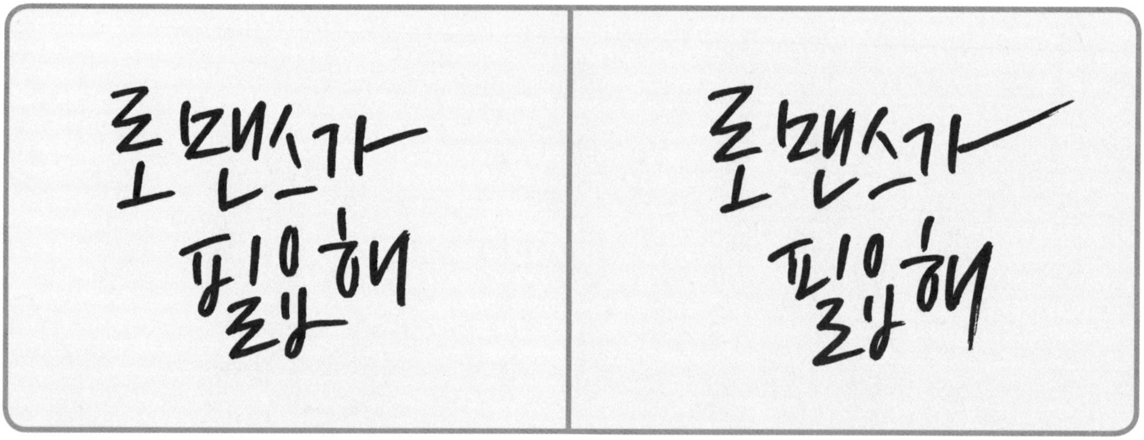

또박또박 정직하게 쓴 글씨도 충분히 예쁠 수 있다.

하지만 문장에 따라서 좀 더 휘날려 썼을 때 색다른 느낌으로 표현되기도 한다.

또박또박 쓴 글씨

참고 글씨

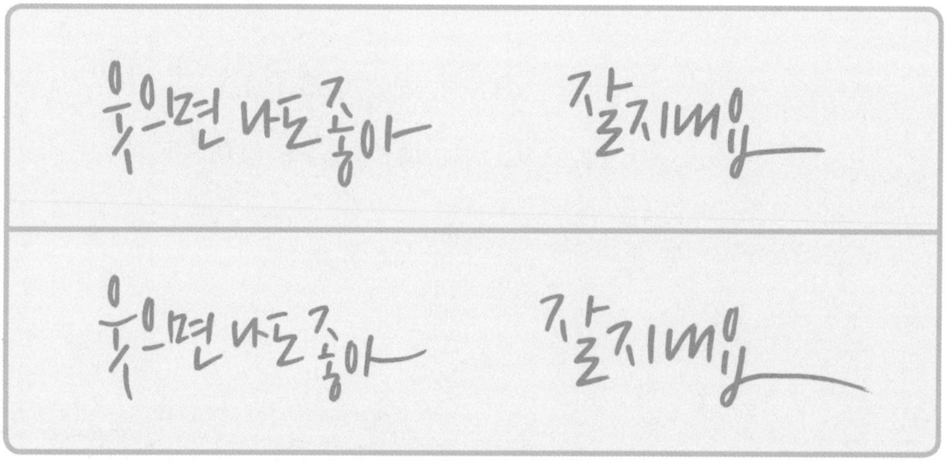

[연습하기]

로맨스가 필요해

로맨스가 필요해

글씨가 가진 분위기 살리기

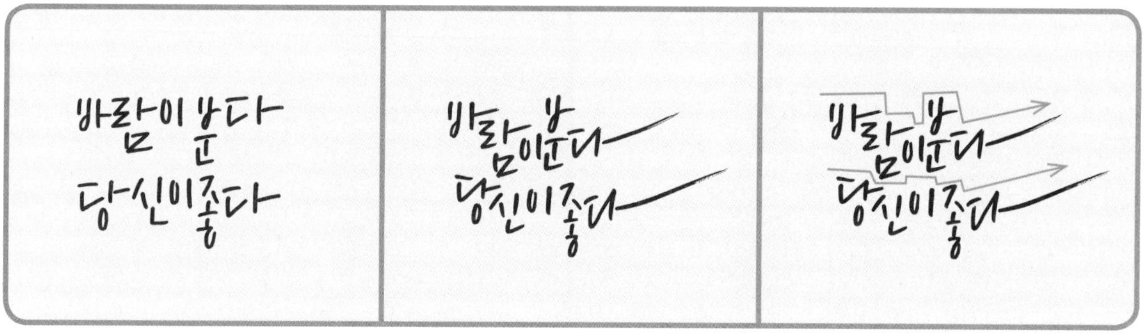

글씨 하나하나 집중해서 쓰면 이런 글씨가 나온다. 그런데 뭔가 어색한 느낌이 든다. 왜일까? 글씨가 가진 분위기를 글씨에 담지 않아서다.

이 문장의 경우 '바람'이라는 단어가 들어간다. 이 단어가 가진 느낌을 물씬 표현해본다. 마치 글씨에 바람이 불고 있는 듯이!

글자의 배열도 여백이 없도록 오밀조밀하게 쓰면 더 예쁜 글씨체의 문장이 완성된다.

순서 참고

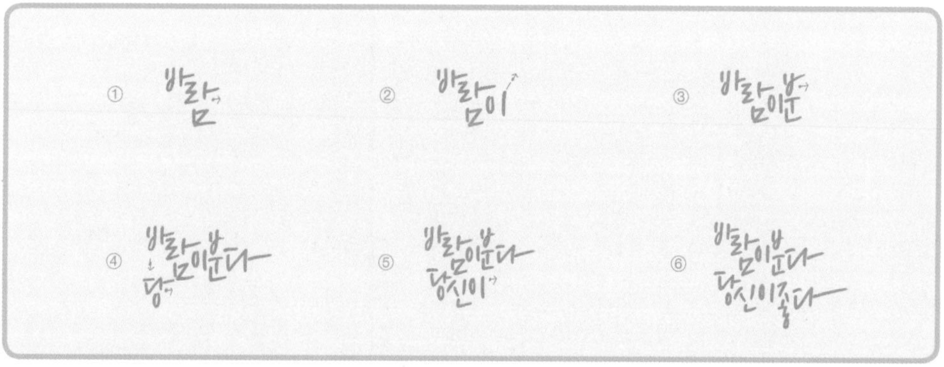

[연습하기]

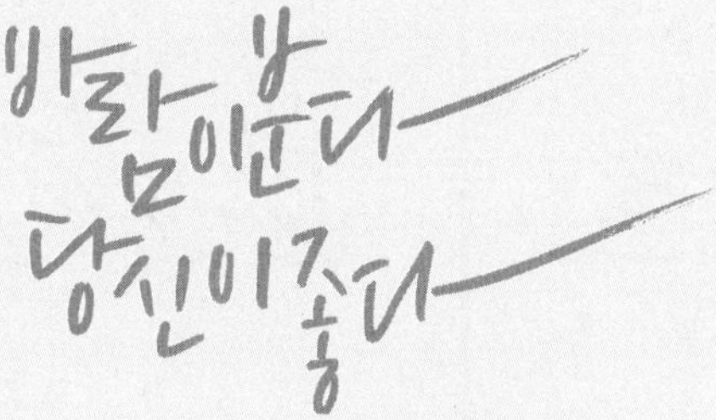

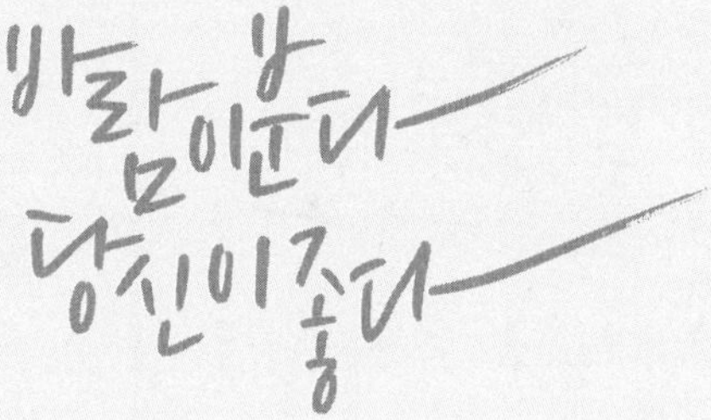

【 글씨의 포인트 찾기 】

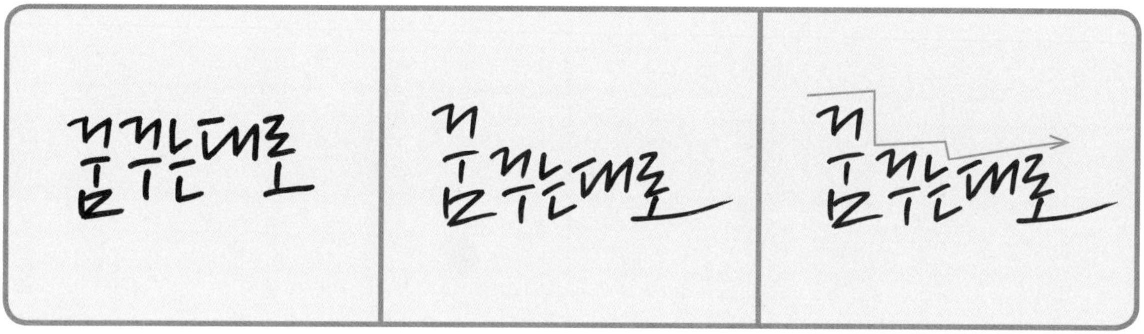

글씨 하나하나 집중해서 쓰면 이런 글씨가 나온다. 이 문장의 포인트를 찾아보자. 단연 '꿈'이다.

전체적으로 균등한 사이즈로 쓰기보다 포인트인 '꿈'을 좀 크게 써본다. 마지막 획도 쭉 빼보면 분위기를 한껏 살릴 수 있다.

글자의 배열도 포인트 글자부터 한 단계씩 줄여나가면 포인트는 더욱 눈에 잘 띄고, 더 예쁜 글씨로 보인다.

순서 참고

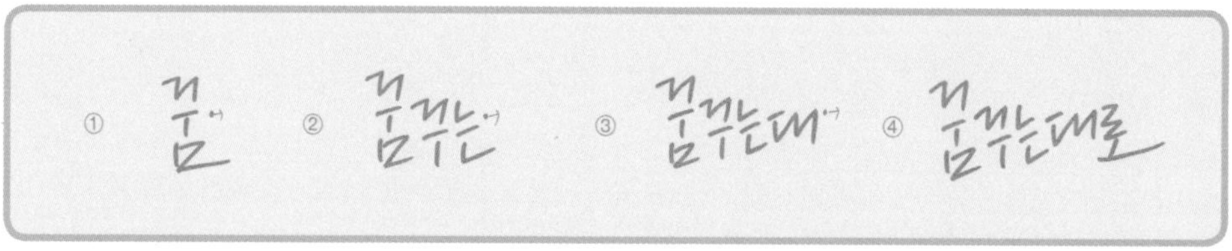

[연습하기]

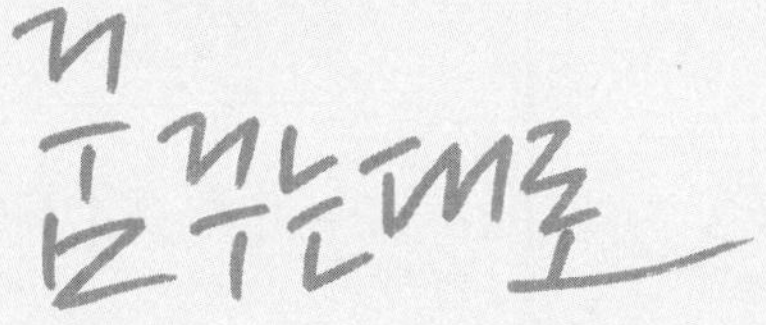

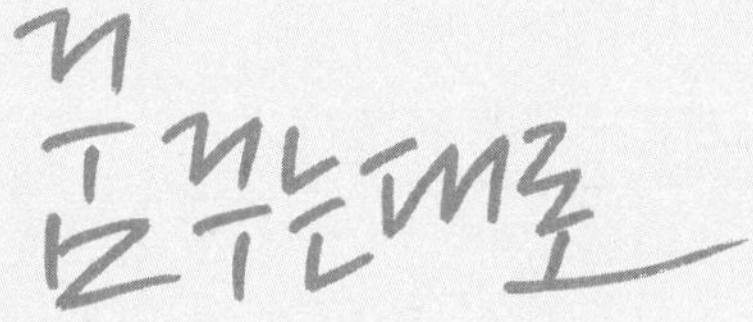

【 단을 나누기 】

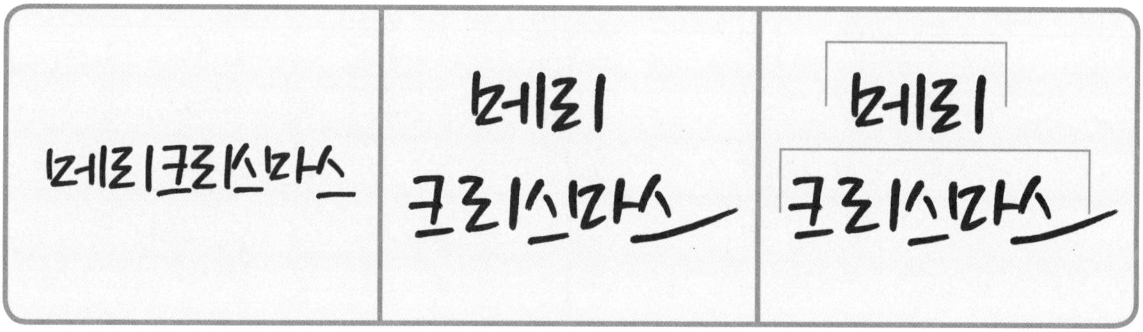

일반적으로 '메리 크리스마스'를 쭉 이어 써도 된다. 그런데 어쩐지 글자가 단박에 들어오지 않을 것이다.

단을 나눠보면 '메리 크리스마스'가 좀 더 한눈에 들어온다.

특히 나중에 트리나 케이크 그림을 함께 배치할 경우 단을 나누는 것이 이미지 만들기에 매우 좋다.

순서 참고

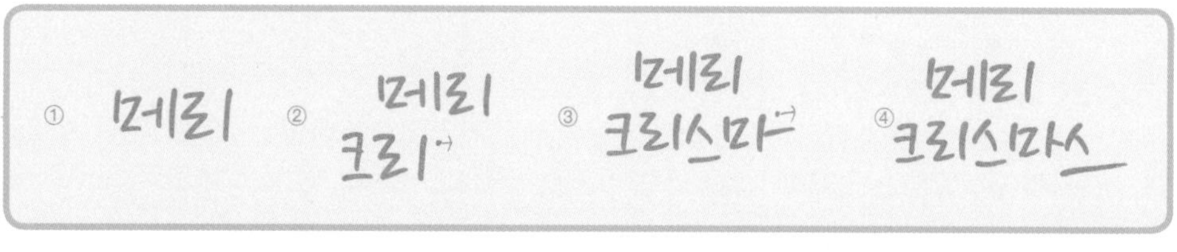

[연습하기]

메리 크리스마스	메리 크리스마스

【 긴 문장 쓰기 】

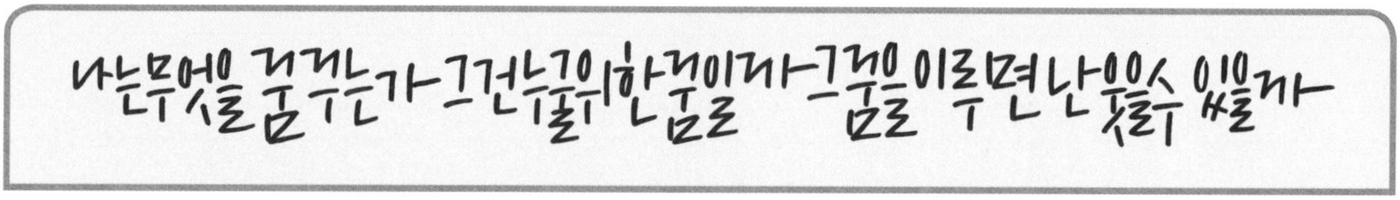

긴 문장을 이렇게 일자로 쭉 써놓고 난 뒤 읽으면 가독성이 조금 떨어진다.

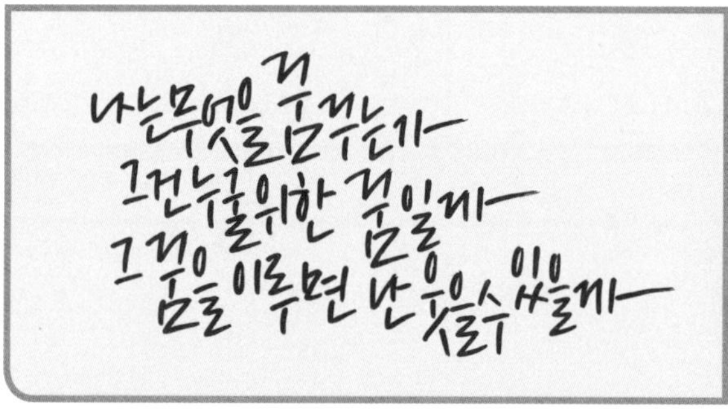

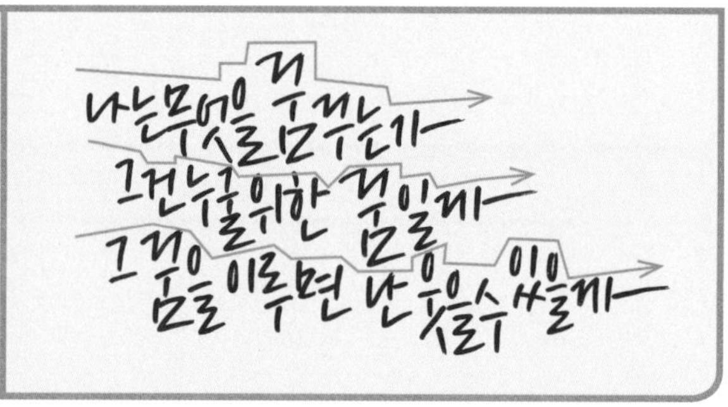

긴 문장일수록 오히려 오밀조밀하게 여백을 두지 않고 쓰는 게 더 예쁜 글씨로 보인다.

무엇보다 긴 문장 속에서도 포인트가 되는 단어는 좀 더 강약 조절을 하면 좋다. 위 문장의 경우 포인트는 '꿈'이 될 것이다.

순서 참고

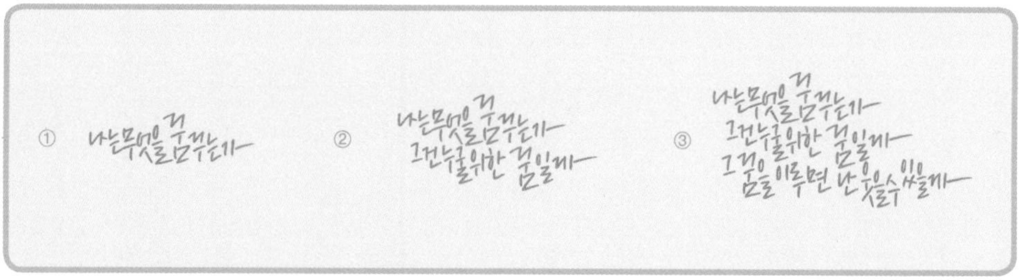

[연습하기]

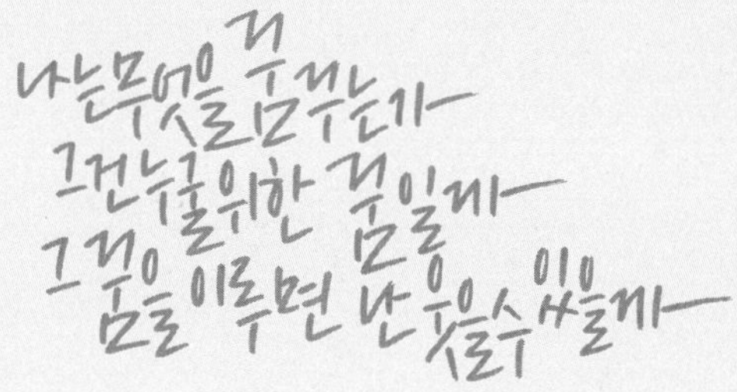
나는 무엇을 꿈꾸는가
그건 누굴 위한 꿈일까
그 꿈을 이루면 난 웃을 수 있을까

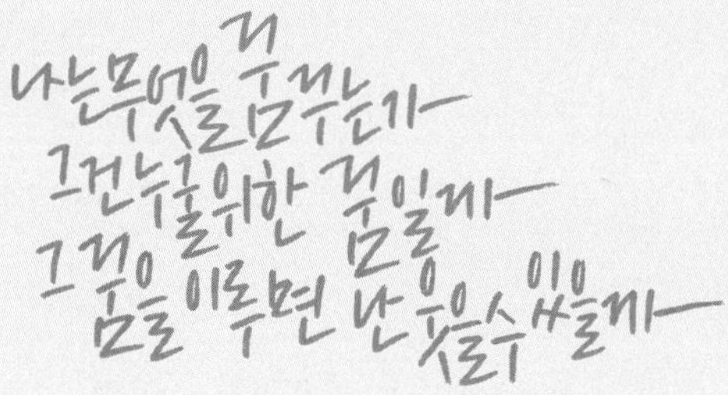
나는 무엇을 꿈꾸는가
그건 누굴 위한 꿈일까
그 꿈을 이루면 난 웃을 수 있을까

부록.

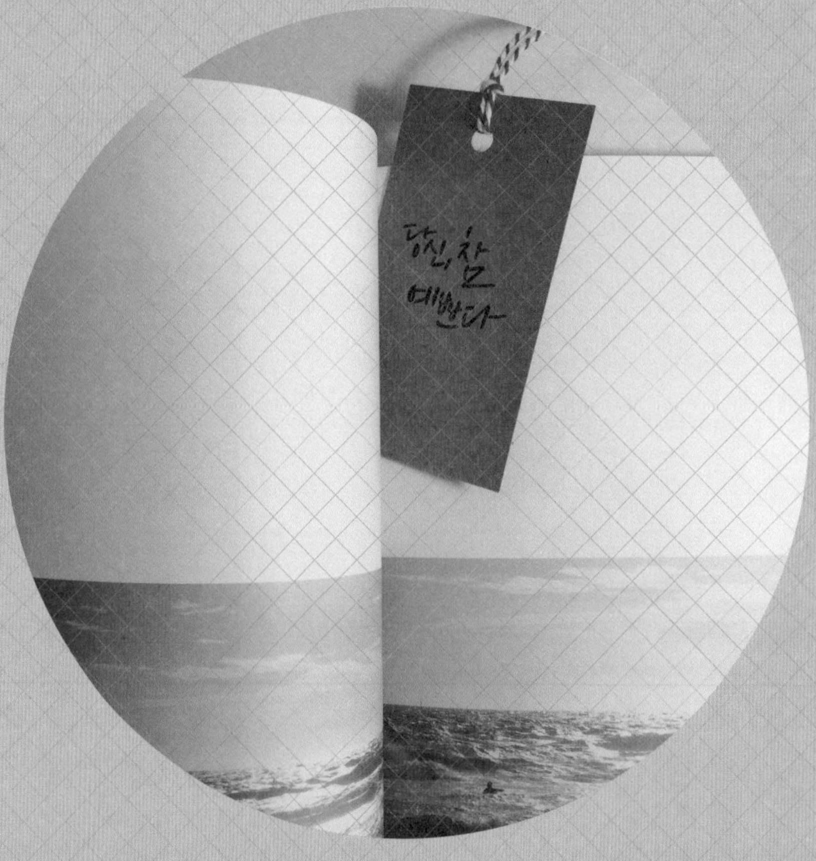

윤히어로의
감성 톡톡
글씨 선물

마음 담은 글씨 선물하기

너는 모르지
얼마나 멋진 사람이라는 걸
나만 아는지
세상이 널 아직 모른대도
말없이 그냥 웃고만 있는지
그렇게 넌 따뜻한
넌 영웅이 넌 나만의
히어로

【 부채 】

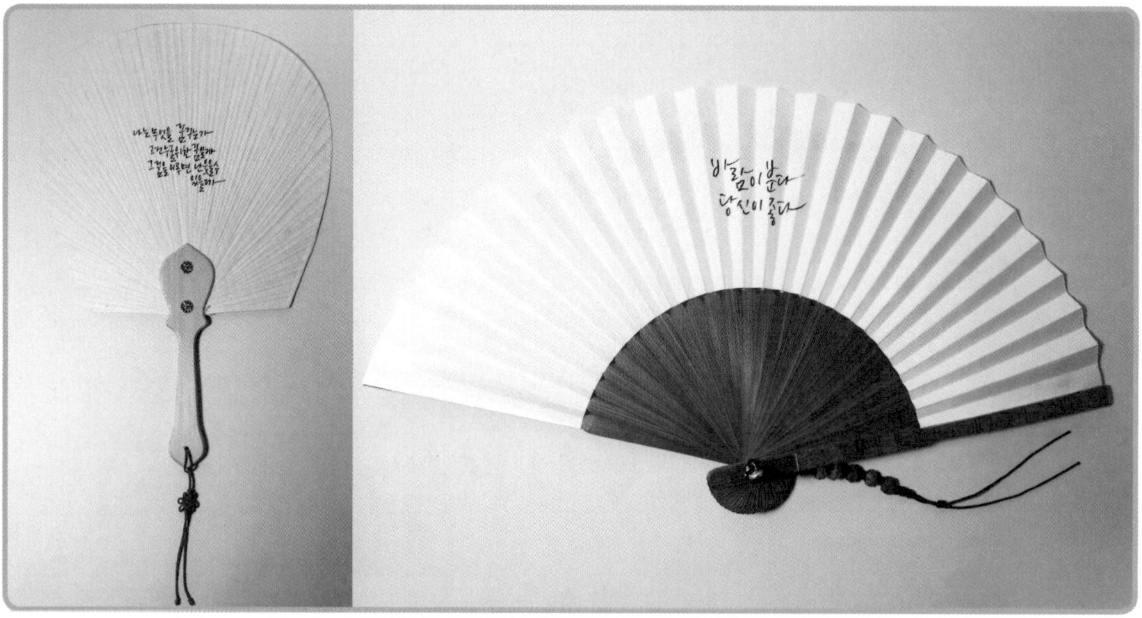

〈 재료 〉 흰색 부채, 붓펜

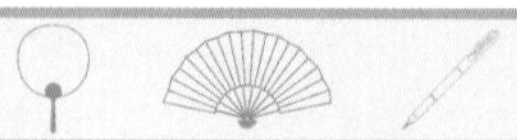

〈 방법 〉

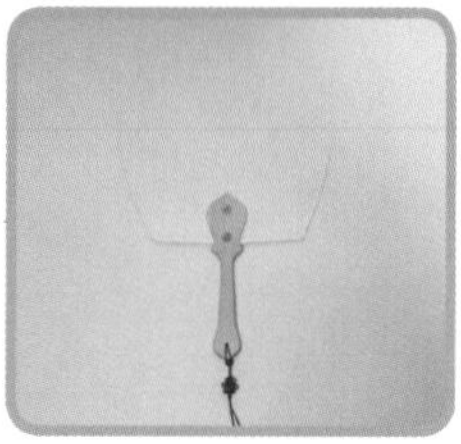

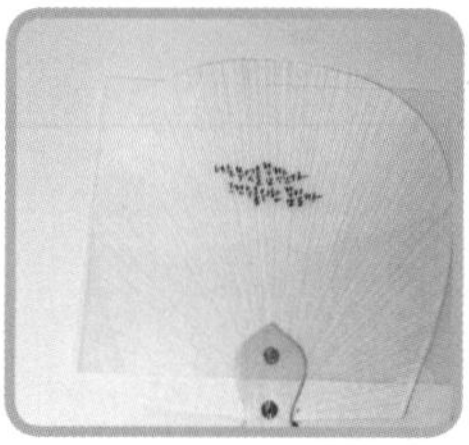

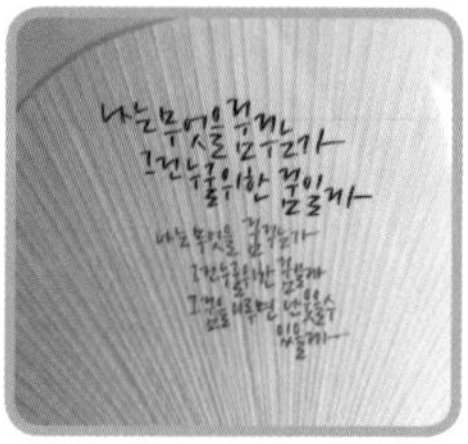

〈 방법 〉

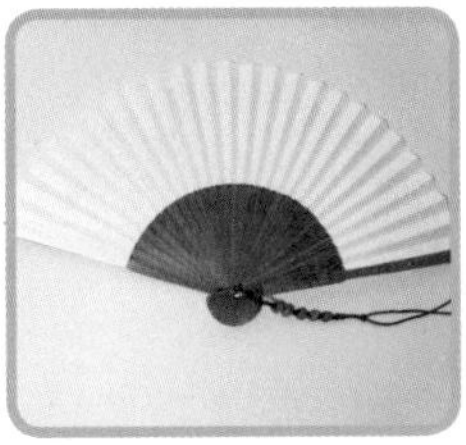

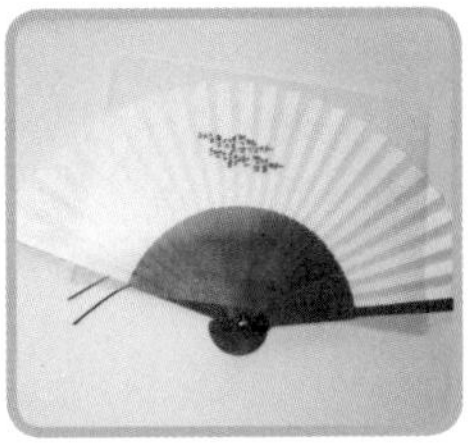

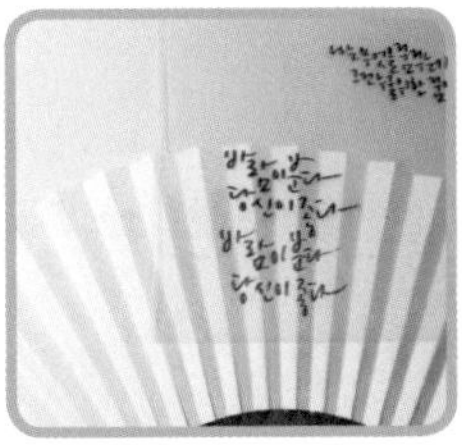

부채에 글씨를 쓰는 경우, 보통 정 가운데에 글씨가 오도록 많이 쓰는 편이다. 하지만 원하는 느낌에 따라 자유롭게 해도 무관하다.

〈 Tip 〉

한 번 쓰면 꼭 망칠 것 같은 불길한 예감 때문에 손이 덜덜 떨린다면 '투명파일'을 이용해보자(투명한 코팅지나 OHP필름도 OK). 투명파일에 미리 글씨를 쓴 뒤에 부채 곳곳에 대보며 위치를 정하자.

〈 활용 〉

스승의 날, 또는 어버이날, 여름을 앞둔 5월에 정성과 의미를 가득 담아 선물해보자. 부채는 사이즈가 다양하므로 휴대성이 좋은 중간 사이즈가 좋다.

【 카드 】

〈 재료 〉 머메이드지, 칼, 펜

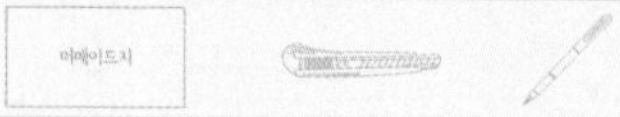

〈 방법 〉

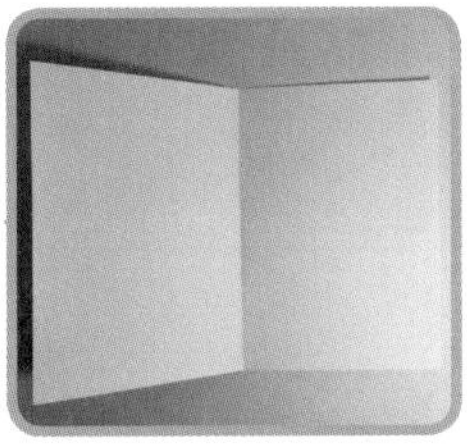

→

→

→

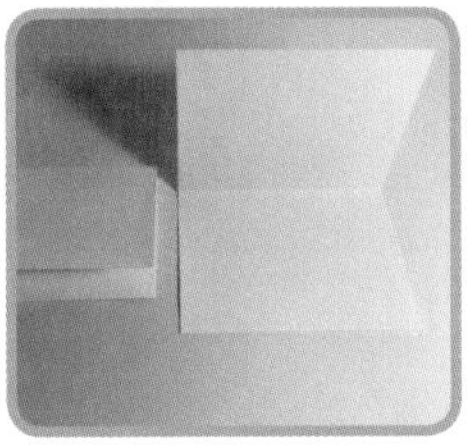

→

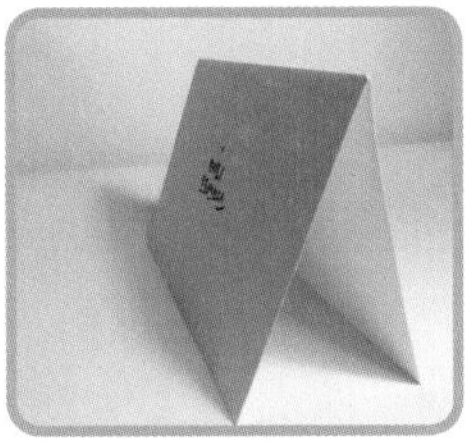

→

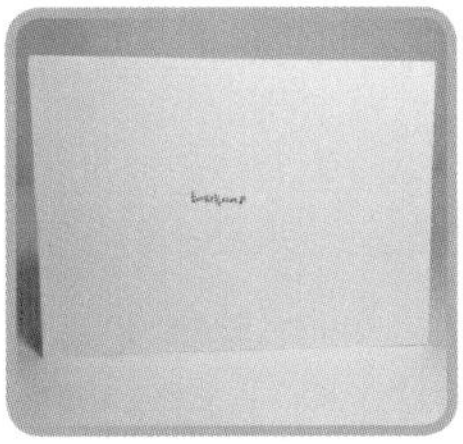

A4 사이즈의 머메이드지를 반으로 잘라 다시 반으로 접으면 2개의 카드가 나온다. 카드의 앞면에 가장 큰 의미의 문구를 적는다. 뒷면에도 작게 글씨를 써주어도 좋다.

〈 Tip 〉

많은 양의 카드를 만들고 싶다면, 종이를 구매하여 인쇄소에 맡겨보자. 더 깨끗하고 빠르게 종이를 절단해준다.

〈 활용 〉

캘리그라피로 만든 카드는 정성이 듬뿍 담겨 더 큰 의미가 있기 때문에 5월 가정의 달, 12월의 연말연시에 맞게 다양한 카드를 만들어 마음을 전할 수 있다.

연필꽂이

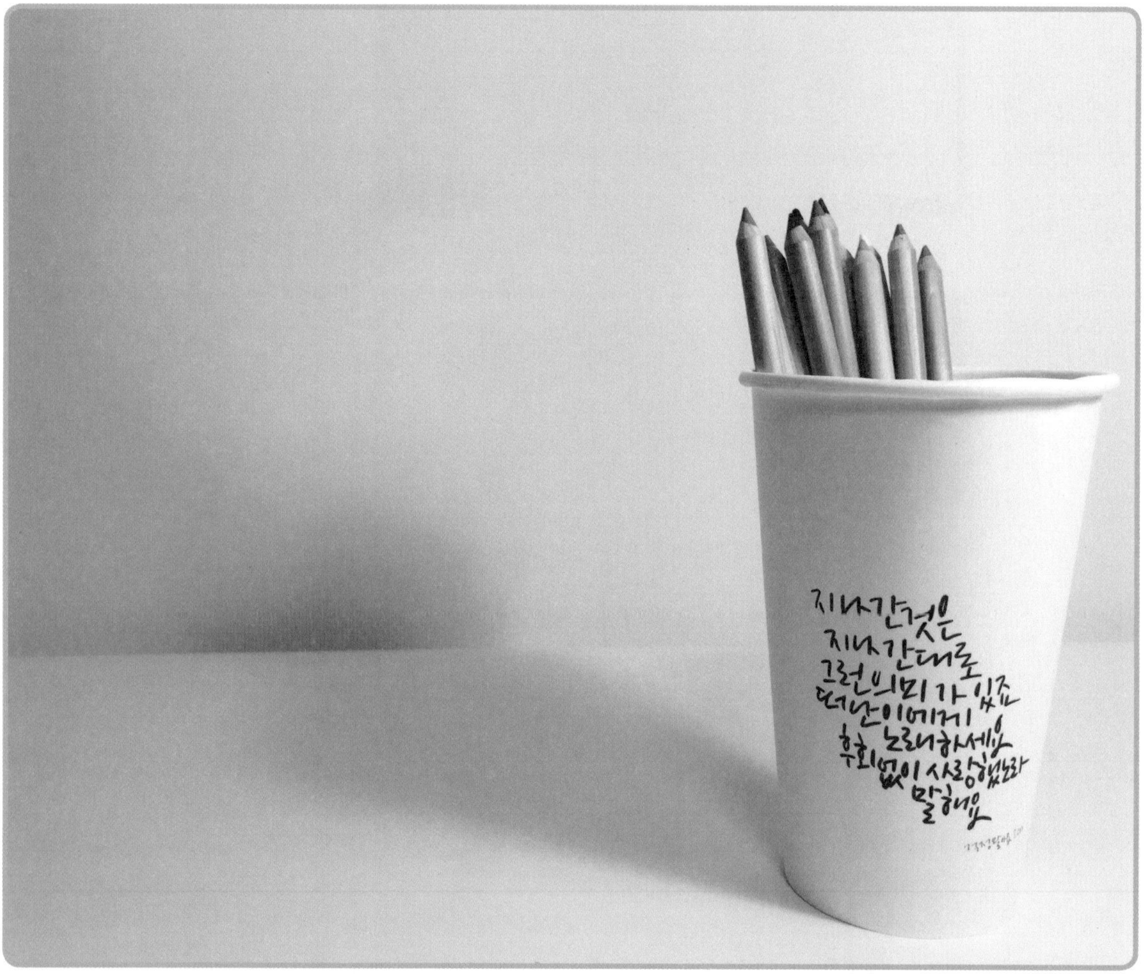

〈 재료 〉 무지종이컵, 펜

〈 방법 〉

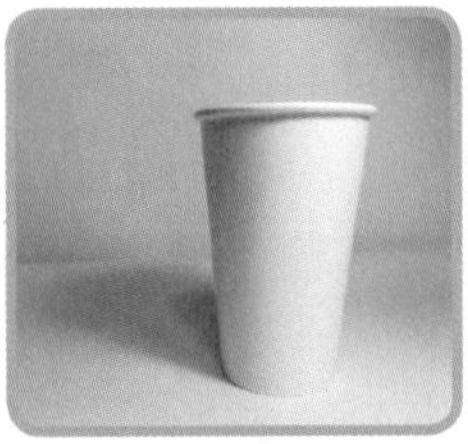

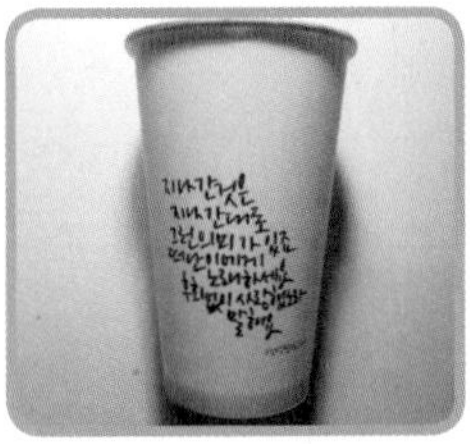

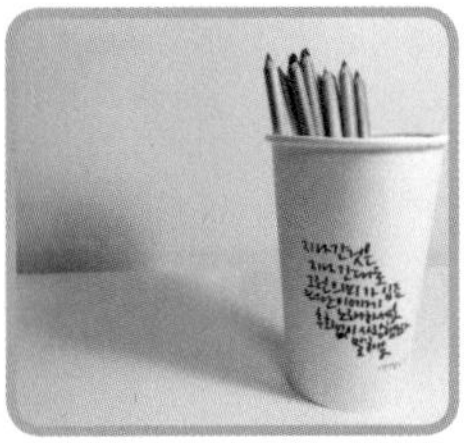

커피를 마시고 버리기는 아까운 종이컵은 연필꽂이로 재활용할 수 있다. 내용물은 가볍게 헹궈내고 잘 닦은 뒤, 책상 위에 올려두면 활용만점 예쁜 연필꽂이가 탄생한다. 종이컵 앞면 중앙에 메시지를 쓰도록 한다.

〈 Tip 〉

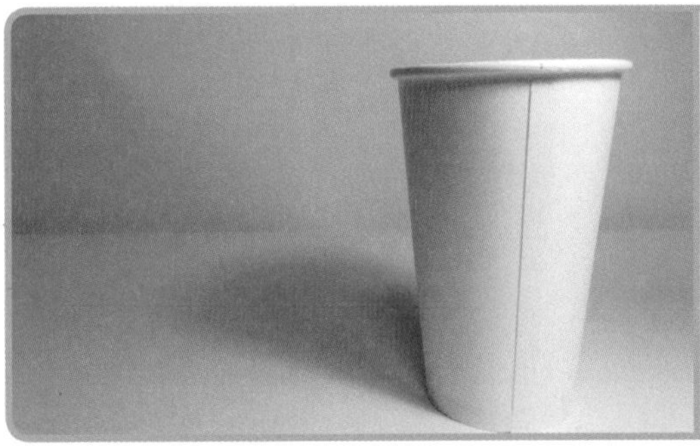

종이컵은 일반 종이와는 달리 입체적이므로 천천히 글씨를 쓴다. 뒷면의 이음새를 염두에 두고 앞면 중앙을 잘 활용한다.

〈 활용 〉

무지종이컵에 멋진 메시지를 적어도 좋지만 책상 정리에 유용하도록 '색연필' '펜' '연필' 등 구분용으로 글씨를 써두어도 좋다.

【 축의금 봉투 】

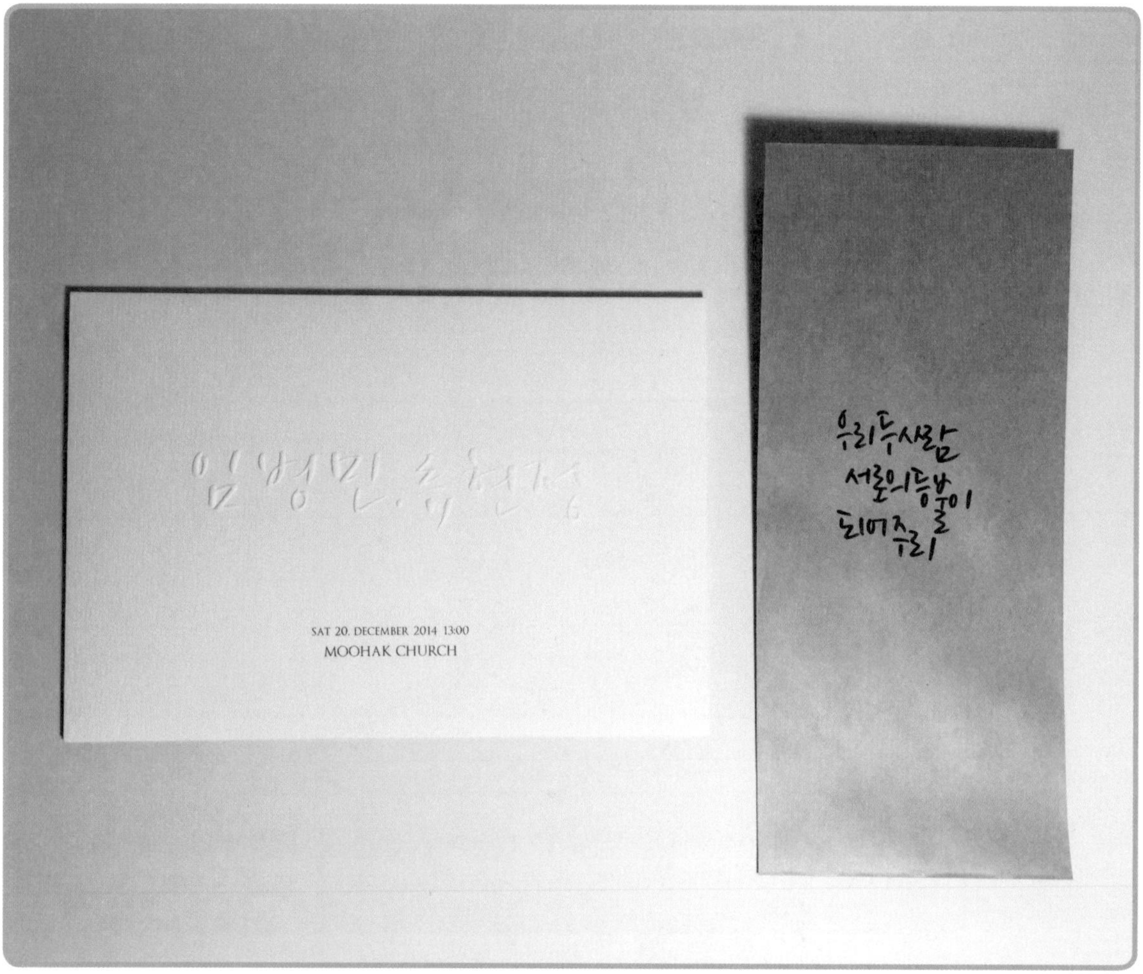

〈 재료 〉 무지봉투, 펜

〈 방법 〉

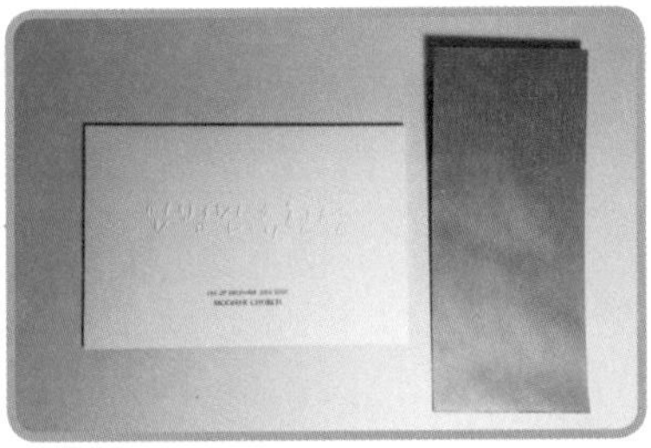

→

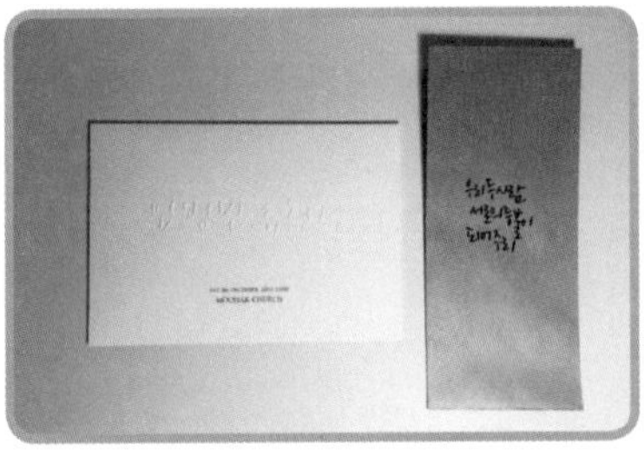

결혼식 축의금 봉투에는 이름을 직접 써야 한다. 나는 봉투 뒷면에 이름 세 글자만 떡하니 써주고 마는 게 아쉬워서 미리 봉투에 축하 메시지를 적어간다. 결과는 대성공! 축하하는 마음이 배가 되어 전달이 된다.

〈 Tip 〉

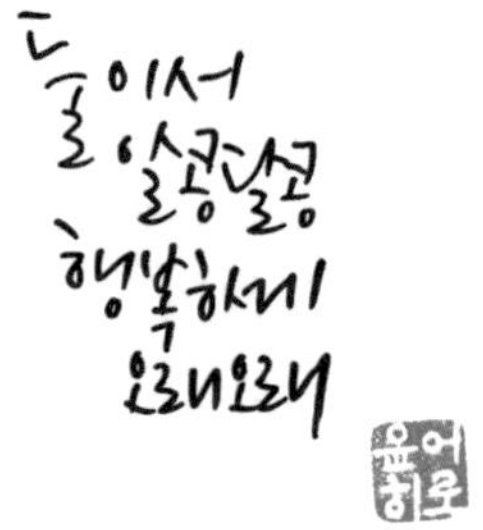

로맨틱 영화의 대사나 시를 써주면 좀 더 멋진 봉투가 완성이 된다.

〈 활용 〉

결혼식 축의금 봉투가 아니더라도 부모님께 용돈을 드릴 때도 봉투에 '감사합니다' '사랑합니다'를 쓰면 더욱 기뻐할 것이다.

【 스티커 】

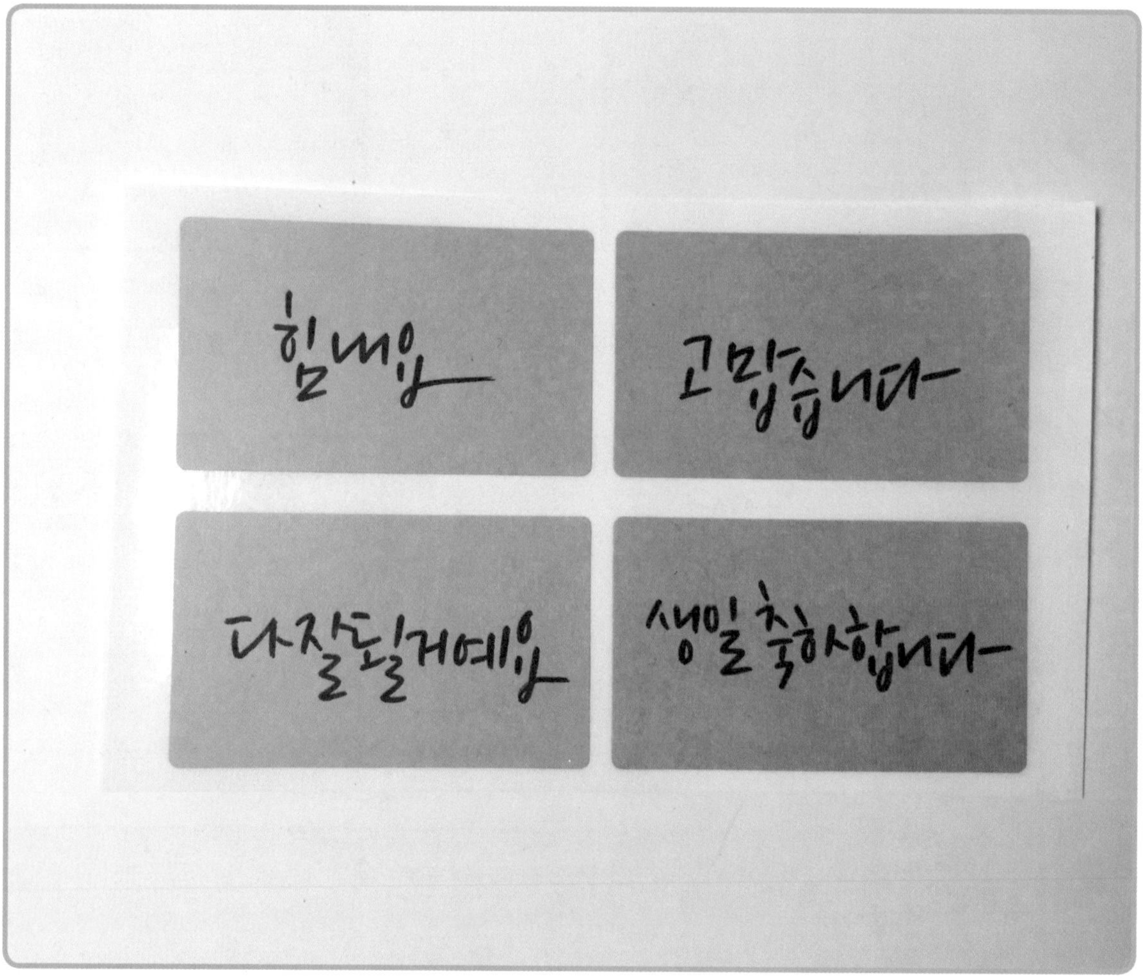

〈 재료 〉 스티커 라벨지, 펜

〈 방법 〉

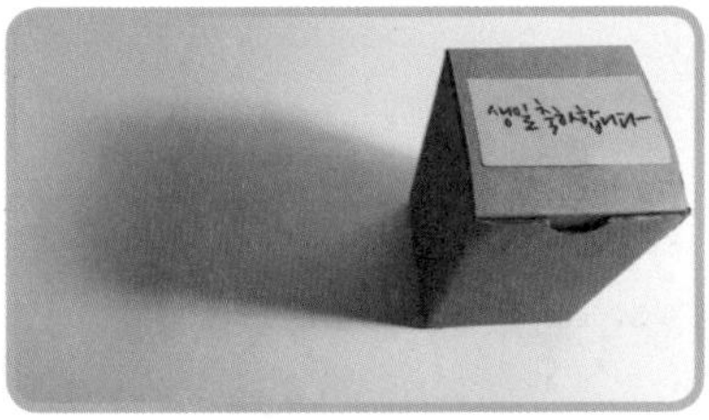

→

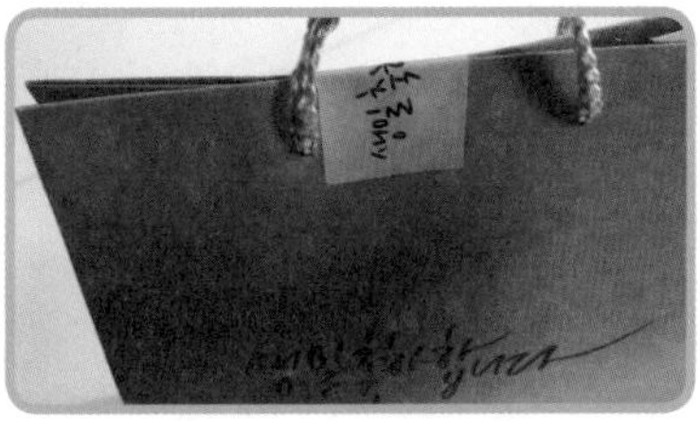

나만의 메시지가 직접 담긴 라벨을 만드는 건 의외로 쉽다. 천 원 숍에 가면 커다란 스티커 형식의 견출지를 판매하는데, 다양한 상황에 맞는 메시지를 직접 적어 선물 박스에 붙이거나 종이가방에 붙여주면 된다.

〈 Tip 〉

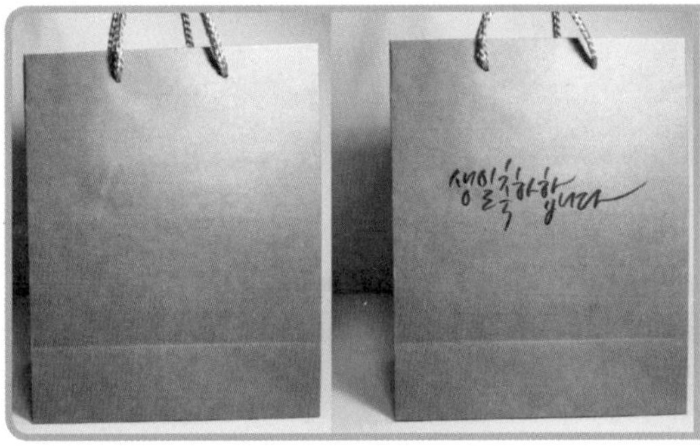

물론 종이가방에도 캘리그라피를 활용할 수 있다. 생일 선물을 담은 종이가방에 단순히 '생일 축하합니다'라는 메시지만 있어도 의미 있는 선물이 된다.

〈 활용 〉

누군가에게 선물을 줘야 할 때 작은 차이지만 정성과 마음을 고스란히 전달할 수 있다.

【 액자 】

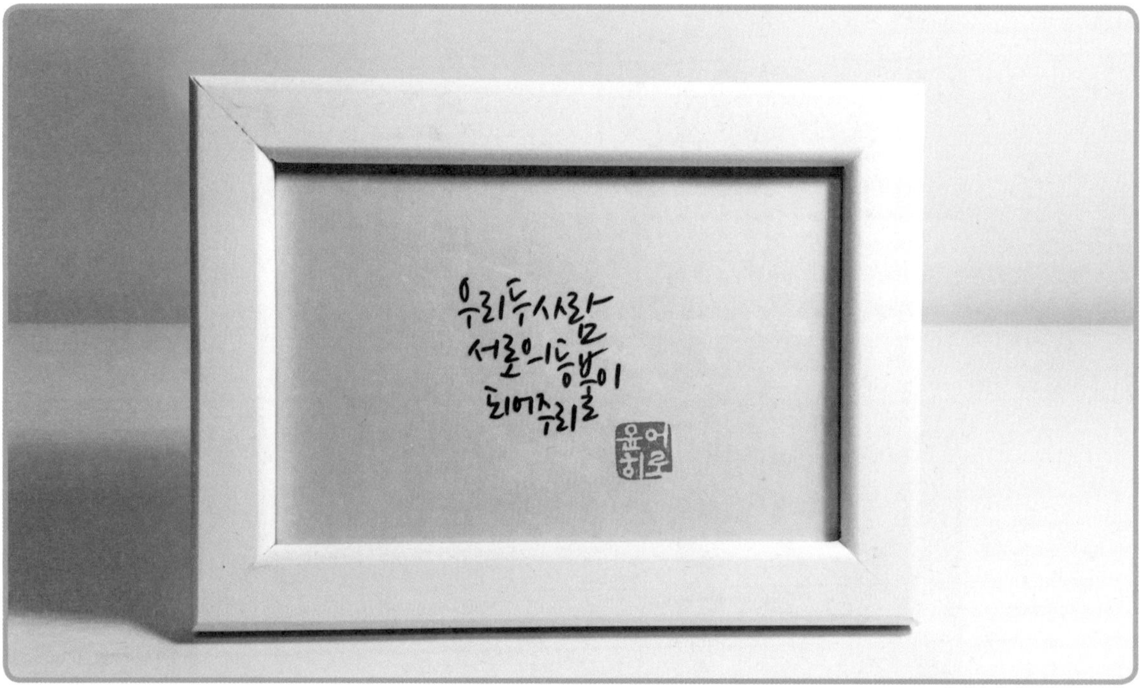

〈 재료 〉 단순한 프레임의 액자, 펜, 가위

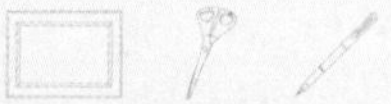

〈 방법 〉

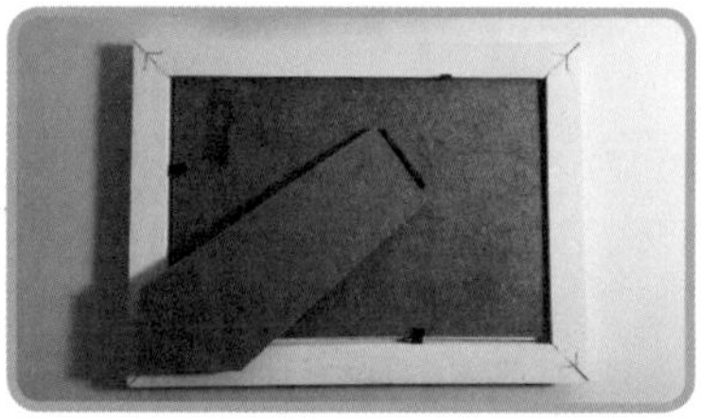

→

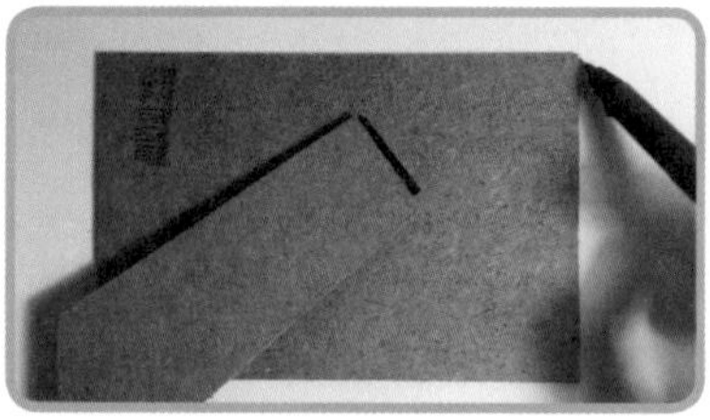

→

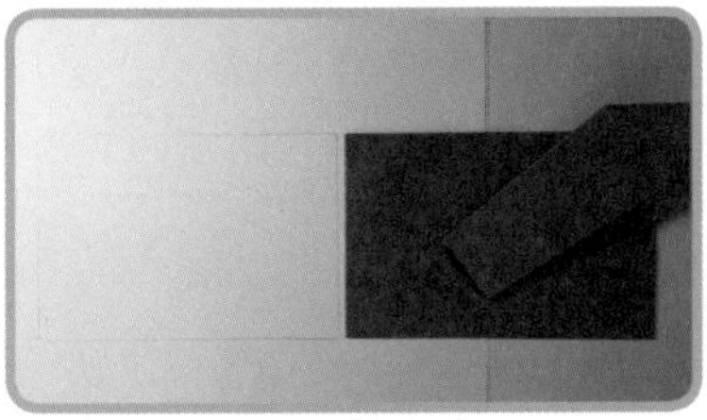

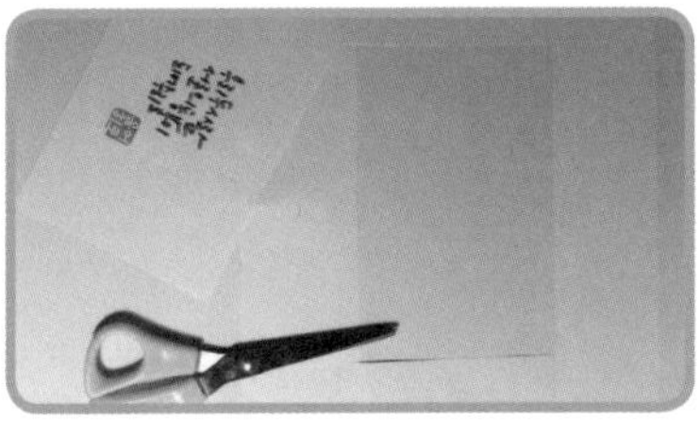

캘리그라피 글씨를 액자로 만들어보면 그럴싸한 작품을 만들어낸 것 같은 뿌듯함을 얻을 수 있다. 액자에 끼울 종이는 미리 재단을 한 뒤에 가운데에 맞춰 글씨를 쓴 뒤 잘라내어 넣도록 한다.

〈 Tip 〉

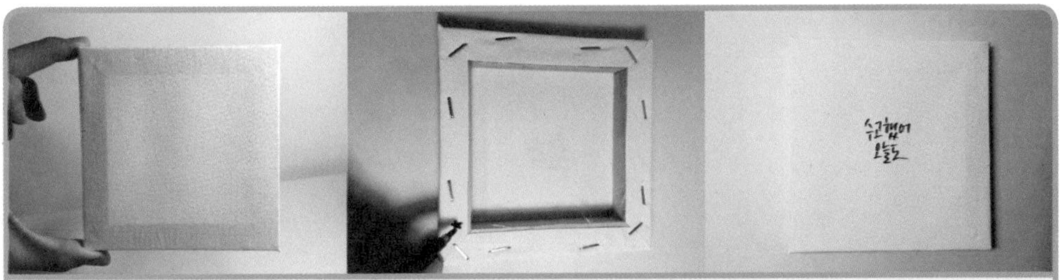

일반 액자가 아닌 캔버스액자에 써도 멋진 작품이 된다. 캔버스 뒷면 천에 펜이 얼마나 번지는지 미리 확인한 뒤 써본다. 특히 선물용이나 탁상용 액자로는 13X13cm 사이즈 캔버스 액자가 적당하다.

〈 활용 〉

캘리그라피 액자는 선반에 올려두거나 벽에 걸어두면 멋진 작품이 된다. 따라서 집들이 선물이나 신혼부부에게 줄 선물로 제격이다. 혹은 방마다 문패처럼 만들어 걸어둬도 좋고, 가훈을 적어 집에 장식용으로 사용해도 좋다.

책갈피

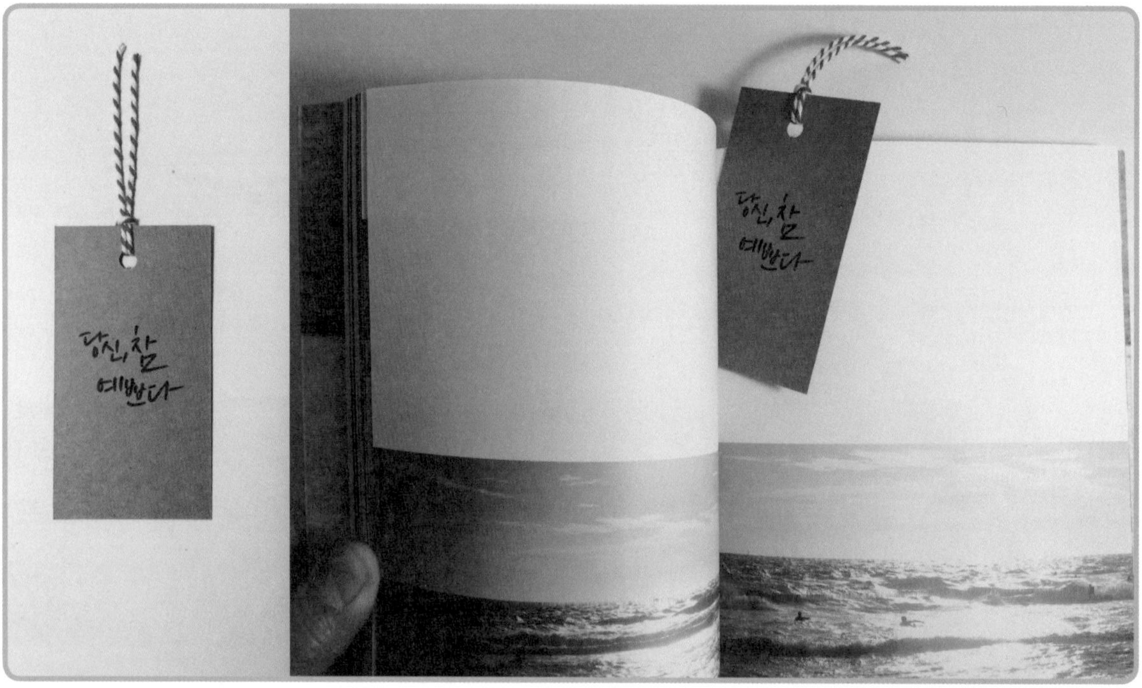

〈 재료 〉 두꺼운 크라프트지, 펜, 가위, 펀치, 트와이끈

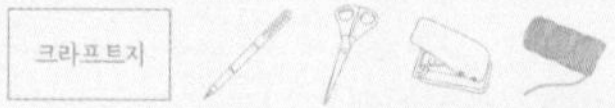

〈 방법 〉

→

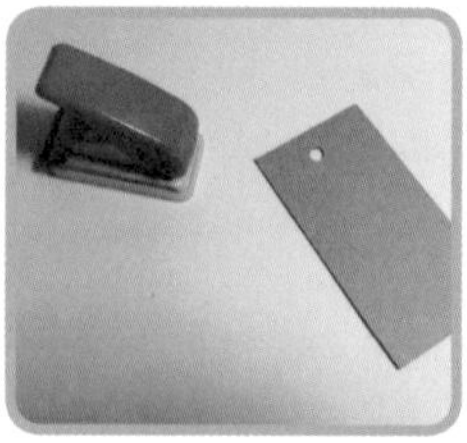

→

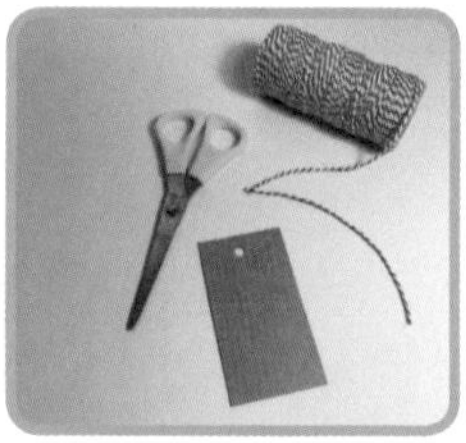

→

→ 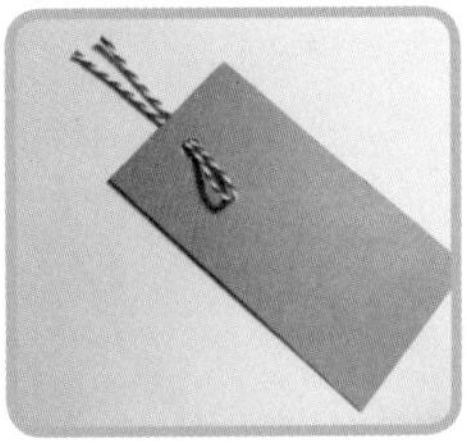 → 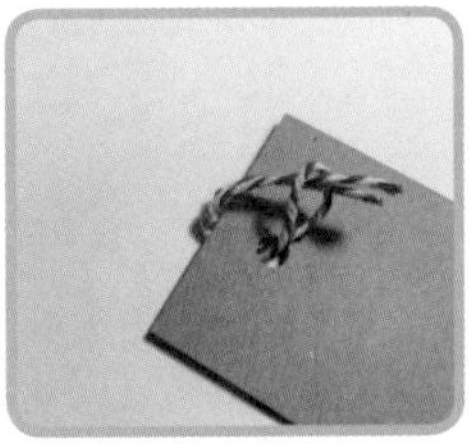 → 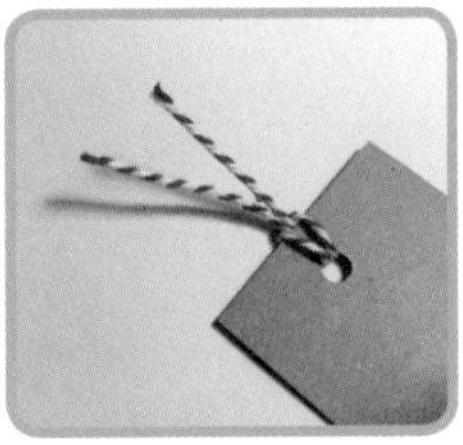

크라프트지를 세로 10cm, 가로 5cm 길이로 자른다(세로는 좀 더 길어도 무관). 글씨는 가운데 쓰도록 한다. 펀치를 이용해 종이 상단 가운데에 구멍을 뚫어준다. 트와이끈을 구멍에 들어갈 수 있도록 U자 모양으로 살짝 접어준 뒤 고정시킨다.

〈 Tip 〉

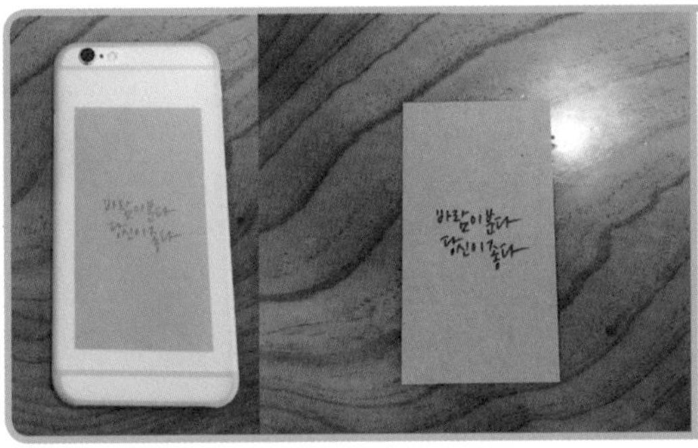

읽고 있는 책의 제목이나 책 속 멋진 구절을 써보아도 멋진 책갈피가 탄생한다. 특히 책갈피 크기는 투명한 휴대폰케이스에 쏙 들어가기 때문에 휴대폰을 장식하는 용도로 사용해도 좋다.

〈 활용 〉

직접 쓴 캘리그라피로 만든 책갈피를 책과 함께 누군가에게 선물해준다면 좀 더 감동적인 선물이 될 수 있다.

글씨를 디자인하기

【 포토샵 활용하여 글씨 디자인하기 】

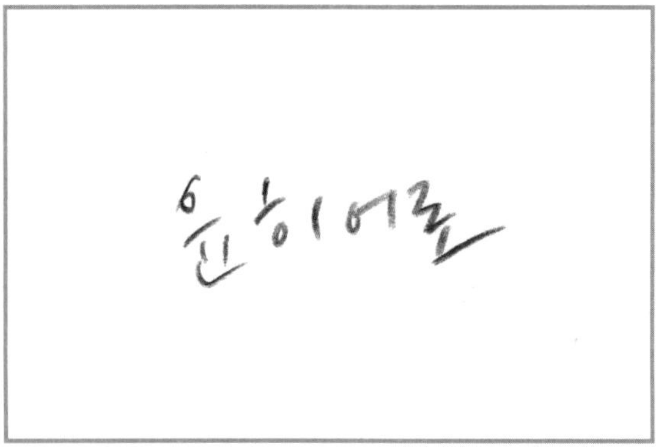

01.

깨끗한 종이에 원하는 글씨를 쓴 뒤 스캐너로 글씨 원본을 저장한다. 스캐너가 없을 경우 그림자가 생기지 않게 카메라로 찍는다. PC에 글씨를 저장할 때는 JPG 파일로 한다.

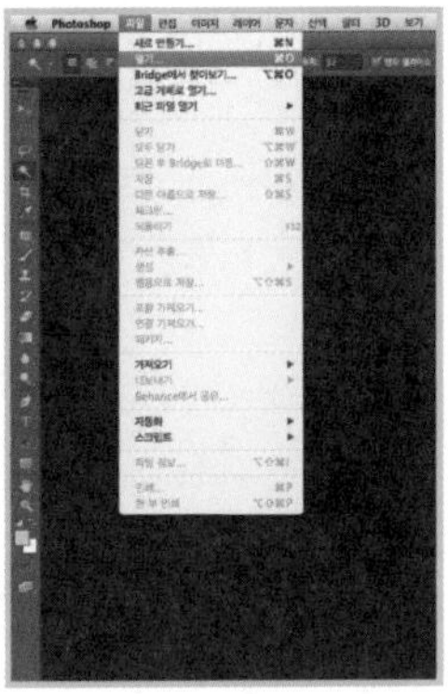

02.

포토샵을 실행시키고 메뉴에서 [파일]-[열기]를 하여 저장했던 글씨 JPG 파일을 불러온다.

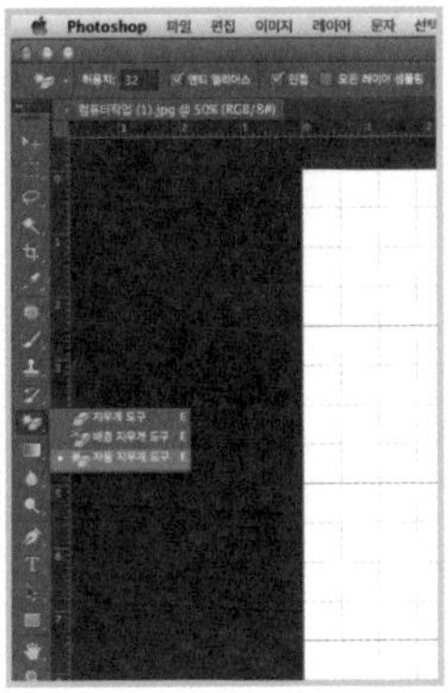

03.

배경과 글씨를 분리하는 작업을 하기 위해 왼쪽 도구상자에 있는 '자동 지우개 도구' 툴을 클릭한다.

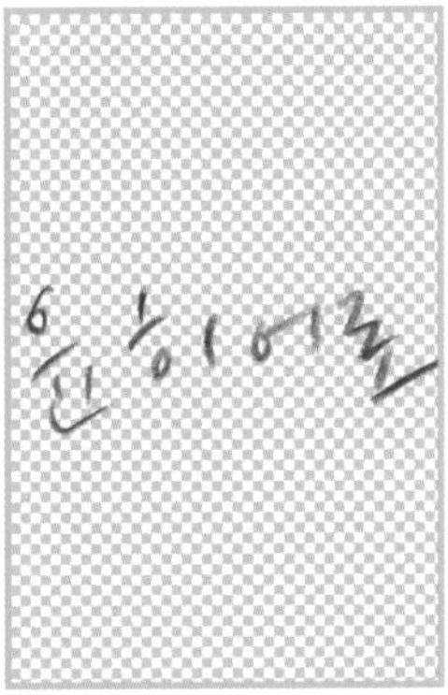

04.

'자동 지우개 도구' 툴을 클릭한 이후 글씨의 배경 부분을 클릭하면 글씨를 제외한 나머지 화면이 투명해진다.

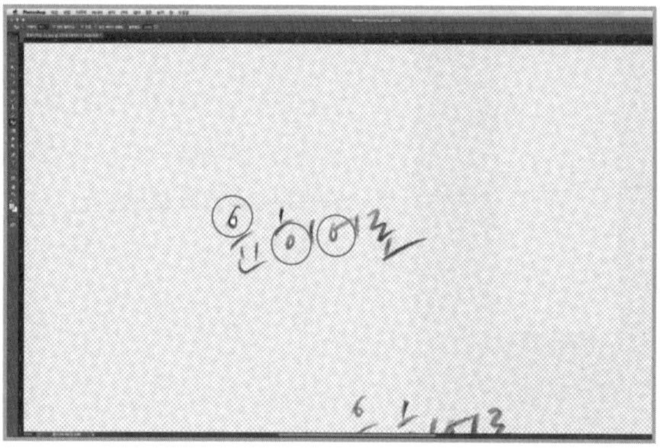

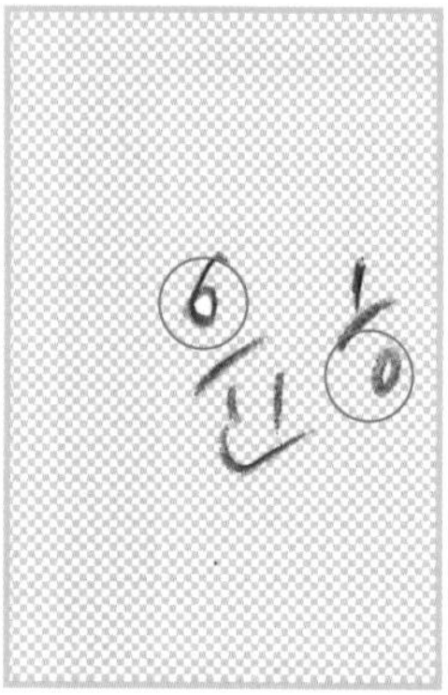

* 이미지 확대 : [Ctrl]+[+], 이미지 축소 : [Ctrl]+[-], 방금 한 작업 취소 : [Ctrl]+[Z]

05.

이미지를 확대하여 깨끗하게 지워지지 않은 부분을 확인한다. 대부분 글씨의 'ㅇ'이나 'ㅁ' 등 막혀 있는 글자일 텐데, 그 부분을 마찬가지 '자동 지우개 도구' 툴로 클릭한다.

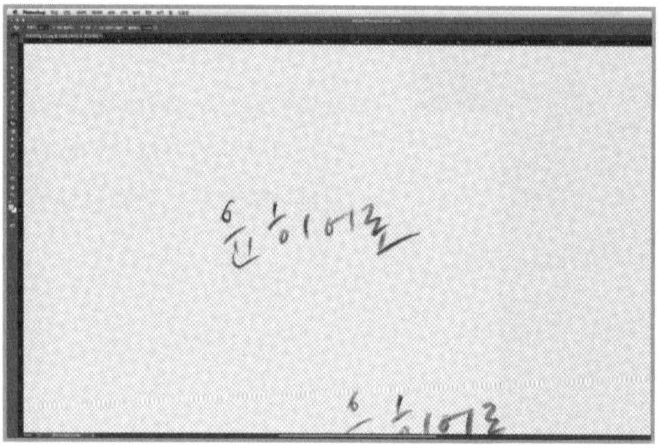

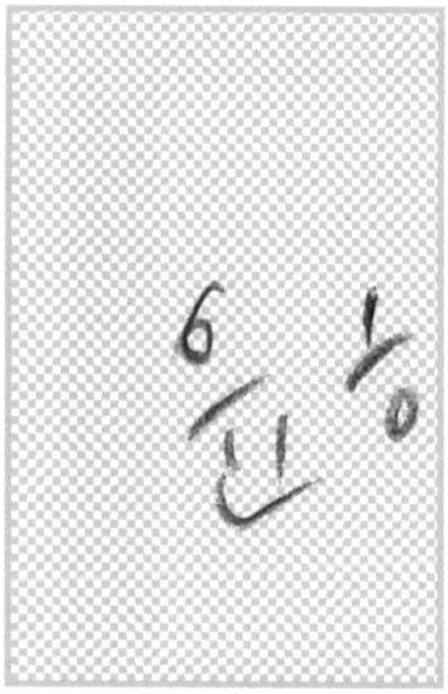

06.

글씨가 깔끔해진다.

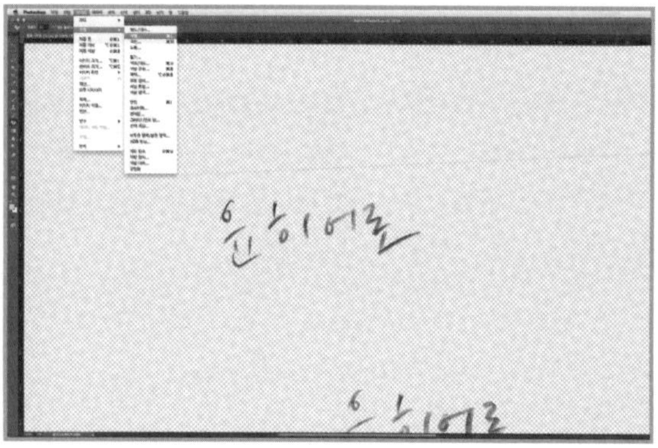

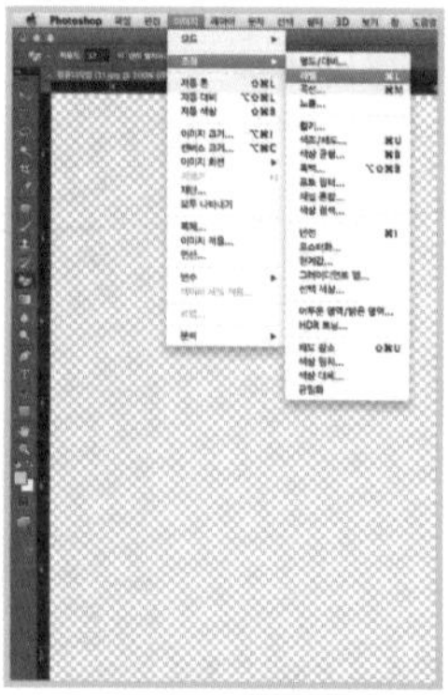

07.

글씨가 좀 연하게 나왔다면 진하게 만들어준다. 상단 메뉴 바에 [이미지]-[조정]-[레벨]을 클릭한다.

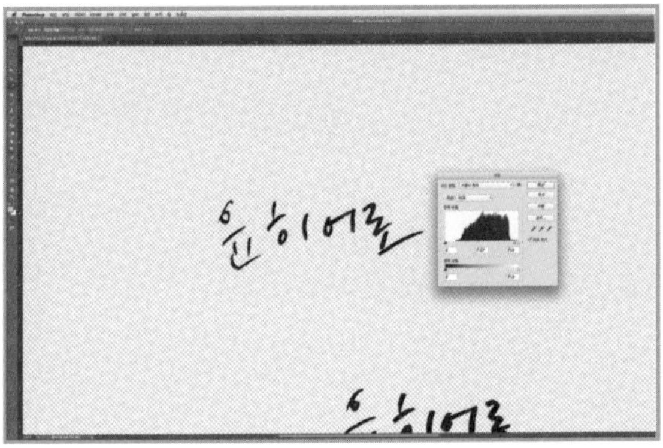

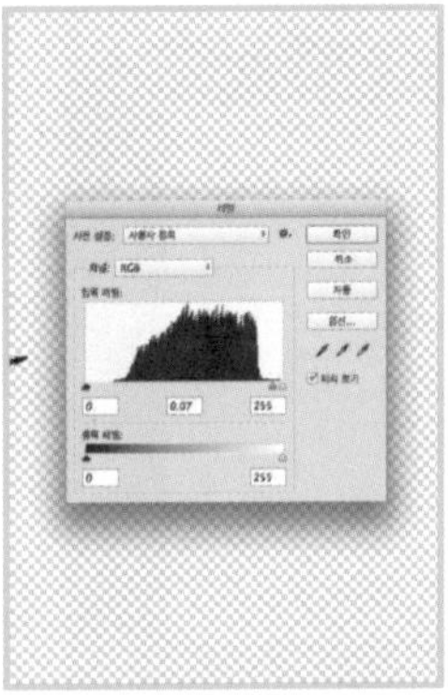

08.

'레벨' 창 그래프 가운데 있는 삼각형을 오른쪽으로 쭉 당기면 글씨가 진하게 변한다. 원하는 진하기가 나왔다면 확인 버튼을 눌러준다.

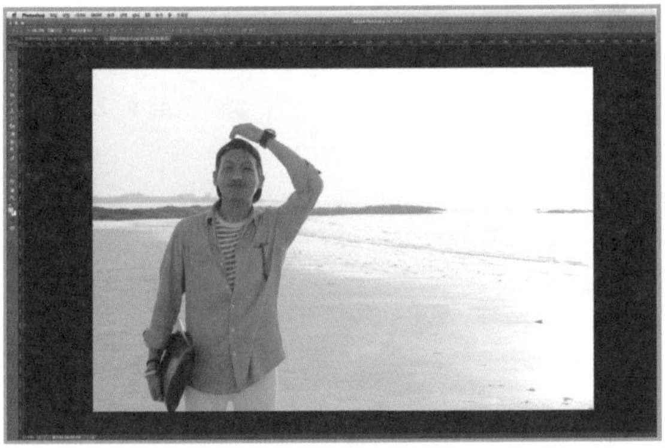

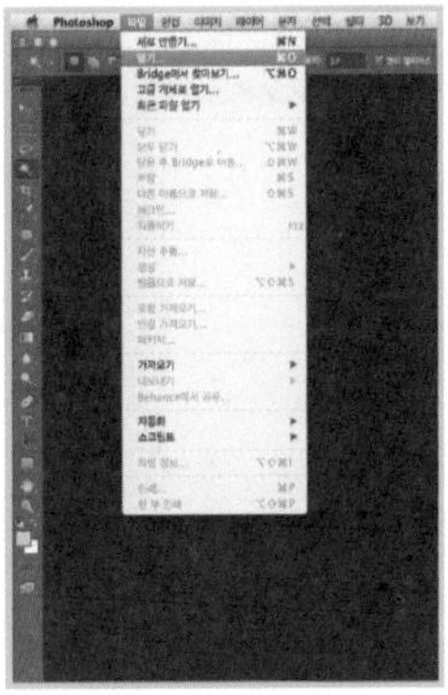

09.

글씨가 준비되었으니 글씨를 얹을 사진을 불러온다.

* 사진 불러오기 :
[상단 메뉴바]-[파일]-[열기]

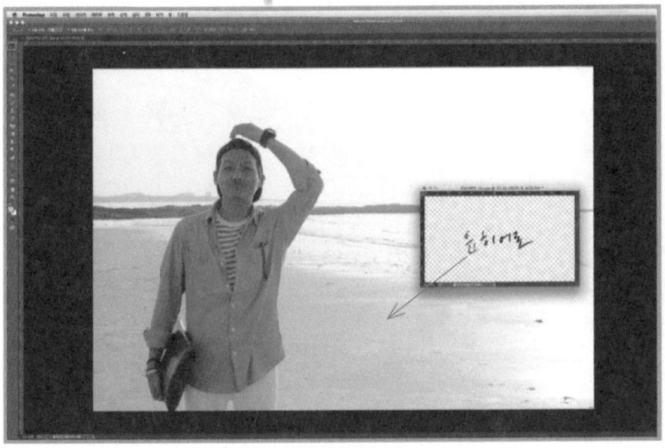

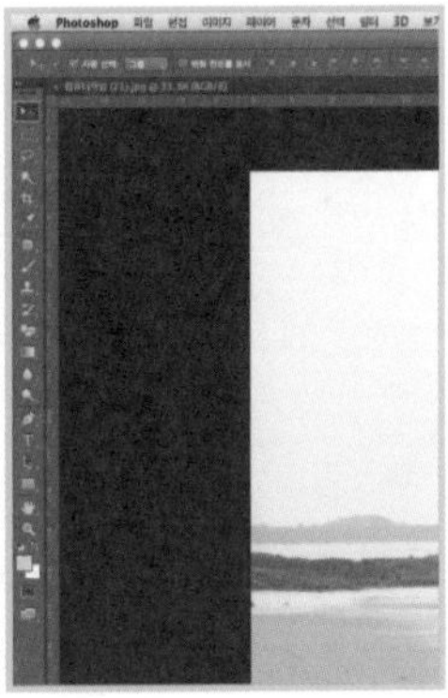

10.

사진과 글씨가 모두 준비되었다면 왼쪽 도구상자 맨 위에 있는 화살표 모양 툴을 클릭하여 글씨를 누른 채로 그대로 사진 위에 끌고 온다.

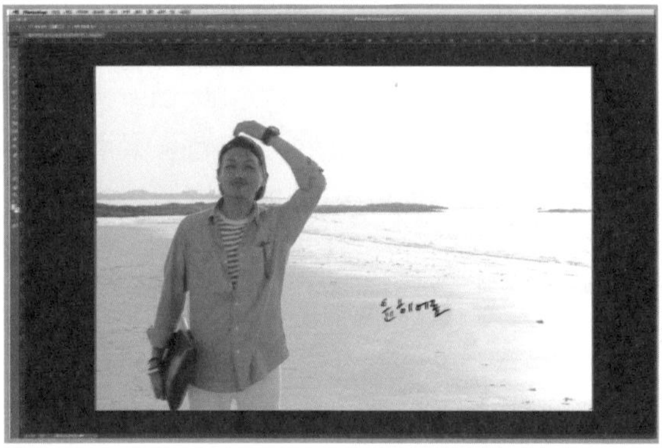
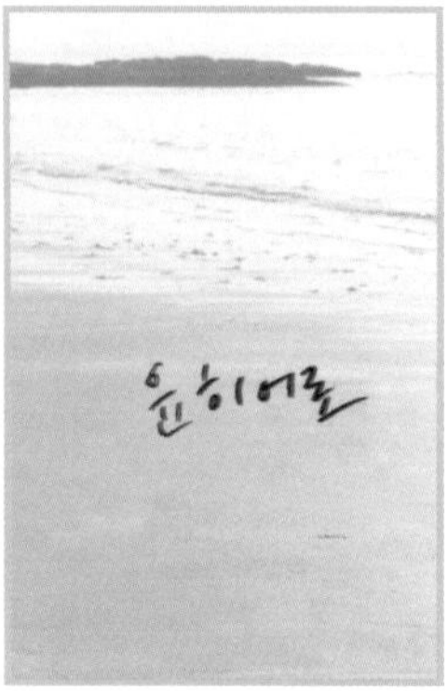

11.

드디어 글씨가 사진 위에 얹어졌다.

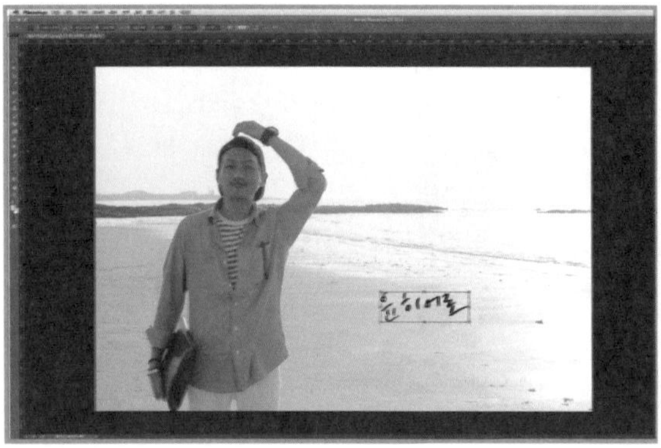
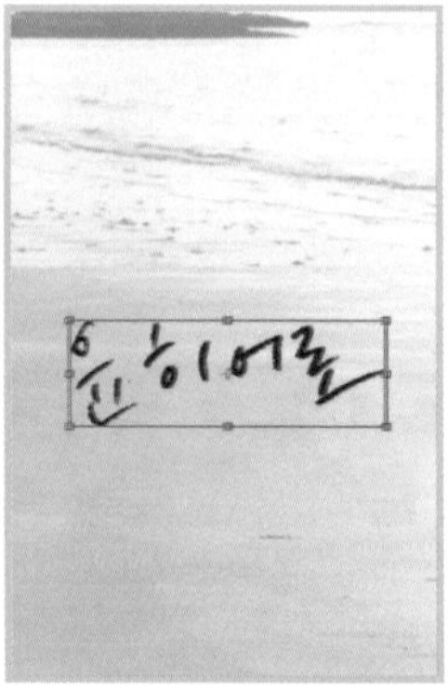

12.

글씨 크기를 조절하고 싶다면 [Ctrl]+[T]를 누른다. 그러면 글씨를 감싼 테두리가 나타나는데 반드시 [Shift]를 누르면서 크기를 조절한다. 그렇지 않으면 글씨의 비율이 달라진다.

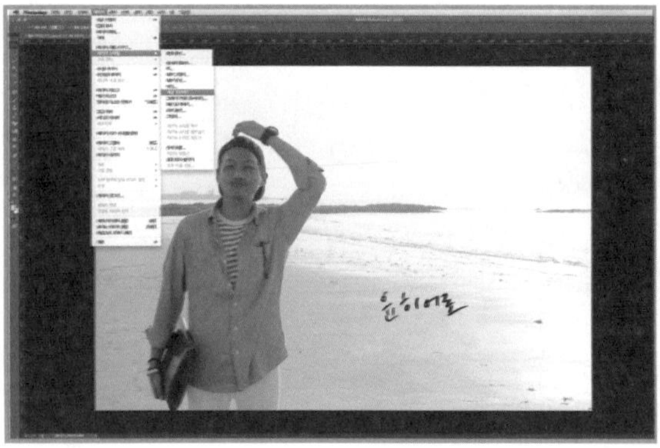
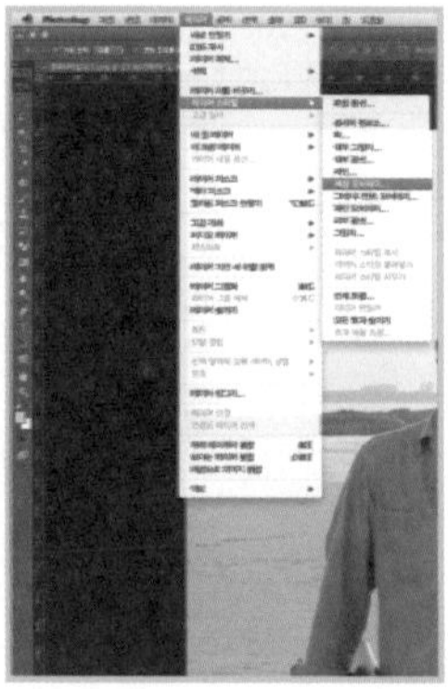

13.

글씨 색깔을 바꿔보고 싶다면 상단 메뉴 바에서 [레이어]-[레이어 스타일]-[색상 오버레이]를 클릭한다.

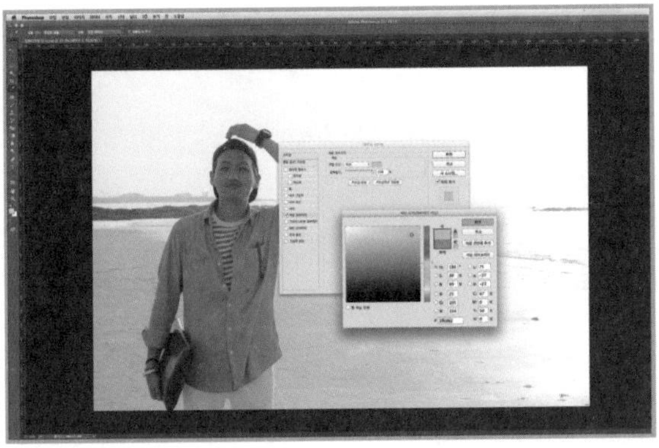

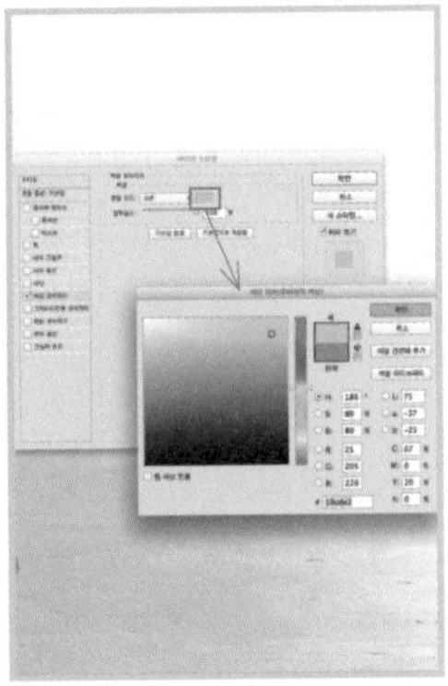

14.

색깔이 있는 작은 상자를 클릭하면 '색상 피커(오버레이 색상)' 상자가 나타나는데, 마음에 드는 색을 고르면 된다.

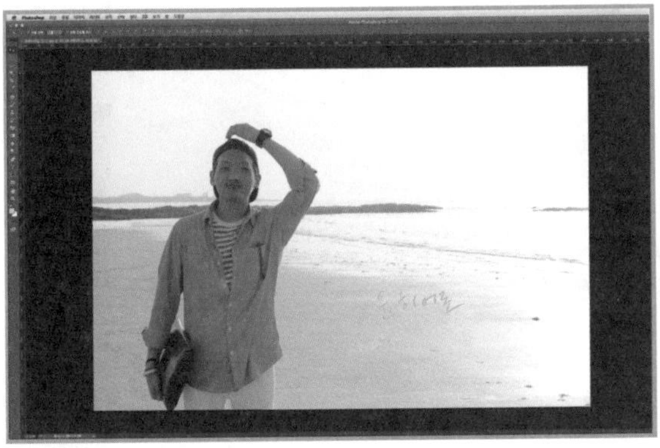

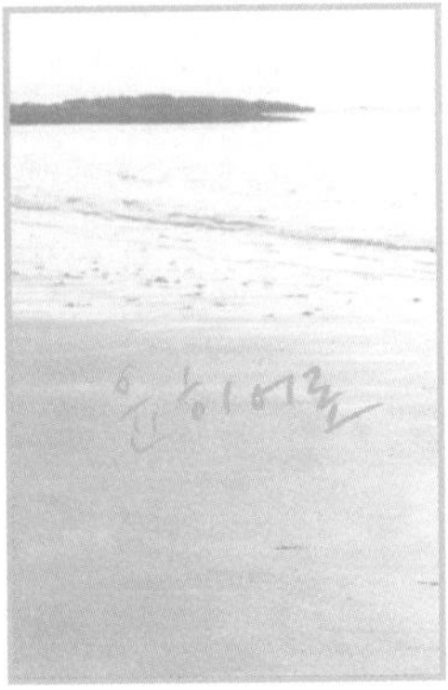

15.

완성!

컴퓨터로 디자인한 글씨로 제품 만들기

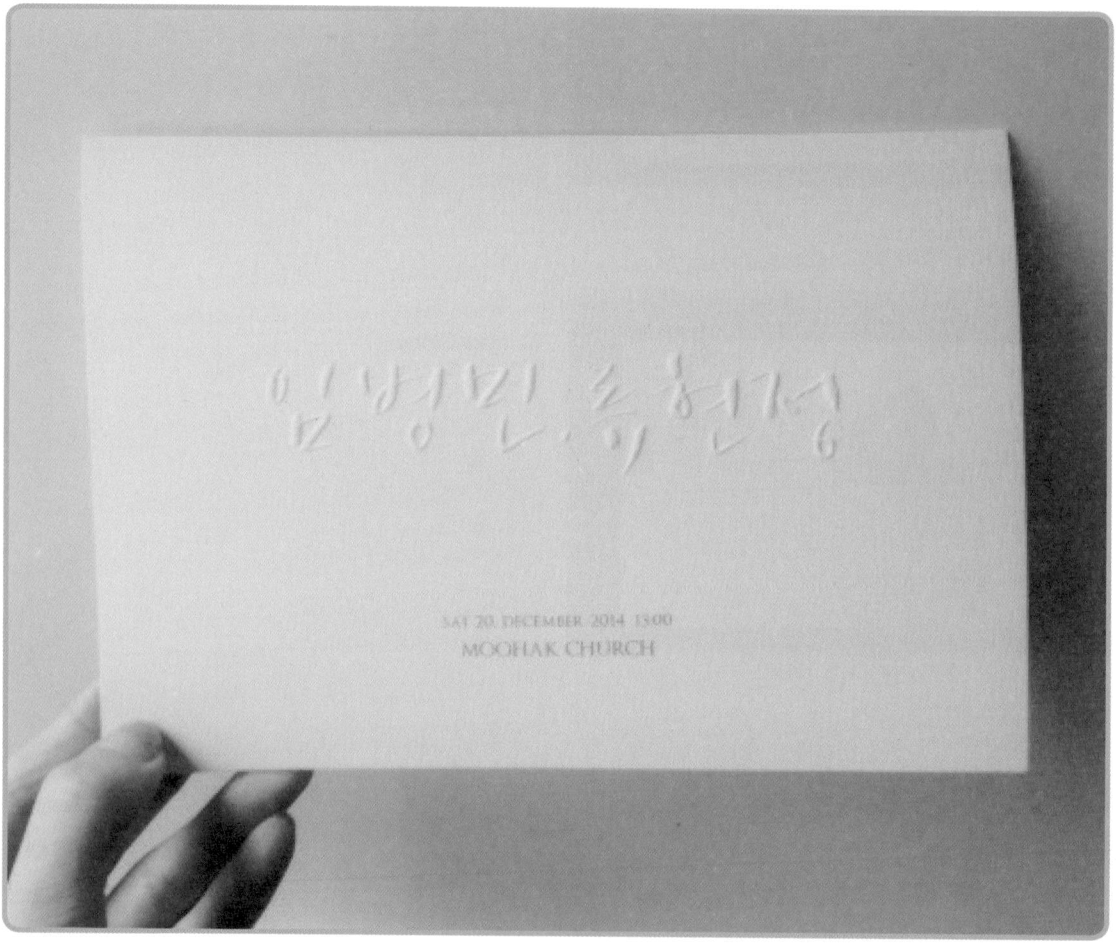

청첩장을 만들 때는 제작업체를 알아본 후, 글씨 콘셉트와 맞는 디자인을 골라서 의뢰한다. 직접 손으로 쓴 글씨가 청첩장 타이틀로 나오기 때문에 맞춤법이나 띄어쓰기 등 사전에 철저히 확인을 한다.

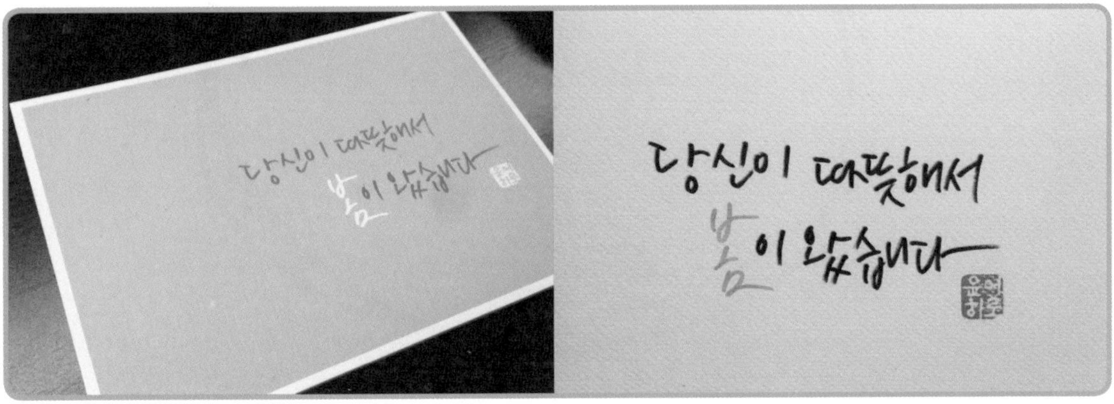

청첩장과 같은 방식으로 제작할 수 있다. 종이 재질, 제작수량에 따라 단가의 차이가 있다. 엽서가 부담스럽다면 스티커로 제작을 해보는 것도 좋다. 이렇게 만든 엽서는 직접 플리마켓에서 판매를 하거나 생일 메시지 카드로 사용할 수 있다.

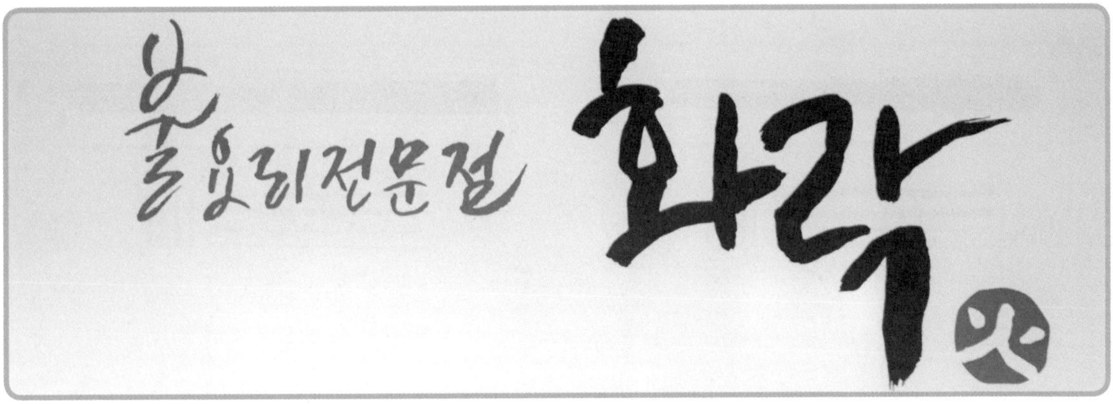

간판을 쓴 글씨 역시 간판 만들어주는 업체에 어떤 재질과 사이즈로 만들어주길 원하는지 알려주고 작업 파일을 넘겨주면 제작을 해준다. 건물에 따라 간판 설치 기준이 조금씩 차이가 있으니 제작 전에 미리 꼭 확인하도록 한다.

도구 살펴보기

〈 파버카스텔 파스텔 〉

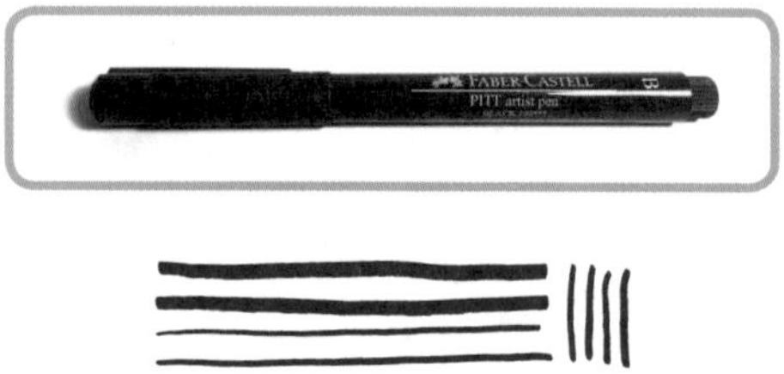

〈 지그 캘리그라피펜 〉

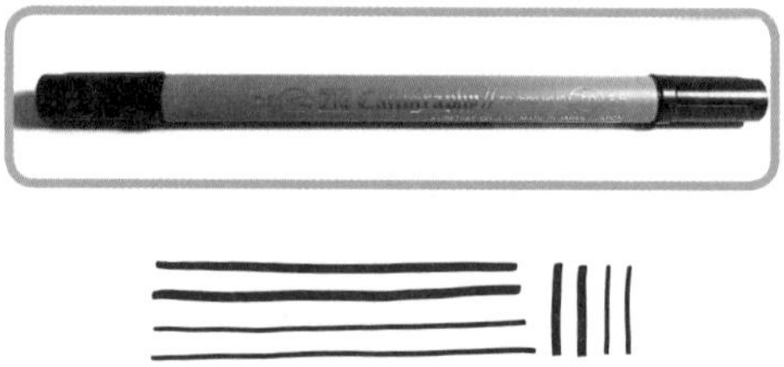

〈 스테들러 코끼리 점보 색연필 〉

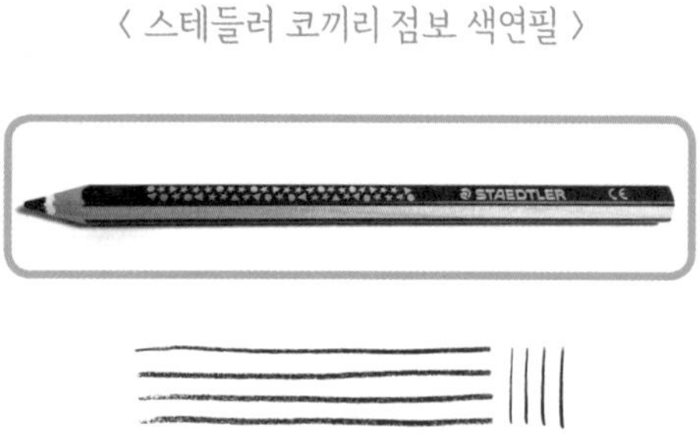

〈 네임펜 〉

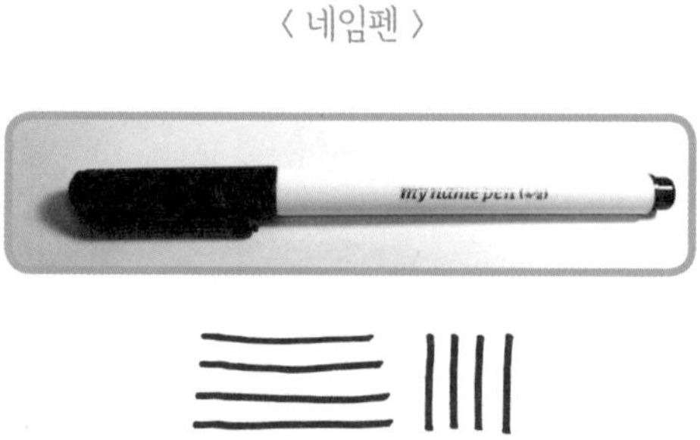

〈 그래피티 크래용 6B 〉

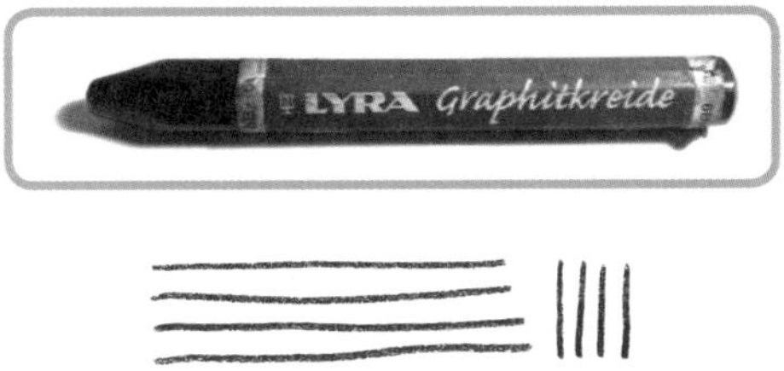

〈 육각볼펜 0.25mm 〉

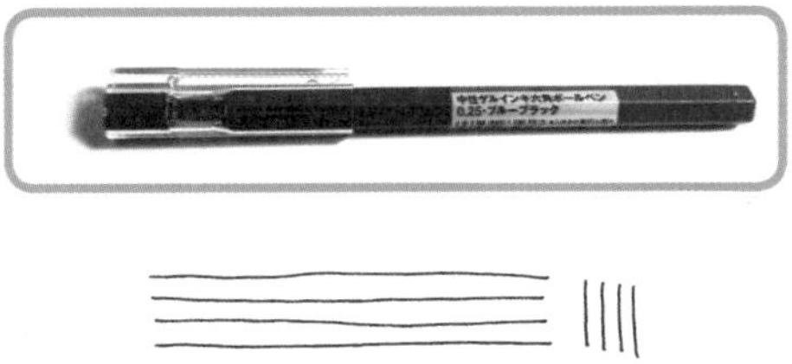

〈 제브라 붓펜 세필 〉

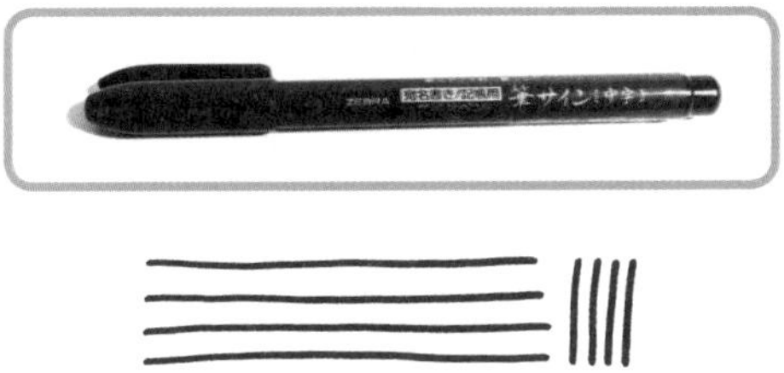

〈 파버카스텔 피트 아티스트펜 B 〉

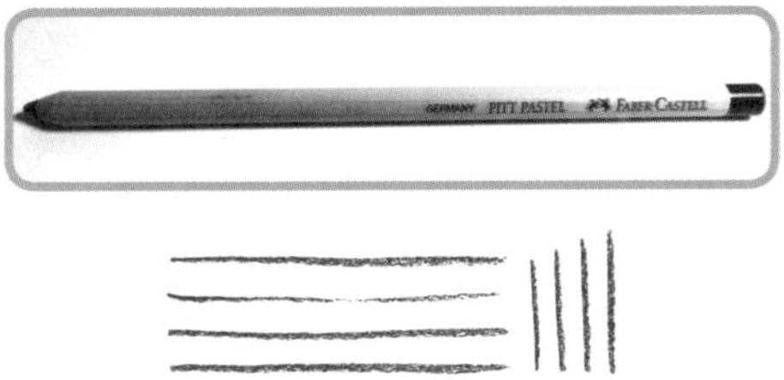

〈 쿠레타케 붓펜 22호 중필 〉

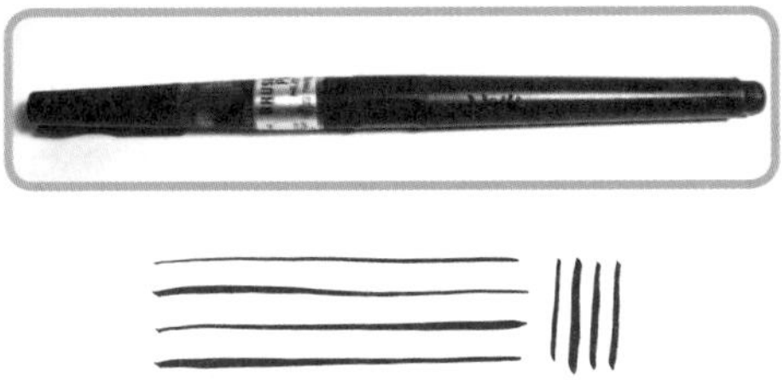

〈 제브라 붓펜 중필 〉

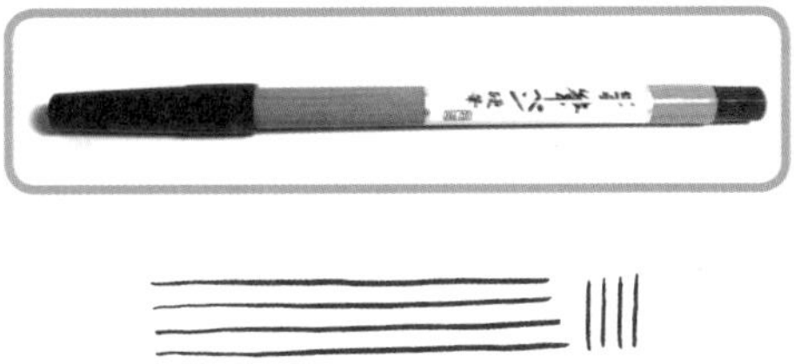

〈 라미 만년필 〉

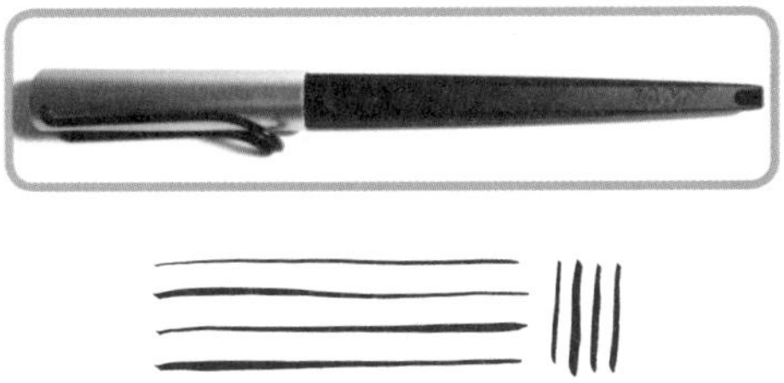

〈 붓 〉

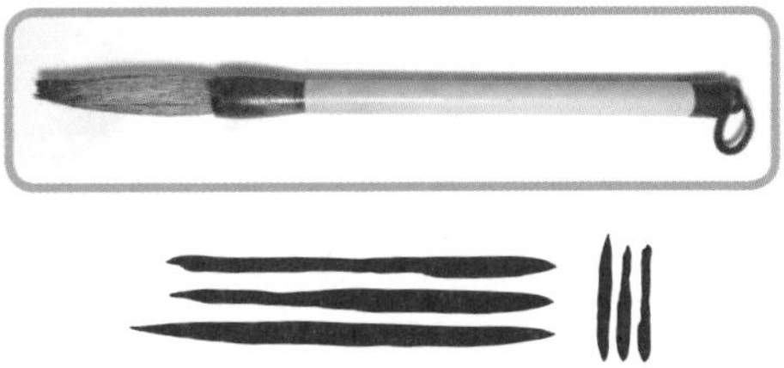

나의 삶과
뜻과
힘 다해

Epilogue

여러분 안녕하세요.

저 헨리예요.

이렇게 상까지 줘서 너무 감사합니다. Wow!

일단 이 기회 만들어주신 〈진짜 사나이〉 제작진에게 너무 감사합니다.

저를 사람들이 아예 몰랐을 때, 인지도 하나도 없었을 때,

저에게 기회를 주셔서 너무 감사합니다.

〈진짜 사나이〉 때문에 제 인생이 많이 바뀐 것 같습니다.

요즘 서비스 많이 받아요!

저는 솔직히, 사실, 연예인에 대한 일, 중요하지 않다고 생각했는데

제가 어느 날, 건대 입구 길거리를 걸어가고 있었는데

어떤 아줌마가 저를 잡았어요.

그 아줌마가 원래 우울증이 있었다고…

그런데 〈진짜 사나이〉 보면서 그리고 저를 보면서

우울증이 없어졌다고 얘기하셨어요.

그때부터 이 일이 얼마나 중요한지

이제 알 것 같습니다.

정말 열심히 할 테니까 기대 많이 해주세요.

그리고 사랑합니다.

-2014 MBC 연예대상 남자 신인상 수상자 헨리의 수상소감 중

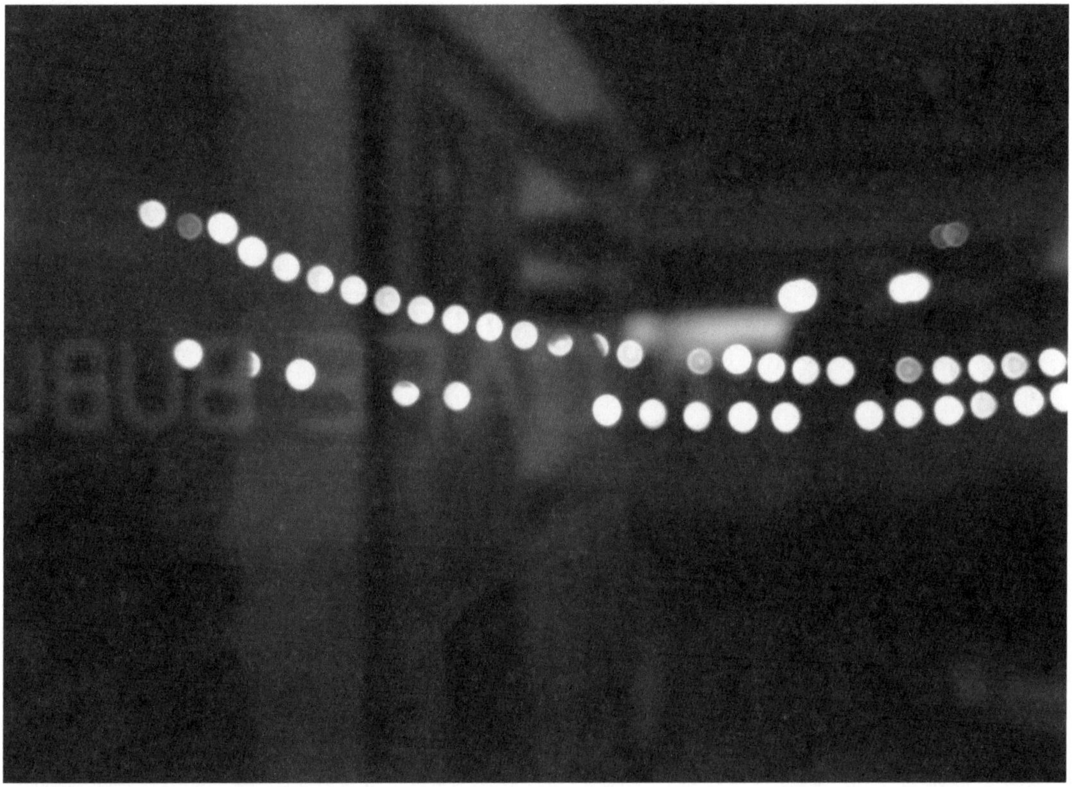

헨리의 수상소감을 듣고 리모컨의 음소거 버튼을 눌렀던
2014년 12월 29일 밤.

아무 생각 없이 틀어놓은 텔레비전에서
흘러나온 이야기를 듣고 기분이 '멍-'해져서
한참을 가만히 서 있었다.

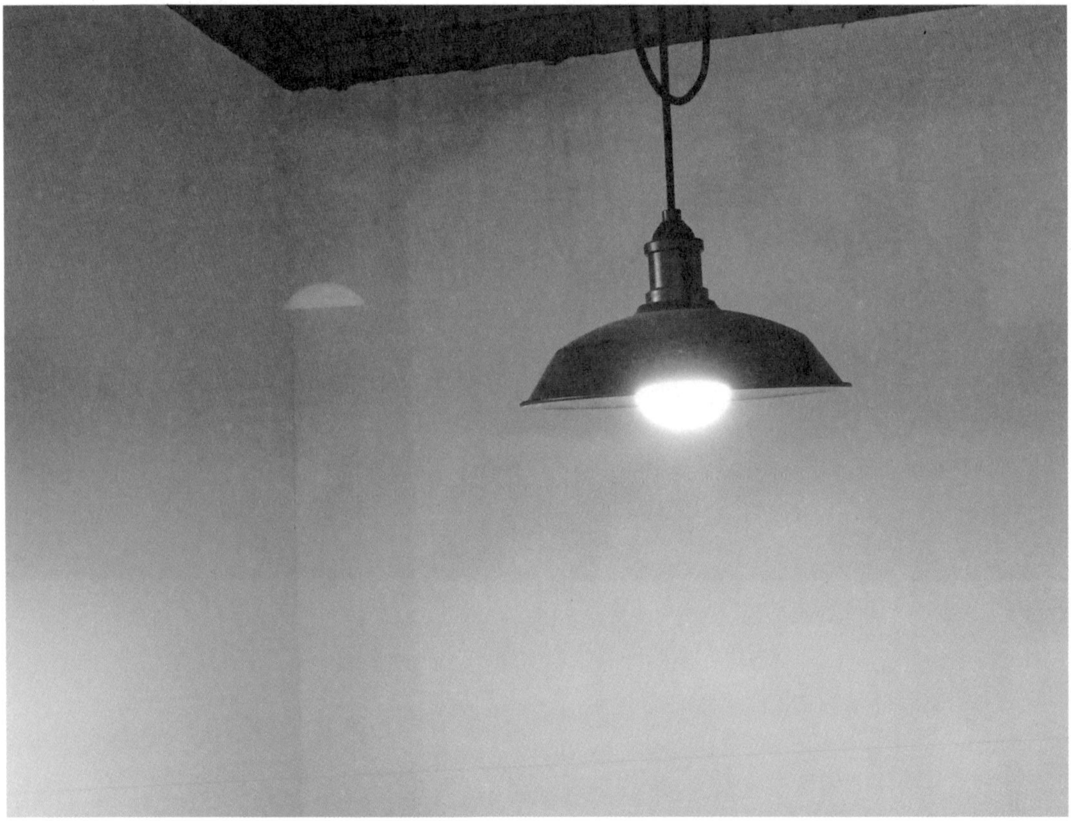

헨리의 수강소감을 들으며 '아차!' 싶었다.
잊지 말아야지 했던 처음 마음은 온데간데없고,
내가 왜 이 캘리그라피를 썼고 쓰고 있는지에 대해
대신 얘기해주고 있는 것 같았다.

잊지 말라고.

송구영신 예배를 드리고 지하철을 타고 집으로 돌아오던 밤.
2014년을 돌아보며 느낀 건 나조차 잊지 말아야 하는 것을
자꾸만 잊고 살고 있더라는 것이다.
생경스러웠던 지난날은 잘 간직한 채
다시 한 번 더 힘을 내보기로 했다.

그리고 헨리의 수상소감을 빌어
이 책의 마지막 에필로그를 적어본다.

안녕하세요
저 윤히어로입니다
이렇게 책 읽어주시고 믿고
저와 함께 해주셔서 정말 고맙습니다
일단 이 기회 만들어주신 '마이크임팩트' 송샘
그리고 '청림출판사' 봄쌀누나 고맙습니다
저를 사람들이 아예 몰랐을 때, 인지도 하나도 없었을 때 (지금도 그렇지만)
저에게 강의를 할 수 있는 기회를 주시고
또 저를 믿고 책까지 낼 수 있는 기회도 주셔서 매우 감사합니다.

윤히어로의 캘리그라피를 통해 만난 우리 수강생 여러분,
다시 한 번 더 고마운 마음 전합니다.
고맙습니다.
여러분 덕분에 지금 제가 있습니다.

저는 '캘리그라피' 덕분에 제 인생이 많이 바뀐 것 같습니다.
회사도 그만두게 되었고, 다양하고 재미있는 일도 많이 했습니다.
저는 솔직히, 사실, 이제 와서 하는 말이지만,
캘리그라피를 하면서 썼던 글에 크게 의미를 둔 적은 몇번 없었는데,
블로그에 올려둔 어떤 글을 보고
한 여성분께서 진심이 진하게 묻어나는 긴 글을 남겨주었어요.
정말 사는 게 너무 힘들어서 '힘'에 대한 글을 검색했었다고,

그런데 그때 제가 캘리그라피로 썼었던 한 줄의 메시지에
정말 큰 위로를 받고, 용기를 얻었다고.

그때부터 제가 쓰는 메시지가 얼마나 중요한지.

저 역시 2014년 정말 너무나도 힘들고 어려웠는데,
제가 썼던 글귀에 제가 더 위로 받고 용기 내고 힘을 얻었습니다.
글씨가 가진 힘이 얼마나 큰지 다시 한번 깨달았어요.

잘하고 있다고
자라고 있다고
다 잘 될 거라고
너는 항상 옳다고
나는 너를 응원할 것이라고.

이제 알 것 같습니다.

마음을 쓰고 누군가를 돌아보는 일
힘들고 지친 누군가에게 내어주는 작은 응원의 힘

앞으로도 따뜻한 마음을 쓰는 일에 여러분과 함께
더 오래 오래 하고 싶습니다

서로가 서로에게
따뜻한 마음을 전하며 살아가길 소원합니다
고맙습니다

존재만으로도 힘이 되는 당신에게

- 윤혜어로 드림 -

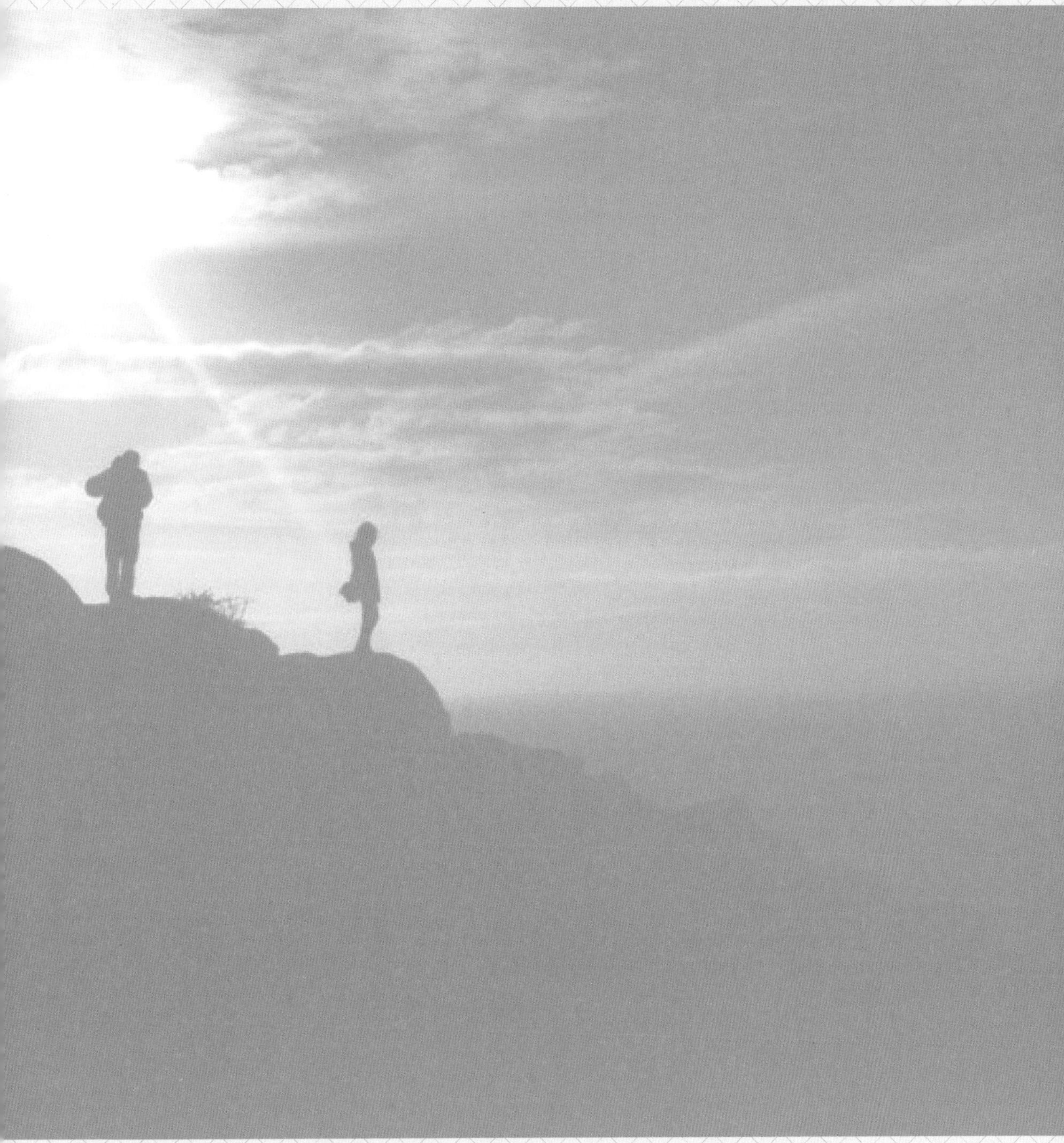

윤히어로의 감성 캘리그라피

1판 1쇄 발행 2015년 2월 5일
1판 3쇄 발행 2015년 6월 20일

지은이 윤영웅
펴낸이 고영수

경영기획 고병욱
기획편집 장선희 · 양춘미 · 이새봄
외서기획 우정민
마케팅 이일권 · 김재욱 · 이미미
제작 김기창
총무 문준기 · 노재경 · 송민진
관리 주동은 · 조재언 · 신현민

펴낸곳 청림Life 출판등록 제2010-000315호
주소 135-816 서울시 강남구 도산대로 38길 11(논현동 63)
413-120 경기도 파주시 회동길 173(문발동 518-6) 청림아트스페이스
전화 02)546-4341
팩스 02)546-8053
홈페이지 www.chungrim.com
이메일 life@chungrim.com
블로그 cr_life.blog.me
페이스북 www.facebook.com/chungrimlife
트위터 @chungrimlife

디자인 윤장호 paul@paulhello.com

ISBN 978-89-97195-59-6 (13600)

* 책값은 뒤표지에 있습니다. 잘못된 책은 바꾸어 드립니다.
* 청림Life는 청림출판(주)의 논픽션 · 실용도서 전문 브랜드입니다.

크라프트지입니다.
358쪽 참고로 책갈피를
만들어보세요.

01

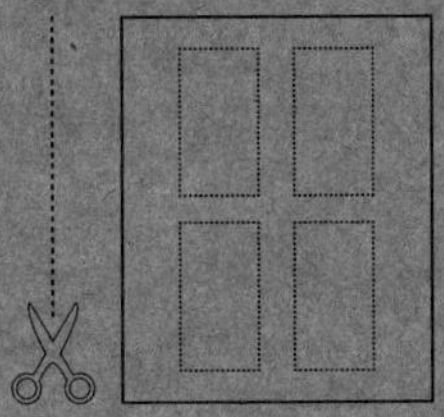

02

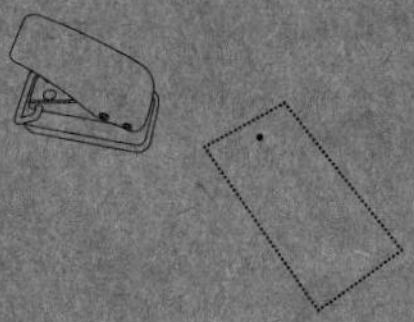